CB074892

HOR
NO

ROR
IRE

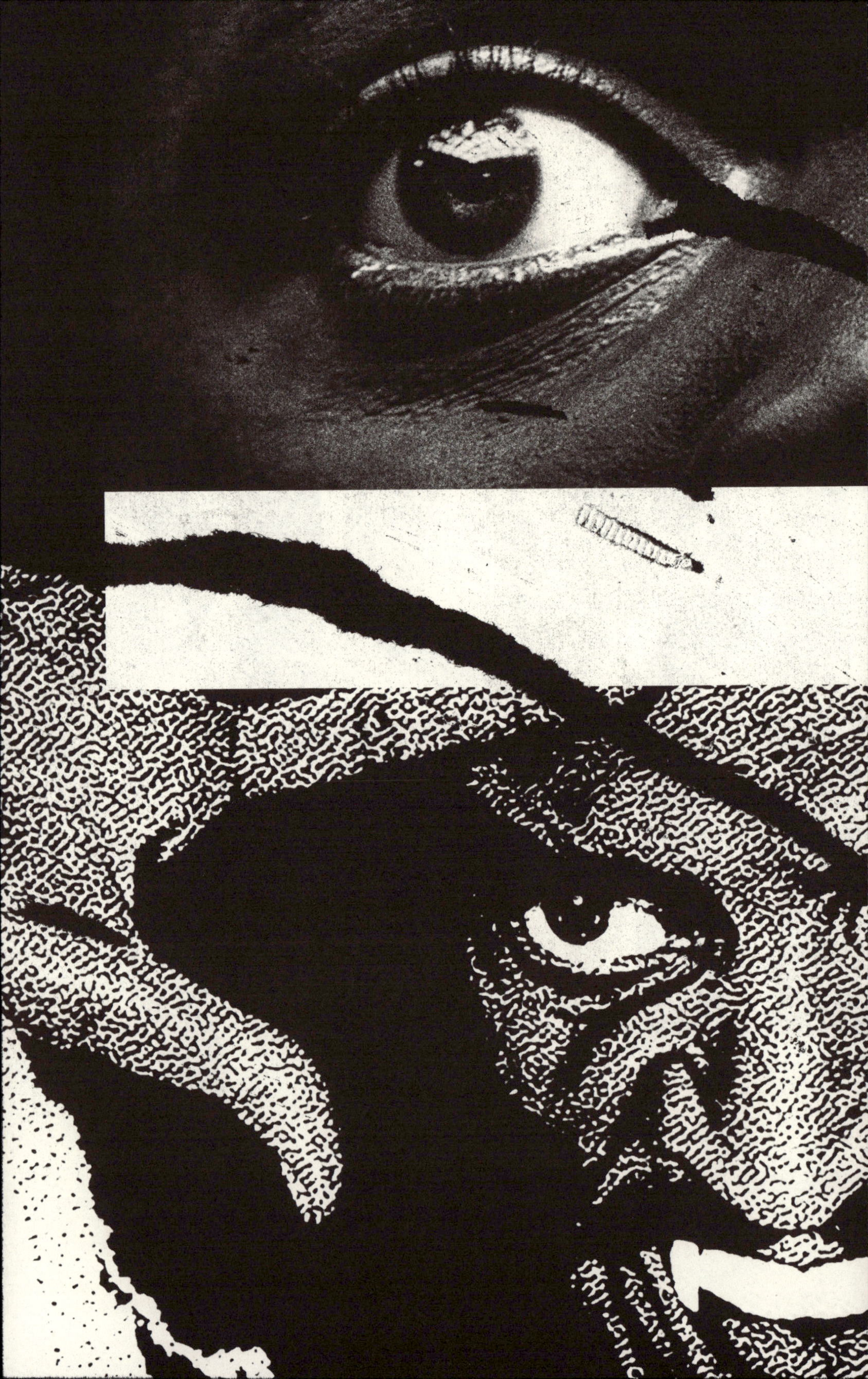

"Nossos nomes serão escritos em milhares de paredes. Venha comigo e torne-se imortal."

CANDYMAN

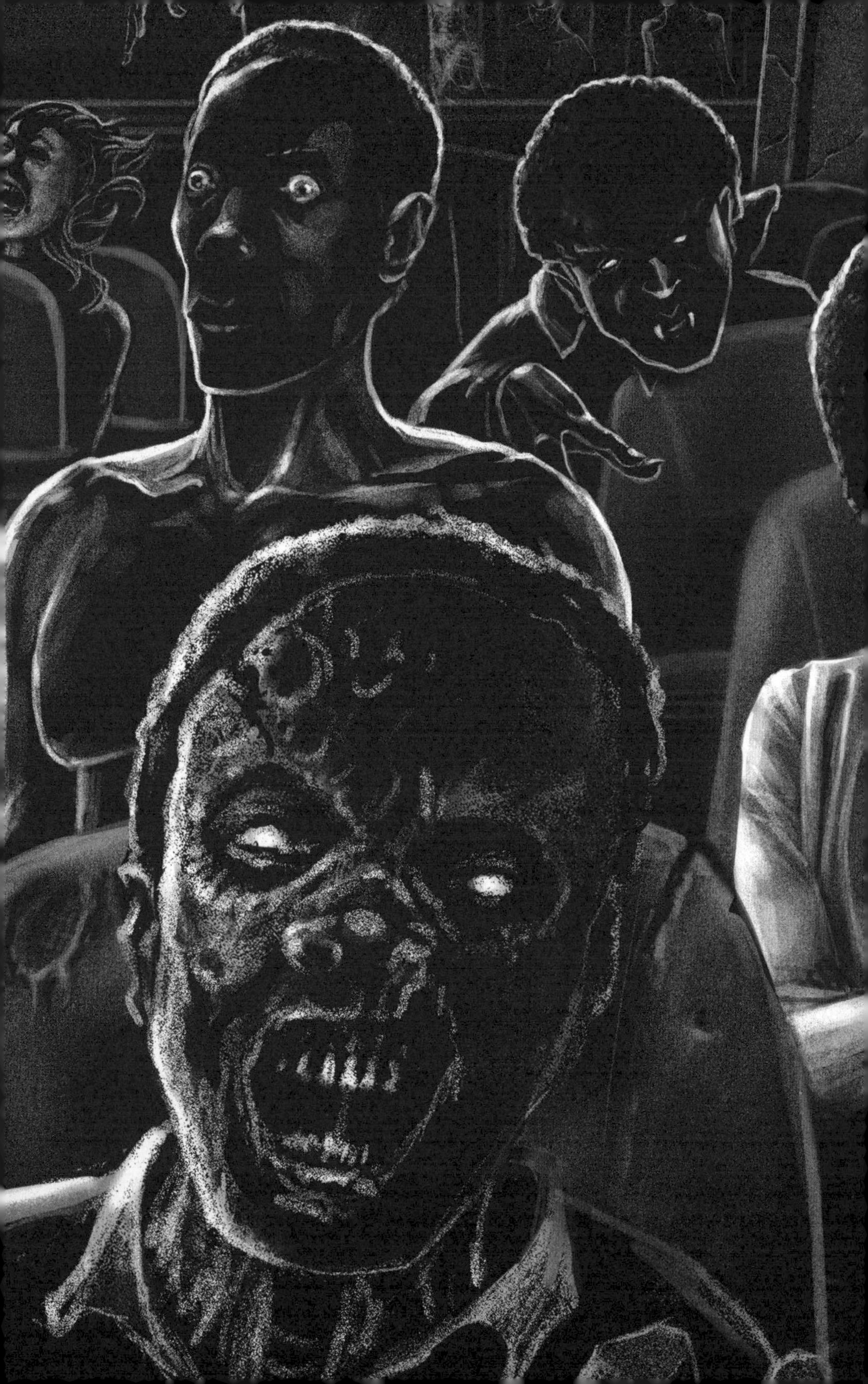

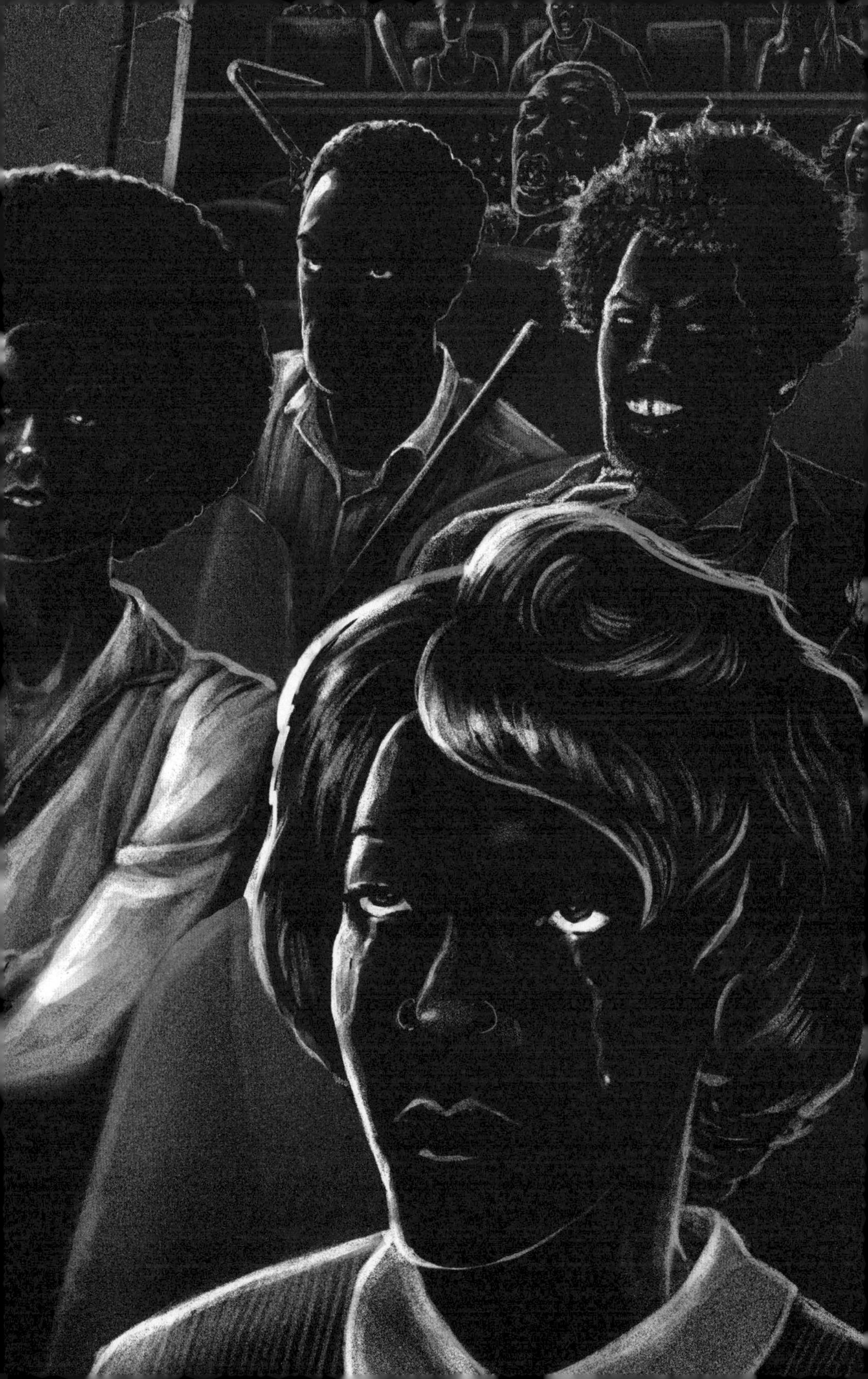

HORROR NOIRE: BLACKS IN AMERICAN HORROR FILMS FROM THE 1890s TO PRESENT
Copyright © Taylor & Francis, 2011
Todos os direitos reservados.

Authorised translation from the English language edition
published by Routledge, a member of the Taylor & Francis Group LLC

As imagens são cortesia da Photofest.
Arte de Horror Noire na capa © Gary Pullin, cortesia da Shudder

Tradução para a língua portuguesa
© Jim Anotsu, 2019

Diretor Editorial
Christiano Menezes

Diretor Comercial
Chico de Assis

Gerente de Novos Negócios
Giselle Leitão

Gerente de Marketing Digital
Mike Ribera

Editores
Bruno Dorigatti
Raquel Moritz

Editores Assistentes
Lielson Zeni
Nilsen Silva

Adaptação de capa e projeto gráfico
Retina78

Designers Assistentes
Aline Martins / Sem Serifa
Arthur Moraes

Finalização
Sandro Tagliamento

Revisão
Cecília Floresta
Isadora Torres
Retina Conteúdo

Leitura Sensível
Anne Caroline Quiangala

Impressão e acabamento
Gráfica Geográfica

DADOS INTERNACIONAIS DE CATALOGAÇÃO NA PUBLICAÇÃO (CIP)
Angélica Ilacqua CRB-8/7057

Coleman, Robin R. Means
   Horror noire: a representação negra no cinema de terror / Robin R. Means Coleman ; tradução de Jim Anotsu. — Rio de Janeiro : DarkSide Books, 2019.
   464 p.

   ISBN: 978-85-9454-181-9
   Título original: Horror Noire: Blacks in American Horror Films from the 1890s to Present

   1. Cinema 2. Filmes de terror 3. Negros no cinema 4. Negros — Filmes — Aspectos sociais I. Título II. Anotsu, Jim

19-0452   CDD 791.436164

Índices para catálogo sistemático:
   1. Filmes de terror

[2019]
Todos os direitos desta edição reservados à
DarkSide® *Entretenimento LTDA.*
Rua Alcântara Machado, 36, sala 601, Centro
20081-010 — Rio de Janeiro — RJ — Brasil
www.darksidebooks.com

ROBIN R. MEANS COLEMAN

HORROR NOIRE

A REPRESENTAÇÃO NEGRA NO CINEMA DE TERROR

ASHLEE BLACKWELL
TEXTO EXCLUSIVO

JIM ANOTSU
TRADUÇÃO

DARKSIDE

ROBIN R. MEANS COLEMAN
HORROR NOIRE

SUMÁRIO

ASHLEE BLACKWELL
Como chegamos aqui?

PRÓLOGO
Em busca do sentimento de equilíbrio 021

PREFÁCIO
A promessa revelatória do cinema de gênero 029

INTRODUÇÃO
Estudando negros e filmes de terror 037

PRÉ-1930
O nascimento do bicho-papão
negro no imaginário 057

1930
Febre na selva: um romance
de horror 087

1940
Bandidos aterrorizantes e
miseráveis menestréis 127

1950, 1960
Invisibilidade negra, ciência branca
e uma noite com Ben 169

1970
Grite, branquelo, grite: retribuição,
mulheres duronas e carnalidade 205

1980
Nós sempre morremos primeiro:
invisibilidade, segregação racial econômica
e o sacrifício voluntário 245

1990
Estamos de volta! A vingança
e o terreno urbano 281

CONCLUSÃO
Capturando alguns Zzzzzs: os negroz
e o terror no século XXI 321

NOTAS 351
CINEMATECA 384
BIBLIOGRAFIA 425
ÍNDICE 443
AGRADECIMENTOS 460

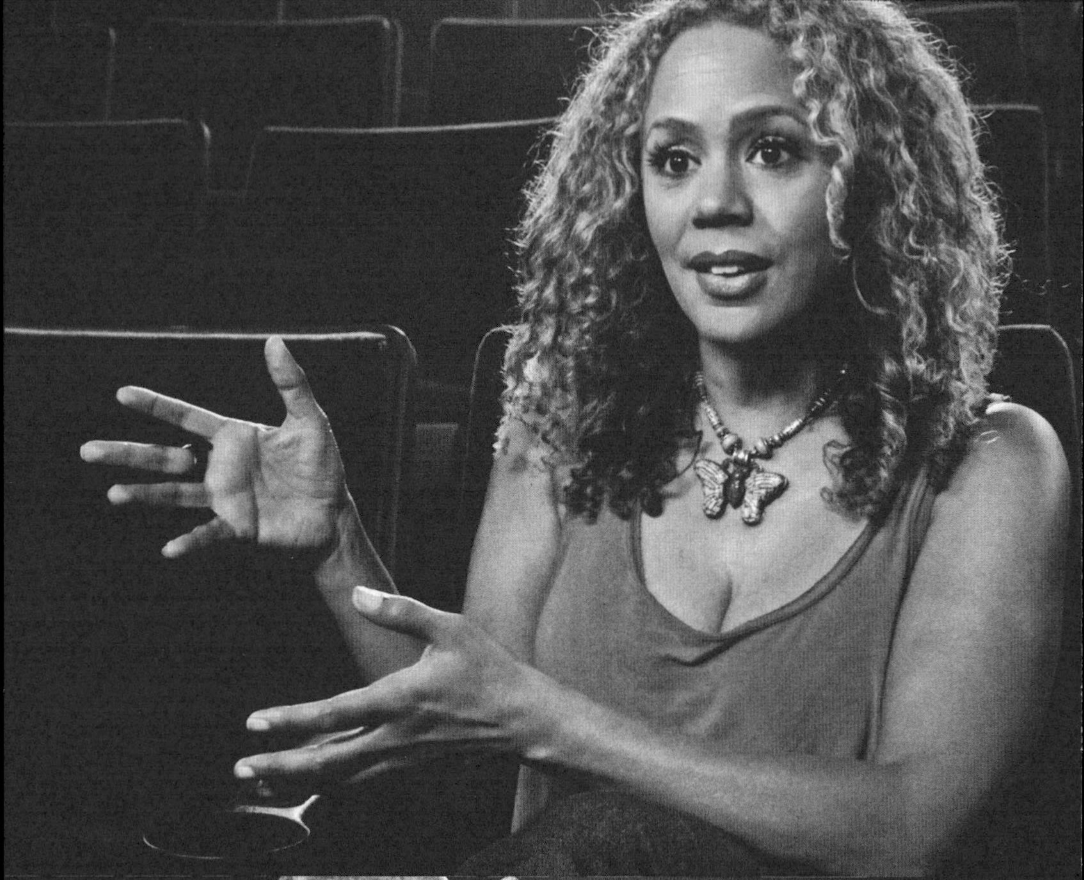

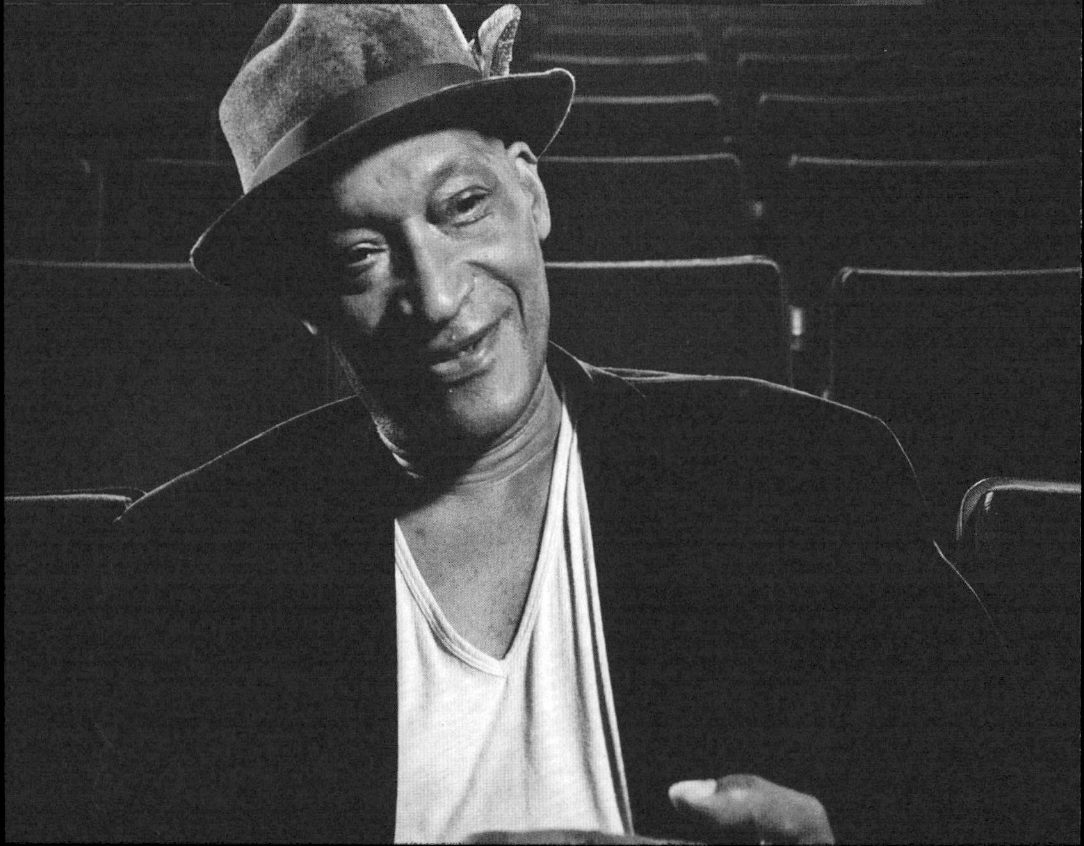

HORROR NOIRE

INTRODUÇÃO À EDIÇÃO BRASILEIRA

ASHLEE BLACKWELL
COMO CHEGAMOS AQUI?

Era uma noite insistentemente gelada, e, geralmente, eu não estaria até tão tarde na rua numa terça-feira de fevereiro. A rua principal, muitas vezes cheia, estava um tanto deserta, me deixando ainda mais ansiosa para que o meu ônibus chegasse. Meu plano, além de me manter alerta e aquecida, era guardar as imagens da estreia fenomenal de *Corra!* de Jordan Peele frescas em minha mente. Eu morava do outro lado da cidade e precisava anotar imediatamente minhas ideias em uma página digital. Naquela época, eu já havia passado alguns anos em um estudo on-line sobre terror que foi tão único e respeitado que acabei sendo convidada para aquela pré-estreia. Eu tinha esperanças de que *Corra!* pudesse se tornar aquele filme de terror mainstream dirigido por um artista negro e que seria abraçado pela estratosfera autoral. E o filme definitivamente alcançou isso.

O aspecto mais tocante de *Corra!*, para mim, não foram as várias camadas de racismo institucionalizado, supremacia branca e subtextos de políticas raciais, mas a personificação interna dessas questões maiores enclausuradas na psique de Chris (Daniel Kaluuya). Rose (Allison Williams) não apenas predou um homem negro que estava vivendo sua vida: ela atacou a fragilidade da perda de Chris. A perda da estabilidade familiar (pai ausente, mãe morta em um acidente trágico) e o desejo de uma comunidade (os reflexos da vida negra em sua fotografia, sua confiança inabalável em Rod, interpretado por Lil Rel Howery). É a perseverança de Chris, apesar dessas adversidades, junto de seu olhar talentoso, que fazem dele a presa ideal para que Rose o transporte ao que parece ser outra dimensão, mas que na verdade não é. Porque uma vez que pessoas negras saem da segurança de suas casas, famílias e comunidades e vão para um mundo repleto de microagressões raciais e comportamentos discriminatórios, há uma verdadeira e consciente angústia em relação à perda de identidade e extinção. Essa angústia foi incorporada em nosso DNA por meio de traumas geracionais.

Em minha resenha de *Corra!*, disponível no site *Graveyard Shift Sisters*, eu descrevo Chris como uma figura fragmentada. Foi uma revelação em meu próprio trabalho como uma escritora e fã de terror, mulher e negra, porque eu também me sentia fragmentada em um ambiente onde poucos se pareciam comigo. Estive desprotegida e era verbalmente insegura em lugares de encontro de terror por ser a única. Minha presença era claramente indesejada, e *Corra!* se utiliza do terror para demonstrar esses sentimentos tão tangíveis que várias pessoas não brancas sentem em espaços que sugerem que suas cores e culturas sejam educadamente suavizadas no melhor dos casos, e invisibilizadas nos piores.

Pensamentos do tipo já estavam na minha cabeça, como sementes, quando *Corra!* chegou aos cinemas. O tipo de pensamento que, na época, eu não sabia como expressar de forma exata ao meu novo amigo Phil Nobile Jr. Ele era apenas um cara legal que conheci em uma convenção de terror dois verões atrás e que eu via às vezes no Twitter, até que ele me convidou para escrever para o *Birth.Movies. Death*, um site famoso. Ele não apenas surgiu na minha caixa de entrada do e-mail com um pedido vago e genérico de resenha. Ele fez a proposta sabendo que eu daria mais importância para um filme de terror escrito e dirigido por um homem negro e estrelado por negros, e para uma história com um fundo definitivamente afro-estadunidense. O que eu gosto no Phil é esse cuidado de tirar um tempo para entender quais tópicos particulares compelem alguém a usar seus talentos para ir mais a fundo. A fundação de nosso relacionamento, como colegas de trabalho, nos fez sentar juntos para um almoço em determinado dia, sabendo que *Corra!* era o nascer do sol no horizonte de um movimento.

A pergunta "Como chegamos aqui?" foi a transição perfeita na preparação de um argumento para contar a história e expressar teorias críticas em torno do terror negro. E começou com *Horror Noire*, uma monografia de mais de dez anos da dra. Robin R. Means

Coleman. A dra. Coleman é uma nativa da Pensilvânia, de Pittsburgh, que dividia o tempo com sua família em drive-ins, testemunhando as mais modernas novidades em relação a criaturas e deleites fantasmagóricos. Uma vez que seu lugar de origem foi o lar de alguns dos trabalhos mais celebrados do cineasta George A. Romero, como *A noite dos mortos-vivos* (1968) e *Despertar dos mortos* (1978) e com as locações acessíveis, Robin pôde criar o que ela descreveu como uma relação puramente "especial" com o gênero. Essas influências indubitavelmente a fizeram canalizar a energia dessas experiências em sua pesquisa investigativa acerca da experiência negra no terror com tanta riqueza de detalhes, que hoje este é o trabalho mais seminal sobre o tópico, ainda não igualado. A dra. Coleman acendeu em mim o tipo de chama com a qual eu havia apenas sonhado enquanto era uma estudante universitária. Foi uma honra usar meu conhecimento adquirido para introduzir o trabalho de Robin a outras pessoas. Mas, enquanto eu produzia alguns dos meus primeiros escritos on-line de maneira intensa, não me dei conta do quanto a minha pesquisa e a entrevista com a dra. Coleman poderiam impressionar Phil e suas sensibilidades como fã de terror.

Já estabelecido como profissional versátil e desenvolvedor de produções cinematográficas e televisivas na Center City Film & Video, na Stage 3 Productions e em outras companhias mais antigas na Filadélfia, Pensilvânia, ele se utilizou de sua longevidade e da confiança de seus superiores para pensar fora da caixa em relação aos programas que eles estavam desenvolvendo. Com seu entusiasmo em relação a *Corra!*, minha proximidade imediata e igual fervor, ele apresentou uma ideia que era insensata demais para deixar passar: contar a história do terror negro na forma de documentário. *Corra!* já tinha atenção mundial, mas era importante, para manter a efervescência dessa atenção, dar reconhecimento à história escondida que havia levado a esse avanço na cultura pop.

Eu me coloquei à disposição para reuniões e contribuições para colocar esse projeto em ação. Robin estava entusiasmada com a ideia de transformar seu livro em uma jornada multimídia e de se tornar uma produtora executiva. Foram marcadas reuniões com algumas produtoras em Los Angeles, onde Phil e eu nos encarregamos de enfatizar a importância dessa história a ser contada e o impacto que o terror teve na audiência negra por décadas. Em uma tarde ensolarada em Santa Mônica, eu olhei para Phil e propus a Shudder como o meio de distribuição. Ele respondeu de maneira casual que levaria a proposta em consideração.

Eu conhecia a Shudder como um serviço de streaming com uma vasta e variada biblioteca de velhos clássicos e lançamentos bombásticos saídos de festivais. Eles também adquiriam documentários. Era um ambiente que de fato poderia capitalizar com a produção de uma programação fresca e original. Felizmente para nós, Phil e eu, Sam Zimmerman, ex-editor-chefe do popular site de terror *Shock Till You Drop*, era agora o curador de filmes da Shudder. Um admirador do meu trabalho e o primeiro a me oferecer uma oportunidade de escrever fora do ambiente de meu próprio site, Sam recebeu um resumo completo do documentário e ele realmente desejou que o projeto chegasse aos seus chefes. O conceito original era um seriado em quatro partes com o título *Separate Scares*. O objetivo cinematográfico tinha a ver com o pensamento mais dinâmico de Phil, que apontava para a ideia do público negro "se ver" nas telas. Como esse público reagiria, se houvesse uma reação? Além disso, as pessoas negras contando suas histórias a partir das cadeiras do cinema permitiria que o documentário — algo que aprendi com o feminismo negro — realizasse um exame crítico e imperativo do conhecimento adquirido por meio da vivência de pessoas que participaram daquela história. Ademais, seria uma brincadeira interessante com o humorado estereótipo de que o público negro é bem vocal em salas de cinema, especialmente ao assistir filmes de terror. Nós tínhamos um vídeo promocional que, engenhosamente, abria com o comediante Eddie Murphy fazendo uma piada sobre filmes de casas mal-assombradas em seu especial de comédia stand-up *Delirious*, de 1983, seguido da projeção de imagens de personagens negros ao longo dos mais de cem anos de história do gênero. Nós estávamos prontos para registrar visualmente essa história em quatro horas ou mais, traçando cuidadosamente as décadas e seus melhores momentos com o livro de Robin servindo de guia. Sam se tornou um meio de campo entusiasmado entre nós e os titulares da Shudder para essa produção em potencial. Assim, esperamos e respondemos perguntas por e-mail à medida que elas chegavam.

Então, a nonagésima cerimônia do Oscar foi ao ar no dia 4 de março de 2018. Eu nunca prestei muita atenção em cerimônias de premiação, mas Peele deixou uma impressão tão forte de *Corra!* que conquistou quatro das principais indicações ao Oscar, o que é extremamente raro para qualquer coisa que sequer se aproxime do gênero de terror. Isso foi o bastante para gerar um leve interesse naquilo que, na minha cabeça, era um assunto imprevisível. Um choque agradável atravessou meu corpo quando anunciaram que Jordan Peele havia ganhado o prêmio de melhor roteiro original. Ele subiu ao palco e falou sobre as dificuldades que enfrentou para realizar seu projeto e sua enorme pilha de inseguranças. Peele enfatizou uma mensagem de perseverança. Eu ainda não tenho certeza se ele já havia se dado conta do impacto que o filme criado por ele causaria. Horas depois, no atribulado dia útil seguinte, Phil e Kelly Ryan (parceira da Stage 3 e produtora executiva de *Horror Noire*) receberam um aviso da Shudder de que eles estavam prontos para transformar *Horror Noire* em realidade.

De uma série em quatro partes, o projeto passou a ser um filme de setenta a noventa minutos. Juntamente com essa grande mudança, Phil aproveitou a oportunidade de se tornar editor-chefe da relançada revista *Fangoria*, o que tornou impossível seu envolvimento diário no projeto. Ele e Kelly conseguiram outra produtora com anos de experiência na televisão, Danielle Burrows, para ajudar a tapar os buracos dos aspectos técnicos da produção de vídeo com os quais eu não estava familiarizada. Phil deu um jeito de estar conosco sempre que possível, lidando com os dois empregos de forma admirável e profissional.

Eu era a pessoa, agora produtora e coautora, que tinha conhecimento e paixão pelo conteúdo. Meu trabalho era assegurar que entrevistaríamos as pessoas certas, confirmar os temas acerca da história do terror negro que iríamos abordar, desenvolver todos os pontos de discussão e conduzir cada entrevista. Encontrar um diretor foi um desafio, já que vários candidatos talentosos se interessavam por essa história. Xavier Burgin, graduado na Escola de Artes Cinematográficas da Universidade da Carolina do Sul, era tão afiado em sua comunicação e tão cuidadoso em seus trabalhos, conceitos e visão, além de ser amigável, que todos nós concordamos que ele era a pessoa certa no lugar certo para juntar um grupo predominantemente formado por pessoas negras, as quais eu vi trabalharem juntas arduamente para dar a *Horror Noire* a textura visual de que precisava para ganhar vida. Apesar de problemas climáticos, físicos ou mentais após mais de oito horas de filmagem por dia, lançando perguntas e pontos de discussão para pessoas que eu assisti em alguns dos meus filmes favoritos por décadas, eu me vi extasiada ao fazer o trabalho. Levei os feedbacks de Phil e Kelly a sério e os apliquei. Fico agradecida que eles tenham me deixado tomar a dianteira enquanto gravávamos, assim pude afiar minhas habilidades mais adormecidas. Eu precisava daquele empurrão.

A própria Robin estava na Universidade A&M, em College Station, a duas horas de distância de Austin, Texas. Danielle e eu fizemos a viagem e tivemos uma recepção calorosa por parte de Robin e de sua adorável equipe para um dia de filmagem. Sua presença na tela ajudou bastante a arredondar a história que queríamos oferecer ao público. Como um bebê curioso observando uma anciã sábia, uma nova explosão de energia nasceu dessa filmagem, pois, assim como Tananarive Due (autora, educadora e produtora executiva de *Horror Noire*), as duas se aprofundaram muito na história do terror negro, ao ponto de nós três podermos discutir o assunto em detalhes. A gravação com Jordan Peele fechou o círculo quando seu escritório se transformou em um grande aceno visual, com o diretor sentado na mesma cadeira em que seu protagonista foi hipnotizado. Com uma luz mais quente para acentuar suas características e tendências geeks de terror, Peele passou uma mensagem sóbria a respeito de como o terror deve manipular as expectativas da audiência em relação à representatividade negra. Para quebrar essas expectativas, sendo ao mesmo tempo sensível à época em que vivemos, Peele evidenciou que o vácuo de *Corra!* é um lugar que ele sempre soube que deveríamos desconstruir e eliminar de nossas vidas. Mesmo sendo difícil, ele estava ciente de que nós poderíamos ser mais e fazer mais em um gênero que havia esquecido a voz negra por tanto tempo.

Após a filmagem, meu maior obstáculo foi entender como criar um roteiro a partir de inúmeras páginas de transcrições e tecer uma história com os temas que Phil e eu concordávamos ser sólidos e perfeitos para o projeto. Depois de algumas deliberações, decidimos que uma abordagem cronológica seria mais interessante antes de seguir para a edição. Se já houve no mundo um lugar confortável para ser uma pessoa introvertida determinada a contar a história dos negros afro-estadunidenses no cinema, esse lugar foi a sala de edição, com os editores Scott Strobel e Horatiu Lemnei. Eles ouviam, eram pacientes e estavam se divertindo tanto quanto eu. Eu precisava das sugestões deles e aceitei os pedidos que faziam, e acabei aprendendo muito sobre o que "funciona" e o que "não funciona" quando você está montando os quebra-cabeças de horas de filmagens para formar uma história coerente. Phil preencheu buracos nas filmagens uniformemente, Danielle conseguiu novos recortes de imagens e eu intuitivamente sabia quais filmes usar e onde encontrar as cenas de que precisávamos. Passamos semanas refinando corte atrás de corte com notas executivas e novos pareceres enquanto as notícias do terror avançavam após o barulho criado por *Corra!*.

Nem é preciso dizer que o produto final foi o resultado de um esforço em equipe e uma experiência que nunca me cansarei de debater. Minha única esperança é que o público ame o filme tanto quanto eu amei ajudar a lhe dar vida. A recepção do público e da crítica excederam minhas expectativas, e fico empolgada em saber que o trabalho foi tão assertivo para as pessoas negras em especial, no sentido de dar a entender que somos mais do que vítimas com apenas cinco minutos na tela, petulantes e grosseiros, servindo apenas para elevar a taxa de sobrevivência dos protagonistas brancos. Nossa presença em um gênero cuja intenção é causar medo nos mostra como somos percebidos e o que vivenciamos em nosso dia a dia no mundo. No entanto, mais do que isso, *Horror Noire* corajosamente prediz para onde nos encaminhamos quando se coloca o terror nas mãos de artistas negros. Como isso impactará o gênero no futuro? Essa história ainda está sendo contada. Para aqueles entre nós investidos nesse progresso, estes são tempos verdadeiramente animadores, em que tenho a honra de poder participar ativamente. *Horror Noire*, tanto o documentário quanto o livro, estão recebendo o reconhecimento que merecem por serem tão essenciais em nossa exploração e favorecimento do gênero de terror. E já estava na hora.

ASHLEE BLACKWELL
Junho de 2019

ASHLEE BLACKWELL é mestre em artes pela Temple University, coprodutora do documentário *Horror Noire* e pesquisadora do cinema de gênero. Apaixonada por narrativas de terror desde os sete anos de idade, quando assistiu a um dos filmes da franquia *A Hora do Pesadelo*, Blackwell se dedicou a estudar os papéis femininos nas narrativas de terror. Ela mantém o site *Graveyard Shift Sisters*, que também serve como um recurso educacional e um jornal crítico que narra a história e o presente trabalho das mulheres negras no horror para desfazer a marginalização de sua voz criativa dentro desse espaço. Atualmente reside na Filadélfia com uma coleção cada vez maior de livros e filmes.

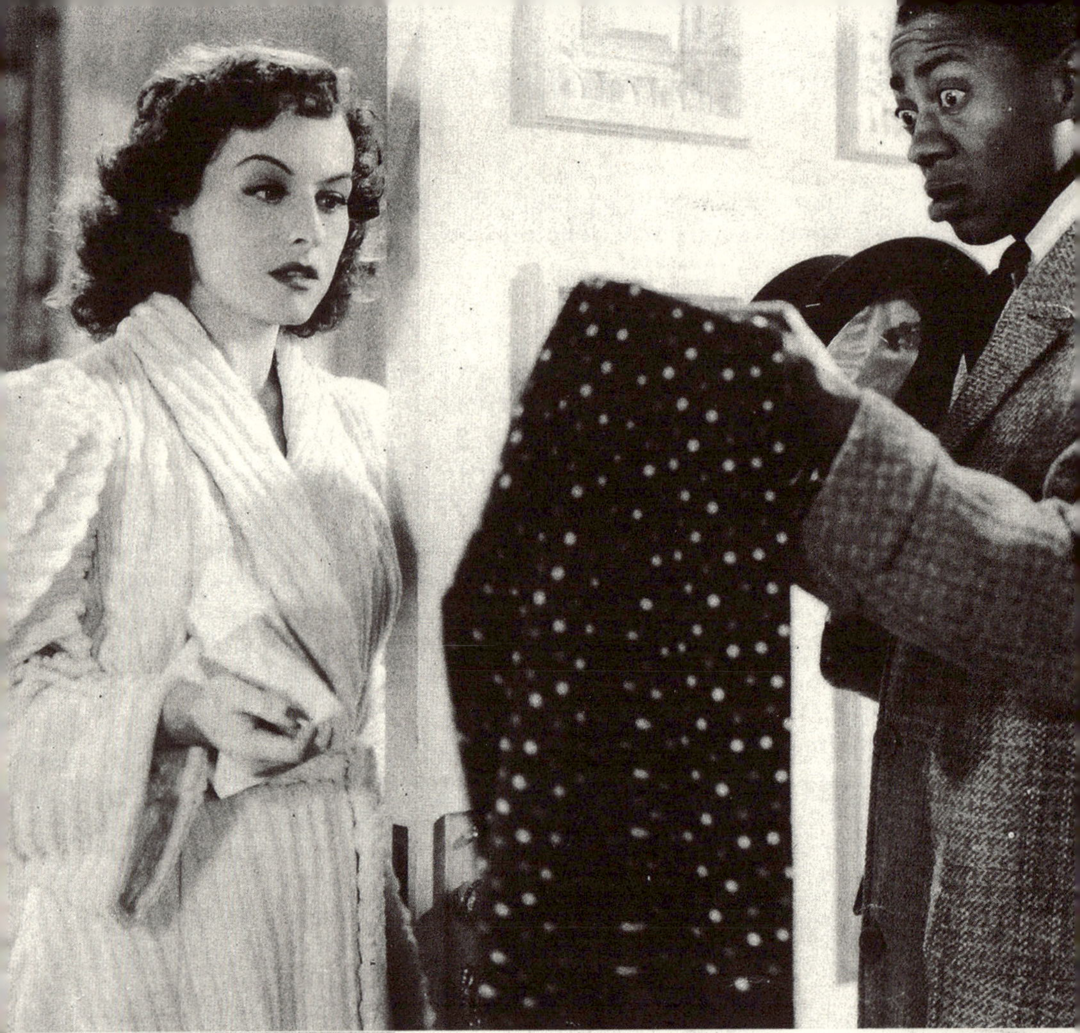

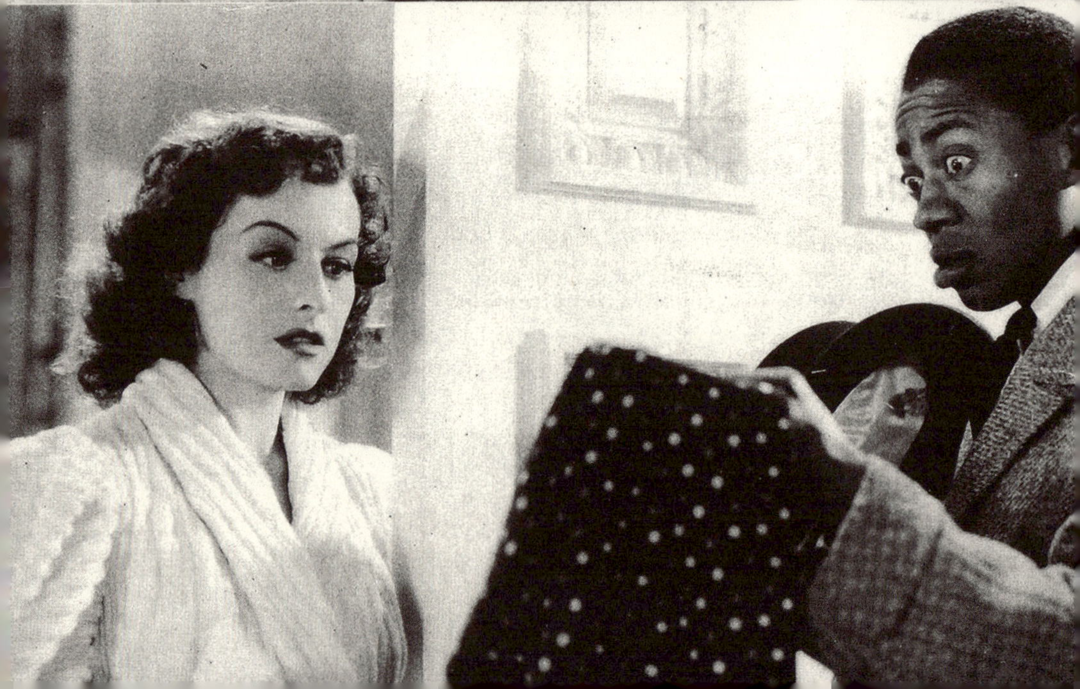

Horror Noire

PRÓLOGO

EM BUSCA DO SENTIMENTO DE EQUILÍBRIO

PERGUNTA: Por que não há pretos nos filmes de terror?
RESPOSTA: Porque, quando a voz cavernosa diz "CORRA!", a gente faz isso.

E o filme vai acabar... diferente do que acontece com a frágil garotinha branca que acende uma vela apressadamente e desce bem devagar os degraus escuros para ver de onde vem aquela voz... Verdade ou não, essa piada era uma justificativa improvisada para ajudar a explicar a ausência de negros em filmes de terror feitos antes da década de 1970, um gênero cinematográfico que tem sido popular entre a população afro-estadunidense desde sempre.

Ainda que os negros componham apenas 13% da população,* as pesquisas mostram que os negros são responsáveis por mais de 25% da bilheteria total. E isso apesar do fato de os negros, em determinadas épocas, terem sido raramente vistos em filmes de qualquer gênero, e, se aparecemos na tela, as imagens representadas não serem motivo de orgulho.

Muito se tem pesquisado e escrito sobre a história dos negros no cinema, mas até agora a nossa presença — ou ausência — nos filmes

---

* De acordo com dados do Instituto Brasileiro de Geografia e Estatística (IBGE) de 2018, 55% das pessoas no Brasil se declaram negras ou pardas, tornando o público uma maioria minorizada, enquanto nos Estados Unidos, a população negra é também minoria numérica. [Nota da Editora, daqui em diante NE]

de terror tem sido relegada a um único capítulo ou a várias notas de rodapé. Este livro é uma análise completa e profunda das imagens, influências e impactos sociais dos negros nos filmes de terror desde 1890 até o presente.

Fazendo um giro de 180 graus em relação ao seu livro anterior, *African American Viewers and the Black Situation Comedy: Situating Racial Humor*, a professora e acadêmica premiada Robin Means Coleman compilou uma gama impressionante de filmes e sua coleção de vítimas de pele mais pigmentada que deram seu sangue, se não um pouco mais que isso, aos enredos e histórias dessas produções com temas sombrios. Este livro é um estudo indispensável da participação negra no gênero de terror que não só tem a acrescentar à riqueza da pesquisa cinematográfica, mas também acentua e celebra o papel que os negros desempenharam historicamente nessa arena lucrativa do audiovisual.

Talvez, em nome de uma consciência, nós devêssemos considerar as diferenças intrínsecas do impacto social dos horrores "na tela" em oposição aos horrores "da vida real". Os filmes são ferramentas poderosas para manipular fatos, informações e imagens que frequentemente afetam as percepções, crenças e atitudes mentais direcionadas ao tema apresentado. Representações iniciais dos negros em filmes como *A Nigger in the Woodpile* (1904),* uma comédia, na verdade continham elementos do que poderia ser considerado horror leve, nesse caso tanto em seu título racista quanto na sua representação cinematográfica dos negros, que, na verdade, foram encenadas por atores brancos usando pintura blackface. Como comédia, o filme não tinha a intenção de assustar ou aterrorizar no sentido clássico, mas tentava alertar os brancos contra uma raça em particular que eles precisavam temer.

Ainda mais desprezível foram os vários horrores "da vida real" inspirados pelo notório filme *O nascimento de uma nação* (1915) de D.W. Griffith. Enquanto os brancos tentavam escapar dos perigos fictícios representados na tela por uma turba voraz de negros que se levantava para pegá-los em uma Amerikkka pós-escravidão, fora do cinema

---

* O título do filme faz referência a uma expressão (originada na época da escravidão nos Estados Unidos) que denota algo suspeito ou oculto. O filme então usa a expressão de modo literal para ampliar seu significado. No livro *Migrating to the Movies: Cinema and Black Urban Modernity*, de Jacqueline Najuma Stewart, a autora comenta que, no filme, há dois homens negros se esgueirando em uma pilha de lenha e, com isso, não há necessidade de motivar de forma narrativa suas ações criminosas. Segundo a autora, eles confirmam a expressão popular, incorporando seus significados literais e figurativos. [NE]

os negros estavam sendo mortos de verdade, vítimas de horrores verídicos ao serem linchados, baleados, arrastados, estuprados, espancados, castrados e queimados por grupos da supremacia branca e outros racistas entusiasmados que "entraram de cabeça" e compraram a mensagem incitadora de ódio do filme. São coisas diferentes ficar animado ou horrorizado por algum ato horrível que aconteceu com outra pessoa na tela do cinema, ciente de que o ator depois lava o sangue falso e vai para casa, e realmente sentir a dor e experimentar o evento horrível e perturbador na vida real, com sangue de verdade e sem nenhum diretor para gritar "corta!".

Talvez o aspecto mais danoso relacionado ao espectro limitado de papéis representados por atores negros nos filmes de horror iniciais seja a falta de imagens positivas para proporcionar um sentimento de equilíbrio. Ver um personagem negro arregalar os olhos e empalidecer ao se deparar com um fantasma não teria sido tão ruim se o seu papel seguinte ou anterior tivesse sido como um médico, advogado ou empresário de sucesso. Contudo, os filmes hollywoodianos da época relegavam aos negros os personagens subservientes, como mordomos, empregadas e motoristas, ou que apareciam na tela só para representarem malandros e bufões estereotípicos.

O famoso ator Willie Best pôde tremer o queixo diversas vezes em uma série de filmes de terror, incluindo *O castelo sinistro* (1940) e *Veleiro fantasma* (1942). Outras figuras engraçadas constantes como Eddie Anderson e Mantan Moreland também ficaram conhecidas pela habilidade de arregalar os olhos e tremer os joelhos nas horas de pânico e medo em filmes como *A volta do fantasma* (1941) e *A vingança dos zumbis* (1943), respectivamente.

Para uma gama mais ampla de imagens na tela, o público podia sempre contar com filmes de elenco totalmente negro sendo produzidos especificamente para um mercado negro ansioso para se ver representado dessa forma emocionante, poderosa e relativamente nova de mídia de entretenimento. Os "filmes raciais", como foram chamados, eram majoritariamente produzidos por companhias pertencentes a brancos que chegavam à conclusão de que havia dinheiro a ser feito, mas várias companhias cinematográficas negras surgiram para preencher o buraco também. O popular ator Spencer Williams Jr. escreveu e dirigiu vários filmes estrelados por negros na década de 1940, incluindo o conto de horror *Son of Ingagi* (1940), no qual uma cientista pesquisadora mantém uma criatura da selva africana em seu porão até que ela escapa para perseguir os habitantes da casa. Com o filme *Vodoo Devil Drums* (1944), do produtor Jed Buell, os frequentadores de cinema viram pela primeira vez "A Dança Virgem da Morte!" e "O Altar das Caveiras!". Diferentemente dos filmes protagonizados por brancos, onde os negros eram usados majoritariamente como alívio cômico, em filmes negros como esse, cada personagem em tela, o bom e o mau, o alto e o baixo, representavam um vasto mundo de peles mais pigmentadas que realmente existia na vida real, mas que raramente era visto na tela grande.

Nas décadas de 1950 e 1960, os afro-estadunidenses estavam mais uma vez sendo ignorados por Hollywood, não apenas nas telas de cinema, mas nas telinhas da TV também. Mais ou menos nessa época, fiquei surpreso em ver Ben, o protagonista negro do clássico filme de terror *A noite dos mortos-vivos* (1968) de George A. Romero, sobreviver durante o filme inteiro, mas ainda assim a produção se recusou a se afastar muito da tendência de morte dos negros.

Contudo, na década de 1970 os filmes mudaram. "Diga sem medo: eu tenho orgulho de ser negro!"* se tornou o novo mantra à medida que um novo estilo de filme começou a aparecer nas telas para abrir as portas de nosso novo orgulho racial e despertar social. Os filmes da era blaxploitation não forneceram apenas dramas urbanos violentos como *Shaft* (1971) e *The Mack* (1973) aos negros, mas também produziram várias interpretações de histórias clássicas de terror, como *Blácula: o vampiro negro* (1972), *Blackenstein* (1973) e *Monstro sem alma* (1976). Conforme essa curta era de afro-iluminismo nas telas ia sendo esquecida, ao que parece, as portas do horror popular começavam a abrir com rangidos, mas apenas o suficiente para que alguns poucos negros fossem para o abate.

> PERGUNTA: Por que o personagem preto é sempre o primeiro a ser comido pelo monstro?
> RESPOSTA: Carne preta tem gosto bom e enche menos!

Foi na década de 1980 que Hollywood entrou em sua fase "Mate um Negão". (Nota: Eu sei que a Associação Nacional para o Progresso das Pessoas de Cor [NAACP] enterrou a palavra que começa com N, mas eu a uso aqui pelo bem da precisão histórica.) Durante esse período, parecia que se um personagem negro fosse permitido em

---

* Referência à canção escrita por James Brown e Alfred "Pee Wee" Ellis em 1968, "Say It Loud - I'm Black and I'm Proud". [Nota do Tradutor, daqui em diante NT]

cena, ele ou ela estariam mortos quando os créditos rolassem. Em *Lobos* (1981), Gregory Hines foi atacado por um lobo; em *Gremlins* (1984), Glynn Turman virou almoço; em *Quadrilha de sádicos 2* (1985), Willard E. Pugh foi esmagado; em *Coração satânico* (1987), Lisa Bonet foi abusada sexualmente por uma arma carregada... e assim por diante. A grande maioria dos personagens negros não era apenas morta durante esse período, mas eles eram os primeiros a morrer, e existe pelo menos um site que documenta esse fenômeno: <www.blackhorrormovies.com/dyingyoung.htm>.*

Meu interesse pessoal no terror começou há muito tempo e se estende ao meu trabalho pessoal. Em virtude da minha tese apresentada na Universidade da Califórnia, em Los Angeles, em 1985, *The Black Beyond*, uma série antológica estilo *Além da imaginação/Quinta dimensão*, mas sob uma perspectiva negra, eu fui convidado por Warrington Hudlin, da Black Filmmakers Foundation em Nova York, para participar de um fórum sobre negros no terror, ficção científica e fantasia.** Eu dirigi da Filadélfia, onde eu morava na época, até Nova York ansioso para participar e ver os outros trabalhos independentes do gênero que estavam sendo feitos, só para descobrir que, naquele momento, na metade para o final dos anos 1980, eu estava sozinho.

Já tinha lido em algum lugar que não há um filme de terror feito que tenha perdido dinheiro. Sendo assim, quando eu decidi fazer o meu primeiro filme, *The Embalmer* (1996), escolhi fazer um filme de terror e acabei declarando falência... Eu sei, informação desnecessária. Independentemente disso, aquela afirmação acabou se provando verdadeira porque o filme deu lucro... Só que eu não fiquei com nada. Produzi *The Embalmer* com um elenco e equipe formados por alunos da Universidade Howard com um orçamento abaixo de 30 mil dólares, financiado em sua maior parte por um empréstimo cuja garantia

---

* Desde a primeira publicação do livro *Horror Noire*, em 2011, alguns dos sites indicados podem ter saído do ar, mas foram preservados em suas menções. [NE]

** Uma forma usual de classificar a junção de gêneros como a fantasia, ficção científica e horror sobrenatural é o "termo guarda-chuva" ficção especulativa, sobretudo porque as barreiras entre eles são tênues. A categorização de Coleman de que o terror estético significa para pessoas negras, e um fórum que se dispõe a discutir sobre negros no terror e fantasia evidencia a proximidade, mas pode nos fazer questionar se obras como *Kindred* (Octavia Butler) poderiam ser classificadas assim. O texto se refere a uma experiência vivida nos anos 1980, certamente não poderia prever as implicações teóricas que, na década seguinte, seriam discutidas sobre uma perspectiva nova: o Afrofuturismo. Sobre Afrofuturismo, ver: SOUZA, Waldson Gomes de. Afrofuturismo: o futuro ancestral na literatura brasileira contemporânea. 2019. Dissertação (Mestrado em Literatura) – Instituto de Letras, Universidade de Brasília, Brasília. [NE]

era a minha casa. O filme rendeu mais de 100 mil dólares no mercado audiovisual amador, mas os distribuidores, Yvette Hoffman e Toni Zobel da Spectrum Films em Mesa, Arizona, preferiram sair do mercado a me pagar os direitos autorais.

Posteriormente, cheguei à conclusão de que eu estava bem antenado em relação ao conceito, pois vários outros filmes de terror estavam sendo produzidos por afro-estadunidenses, incluindo *Contos macabros* (1995) de Rusty Cundieff e *Os demônios da noite* (1995) de Ernest Dickerson.

Nos anos que se seguiram, mais e mais negros apareceram em filmes de terror, fossem eles os primeiros a morrer ou não. A popular e lucrativa série *Todo mundo em pânico*, introduzida por Keenen Ivory Wayans, que se destina a parodiar filmes modernos de terror, foi um acréscimo ao grande escopo do gênero e ajudou a aumentar ainda mais a bilheteria desses filmes. O mercado de filmes que vão direto para o suporte do DVD tem agora várias produções de horror com negros para serem escolhidos, com variados níveis de medo, qualidade e orçamentos. E, com as novas e avançadas tecnologias que tornam a produção de filmes mais acessível para as massas, além de lugares para exibição on-line como o Facebook e o YouTube, muitos outros negros irão morrer de forma horrível em futuros filmes de terror. Os produtores de filmes de horror de hoje, independentemente da cor de suas peles, sabem que só existe uma cor de sangue na tela e para eles tanto faz a cor do dinheiro usado para comprar os ingressos na bilheteria...

STEVEN TORRIANO BERRY
Agosto de 2010

STEVEN TORRIANO BERRY é cineasta e professor adjunto da Universidade Howard, em Washington, D.C. Dirigiu o filme *The Embalmer*, considerado um dos primeiros exemplos de horror urbano no cinema e escreveu alguns livros, entre eles *The 50 Most Influential Black Films* e *Historical Dictionary of African American Cinema*.

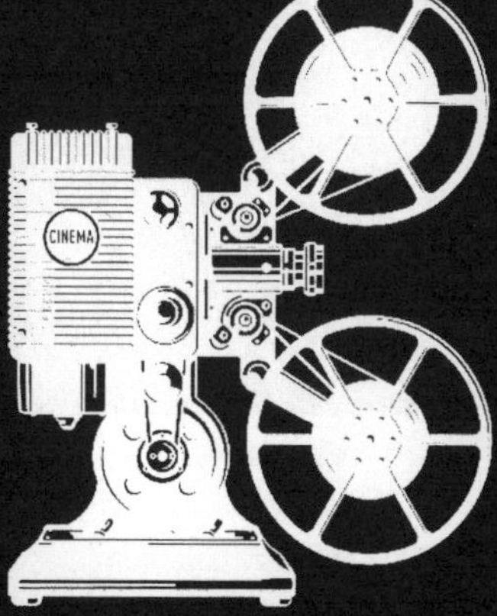
CINEMA

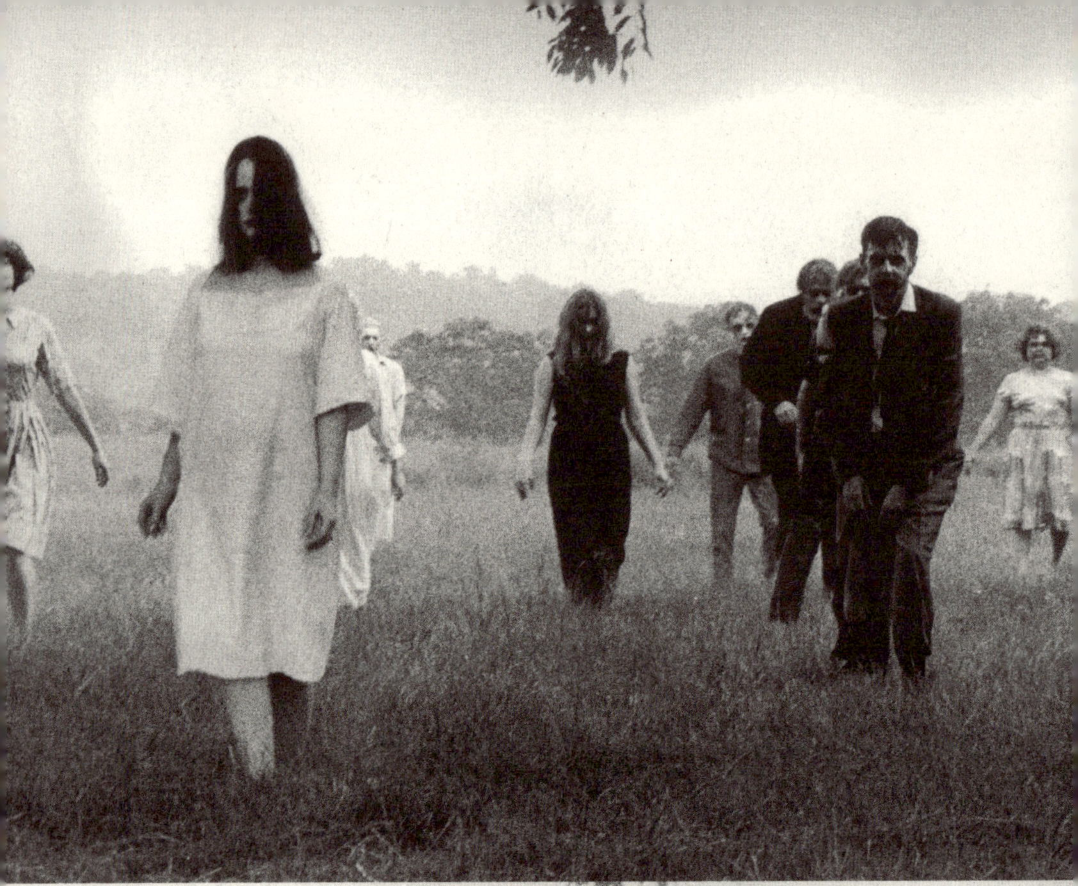

Horror Noire

PREFÁCIO

A PROMESSA REVELATÓRIA DO CINEMA DE GÊNERO

Rick Worland (2007), em seu livro *The Horror Film*, observa de forma jocosa, ainda que astuta, que autores que escrevem sobre filmes de terror têm uma propensão a incluir "declarações mais ou menos irônicas indicando que seu interesse [em filmes de terror] começou na infância ou recentemente, argumentando de forma implícita que a credibilidade que uma pessoa possui para falar sobre o tema foi de alguma forma melhorada ou piorada apenas em relação à época em que o interesse do autor começou".[1]

Aqui eu me junto a essa banal tradição para oferecer minha própria declaração de interesse — comecei a gostar de filmes de terror bem cedo, talvez com apenas cinco anos de idade. Essa revelação vai além das minhas confissões em relação às "florestas psicológicas" da minha infância levemente insana.[2] Minha honestidade quanto ao consumo do terror — e quanto a gostar disso! — é oferecida para fornecer a vocês alguma base relacionada às minhas experiências únicas com o gênero. Tenho esperança de que este vislumbre do meu mundo psicológico ajude você a compreender de onde surgiram, em parte, minhas interpretações sobre a representação dos negros no cinema.

CONFISSÕES DE UMA CRIANÇA DO TERROR

Escrevo este livro cheia de um sentimento de posse. Eu nasci e fui criada em Pittsburgh, Pensilvânia. Para os verdadeiros fãs de terror, eu não preciso dizer mais nada, pois vocês entendem o motivo de eu dizer que este livro é o meu destino. Para aqueles que precisam de uma pista: o lugar do meu nascimento foi o berço do Hércules do terror, George *"A noite dos mortos-vivos"* Romero, assim como do extraordinário criador de efeitos visuais Tom "Padrinho do Gore" Savini.[3]

Na pré-adolescência, eu estava levemente ciente de que literalmente seguia os passos de Romero e Savini em meu shopping favorito de Pittsburgh — o Monroeville Mall. O "Shopping" (como nós de Monroeville o chamamos) é a assustadora peça central em espaço e ideologia no filme *Despertar dos mortos* (1978) de Romero. O filme também continha a magia dos efeitos espetaculares de Savini nos mortos-vivos, ele, que também faz uma ponta como um "zumbi motoqueiro".

Em 1979, aos dez anos de idade, eu gostava de fazer o que crianças entediadas do país inteiro gostam de fazer — andar no shopping. O personagem adolescente Flip Dog (Danny Hoch) do filme *Garotos brancos* (1999) colocou este rito de passagem mundano da juventude moderna em perspectiva de forma sucinta: "Tudo que eles fazem é andar pelo shopping o dia todo [...] Indo da Chi-Chi's pra Footlocker e da Footlocker pra Chi-Chi's [...] Umas ocupações idiotas pra caralho".[4] Idiotas mesmo. Foram as crianças da minha geração que, de forma desavergonhada, começaram a abandonar os parquinhos e os cantinhos de areia, preferindo andar pelas alas dos shoppings como zumbis.

Mas o Monroeville Mall nos anos 1970 era uma coisa realmente especial. Primeiro, porque o seu primeiro andar era uma pista de patinação no gelo coberta. Com o rinque envolto em acrílico, o lugar parecia o Civic Arena (também conhecido como O Grande Iglu), lar dos Pittsburgh Penguins. Você podia se sentar perto do Pup-A-Go Go, um restaurante que se parecia com uma barraca de cachorro-quente, e assistir ao pequeno Mario Lemieuxs patinando de forma acanhada pra lá e pra cá no gelo enquanto a pequenina e futura Michelle Kwans ficava no centro do rinque, cruzando as pernas e pulando. Alguns anos depois, a direção do shopping, não aquiescendo à missiva de Romero sobre os perigos da produção em massa, iria desmontar o idiossincrático rinque de gelo com o Pup-A-Go Go. O lugar foi abocanhado por uma loja de biscoitos Mrs. Fields (trocadilho proposital).

Eu assisti *Despertar dos mortos* com a minha avó e com a minha mãe no Greater Pittsburgh Drive-In, que frequentemente exibia filmes de terror tarde da noite. Embora tenha surgido uma década depois de *A noite dos mortos-vivos*, o *Despertar* de Romero pareceu atrair sua parcela de negros. Existem pelo menos duas teorias interseccionadas sobre a afinidade dos negros em relação ao *Despertar*. A primeira explicação é que, uma década antes, muitos dos cinemas que exibiram *A noite dos mortos-vivos* atendiam cidades do interior, servindo uma audiência predominantemente negra.[5] Talvez o acesso tenha contribuído para o amor inicial dos negros para com Romero. Contudo, creio que essa proximidade foi apenas uma parcela daquilo que atraiu espectadores negros para os filmes seguintes do diretor. O outro ponto-chave foi que *Noite* tinha Ben! Ben (Duane Jones) — um personagem principal negro complexo e corajoso, que se mostrou calmo sob pressão, tomou controle de uma situação mortal com competência, e, de forma surpreendente, chutou alguns traseiros (brancos) e mostrou respeito (afinal de contas, ele bate e atira em um homem branco).

Nós, duas mulheres e uma criança, nos dirigimos até aquele drive-in para ver se Romero nos daria mais uma vez outro herói negro empoderado que não vacilava e não era apelativo. Romero não nos decepcionou. Ele provocativamente proporcionou um conquistador negro e mais, através do personagem durão Peter (Ken Foree), que sobrevive à praga zumbi e busca segurança com uma estranha — uma mulher branca grávida (suspiro), Francine (Gaylen Ross). Poderiam Peter e Francine encontrar esperança e uma vida sem zumbis em outro lugar? Quem vai fazer o parto do bebê de Francine (suspiro duplo)? Seja em 1968 com *Noite*, 1978 com *Despertar*, ou até mesmo hoje, representações desse tipo de raça, sexo e relações de gênero continuam a ser muito importantes.

Se não me falha a memória, minha viagem até o drive-in com a minha família ficou ainda mais sublime quando *Noite* passou logo depois de *Despertar* como parte de uma dobradinha de Romero. Eu mantive o meu sono distante para que pudesse ver *Noite* outra vez (eu já tinha assistido antes), com os olhos "maduros" de uma criança de dez anos de idade. Vi o canibalismo como algo "nojento". Contudo, fiquei profundamente afetada, de forma indescritível, pelo infame final de *Noite*, que, na minha mente, serviu, tanto na época quanto hoje, como uma crítica poderosa a respeito das relações raciais. Nas doloridas cenas finais de *Noite*, depois de Ben ter vencido todas as dificuldades para sobreviver à noite contra os zumbis canibais, ele é (simbolicamente) linchado por uma turba de homens brancos com espingardas. O filme refletia diretamente o clima social da sua época. O assassinato de Martin Luther King Jr. aconteceu no mesmo dia — 4 de abril de 1968 — em que Romero levava *Noite* até Nova York para ser distribuído. Para muitos negros em 1968, depois do assassinato do dr. King, era plausível se questionar se um homem negro seguro de si como Ben poderia ao menos sair da tela grande em segurança. Embora o filme de Romero fosse uma fantasia com seus zumbis comedores de carne, ainda assim era um obra de realismo significante. Ele dirigiu a atenção da audiência, exigindo que levássemos em consideração que no mundo real dos negros as multidões brancas são bem mais mortais.

Eu me lembro da minha avó disposta a colocar a mão sobre uma pilha de bíblias e jurar que reconhecia um daqueles "matadores de pretos com armas nas mãos, este e aquele", à medida que os via aparecendo no filme. Eu odeio dizer isso, mas ela podia estar certa. Policiais da área de Pittsburgh e de outros locais atuaram como figurantes na cena principal que decidiu o futuro de Ben. O que vimos em *Despertar* e *Noite* era realmente as *nossas* experiências em Pittsburgh naquela tela.

Pittsburgh, assim como várias cidades dos Estados Unidos nas décadas de 1970 e 1980, tornou fácil ter certa hesitação em relação ao seu potencial progressista (especialmente para as minorias). Pittsburgh era, e ainda é, uma cidade segregada. Seus bairros são ricos culturalmente, mas também servem como fronteiras raciais. O bairro de Bloomfield é predominantemente italiano. Polish Hill [Colina Polonesa] fala por si só. No lado norte da cidade, os negros, especialmente aqueles que vivem nas segregações elevadas e remotas do projeto habitacional Northview Heights, precisam fazer um grande esforço para chegar ao centro de Pittsburgh. São obrigados a descer a colina mais íngreme da cidade, atravessar "as planícies" e as pontes acima dos três rios famosos de Pittsburgh — o Allegheny, o Monongahela e o Ohio — para chegar no centro da cidade, também conhecido como o "distrito cultural". O distrito cultural sedia alegremente shows da Broadway em turnê, convenções e, ocasionalmente, até mesmo um festival de filmes de terror. Para se conectar com os negros que vivem, por exemplo, nas altitudes da região leste, esforços comparáveis são necessários. Logo, não apenas a conexão inter-racial é um desafio na antiga Cidade do Aço, mas a união *intra*rracial também não é nem um pouco fácil.

Romero fez a sua quarta produção da franquia *dos mortos* em 2005 com o filme *Terra dos mortos*. O comentário social de *Terra* tem tudo a ver com limites — corporativo versus público, ricos versus pobres, integrados versus marginalizados — e localização, especialmente sobre como aqueles três rios reforçam todas as formas de divisas e separações. Ao assistir *Terra*, eu vibrei quando o frentista negro, que se tornou o líder de uma facção zumbi rebelde, tomou o longo caminho para sair do seu bairro. Ele mergulhou na área em que os três rios se encontram e marchou no fundo escuro das águas com seu exército de compatriotas destituídos para expressar sua insatisfação, de uma forma bem "especial", em relação aos valores daqueles que se encontravam do outro lado das faixas raciais, de classe e corporativas no distrito cultural. Romero entende Pittsburgh tão bem.

Pittsburgh também tem, de forma dúbia, me fornecido algum capital de horror cultural para chamar de meu. Em 1982 o filme de terror *Cão branco* contou a história de um cruel pastor-alemão treinado por um racista branco para matar negros. Quando as pessoas comentam sobre o enredo fantasioso de *Cão branco*, eu as recordo de Dolpho, um pastor-alemão da polícia. Em um subúrbio de Pittsburgh, em 2002, Dolpho teve três reclamações registradas contra ele por negros que relataram ataques sem provocação. As coisas chegaram ao limite quando o cão preferiu atacar um menino negro de nove anos de idade em vez de perseguir, sob o comando de seu treinador branco, um homem branco suspeito de tráfico que estava por perto.[6] Dolpho foi suspenso da força policial.

Atualmente, Pittsburgh também é o lar de um "clube de encontros" de vampiros (mas qual cidade não é?) e está trabalhando para expandir seu grupo de lobisomens para pessoas como "Nicole", que postou no grupo de mensagens do site <werewolf.meetup.com>: "Olá, pessoal. Tenho 20 anos de idade, sou mulher e lobisomem. E só". A cidade também possui a Associação dos Caçadores de Fantasmas de Pittsburgh (PGHA), que investiga atividades paranormais na área desde 2002. Os "caçadores" da PGHA afirmam conhecer particularmente um instrumento transcomunicador (ITC). Isso significa que eles gravam "mensagens do além" (imagine Michael Keaton em *Vozes do além* [2005]).[7]

Então, sim, o fato de eu ser de Pittsburgh, e de ser uma fã de terror desde cedo, significa que trago uma nova relação com, e uma perspectiva única sobre, os filmes de terror.

DESAFIANDO O TERROR

Meu interesse nos filmes de terror e em suas narrativas acerca de raça certamente não começam e muito menos terminam nos filmes de Romero. Filmes como *King Kong* (1933), com seus nativos de pele preta entoando "uga-buga" e que se enamoram da pele branca, são extraordinariamente úteis para jogar uma luz na forma como entendemos o papel de raça, assim como (imaginárias) práticas culturais. E nem me fale de filmes como *Bones: o anjo das trevas* (2001), inspirados pela cultura hip-hop, com seus temas neo-blaxploitation ao som de rap. A corda que une todos os filmes que vou examinar aqui é a sua habilidade de inspirar abordagens raciais provocativas e que oferecem lições únicas e mensagens acerca das relações raciais.

Eu mostrarei neste livro que existem muitos filmes de terror que contribuem para a conversa sobre negritude. Acredito que seja particularmente importante entender que existe uma miríade de filmes de terror, geralmente feitos por criadores negros como Spencer Williams (*O sangue de Jesus*, 1941), Bill Gunn (*Ganja & Hess*, 1973) e Ernest Dickerson (*Def by Temptation*, 1990), que exibem temática negra, elenco negro e cenários negros que contribuem para o conteúdo inovador do gênero.

O horror tem algo a dizer sobre religião, ciência, estrangeiros, sexualidades, poder e controle, classe, papéis de gênero, origem do mal, sociedade ideal, democracia etc. Esses tópicos mudam completamente de figura quando são examinados sob a ótica da cultura negra. Meu ponto é: a história da negritude contada pelo terror é interessante e complexa. Enquanto o terror às vezes tem sido marcado pela sua reputação de "filme B", de baixo orçamento e/ou de gênero explorador, é impossível negar sua capacidade única de expor as questões e preocupações do nosso mundo social, incluindo nossas sensibilidades raciais.[8]

"Uma forma de rebaixar o gênero do terror", escreve Hutchings, "é subestimar sua audiência [...] dizendo que as únicas pessoas que possivelmente podem gostar desse tipo de coisa são doentes ou estúpidos (ou doentes *e* estúpidos)".[9] Eu não quero desconsiderar o que para alguns é uma "pulga atrás da orelha" no que diz respeito aos filmes de terror. Muitos desses filmes são, realmente, repletos de sanguinolência (a doença) e com roteiros fracos (a estupidez). Filmes de terror raramente são coisas dignas de vencer um prêmio no Festival de Cannes, mas o seu público pode ser bem mais esperto do que alguns críticos e acadêmicos imaginam. Esse público entende que o gênero como um todo não é inerte, e que realizadores de filmes de terror revelam algo muito, muito mais horrorizante: que o nosso mundo e as relações são realmente unidos por pouco mais do que cola de peruca spirit gum.

A noite dos mortos-vivos é um clássico cult agora. Os aficionados do gênero concordam que foi uma das maiores contribuições de Romero para o gênero e para a mídia. Contudo, já se passaram algumas décadas desde que *Noite* exigiu que nos perguntássemos o que era mais assustador: zumbis comedores de carne, ou aquilo que fazemos uns com os outros diariamente.

Então, aí está. Eu obviamente acredito que o gênero do terror tem uma grande promessa revelatória e é isso que me move a explorar sua miríade de definições de negritude, assim como aquilo que o gênero revela sobre os tipos relevantes de personagens negros, em relação aos níveis de participação dos negros em filmes e a respeito da contribuição negra para o nosso mundo social.

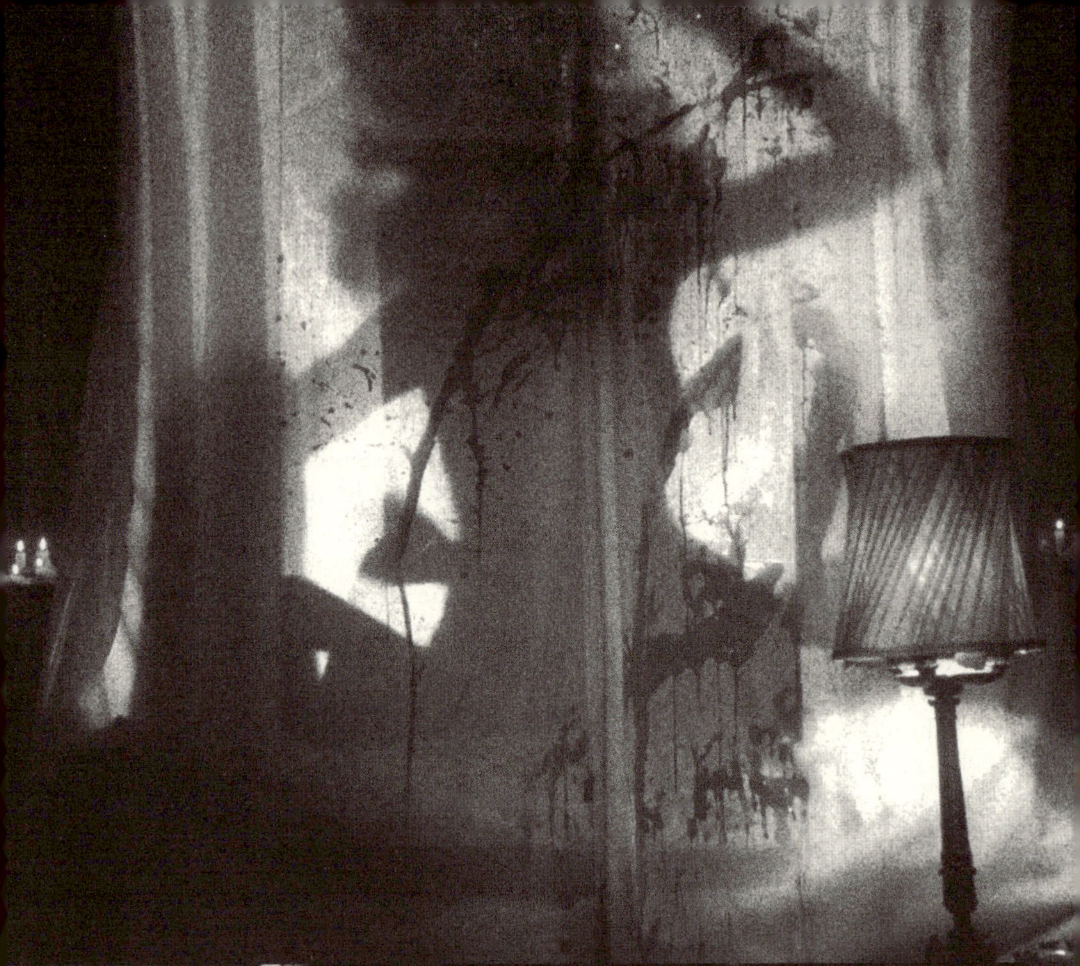

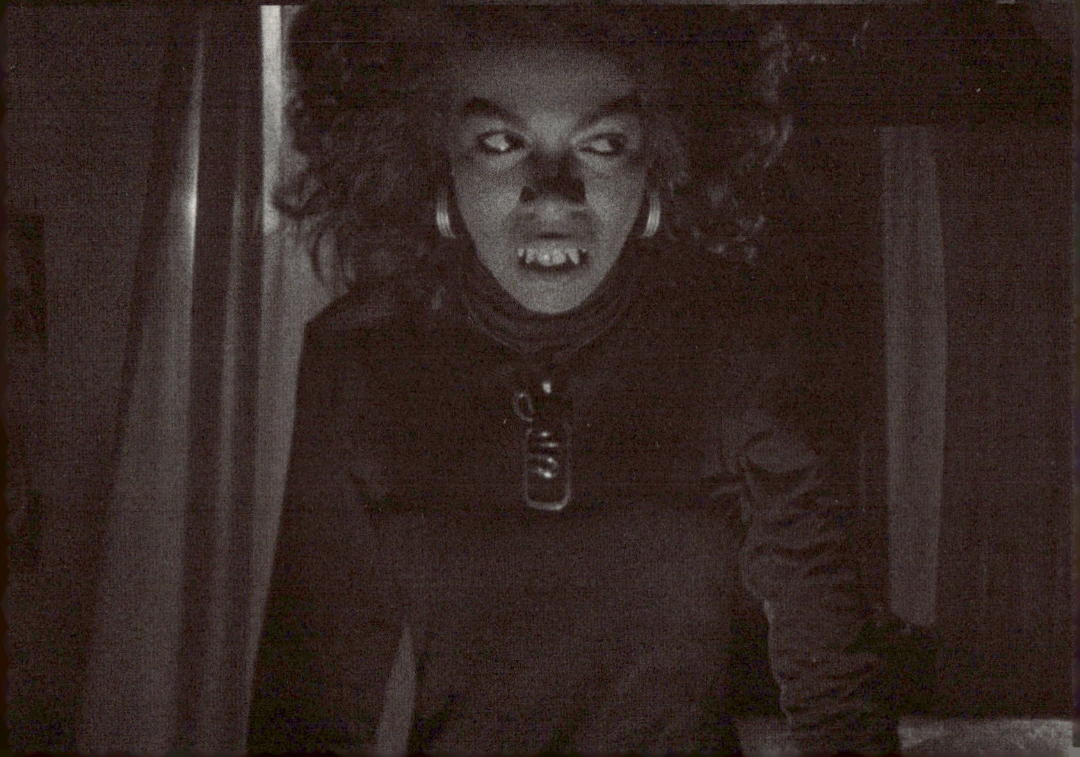

Horror Noire

INTRO
ESTUDANDO NEGROS E FILMES DE TERROR

:01 segundo de início do filme *Jurassic Park: o parque dos dinossauros* (1993): O guarda negro sem nome #1 é empurrado para dentro de uma cela com um velociraptor em movimento [Oh, não. Tome cuidado guarda negro #1!] :04 segundos depois, o guarda negro #1 é transformado em um verdadeiro purê pelo velociraptor.

Jurassic Park talvez tenha sido um entretenimento de ficção científica emocionante para alguns naquele cinema escuro em Columbia, no estado do Missouri, mas para mim essa primeira cena de aniquilação negra prometia um show de *terror*. Eu me lembro de ter passado vários minutos em luto pelo guarda negro #1 (Jophery C. Brown), cuja morte foi testemunhada com o único propósito de evidenciar o que todos já sabíamos — que o velociraptor é um monstro terrível. Para se certificarem disso, diretores como Steven Spielberg brincam de forma sagaz com as expectativas da audiência, incluindo a descoberta de que não há modo melhor de mostrar a letalidade extrema de alguém, ou *algo*, do que assegurar uma vitória sanguinária em detrimento de um homem negro com uma gigantesca arma negra.

Enquanto as pessoas ao meu redor no cinema davam risadinhas com as bizarrices do encontro entre crianças e dinossauros, eu me sentia estranhamente desconfortável... talvez porque eu estivesse olhando para o cepo ensanguentado do engenheiro (negro) Ray Arnold (Samuel L. Jackson) do Parque dos Dinossauros. Ele também tinha sido capturado pelos dinossauros. Ray não era o advogado desagradável, o ladrão de segredos corporativos, ou mesmo o grande caçador, que foram todos merecidamente devorados pelas criaturas. Assim como o guarda negro #1, Ray Arnold era inocente; portanto, os dois únicos personagens negros do filme foram unidos pelo fato de terem experimentado mortes horríveis e absolutamente injustificadas.

O objetivo dessa lembrança é revelar que, às vezes, os negros têm uma relação bastante única com a representação dos negros em filmes estadunidenses. Ao assistirem um filme, alguns levam, ou vão embora carregando, expectativas culturalmente específicas — o que Kozol chama de "o olhar racial"[1] —, esperando ver a si mesmos como sujeitos completos, redondos e complexos em vez de simples "ornamentos no set de filmagem"[2] ou carne humana para elevar a sanguinolenta contagem de corpos.

Em *Horror Noire: A Representação Negra no Cinema de Terror*, eu estou interessada naquilo que o terror pode revelar, por meio das representações, sobre nosso entendimento dos negros e dos tropos da cultura negra, ou negritude, bem como em saber com que tipos de discursos sociopolíticos esses filmes contribuem e quais significados provocam. Mais ainda, eu especulo sobre os ímpetos acerca das narrativas e imagens racializadas dos filmes de terror. Em meus esforços para rehistoricizar e recontextualizar os filmes de terror, eu noto como o gênero "fala" sobre diferença. Isto é, marcando as pessoas negras e sua cultura como o Outro — à parte das populações e culturas dominantes (brancas) nos Estados Unidos. O título principal do livro, *Horror Noire*, funciona como uma espécie de duplo sentido. Ele referencia o "escuro", ou o "noire" (como em *bête noire*), e ao mesmo tempo oferece um reconhecimento das relações complexas do horror com o bem e o mal, certo e errado, assim como um outro gênero, o filme noir, também lida com essas questões. Contudo, este livro não toma o filme noir como foco. Em vez disso, *Horror Noire* é um título que trabalha para saudar e unir a riqueza das formas populares de cultura oferecidas com foco nos negros norte-americanos — que também se apropriam da palavra francesa *noir(e)* para se referir a "negro" — por exemplo: Noire Digerati, uma organização tecnológica que foca na inclusão de negros no desenvolvimento de jogos, computação móvel e mídia interativa;[3] ou o livro *Black Noir*, composto por escritores afro-estadunidenses de histórias policiais;[4] ou o site *NetNoir*, um portal de notícias e política que trabalha sob "uma perspectiva afro-estadunidense".[5]

O terror é um gênero que, de acordo com Mark Reid em *Black Lenses, Black Voices: African American Film Now*, exige escrutínio quando "a diferença demoniza personagens e cria ou resiste a noções estáticas de bem e mal".[6] Isso não quer dizer que *apenas* os filmes de terror que apresentem, ou lidem, com nossas desigualdades sociais ou que debatam nossa hipocrisia mereçam ser estudados. Para o escritor de livros de terror Stephen King, aquilo que está enterrado sob a fantasia de terror é válido o suficiente; como ele afirma: "para início de conversa, nós entendemos que a ficção é uma mentira. Ignorar a verdade dentro da mentira é um pecado contra o ofício".[7] Para nos certificarmos, a intrínseca "qualidade fantástica [do horror] produziu mais pensamentos imaginativos, inovadores e provocadores (bem como tortuosos e confusos) do que é por vezes aparente naquelas áreas de representação mais engessadas pelas exigências do realismo".[8] Por meio da sua imaginação, inovação e inclinação à provocação, o terror não apenas comenta sobre a cultura negra, mas, como Clover afirma, também "dedura" a mídia dominante, reparando seus lapsos em relação a convenções, visões culturais e representacionais e coragem.[9]

O que eu procuro evitar aqui é tratar o gênero do terror como "uma longa cadeia de códigos imutáveis" onde as mudanças históricas significativas são descartadas como "pouco mais do que variações insignificantes".[10] Outros estudiosos têm trabalhado de forma eficiente e influente para identificar e organizar o tratamento dos negros ao longo do tempo na cultura popular e na mídia. Por exemplo, Brown categoriza os tipos de personagens negros frequentemente vistos na literatura dominante no início do século XX como "escravo contente" ou o "livre miserável".[11] Clark[12] contribuiu com uma tipologia organizada em torno da participação negra, ou da falta dela, na mídia. Ele identifica representações recorrentes e modismos como o "não reconhecimento" (ou ausência) e o "ridículo". Nelson[13] e Coleman[14] focam nos sitcoms de televisão para providenciar uma rubrica que elucida o impacto sociopolítico dos discursos de mídia que incluem as mensagens nas entrelinhas de "separados mas iguais" e "assimiladores". Em *Horror Noire*, eu comecei a apreciar essas e outras contribuições organizacionais importantes, enquanto inovo meu próprio exame histórico — década por década — da participação negra no gênero dos filmes de terror.

Ainda assim, tomei bastante cuidado para não encaixar forçosamente este histórico dos filmes de terror em décadas. Contudo, a posteriori, minha análise realmente revelou um ciclo de representações que coincide com a ascensão e queda dos rumos sociopolíticos em cada década, e apresento aqui meu entendimento e a minha interpretação dos eventos. Ainda que delineado por década, o gênero do terror apresenta tanto tendências de longa duração e que atravessam eras quanto alguns modismos temporários. Eu trabalho bastante para notar exemplos de cada um.

O TERROR COMO UM GÊNERO (RESISTENTE)

A questão imediata, dada a constante simultânea (por exemplo, medo e violência) e a natureza flexível (por exemplo, bom gosto e estética) do gênero, é: "O que, então, constitui um filme de terror?". É válido notar de imediato que discutir o que entra ou sai dos limites de um gênero é um processo complexo, quiçá impossível e, às vezes, infrutífero. Hoje, especialmente na era da multimídia e das novas mídias tecnológicas, limites puristas e genéricos são extremamente difíceis de ser definidos. Seria um filme de terror, um *filme de verdade,* apenas se estiver, vamos dizer, numa tela de cinema hollywoodiana, ou podemos aceitar agora que o terror encontrou sua casa em telas cada vez menores (como as tecnologias digitais portáteis)? Pode o filme de terror ser feito não apenas por grandes estúdios, ou estúdios independentes, mas também por um ou dois indivíduos com uma câmera digital, um roteiro que de roteiro não tem quase nada e orçamento zero? O *Jurassic Park*, por exemplo, seria um filme de aventura, ficção científica, uma comédia, ou todas as opções ao mesmo tempo? Continuando com o exemplo de *Jurassic Park*, o filme se aproximaria da categoria de terror por causa dos seus monstros assassinos, do sentimento de medo que causou ou mesmo porque ao menos uma pessoa da plateia o interpretou como um filme de terror com base em sua crença de que a taxa de mortalidade entre as pessoas negras no filme, embora baixíssima, seja assustadora? Essas questões revelam que, mesmo juntando mídia, produção e recepção, não é possível conseguir uma definição clara.

Hutchings, em seu livro *The Horror Film*, está certo em sua observação de que as definições são fugidias: "quais filmes são terror e quais filmes não são é uma questão que continua sendo uma incógnita [...], talvez a característica mais emocionante e impressionante do cinema de horror nesse aspecto seja que, assim como um de seus monstros metamorfos, o gênero está sempre mudando, sempre em processo".[15] Contudo, aceitar a inconclusão é insatisfatório aqui, já que, dentro do contexto deste livro, é útil abordar pelo menos algum entendimento sobre o que seria, e o que não seria, um filme de terror.

Certamente, a noção de gênero e a prática de distribuir tipologias, especialmente dentro do terror, são "particularmente contestadas".[16] Hoje, nosso entendimento de gênero vai além das noções iniciais aristotélicas/*Poética* e daquelas de Northrop Frye/*Anatomia da crítica*[17] de desafiar as fórmulas e convenções distintas e separadas das formas de arte para criar um sistema classificatório. Em vez disso, o gênero tem muito a ver com o poder heurístico que envolve a nomeação de "algo", e também se relaciona com eufonia sociopolítica. Ao "nomear algo", Gateward nos ajuda a revelar a profundidade do problema; como ela aponta: "na verdade, existem tantos filmes de vampiro com tantas convenções compartilhadas em relação a temas e personagens, que o filme de vampiro acabou se tornando um gênero por si só".[18] O mesmo pode ser dito sobre negros em filmes. Isto é, existem tantos filmes exibindo a negritude, compartilhando de tantas convenções, que filmes negros se tornaram um gênero por si só.[19]

Marcar ou nomear alguma coisa, no fim das contas, é intrinsecamente perigoso porque pode subordinar ainda mais essa coisa (como a figura da mãe versus a mãe que depende da ajuda do governo).* Contudo, a nomeação de algo contém o potencial de ser politicamente poderoso e pode funcionar para expor materiais de qualidade que teriam permanecido invisíveis de outra forma. Por exemplo, existem categorias úteis e criativas criadas em reconhecimento aos motivos recorrentes e papéis disponíveis para a negritude. Quando chamamos certos filmes de "blaxploitation", por exemplo, a nomenclatura serve tanto para expor uma certa categoria de filmes cheia de estereótipos sobre as relações raciais, papéis de gênero, sexo e violência, e também funciona como uma crítica em relação àqueles que criaram os estereótipos, a economia política (investimentos financeiros, distribuição e marketing) por trás de tais esforços, e a recepção e o grande impacto cultural que as imagens contêm dentro e fora do escopo da negritude. Categorias adicionais,

---

* O livro *Pensamento Feminista Negro*, da socióloga Patricia Hill Collins (Boitempo, 2019), fala a respeito das imagens de controle como uma representação específica de gênero para pessoas negras que se articula a partir de padrões estabelecidos no interior da cultura ocidental branca eurocêntrica. As imagens de controle são diferentes de estereótipos por serem manipuladas dentro dos sistemas de poder e controlam o comportamento e os corpos de mulheres negras, criando obstáculos intransponíveis nos processos de subjetivação, autonomia e e exercício da cidadania destas mulheres. [NE]

guiadas pelo consenso cultural, impacto social, assunto tratado, estilo, técnica ou qualidade, continuam a surgir a todo momento, como os "filmes de gueto", tipo *Os donos da rua* (1991) ou *Perigo para a sociedade* (1993). De forma compreensível, muitos se recusam a categorizar filmes por meio de alguma espécie de raciologia. Esse tipo de alocação corre o risco de criar uma sobredeterminação de todas as formas de variáveis das diferenças, como visão de mundo, classe, sexualidade, gênero etc. Ainda assim, David Leonard criou um argumento convincente e persuasivo para delinear filmes negros a fim de facilitar o estudo em *Screens Fade to Black*: "é preciso analisar o cinema negro como um fenômeno em si — como algo que possui a sua própria história, tradição cultural e normas expressivas (africanismo, tradição oral, estilo narrativo, espiritualidade, sincretismo, hibridização)".[20]

Assim sendo, o que, então, é o terror conceitualizado aqui? Eu tomo a discussão de Phillips acerca das definições em seu livro *Projected Fears: Horror Films and American Culture*.[21] Nessa obra, ele argumenta que o terror, como um gênero, é marcado por aquilo que é reconhecível instantaneamente como aterrorizante; aquilo que corresponde a nossa compreensão e expectativa do que é aterrorizante; e por aquilo que é discutido e interpretado como sendo parte do terror. Isabel Christina Pinedo, em *Recreational Terror: Women and the Pleasure of Horror Film Viewing*, sintetiza de forma hábil a variedade das considerações acerca do terror, definindo o gênero de acordo com cinco descritores: (1) o horror perturba o mundo corriqueiro; (2) infringe e viola limites; (3) incomoda a validez da racionalidade; (4) resiste aos fechamentos narrativos; e (5) trabalha para evocar o medo.[22] Na verdade, neste livro, eu acredito que seja mais proveitoso abordar o nosso entendimento dos filmes de terror por meio de um apanhando de considerações. Ao fazê-lo, eu tento evitar as armadilhas e os limites de estabelecer categorias fixas, enquanto dou crédito à ambiguidade e abertura textual ou polissemia.

Há muito o que considerar quando exploramos o terror, e existem limites em minha análise. Em minha abordagem crítica cultural/crítica racial, eu notavelmente omito o psicanalítico, além da ênfase na agressão e na violência, que contribuíram na definição de um conhecimento sobre os filmes de terror. Meu questionamento sobre identidade cultural e mensagens mediadas apresenta um interesse diferente daquelas questões focadas nos efeitos do terror e da violência sobre a psicologia e o desejo de sangue dos telespectadores reais. Enquanto o meu desinteresse em relação à psicanálise é guiado pelas minhas questões culturalmente focadas, Hutchings apresenta uma perspectiva mais pessimista das leituras psicanalíticas, descrevendo tais críticas cinematográficas como "profundamente problemáticas", em grande parte por causa de seu embate naquilo que se refere a "noções de coletividade, economia, tecnologia, história, raça e classe".[23] Jonathan Lake Crane, em *Terror and Everyday Life*, também expressa dúvidas acerca do foco em "violência nas telas [...] desejo libidinoso ou qualquer outro tipo de agitação psíquica".[24]

Outra marca do gênero de terror é a sua complexidade. Assim como é capaz de fornecer as narrativas mais empolgantes, heroicas e imaginativas, o terror também pode produzir filmes de violência assustadora, repugnante e indescritível. Não é possível ignorar que as violências psíquicas e emocionais são frequentemente centrais no gênero. Enquanto filmes (hiper)violentos e dramáticos dos gêneros de guerra, crime e suspense, como *Pulp Fiction: tempos de violência*, *O resgate do soldado Ryan* e *Onde os fracos não têm vez* são aclamados criticamente e poupados dos desvios acadêmicos em pesquisas experimentais sobre agressão e perturbações psicológicas, é impossível ignorar a dependência que o horror guarda na violência como ferramenta narrativa. É reconhecido aqui que não é apenas o derramamento de sangue que constitui um filme de terror, mas "o contexto niilista no qual a violência ocorre".[25] É fácil perceber como a violência do filme de terror veio a ser vista como algo esvaziado de qualquer valor elucidativo. Talvez tenhamos que agradecer aos filmes de assassinos sanguinolentos por isso (por exemplo, *Baile de formatura* [1980]). Contudo, o que observamos aqui é que, muitas vezes, a violência no terror e na negritude trabalham juntas para prover incursões discursivas importantes, como a violência exibindo algum tipo de "retorno do re/oprimido". Aqui, a violência, seja ela gratuita ou assertiva, não irá encobrir as narrativas revelatórias de negritude que os filmes de terror têm para oferecer.

NEGROS NOS FILMES DE TERROR (VERSUS FILMES NEGROS DE TERROR)

Este livro contribui para o diálogo acerca do filme de terror ao oferecer duas categorias adicionais para o léxico. A primeira é filmes de terror "*com* negros" e a segunda é "filmes *negros* de terror.

Filmes de terror "com negros lidam com a população negra e a negritude no contexto do terror, ainda que o filme de terror não seja completamente ou substancialmente focado em um ou outro. Contudo, esses filmes possuem um poder discursivo particular em seu tratamento da negritude. Esses filmes de terror geralmente são produtos de grandes estúdios, embora não universalmente. Eles têm sido produzidos, histórica e tipicamente, por pessoas não negras para o consumo mainstream. Filmes de terror "com negros" apresentam algumas das imagens mais importantes para se entender como a negritude é representada. Exemplos de filmes de terror "com negros" que serão discutidos neste livro incluem *King Kong* (1933), *A noite dos mortos-vivos* (1968), *A maldição dos mortos-vivos* (1988) e *O mistério de Candyman* (1992). O elo que une muitos desses filmes, primeiramente, é que eles tendem a provocar um consenso do que constitui um filme de terror — eles perturbam nossas noções de uma vida racional, mundana e segura. Em segundo lugar, esses filmes contribuíram de maneira significativa para as discussões e debates em relação não apenas à negritude, mas também à sua proximidade com interpretações acerca do que é aterrorizante e onde ela é incorporada. Esses são filmes que frequentemente "codificam o monstro como um Outro racial associado a uma poderosa religião selvagem".[26] Na verdade, nós vemos o Outro racial em filmes como *O mistério de Candyman*, e a religião negra como selvagem e poderosa em *A maldição dos mortos-vivos*. Além disso, esses filmes são "mais hiperbolicamente preocupados do que nunca com a questão da diferença" (citado em Grant 2).[27]

Não estão incluídos neste livro os filmes de terror que não fornecem uma percepção significativa relacionada ao legado que une a negritude com o horrorizante. Excluí os filmes nos quais personagens negros são incidentais ou estão ali só para marcar presença, e dos quais algum comentário sobre a negritude também está ausente — exceto para dizer que se trata de algo com pouca relevância. A inclusão de filmes como *Chamas da vingança* (1984) ou *O mestre dos desejos* (1997), em que os negros são relegados "ao status de vítimas, personagens descartáveis amplamente subdesenvolvidos",[28] foi omitida desta análise. Contudo, aqui foram incluídos casos de filmes que falam muito sobre negritude, ainda que por meio de sua exclusão. A omissão completa dos negros e da negritude revela muito sobre a nossa cultura estadunidense em diferentes pontos da história. Por exemplo, existem razões intrigantes para o fato de haver poucos — ou uma total ausência de — negros nos subúrbios da década de 1980 em que monstros como Freddy Krueger e Michael Myers caçavam e eram caçados. Isso significa que um filme não precisa ter um personagem negro para dizer algo sobre ou contra a negritude. As discussões a respeito de filmes que parecem oferecer metáforas raciais também serão incluídas. *O monstro da lagoa negra* (1954), em particular, é um filme que não possui uma presença negra significativa em tela, mas merece atenção por exibir o herói branco ocidental moderno cuja missão primordial é proteger uma mulher branca similarmente situada de um monstro negro primordial.[29]

Também é válido levar em consideração as noções de aparência do bem e do mal em um filme. Isso quer dizer, por exemplo, que existem alguns contribuintes para a categoria de filmes de terror "com negros" que merecem a nossa atenção por causa de sua significativa contribuição para o nosso entendimento do negro-como-monstruosidade. *O nascimento de uma nação* (1915), o épico pró-Ku Klux Klan da Guerra Civil, é um filme que elenca os negros de forma escandalosa como figuras horríveis — eles são monstruosos, bichos-papões selvagens (frequentemente homens) que possuem práticas culturais perturbadoras. Logo, neste livro, a definição de filmes de terror "com negros" pode ir além das expectativas tradicionais daquilo que constitui um filme de terror para revelar — em forma e processo — que aquilo que aterroriza é solidificado na imaginação.

Alguém irá se perguntar inevitavelmente por que este ou aquele filme não entrou no livro. O critério para a inclusão que foi empregado aqui se relaciona à saliência em exemplificar as eras históricas e os temas que os próprios filmes trabalharam para criar e informar. O objetivo não é ser enciclopédico.

FILMES *NEGROS* DE TERROR
(VERSUS FILMES DE TERROR COM NEGROS)

Existe um segundo tipo de filme tratado neste livro, os "filmes negros" de terror. Filmes negros de terror são constituídos por muitos dos mesmos indicadores dos filmes de terror, como a perturbação, monstruosidades e medo. Contudo, filmes negros de terror são filmes "raciais" na maioria das vezes. O que significa que possuem um foco narrativo adicional que chama a atenção para a identidade racial, nesse caso, a negritude — cultura negra, história, ideologias, experiências, políticas, linguagem, humor, estética, estilo, música e coisas do tipo. Filmes negros, diz (e acautela) Cripps:

> [...] têm um produtor, diretor e escritor, ou artistas negros;
> que falam com o público negro ou, de forma incidental, com o
> público branco possuidor de curiosidade sobrenatural, atenção
> ou sensibilidade em relação aos assuntos raciais; e isso emerge
> de intenções conscientes, sejam elas artísticas ou políticas, para
> iluminar a experiência afro-estadunidense. [...] Se fôssemos trazer
> essa definição para âmbitos mais pontuais, nós iríamos discutir
> eternamente sobre quem tem o direito de participar da dança.[30]

Em resumo, os negros podem aparecer em todos os tipos de filmes de terror, mas os próprios filmes podem não ser *negros* em si, em relação ao criador, público ou a experiência que apresentam. É válido notar o apontamento que Yearwood coloca de que a compleição do criador do filme e do público não são medidas suficientes para se definir um filme negro, seja de terror ou não. O filme negro trata sobre a experiência negra e as tradições culturais negras — um meio cultural e histórico negro girando e impactando as vidas negras nos Estados Unidos. Embora seja difícil definir um filme negro, isso não quer dizer que ele não exista, apenas que é algo dinâmico de onde novas estéticas e limites surgem.[31]

Neste livro, *Def by Temptation* (1990) é um "filme negro" de terror. É feito por produtores negros: James Bond III é o autor, diretor e produtor, e Ernest R. Dickerson é o diretor de fotografia. Apresenta um elenco todo negro, incluindo Bond, Kadeem Hardison e Samuel L. Jackson. Ele saúda o público negro ao apresentar cantores de R&B, como Melba e Freddie Jackson, e lida com tropos específicos da cultura negra — invoca rituais das igrejas sulistas negras, espaços negros urbanos, performances de masculinidade negra, vernáculos negros, música, estilo e outras características estéticas. Contudo, é importante notar que nem todos esses elementos precisam estar presentes para que um filme seja "negro".

Ao contrário, existem filmes de terror que voltam sua atenção para a negritude, mas falham em ser filmes negros. *As criaturas atrás das paredes* (1991) é oferecido por um criador de imagens não negro (Wes Craven). O filme é notável por ter o personagem "Fool", uma criança negra ladra, como protagonista. Mas a produção também estrela um casal branco incestuoso, "Mãe" e "Pai", que são os antagonistas grotescos. *As criaturas atrás das paredes* exibe Mãe e Pai como senhores do gueto em um bairro pobre predominantemente negro. Além dos negros criminosos e negros pobres, o foco narrativo recai em cima de Mãe, Pai e de uma "filha" branca, Alice, que foi sequestrada e sujeitada a abusos. Assim sendo, *As criaturas atrás das paredes* trata da branquitude com um elenco e uma equipe majoritariamente brancas, assim como seu impulso textual. Pelas minhas contas, trata-se de um esforço do tipo filmes de terror *com* negros. Contudo, o ponto de igualdade entre os dois filmes, *Def* e *As criaturas*, é que, como argumenta Tony Williams, assim como vários outros filmes de terror, ambos contêm "temas altamente relevantes para o público que ocupa uma posição marginal na sociedade".[32]

Outro filme dirigido por Wes Craven, *Um vampiro no Brooklyn* (1995), foi escrito pelos afro-estadunidenses Eddie e Charlie Murphy e Vernon Lynch. O filme estrela, além de Eddie Murphy, os atores negros Angela Bassett, Allen Payne, Kadeem Hardison e John Witherspoon. A produção conecta o Caribe com uma vizinhança negra no Brooklyn, apresenta formas de arte negras e conta com um humor derivado culturalmente. Aqui, *Um vampiro no Brooklyn* é tratado como um filme *negro* de terror. É válido lembrar, então, aquilo que o estudioso de cinema Ed Guerrero escreve em *Framing Blackness*: "nenhum filme hollywoodiano de imagem negra é fruto da inspiração ou esforço de um indivíduo, mas um esforço colaborativo no qual estética, economia e política compartilham (às vezes de forma antagônica) influências".[33]

Juntos, filmes de terror "com negros" e "filmes negros" de terror oferecem uma oportunidade extraordinária de se examinar como raça, identidades e relações raciais são construídas e representadas.

Talvez o mais interessante para os dois tipos seja quando e de que maneira esses filmes posicionam de forma variada os negros como a coisa que horroriza ou como a vítima que é horrorizada. A narrativa única do gênero de terror, assim como sua estética e suas qualidades comerciais, providencia a noção de que "o gênero, mais do que nunca, se mostra 'útil' para debater os dilemas da diferença".[34] Certamente, o terror sempre prestou atenção aos problemas sociais de forma provocativa. No entanto, este momento da sociopolítica estadunidense — nas interseções da globalização de mídia, formação identitária, performance e circulação, entendimento de raça (negritude em particular e a noção de uma era pós-racial), além do acesso a (e o uso de) novas tecnologias — é um momento ideal para mergulhar nesse fenômeno cinematográfico, criador de raças e ideologias.

FLUXO EPISTEMOLÓGICO

Horror Noire é guiado por várias conjecturas básicas. A primeira delas é que o estudo de raça continua a ser importante. Em seu livro *Darkwater: Voices from Within the Veil* (1920), W.E.B. Du Bois nota que, ao focar no assunto de raça nos Estados Unidos, ele se encontra mais uma vez escrevendo (tristemente) acerca de um tema "sobre o qual grandes almas já disseram grandes palavras".[35] O tema da raça não perde o interesse para Dubois pelas mesmas razões que o impeliram a escrever sobre o assunto pela primeira vez — o problema sempre presente da divisão entre cores. O "estranho significado de ser negro" no início do século XX, quando Dubois escrevia, nos seguiu até o século XXI. O "estranho significado" de ser negro neste milênio continua a se referir, em partes, ao "problema da divisão entre cores" (ao contrário das proclamações recentes a respeito de uma sociedade pós-racial). Trata-se de um questão ainda exacerbada pelo "sentido de sempre olhar para si mesmo por meio dos olhos de outros, de medir a própria alma pela fita métrica de um mundo que o olha com divertido desdém e pena".[36] Para o historiador de cinema Thomas Cripps, os filmes de Hollywood, "desde o início", tiveram um papel vital em aguçar a distinção da linha de cor, enquanto trabalhavam de maneira efetiva para espalhar as crenças raciais e as angústias da sociedade.[37] Este livro também leva em conta um número de "-ismos". Ele interroga as consequências do racismo, machismo, classismo, separatismo, heterossexismo, noções de masculino e masculinidade, assim como de feminino e feminilidade. As notórias estudiosas feministas Patricia Hill Collins e bell hooks exigem que entremos em sintonia com as intersecções e interconexões entre discursos dominantes sobre raça, classe, gênero e sexualidades. Assim sendo, este é um projeto de viés negro/feminista no qual os negros são identificados como sujeitos, e não apenas como objetos (o que também é o caso em muitos destes filmes); a realidade histórica da negritude de acordo com os filmes é definida e exposta; e a história do filme negro de terror é contada de um vantajoso ponto de empoderamento e com o objetivo de elevar a consciência.[38]

Este livro é também uma extensão do ensaio "Her Body, Himself: Gender in the Slasher Film",[39] de Clover, e da obra de Pinedo, que, em *Recreational Terror: Women and the Pleasures of Horror Film Viewing*,[40] argumenta que há mais nos filmes de terror do que misoginia, violência e olhares voyeurísticos. Embora esses e outros casos problemáticos de "-ismos" sejam encontrados nos filmes, este livro argumenta que também existem oportunidades — ainda que não haja muito esforço — dentro dos filmes para perturbar ou eviscerar nossas visões dominantes e presunçosas acerca do lugar de cada um no mundo. Questões perturbadoras de mácula, escuridão e bufonaria *não* são as únicas intenções deste livro. Em vez disso, o terror também tem sido um meio capaz de tomar todos os tópicos de empoderamento e revolução para reescrever os lugares do heroísmo e da maldade. "Embora os paralelos diretos entre as forças sociais e a cultura popular sejam arriscados, na melhor das hipóteses", estão presentes aqui dois entendimentos distintos a respeito do funcionamento da participação negra nos filmes de terror.[41] Na primeira instância, os negros têm sido mostrados como deficientes — infantis, contaminosos, situados nas esferas mais baixas da escala socioeconômica, servindo de metáfora e como catalisadores do mal, e demonizados, ainda que nem sempre tenham sido escalados, propriamente, no papel do diabo. No segundo momento, este livro trabalha para revelar como o gênero do terror tem o potencial de desmitificar representações onerosas dos afro-estadunidenses, que são calcadas em, e derivadas de, um tipo de "menestrel do fim do século".[42] Ao contrário, a negritude pode ser tão madura, temente a Deus e resistente ao mal, inteira e completa, sábia e antiga, totalmente engajada contra o mal, e estar presente no centro ou nas cercanias das edificações de bondade.

UM SÉCULO DE HORROR NEGRO

O capítulo 1, "O nascimento do bicho-papão negro: pré-1930", começa com os filmes mudos e os curtas "antropológicos" como *Native Woman Washing a Negro Baby in Nassau*, de 1895, para situar como os negros eram representados e a negritude era percebida nos primeiros anos do cinema. Este capítulo descreve de que maneira filmes iniciais (usando a pintura facial blackface), como *A Nigger in the Woodpile*, de 1904, eram apresentados como curtas humorísticos para a população não negra, mas também podiam ser interpretados como horror por causa de suas representações de ataques violentos e criminosos contra as comunidades negras. Esses filmes não apenas refletem as sensibilidades do tempo, mas também apresentam lições devastadoras acerca da hierarquia racial e supremacia branca na virada do século XX. O capítulo também examina o uso de convenções do horror por parte de inovadores do cinema como George Méliès, um cineasta e ilusionista que apresentou um dos primeiros casos de filmes de terror "com negros", e D.W. Griffith, um diretor de cinema que ofereceu um dos mais duradouros e pérfidos entendimentos dos negros como, literalmente, *bêtes noires*, ou feras negras. Essa era do cinema também é notável por sua contribuição seminal à mídia do entretenimento pelos cineastas negros pioneiros do país, os quais buscavam desafiar as miríades de discursos danosos que igualavam a negritude à maldade.

Esse capítulo revela que cineastas negros como John W. Noble e Oscar Micheaux, por meio de *Deus e a humanidade* (1918) e *Nos limites dos portões* (1920), respectivamente, trabalharam para combater as imagens racistas ao apresentarem negros nas telas como figuras desenvolvidas e complexas.

O capítulo 2, "Febre da selva — um romance de horror: os anos 1930", revela a fascinação do terror por figuras de primatas predadores, assim como sua tendência narrativa problemática de identificar negros e macacos como inseparáveis na escala evolutiva. Negros e primatas nesses filmes de terror "com negros" são ligados, como alguns já observaram em relação à representação de *King Kong* (1933). Também, durante esse período, eles estão explicitamente (de forma literal e figurativa) unidos pela biologia — quer dizer, negros e primatas são apresentados procriando (bestialidade), produzindo, dessa maneira, a cria de negros/macacos que são indistinguíveis em sua primitividade. O capítulo então se dirige para a ilha de Hispaniola, e para o Haiti. O país viu trabalhadores negros escravizados trazerem práticas culturais que eram vistas como estrangeiras na melhor das hipóteses, e deficitárias na pior delas, pelos colonizadores franceses, espanhóis, norte-americanos e britânicos. Práticas e religiosidade de matriz africanas foram exotizadas de forma imagética e distorcidas durante essa década em filmes seminais como *Zumbi branco* (1932).

No terceiro capítulo, "Bandidos aterrorizantes e miseráveis menestréis: os anos 1940", eu examino a transição que os filmes de terror fazem ao exibir os negros como símbolos perigosamente mortais do mal (por exemplo, os malignos praticantes de vodu) para mostrá-los como um povo digno de ser alvo de risadas e ridicularizações. Explorando a presença e o uso de negros como alívio cômico no terror, o capítulo foca nas contribuições de atores como Willie "Sleep 'n' Eat" Best e Mantan Moreland e suas performances influenciadas pelos shows de menestréis (por exemplo, *O rei dos zumbis* [1941]). Em seguida, o capítulo se atenta à qualidade crescente e poderosa dos "filmes negros" de terror. Esses filmes revelam uma confiança em contos moralizantes que definem a imoralidade como uma porta ao mal sobrenatural. Os filmes de Spencer Williams (*O sangue de Jesus* [1941]), por exemplo, são usados para ilustrar como o monstruoso é definido quando criadores (conscientes de raça) estão no controle.

O capítulo 4, "Invisibilidade negra, ciência branca e uma noite com Ben: os anos 1950-1960", conta a história de como Hollywood mudou o foco de sua atenção dos males sobrenaturais para os males tecnológicos. Tem início a Era Atômica e, com ela, surgem temas assustadores que dão conta de como a ciência e a tecnologia se perdem quando a experimentação e a descoberta não são supervisionadas. Uma vez que os norte-americanos achavam que os laboratórios eram o berço das coisas mais terríveis (como a bomba de fusão), Hollywood considerou que esses espaços de realizações intelectuais e inventivas estavam fora do alcance dos negros (isto é, na imaginação da mídia, os negros não poderiam ser eruditos analíticos). Como resultado, os negros foram omitidos do gênero ou relegados aos papéis coadjuvantes de lanches para insetos mutantes. *Monster from Green Hell* (1957) é a epítome desse modismo. Nesse capítulo também detalho a grande significância cultural do clássico cult *A noite dos mortos-vivos* (1968), do diretor George Romero, um filme que falou direta e abertamente sobre os problemas sociais e o clima racial dos Estados Unidos nos anos 1960.

Os negros voltam aos filmes de terror querendo vingança (trocadilho intencional), conforme detalhado no capítulo 5, "Grite, branquelo, grite — retribuição, mulheres duronas e carnalidade: os anos 1970". Nele, eu aponto o retorno dos negros para o terror, tanto nos "filmes negros" de terror quanto nos filmes de terror "com negros", por meio de um fluxo de filmes oferecidos, sem nenhuma surpresa, durante a ascensão do movimento Black Power. Os dois tipos de filmes foram profundamente influenciados por esses tempos de nacionalismo negro, bem como pela duradoura e gráfica "guerra televisionada" do Vietnã e a violência nacional (assassinatos e revoltas). Nesse capítulo, eu detalho filmes que são notáveis por suas ideologias contrárias à assimilação, temas de revolução e vingança, e "resistência" heroica, assim como mulheres negras resilientes que derrotam o monstro e permanecem vivas, prontas para vencer outro dia. Eu também observo que o vodu é retomado nesses filmes como uma arma poderosa contra o racismo (*Os gritos de Blácula* [1973] e *A vingança dos mortos* [1974]). Os filmes de terror da década de 1970 também não escapam da rotulação "blaxploitation" — a predominância de filmes financeira e culturalmente exploradores que exibiam a negritude durante aquela década. Aqui, filmes da era blaxploitation frequentemente empregavam a noção de empoderamento negro por meio da revolução violenta (*Bem-vindo de volta, irmão Charles* [1975]), enquanto apresentavam simultaneamente narrativas contra os direitos humanos que eram alternadamente heterossexistas e homofóbicas, hiper-masculinas e misóginas. Também é possível notar no capítulo que, embora houvesse muitos filmes de terror contendo negritude, essas produções foram derivadas de clássicos — *Blácula* (1972), *Blackenstein* (1973), e *Monstro sem alma* (1976), todos tomavam emprestado dos filmes de *Drácula*, *Frankenstein* e *O médico e o monstro*.

O capítulo 6, "Nós sempre morremos primeiro — invisibilidade, segregação racial econômica e o sacrifício voluntário: os anos 1980", revela um declínio dos temas cinematográficos inspirados pelo movimento Black Power que eram comuns nos anos 1970. Na década de 1980, numa reversão notável, os negros iniciam uma relação de apoio com brancos (monstruosos), na qual exibem um sistema de lealdade e confiança que geralmente é desproporcional e unilateral. Notavelmente, essa lealdade é medida pelo sacrifício extremo do negro — que entrega a própria vida (por exemplo, *O iluminado* [1980]). Essa tendência de representação do autossacrifício negro e devoção aos brancos aparece de forma mais proeminente nos filmes de terror "com negros". Ou seja, a negritude é mais valiosa quando se submete aos sistemas de valores e ideologias de uma (estereotipicamente monolítica) branquitude. Nesse capítulo, eu também detalho como a década de 1980 gentrifica e segrega sua branquitude — conduzindo os monstros brancos e presas para os subúrbios, lugares considerados inacessíveis para os negros. Esses lugares incluem paisagens rurais ou suburbanas como a Elm Street, Haddonville, Illinois e o Acampamento Crystal Lake, representados em *A hora do pesadelo* (1984), *Halloween: a noite do terror* (1978) e *Sexta-feira 13* (1980), respectivamente. Finalmente, nesse capítulo, eu aponto o retorno do "curta" de terror com Michael Jackson (*Thriller* [1983]).

O capítulo 7, "Estamos de volta! A vingança e o terreno urbano: os anos 1990", saúda o retorno dos "filmes negros" de terror, definidos pela reintrodução da subjetividade negra autônoma e o reconhecimento de personagens resilientes e empoderados — que representam os novos filmes raciais. Esse capítulo descreve como a negritude é, mais uma vez, exibida como um todo completo, diverso e complexo, e, portanto, vista em situações e papéis de terror que foram amplamente elusivos aos negros ao longo das décadas. A mais notável entre essas produções é *Def by Temptation* (1990), que lembra as histórias morais de Spencer Williams nos anos 1940. Os filmes negros de terror da década de 1990 também ofereceram uma inversão única dos papéis de maioria/minoria racial. Se os brancos eram sequer apresentados, a eles eram destinados os papéis de coadjuvantes ou alívios cômicos incompetentes. Durante os anos 1990, particularmente em "filmes negros" de terror, a branquitude se tornou o símbolo deficitário. Nesses filmes, há uma autoconsciência narrativa que deixa evidente para o público que a perturbação e a inversão dos tipos são propositais — parte vingança, parte reparação forçada. Isso fica mais óbvio no filme *Contos macabros* (1995), do diretor Rusty Cundieff, no qual ele apresenta histórias morais que dão conta da preservação e salvação do "gueto" — enclaves urbanos negros. No fim das contas, essa era exibe um período no qual a sobrevivência de personagens negros e/ou o seu desaparecimento não cresce nem diminui de acordo com a vontade e os favores de não negros. Os filmes dessa época também apresentam as batalhas entre o bem e o mal acontecendo dentro dos confins dos centros urbanos predominantemente negros e da classe baixa trabalhadora. O interior das cidades é tão assustador nos anos de 1990 que entidades estranhas de todos os tipos, como o Predador em *O predador 2: a caçada continua* (1990) e as crianças de *Colheita maldita 3: a colheita urbana* (1995), decidem fazer uma visita aos centros urbanos.

Eu termino o livro com "Capturando alguns Zzzzzs — os negroz e o terror no século XXI". Aqui eu apresento uma análise focando amplamente em "filmes negros" de terror que são inspirados pela cultura hip-hop. Esse capítulo detalha a (potencialmente) problemática exaltação da blaxploitation em filmes de cineastas negros, como *Bones: o anjo das trevas* (2001), dirigido por Ernest Dickerson e estrelado pelo rapper e ator Snoop Dogg. Esses "filmes negros" de terror do novo milênio continuam a apresentar uma aliança espacial com o gueto como na década de 1990. Contudo, nos anos 2000, uma explicação racional para tal foco geográfico é a credibilidade histórica e estética que lugares do tipo prometem. Filmes que têm a geração hip-hop como alvo prevalecem de forma quantitativa nesse período (por exemplo, *Bloodz vs. Wolvez* [2006]) e são, de forma bem literal, embalados por batidas do hip-hop (*Now Eat* [2000]).

Não há falta de "filmes negros" de terror nesse período, e alguns deles evidenciam grande imaginação e criatividade, enquanto outros são banais graças à proliferação de filmes underground de baixo orçamento que miram no grande mercado em crescimento direto-para-DVD (como *Dream House* [2006]). As possibilidades de liberdade do meio comercial estabelecido e as possibilidades alternativas de distribuição são consideradas. Eu identifico empresas de produção de filmes como a Maverick Entertainment como realizadoras independentes e inovadoras da indústria, que estão fazendo e distribuindo filmes negros de terror de qualidade. Esse capítulo também apresenta uma discussão final provocativa sobre a linha que entremeia os capítulos anteriores, dando proeminência aos pontos que trabalham para responder às difíceis perguntas: O que o terror significa para a negritude? E o que a negritude significa para o terror?

O filme de terror é fascinante, ainda que apenas pelo fato de se vangloriar por chegar de fininho perto do tabu, ao mesmo tempo que confunde nossas noções de bem e mal, monstruoso e divino, sagrado e profano. É uma das formas mais intrépidas de entretenimento em seu escrutínio da nossa humanidade e do nosso mundo social. Eu espero sinceramente que *Horror Noire: A Representação Negra no Cinema de Terror* não seja considerado a palavra final em relação à contribuição negra aos filmes de terror. Pelo contrário, minha intenção e esperança é iniciar um debate engajado, provocar divergências incríveis e engatilhar investigações ainda mais detalhadas e exatas.

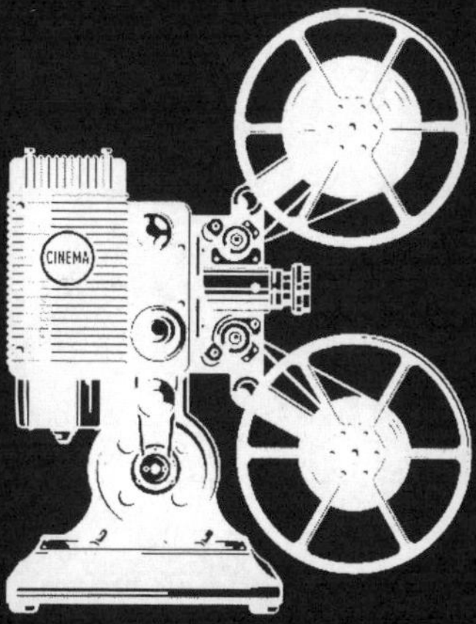
CINEMA

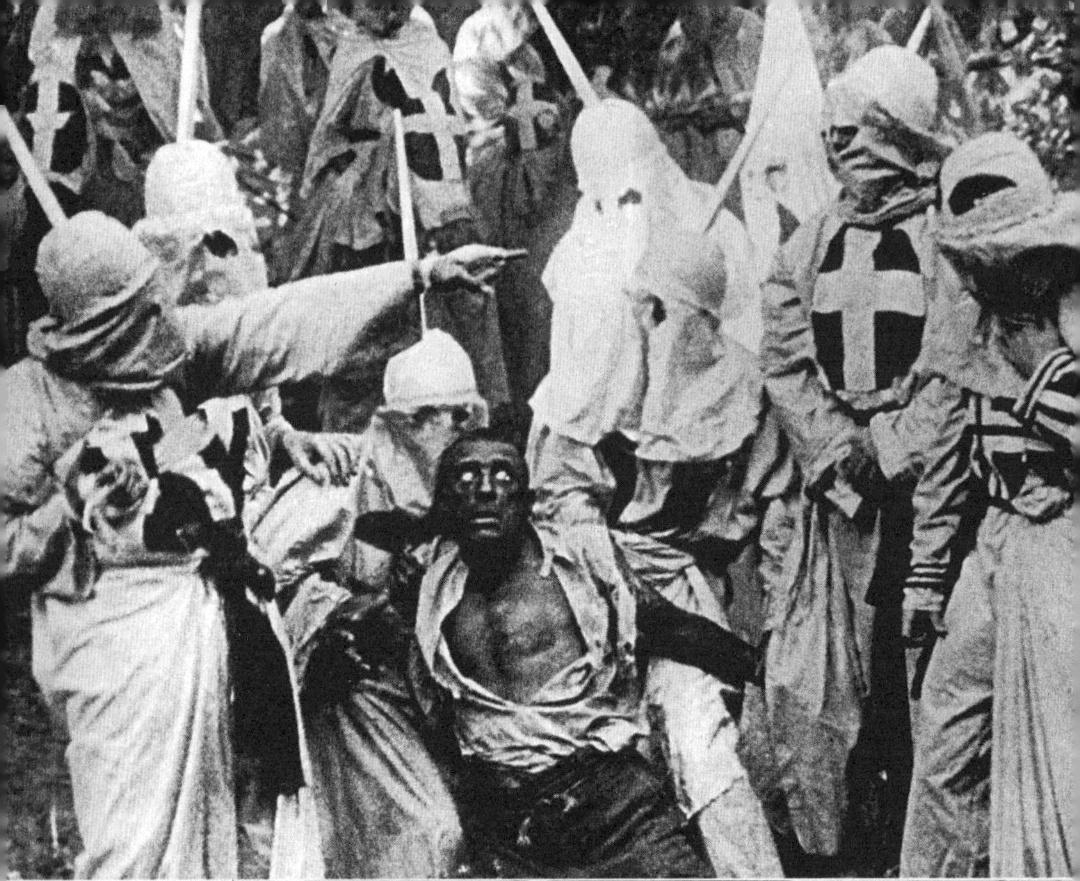

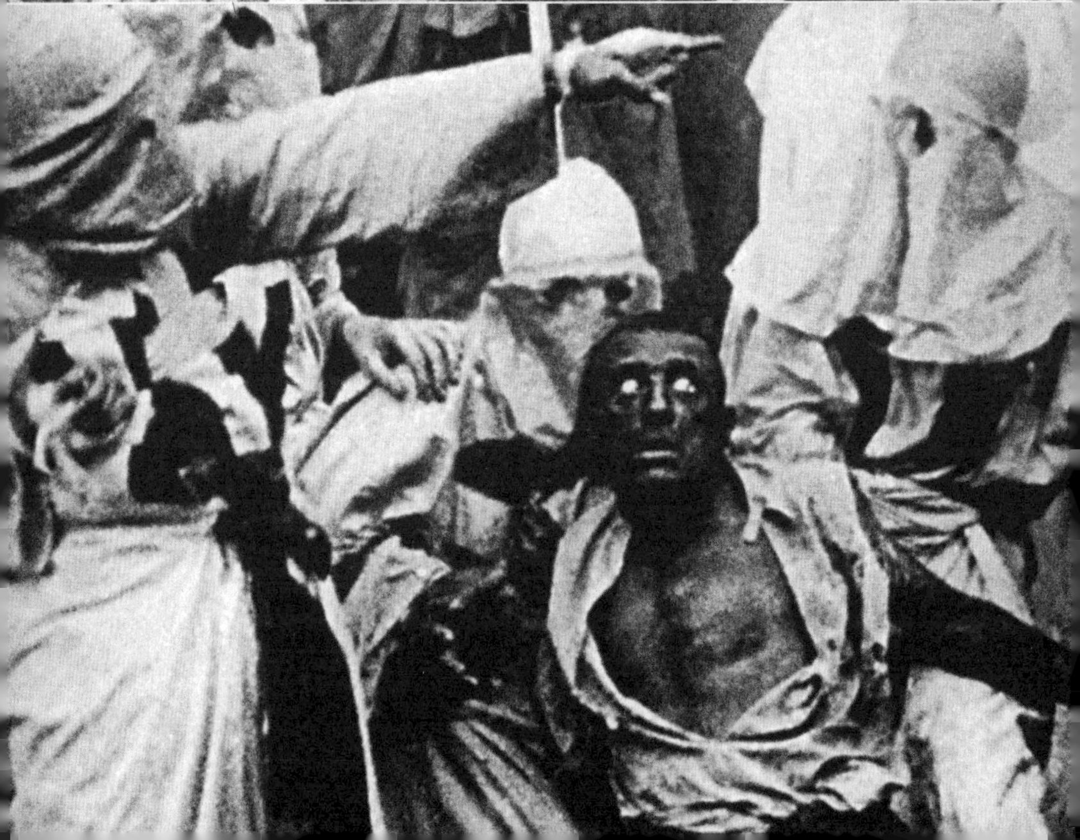

Horror Noire

PRÉ-1930
O NASCIMENTO DO BICHO-PAPÃO NEGRO NO IMAGINÁRIO

> Você só precisa procurar "negro" no Dicionário Oxford da Língua Inglesa para ver a gama de associações estabelecidas no século XVI; a palavra é usada como sinônimo para, entre outras coisas, maligno, sinistro, cruel, triste etc. Ainda mais revelador, "homem negro" podia fazer referência tanto a um Preto quanto ao Diabo. — **LIVELY** (14)[1]

Em meados de 1800, os homens brancos com ocupações tão diversas quanto cientistas, fabricantes de óculos e mágicos, começavam a explorar os limites tecnológicos dos filmes e a usar suas habilidades de contar histórias.[2] Na Europa, os cineastas provavam que qualquer coisa que saísse da imaginação deles podia ser transposta para os filmes. Isso incluía dar à luz (possivelmente) ao primeiro filme de terror propriamente dito — um curta mudo de dois minutos chamado *O solar do diabo*, apresentado numa noite de Natal de 1896 no Théâtre Robert-Houdin em Paris pelo mágico/ator de teatro francês Georges Méliès:

Um grande morcego voa para dentro de um castelo medieval. Circulando lentamente, ele bate suas asas monstruosas e, de repente, se transforma em Mefistófeles. Conjurando um caldeirão, o demônio produz esqueletos, fantasmas e bruxas do conteúdo borbulhante antes que um dos cavaleiros vindos do submundo erga um crucifixo e Satanás desapareça em uma lufada de fumaça.[3]

Era a época dos filmes mudos (fim de 1800 até o final da década de 1920), um período em que a imagem em movimento ainda não podia ser unida a um sistema de som sincronizado para a reprodução em massa e exibição nos cinemas. Era também o período em que ser um cineasta significava ter acesso ao equipamento necessário (geralmente experimental, de invenção própria) para capturar uma série de imagens paradas e fazê-las se movimentar (por exemplo, os zootropos ou "lanternas mágicas") ou possuir a capacidade de capturar imagens usando uma câmera de filme.[4] Os diretores criaram as chamadas "peças cinematográficas" (*photoplays*), que em sua maioria duravam meros minutos ou segundos inicialmente, e, dessa forma, seus filmes foram apelidados de "curtas". Os filmes, inicialmente, eram assistidos por meio de máquinas como o cinetoscópio, que acomodava um espectador por vez. Contudo, o avanço na tecnologia de filmes evoluiu rapidamente e a projeção de imagens em movimento para grandes audiências pagantes foi alcançada em 1893. Embora mudos, não era incomum que os filmes desse período fossem acompanhados por música orquestral ao vivo e efeitos sonoros. "Intertítulos", imagens de textos escritos ou diálogos transcritos, eram inseridos nos filmes para detalhar pontos da história enquanto os atores pantominavam suas falas. Em 1926 o primeiro filme com som pré-gravado e sincronizado foi lançado.[5] Em 1927, *O cantor de jazz* incluía música, sons e, significativamente, diálogos. Daí em diante, os "filmes sonoros" se estabeleceram.[6]

Nos primeiros anos do cinema, os negros eram representados por brancos, que encenavam estereótipos racistas usando a pintura blackface. Um dos primeiros tratamentos conhecidos de negros naquilo que pode ser considerado um filme de terror propriamente dito (embora o termo "terror" não fosse amplamente usado na época) ocorreu no filme francês *L'Omnibus des toqués blancs et noirs* (1901).[7] O filme foi feito pelo mágico e ilusionista Georges Méliès, também conhecido por suas performances no teatro e aproximadamente quinhentos curtas que incluem temas sobrenaturais e macabros. O curta em questão é repleto de figuras fantasmagóricas descritas da seguinte forma no catálogo de Méliès:

Um ônibus puxado por um extraordinário cavalo mecânico é puxado por quatro pretos. O cavalo chuta e irrita os pretos, que ao caírem se transformam em palhaços brancos. Eles começam a se estapear, e a cada tapa se transformam em negros novamente. Chutando uns aos outros, eles se tornam brancos de novo. De repente todos eles viram um só preto grande. Quando ele se recusa a pagar sua passagem, o condutor incendia o ônibus e o preto explode em mil pedaços.[8]

Os "pretos" do filme foram representados por atores brancos com os rostos pintados de preto, que, aparentemente, foram encarregados de mostrar a violência iminente ao se cruzar limites raciais, as tensões ao redor do baile de máscaras racial e, finalmente, o fim brutal do metafórico fardo do homem branco com a destruição do negro.

O público norte-americano dificilmente ficou de fora das primeiras experiências do cinema. Uma referência inicial de negros associados a temas assustadores data de 1897, quando o estúdio norte-americano Biograph lançou um curta, provavelmente uma comédia, com o título ofensivo de *Hallowe'en in Coontown* [Halloween na Cidade dos Pretos Malandros], relacionando, assim, os negros ao feriado assustador.[9] *Hallowe'en* se uniu a vários outros filmes de "pretos malandros", como *The Wooing and Wedding of a Coon* [O cortejo e o casamento com um preto malandro] (1907) ou *Coontown Suffragettes* [As sufragistas da Cidade dos Pretos Malandros] (1914), nos quais os negros, representados por brancos com pintura blackface, eram ridicularizados de forma cômica. O curta *Minstrels Battling in a Room* [Menestréis duelando em uma sala] (c. 1897-1900) situava-se em local mais complexo. Aqui, homens e mulheres negros (representados por homens brancos em blackface) estão dentro de alguma espécie de clube noturno onde as coisas começam a ficar pesadas. Os "negros" chegam até mesmo a se voltarem contra um branco.[10] O destino dos negros no filme por duelarem com um homem branco é desconhecido — mas na ficção da época existem sérias consequências para negros que atacam brancos. O estado deteriorado do filme impossibilita uma conclusão acertada.[11] Na verdade, muitos filmes anteriores à década de 1950 foram perdidos ou danificados de forma irrecuperável. A deterioração de um filme pode ser atribuída à maneira como foi feito — com o uso de nitratos altamente inflamáveis. G. William Jones, no livro *Black Cinema Treasures: Lost and Found*, detalha o problema:

> O nitrato era usado universalmente em filmes de 35 mm até a Segunda
> Guerra Mundial. A composição química do nitrato é muito próxima da
> composição química da pólvora, e isso acelerou a transição para um
> estoque de acetato não inflamável para que o nitrato fosse usado na
> guerra. [...] porque o nitrato estocado tem a tendência de se destruir.
> Primeiramente, esses filmes ficam cobertos por uma camada fina de
> poeira amarelada à medida que as bordas começam a se partir. Então, as
> imagens começam a grudar no rolo seguinte, de forma que desenrolar o
> filme causa ainda mais danos [...]. Por fim, o filme se torna uma mistura
> de massas grudentas e semissólidas em uma poça de poeira. Estima-
> se que quase 50% da herança cinematográfica pré-1950 esteja perdida
> para sempre — a maioria por causa da decomposição do nitrato.[12]

Alguns filmes realmente sobreviveram. Por exemplo, em 1898 os diretores Edwin S. Porter e George S. Fleming, trabalhando sob os auspícios da Edison Manufacturing Company, filmaram *Shooting Captured Insurgents*. Uma filmagem real de quatro soldados brancos executando quatro homens negros. Ao fazer isso, a companhia de Edison talvez tenha produzido um dos dois curtas mais horríficos dos Estados Unidos. O segundo é o curta documental *An Execution by Hanging*, de 1898. A produtora do filme, Biograph, saudou *An Execution*, que registrava o enforcamento de um negro em uma prisão de Jacksonville, na Flórida, como o único enforcamento capturado em câmeras ao vivo. Butters descreve as cenas como "explícitas" e "assombrosas":

> o carrasco ajusta um capuz sobre a cabeça do prisioneiro. A forca
> é colocada em seu pescoço. Depois que o homem é enforcado, seu
> corpo treme e sacode por causa da tensão. A afirmação nostálgica
> acerca da inocência do cinema mudo é quebrada por esse filme. A
> morte de um afro-americano é vista em cena claramente. Seu crime
> nunca é anunciado; sua punição é tudo que o espectador entende.[13]

Negros "de verdade", e não brancos com a cara pintada, eram vistos frequentemente em filmes mudos e etnográficos com cenas de pessoas levando a vida enquanto um branco "aventureiro"/cineasta documentava as atividades delas. Contudo, essas representações tinham pouco de real, pois serviam para elencar os negros como os Outros — curiosidades e estranhezas tão marcadamente diferentes dos brancos que até os seus hábitos mais mundanos precisavam ser documentados e exibidos como se os negros fossem animais em um zoológico.* A filmagem parece, em determinados momentos, ter sido feita à paisana, sem o conhecimento de sua "estrela" negra, ou, em outros momentos, os personagens dos filmes parecem dar continuidade a suas atividades conscientes, e apesar, da câmera apontada para eles. Em 1895, curtas como *Native Woman Coaling a Ship at St. Thomas*, *Native Woman Washing a Negro Baby in Nassau* e *Native Woman Washing Clothes at St. Vincent* apresentavam negros em suas rotinas, conforme a seleção do diretor. Musser alerta para o fato de que essas imagens não apresentavam "um tipo de inocência não racista e primitiva", já que estão longe de ser documentais.[14] Essas perspectivas de negros como estranhos e primitivos se tornariam algo constante no terror ao longo do século seguinte, especialmente em filmes que retratavam os negros como selvagens, nativos perigosos (como em *Lua negra* [1934]).

Frequentemente, os filmes focavam em uma pequena gama de atividades negras, muitas das quais eram preparadas pelos cineastas. Por exemplo, houve o filme *Watermelon Contest* (1895), estrelando um grupo de homens negros incitados a competir um com o outro para ver quem acabava primeiro com um enorme pedaço de melancia. Edison (1898) e o imigrante alemão Sigmund Lubin (1903) produziram filmes com o nome de *Buck Dance*. Lubin, ao descrever sua versão, afirmou que o filme continha "um bando esfumaçado dançando por causa de sua melancia favorita".[15] Estranhamente, os filmes do início do século XX diziam muito sobre a forma como os cineastas brancos eram obcecados por aquilo que julgavam ser inerente aos negros — melancia e galinhas (por exemplo, *Watermelon Feast* [1903] e *Who Said Chicken?* [c. 1910]). Ao longo das décadas

---

* Embora a autora naturalize uma hierarquia entre humanos (negros) e animais em um zoológico, como se o absurdo da exibição fosse o fato de ser experienciado por humanos, para um discurso antirracista que vai na raiz do problema, é interessante pensar que a lógica da mentalidade racista (diferenciação e hierarquização com base no fenótipo) é correlata à lógica do especismo (diferenciação e hierarquização com base na diferença de espécie, basicamente a oposição animal "humano" e animal "não humano"). Dizer "como se negros fossem animais" pontua uma necessidade de dissociar negros de animais com veemência (devido ao histórico de animalização dos negros, no discurso que associa negritude a características não-humanas) tal que não pontua o fato de que os "animais não-humanos" não deveriam ser violados, exibidos e agredidos. Para as irmãs Aph e Syl Ko, grupos sociais marginalizados tendem a focar que a diferença mórfica e "espiritual" deveria pressupor uma diferença de tratamento do grupo privilegiado, porque ignoram o fato de que por "humano" a mentalidade eurocêntrica quer dizer "branco", e os demais grupos marcados pela diferença são "não-humanos" e, por extensão, lidos como "animais". Assim, elas defendem que a luta não deveria ser pra ser tratado melhor que o animal, mas pelo fim da lógica hierarquizante. Ver: Ko, Aph; Ko, Syl. Aphro-ism: essays on pop culture, feminism, black veganism from two sisters. Nova Iorque: Lantern Books, 2017. [NE]

seguintes, o terror iria se apropriar de tais estereótipos, usando o tal amor dos negros por melancia e galinhas como uma grande distração dos monstros que os perseguiam. Para ilustrar, anos mais tarde, na comédia de terror *Os "anjos" no castelo misterioso* (1940), o personagem negro Scruno (Ernest "Sunshine Sammy" Morrison) para de tremer de medo de um fantasma por tempo suficiente para cantarolar louvores a uma melancia, bem como comê-la.

O mundo negro, de acordo com os primeiros curtas, era bem definido em classe, status e contribuição. Os negros eram vistos sempre na rua, e não em casa. Seus trabalhos, quando tinham, eram sempre braçais. Imagens íntimas da família negra eram sempre elusivas. Lubin lançou *In Zululand* (1915), descrito como "humor cartunesco", no qual mulheres negras se vestem de fantasma com o intuito de assustar uma parente para que ela não se casasse com "um crioulo que não vale nada".[16] O filme *Hoodoo Ann* (1916), de Lloyd Ingraham, também possui uma trama de casamento. Uma mulher, Ann (Mae Marsh), convoca sua empregada, Preta Cindy (Madame Sul-Te-Wan), a ajudá-la a se livrar de uma maldição para que o casamento dela seja "o funeral do vodu".[17] O público não recebia nenhuma dica de que existiam intelectuais negros como W.E.B. Du Bois, Booker T. Washington, Ida B. Wells, James Weldon Johnson e Nannie Helen Burroughs. Nesses curtas não haviam poetas, políticos, jornalistas, doutores em Harvard, presidentes de grêmios estudantis ou ativistas dos direitos humanos. Ainda assim, talvez, uma ausência de referências aos negros teria sido melhor do que a alternativa, evidenciada, por exemplo, pela representação do clero negro em *A Nigger in the Woodpile*, de 1904.

A Nigger in the Woodpile não foi imbuído com os tropos do gênero de terror. Contudo, pode ser considerado horripilante do mesmo jeito. No filme, um diácono negro (interpretado por um ator branco com pintura blackface) é retratado como um ladrão frequente da lenha de um fazendeiro branco. Esperando acabar com o roubo, o fazendeiro substitui um toco de lenha por gravetos de dinamite. Conforme esperado, o diácono surge para roubar a lenha e, sem saber, pega os explosivos. O diácono é exibido em sua volta para casa, quando se detém para cumprimentar a esposa (um ator branco com o rosto pintado de preto, contribuindo também para o detrimento da mulher), que está preparando comida na cozinha, e então coloca a "lenha" no fogão. A casa explode ao redor deles, e o que resta é o casal, chamuscado pelo fogo, cambaleando por seu lar em ruínas. Então, o fazendeiro branco chega juntamente com um ajudante branco. Eles seguram o diácono e o levam. Talvez os fazendeiros planejassem levar o diácono para que as autoridades responsáveis cuidassem do caso (como se explodir a casa de alguém já não fosse uma punição suficiente); contudo, o contexto real de 1904 nos impossibilita imaginar tal conclusão. Nesse período, havia linchamentos desenfreados, e os supremacistas brancos militantes aterrorizavam os negros.

Por boa parte do início de 1900, as qualidades genéricas do terror permaneceram inexploradas. O conceito de filme de "terror" não entrou no léxico popular até a década de 1930. Contudo, os elementos mais genéricos do terror podem ser vistos desde o início: a inclusão do fantástico, batalhas entre o bem e o mal, perturbação do cotidiano e da racionalidade, e, claro, a invocação do medo. O modo como os negros asseguraram o seu lugar no gênero e a natureza dessas representações requer uma exploração dos momentos iniciais do cinema norte-americano, quando a noção da negritude como algo monstruoso foi introduzida.

Embora tais representações de negritude tivessem sido conceituadas primeiramente fora do gênero do terror, essas imagens deram uma grande contribuição para o gênero e continuam, até mesmo hoje, a figurar de forma proeminente na noção cinematográfica americana do que é mais horrífico em nossa sociedade. Elas funcionam como lembranças-chave do pouco valor atribuído à vida negra e poderiam ser interpretadas como horrorizantes. Butters nota que as ações representadas em filmes como *A Nigger in the Woodpile* podem ser facilmente relevadas por alguns: "Alguém pode argumentar que as representações violentas de afro-estadunidenses eram apenas parte da tradição de humor pastelão que dominava as representações iniciais nas telas. Comédia pastelão [...] envolve humor cruel e violência."[18] No entanto, o filme também explora as ansiedades acerca dos negros e os estereótipos de criminalidade negra para evocar os medos dos brancos em relação à presença inquietante de "crioulos" entre eles.[19]

O cineasta Lubin, conhecido pela sua série de filmes com Sambo e Rastus, introduzidos por volta de 1909 e repletos de estereótipos, uniu terror e pastelão com atores negros de verdade para lançar um dos primeiros "filmes negros" de terror. A comédia de terror *The Undertaker's Daughter*, dirigida por Willard Louis, é um curta mudo estrelando John Edwards e Mattie Edwards. De acordo com o material publicitário de Lubin, *The Undertaker's Daughter* contava a seguinte história:

Mattie Cook, a filha do coveiro, ama John Scott, que não tem emprego, mas seu pai quer que ela se case com Sime Sloan, que tem um emprego, e Mattie precisa usar todo o seu poder de persuasão para dobrar o pai, mas ela está à altura do desafio. Ela se livra de Sime e de Bime [outros pretendentes] ao prometer se casar com um deles caso provem seu amor por ela. Um deles precisa dormir em um dos caixões do pai e outro deve ficar sentado perto dele a noite inteira. [Com a ajuda de barulhos e de John, ela se livra deles.] Cheios de medo, eles correm para uma reunião domiciliar presidida pelo pai, que leva alguns tombos. Ele finalmente decide que John é o mais indicado e pode ajudar a tomar conta do negócio.[20]

As estrelas do filme, John e Mattie, que eram parte da "companhia de estoque de negros da seção de comédia da Companhia Lubin", apareceriam também em dois filmes do diretor negro Oscar Micheaux.[21]

D.W. GRIFFITH E *O NASCIMENTO DE UMA NAÇÃO*: TORNANDO OS NEGROS ASSUSTADORES

> É o racista que cria o seu inferior.
> — Fanon (93)[22]

D.W. (David Llewelyn Wark) Griffith nasceu em 1875 em La Grange, Kentucky, filho de um soldado do Exército Confederado que se tornou legislador estadual. Durante a Reconstrução, em 1885, enquanto a família de Griffith passava por dificuldades financeiras significativas, o patriarca da família morreu. Depois de abandonar a escola para ajudar no sustento da família, Griffith acabou voltando sua atenção para o objetivo de se tornar um autor de peças de teatro. Tanto o teatro quanto o cinema eram opções de carreira aceitáveis para Griffith, e ele tentou escrever e atuar tanto para o teatro quanto para as telas. Griffith era considerado um escritor sem muita relevância, e seus roteiros eram frequentemente rejeitados. Em 1907, depois de se mudar para a Califórnia, Griffith falhou em vender seus roteiros para Edwin Porter, o famoso diretor da (Thomas) Edison Manufacturing. Em 1908, Griffith procurou Sigmund Lubin para pedir um emprego. A inscrição de Griffith foi rejeitada. Griffith então foi para Nova York, conseguindo finalmente um trabalho de atuação com a Biograph Company em 1908. Pouco depois, Griffith recebeu a chance de dirigir na Biograph, e ao longo dos cinco anos seguintes ele fez a incrível soma de 450 curtas onde aprimorou suas habilidades de câmera e edição, incluindo técnicas como close-ups e edição paralela. Em 1913, como um diretor produtivo e de sucesso, Griffith saiu da Biograph para abrir o seu Reliance-Majestic Studios. Foi por meio de seu estúdio que Griffith produziu O nascimento de uma nação.

O nascimento de uma nação (1915), de D.W. Griffith, não exibiu suas habilidades de escrita ou a falta delas. O roteiro do filme foi baseado principalmente em dois livros pró-supremacia branca e de temática terrorista escritos por Thomas Dixon Jr., *The Leopard's Spots: A Romance of the White Man's Burden* (1901) e *The Clansman: An Historical Romance of the Ku Klux Klan* (1905). Dixon era descrito de maneira favorável em uma revista como "pregador, palestrante, escritor e cavalheiro sulista conhecido há muito pela seriedade, podemos chamar de fanatismo, com que ele lida com o [...] problema preto".[23]

Griffith pagou Dixon alguns milhares de dólares, e uma porção dos lucros, em troca de suas histórias e opiniões. Em resposta, Dixon também passou a integrar a promoção do filme. Foi Dixon que fez o filme ser exibido na Casa Branca para o presidente Woodrow Wilson, que comentou sobre o filme, em partes: "E a minha tristeza é que, terrivelmente, é tudo verdade".[24] Juntos, Griffith e Dixon arrecadaram milhões com a produção.

O NASCIMENTO DO BICHO-PAPÃO NEGRO

O filme *O nascimento de uma nação* conta a história de duas famílias — os sulistas Camerons e os nortistas Stonemans — durante a Guerra Civil e o período da Reconstrução. O enredo do filme, com quase três horas, é bem direto. A primeira parte conta a versão de Griffith da história do fim da Guerra Civil e do assassinato do presidente Abraham Lincoln. A segunda trata a respeito de "raça e vingança", com a união entre os sulistas brancos, nortistas de bom coração, e os servos negros fiéis.[25]

Os Camerons vivem na cidade de Piedmont e são antigos donos de escravos. Trata-se de uma família distinta, cheia de heróis de guerra e mulheres apaixonadas e compassivas. Os membros da família Stoneman são seus amigos da Pensilvânia, liderados pelo patriarca da família, o deputado Austin Stoneman (Ralph Lewis). Stoneman é um abolicionista que, apesar de um político influente, também é retratado como uma figura fraca e emasculada — é doente, não tem uma esposa, manca por conta de um pé torto e é exibido como um integracionista que foi ideologicamente enganado pelos negros. A família Cameron possui três filhos que se juntam ao Exército Confederado. Dois dos filhos de Cameron são mortos na Guerra Civil. Um deles, Ben (Henry Walthall), se torna um herói de guerra e é apelidado de "o Coronelzinho". O Coronelzinho (como ele passa a ser chamado pelo resto do filme) é enviado a um hospital no norte para se recuperar dos ferimentos, onde conhece Elsie Stoneman (Lillian Gish) e se apaixona. A família Stoneman possui dois filhos que se juntam à União. Um é morto e o outro se apaixona por Margaret Cameron (Miriam Cooper), que ele conhece durante uma visita à casa da família Cameron. Políticos progressistas do norte, como Stoneman, são retratados como descontentes em relação ao sul por suas tentativas de se separar do resto do país. Stoneman até importa para Piedmont um "mulato" chamado Silas Lynch (George Siegmann) para ajudar no trabalho de integração.

De acordo com o historiador de cinema Ed Guerrero, *Nascimento* foi o primeiro filme de longa duração feito nos Estados Unidos a estabelecer o "padrão técnico e narrativo para a indústria" enquanto continuava a perpetuar a tendência uniforme em Hollywood de desvalorizar os afro-estadunidenses como "bufões, servos e um tipo de subordinados".[26] Os personagens negros principais em *Nascimento* são representados por brancos com pintura blackface. Eles incluem: Gus (Walter Long), um soldado da União que é linchado pela Ku Klux Klan por dar em cima de Flora "Irmãzinha" Cameron (Mae Marsh), uma garotinha; Silas Lynch, um político corrupto; Lydia (Mary Alden), uma "mulata" maldosa que sequestra e amarra Elsie porque Lynch deseja a mulher branca; e Mammy (Jennie Lee) e Tom (Thomas Wilson), dois ex-escravizados que permanecem fiéis aos Cameron e continuam a trabalhar como servos. Esses personagens são unidos a vários outros, alguns interpretados por atores negros de verdade, e retratam políticos corruptos, ladrões, supostos estupradores, incendiadores, trapaceiros e (pretensos) assassinos.

A definição dos negros e de negritude em *O nascimento de uma nação* é extremamente problemática. A introdução inicial dos espectadores à negritude e a prontidão em associar a cultura negra com uma monstruosidade surgem quando soldados negros da União chegam na cidade de Piedmont como uma gangue de ladrões, saqueando e levando a destruição, conforme "entram na cidade como *monstros*", atacando pessoas brancas inocentes.[27] Eles aparecem em contraste com os soldados confederados brancos, que se encontram sitiados e cansados da guerra, mas também são honestos e estão decididos a proteger suas terras (brancas) e famílias (brancas). Enquanto a violência da Guerra Civil era aterrorizante, seu verdadeiro horror, de acordo com o filme, surgiu depois, na forma de homens negros livres e incontidos. Por exemplo, em uma cena, o Coronelzinho está numa calçada. Os negros abrem caminho de forma violenta e o Coronelzinho é forçado a sair aos pulos da calçada para não se ferir. Sobre esse espetáculo, Lynch afirma: "Esta calçada pertence a nós tanto quanto pertence a você, coronel Cameron". Contudo, à medida que Griffith exibe a cena, não há nenhuma esperança de que alguém julgue o comportamento dos homens negros ou a reação de Lynch como equitativos. De tal forma, Griffith retrata os negros como lobos dominando uma ovelha.

Se os negros são os lobos no filme de Griffith, eles não são avessos ao canibalismo. Em uma cena, quando Mammy encontra o servo negro nortista da família Stoneman, ela dá um chute no traseiro dele enquanto diz: "Us pretu livri du norti é tudu doido". Em outra cena, muito mais violenta, quando o leal (e submisso) Tom se recusa a se bandear com os soldados contrabandistas da União, eles amarram Tom pelos braços numa árvore e o chicoteiam, evocando um poderoso simbolismo de linchamento. Quando um homem branco tenta resgatar Tom, ele é baleado pelos negros.

Os negros também apreciam galinhas e bebida, como Griffith retrata em uma cena chamada "A revolta no Master Hall: o partido preto no controle da câmara dos representantes estaduais". A cena, primeiramente, tem o objetivo de ser interpretada como tragicômica. Uma série de homens negros (interpretados por atores negros) são reunidos em uma legislatura; eles começam a se comportar mal — um deles leva um pedaço de galinha escondido, outro tira o sapato e coloca o pé sujo em cima da mesa, outro bebe sorrateiramente de uma garrafa. Os homens devem ser vistos como ineptos dignos de pena. Isto é, até que aprovam uma legislação que autoriza o casamento inter-racial. Com os homens brancos e mulheres assistindo à votação do alto da seção branca numa sacada (em um tipo de segregacionismo reverso na representação de Griffith), os negros se viram para olhar as mulheres brancas. A cena agora mostra os negros menos interessados em carne de galinha e mais animados com a carne das mulheres brancas.

Contudo, é na cena mais infame e chocante do filme, "A colheita sombria", que Griffith se esforça para solidificar a ideia de que os negros são assustadores. Gus, "o renegado", como ele é chamado no filme, está ansioso para tirar vantagem da sua recente liberdade e da nova lei de casamento inter-racial. Ele se decide por uma criança, a filha mais nova da família Cameron, a "Irmãzinha". A Irmãzinha é mostrada brincando sozinha na floresta enquanto Gus a vigia. Por fim, ele se aproxima e diz: "Sabe, eu sou um capitão agora e quero me casar", e toca no braço da garota. A perseguição começa quando a Irmãzinha se desvencilha e corre em pânico. Com Gus em seu encalço, a Irmãzinha adentra ainda mais na floresta até que chega na beira de um precipício. Enxergando Gus como um destino pior que a morte, a Irmãzinha se joga. Pouco depois, em seu suspiro de morte, a Irmãzinha revela para o Coronelzinho que Gus fora o seu carrasco. Fica claro que Gus deve ser visto como um negro predador sexual que ataca mulheres brancas. No livro de Dixon, *The Clansman*, o estupro realmente acontece, e não fica implícito como no filme, com o predador sendo associado a um monstro: "as garras negras da besta afundaram no pescoço macio e branco".[28] O filme foi feito numa época em que o mero olhar de um homem negro na direção de uma mulher branca ("olho do estupro") resultava em um linchamento. O impacto dessas cenas racistas alojadas em um dos filmes mais importantes dos Estados Unidos do ponto de vista tecnológico é uma marca que não podemos apagar. Até mesmo hoje representações negras são influenciadas por aquelas criadas e popularizadas por Griffith (e Dixon). A negritude foi efetivamente transformada, e o negro se tornou uma das criaturas mais terríveis e temidas de todas.

O ataque de Griffith contra a negritude não parou por aí. Griffith continuou a usar o "mito da sexualidade exacerbada do negro" e a ideia de que "todo negro almeja uma mulher branca" por meio do personagem Lynch.[29] Quando Lynch faz mais do que tocar o braço de uma branca, como Gus fez, ao ponto de sequestrar e apalpar Elsie, não resta dúvida de que Griffith quis indicar todos os negros (até mesmo os "mulatos") como estupradores perigosos. As ações de homens como Gus e Lynch justificam a ascensão da Ku Klux Klan — "Irmãos, esta bandeira tem a mancha vermelha do sangue de uma mulher sulista, um sacrifício inestimável no altar de uma civilização indignada" —, e o grupo de ódio não desaponta quando lincha Gus e Lynch (fora de cena).

Bolge (1993) confirma que a construção que Griffith fez do negro como uma fera foi proposital:

FIGURA 1.1 GUS ENCONTRA O SEU FIM PELAS MÃOS DA KKK EM *O NASCIMENTO DE UMA NAÇÃO*.
David W. Griffith Corp./Photofest

> Os comentários de Lillian Gish na edição de janeiro de 1937 da
> revista *Stage* atestam o fato de que Griffith estava bem ciente do
> contraste e que ele o usou para atiçar o público. Gish disse: Um
> dia, enquanto ensaiávamos a cena em que o homem de cor pega a
> menina do norte como um gorila, meu cabelo, que era muito loiro,
> ficou bem abaixo da minha cintura, e Griffith, vendo o contraste
> entre as duas figuras, me deu o papel de Elsie Stoneman.[30]

Apenas seis anos mais tarde, a organização pelos direitos civis NAACP encarou o desafio de banir o filme. Dixon driblou a NAACP e levou o filme até a Casa Branca para exibi-lo ao presidente Wilson e sua família, assim como à Suprema Corte e a membros do Congresso.[31] Depois de ver o filme, o presidente Wilson, um historiador, disse: "é como se a história tivesse sido escrita com um relâmpago".[32] Com o apoio famoso do presidente, os distribuidores cobraram uma entrada premium de 2 dólares para um público estimado em 3 milhões de pessoas apenas em Nova York, ao longo do período de onze meses e 6.266 exibições.[33]

Griffith não havia terminado de abusar imageticamente dos negros. Em 1922 ele fez uma comédia de horror com personagens negros com o título *Uma noite de terror*, sobre uma casa mal-assombrada. "Os personagens negros", escreve Cripps, "eram marcadamente bizarros. O personagem central, um detetive improvável, era um 'cafre, o terror negro da gangue do contrabando'. Os outros papéis negros eram interpretados por brancos com pintura blackface como os lacaios dóceis de sempre, que passeavam pela narrativa".[34] Peter Noble acrescenta isso à descrição enquanto acusa Griffith:

> Essa comédia é um exemplo digno de nota sobre como um diretor
> imerso em preconceito contra negros pode influenciar seu público. O
> personagem negro em *Uma noite de terror* [interpretado por um ator
> branco com o rosto pintado] deu início a uma longa linha de marionetes
> cinematográficos conhecidos, os negros covardes cujos cabelos ficam
> brancos ou somem quando encontram qualquer tipo de perigo. Nós os
> conhecemos bem a esta altura; eles têm medo do escuro, de trovoadas,
> de armas de fogo, de animais, da polícia, e assim por diante. [...] Em
> *O nascimento de uma nação* ele retratou o homem de cor com ódio, e
> sete anos depois, em *Uma noite de terror*, ele o fez com desdém.[35]

Apesar dos protestos contra os seus filmes, e de um encontro desagradável com sua empregada negra — que disse: "Me machucou, sr. David, ver o que você fez com o meu povo" —, Griffith se recusou a reconhecer o dano causado pelos seus filmes.[36]

GUS COMO O MONSTRO (DE FRANKENSTEIN)

Pegando uma frase emprestada de Carol Clover, autora de *Men, Women and Chain Saws: Gender in the Modern Horror Film*: "Mas onde, exatamente, está o terror aqui?".[37] Para entender a racialização do negro como terror em *O nascimento de uma nação*, é importante e ilustrativo comparar a infame sequência "A colheita sombria", com Gus como o monstro que persegue a garota branca e que resulta em sua morte, com uma cena igualmente notável em um evidente filme de terror, *Frankenstein* (1931), no qual o monstro mata uma garota branca.[38] Embora os filmes tenham surgido num intervalo de quinze anos de diferença, que vai da era do cinema mudo até a era do som, tal comparação é apropriada, já que os dois filmes habilmente centram a atenção do público em algo perigoso, acentuando e significando a monstruosidade por meio da justaposição de um triunvirato de pureza — branquitude, feminilidade e infância. O que se torna central é a forma como esses filmes tratam de maneira diferente os seus monstros e como pedem que o público sinta algo por eles.

Em *Frankenstein* (não há negros nesse filme), um jovem cientista médico, dr. Henry Frankenstein (Colin Clive), recria um homem a partir de pedaços de corpos e o anima com eletricidade. O dr. Frankenstein cria o homem (daí em diante "o Monstro") apesar dos protestos de sua noiva, Elizabeth (Mae Clarke), e de seu antigo professor, dr. Waldman (Edward Van Sloan). O culto e iluminado dr. Frankenstein tem um ajudante, Fritz, a quem falta tanto cultura quanto iluminação. Fritz (Dwight Frye) é marcado como aberrante por meio de suas deformidades (uma corcunda e cicatrizes faciais) e se delicia de forma cruel ao torturar o Monstro (Boris Karloff).

O Monstro está escondido em um porão no laboratório de Frankenstein, mas não está a salvo de Fritz, que o atormenta com uma tocha. Quando o medo do Monstro é interpretado como fúria descontrolada, Frankenstein e Waldman decidem que ele precisa ser restringido. O Monstro então é confinado ao porão e acorrentado. Enquanto está acorrentado, ele mais uma vez é ameaçado por Fritz e o mata para se defender. Ao descobrirem o assassinato, Frankenstein e Waldman drogam o Monstro, e Waldman se prepara para desmanchar a criatura. Quando Waldman está prestes a dar início ao procedimento, o Monstro acorda e, em outro momento de autopreservação, mata Waldman. O Monstro escapa do confinamento do laboratório de Frankenstein e sai para explorar o mundo. O Monstro encontra Maria (Marilyn Harris), uma garotinha que está brincando sozinha perto de um lago e o chama para brincar com ela. A besta e a garota começam a brincar de jogar flores no lago para vê-las flutuar. O Monstro, pensando que todas as coisas bonitas flutuam, pega Maria e a joga dentro do lago, descobrindo tarde demais que havia cometido um erro mortal. A represensão é devastadora:

> a Criatura não agiu por maldade. Ela erra em lógica, mas não em sentimento. Suas ações são a consequência natural de tentar descobrir como deveria brincar com a menina. Ela queria tratá-la tão delicadamente quanto havia tratado as adoráveis flores da montanha. A menina morre, e a criatura é condenada tanto pelo crime de ser uma monstruosidade quanto por ser uma assassina de crianças.[39]

O Monstro vai até a casa de Frankenstein e entra no quarto de Elizabeth, onde ela fica assustada o suficiente com sua aparência para gritar e desmaiar. Os gritos dela fazem o Monstro fugir para o interior. Enquanto isso, o pai camponês de Maria recupera o corpo dela e o leva até a porta de Frankenstein, a quem ele culpa pela morte da filha. O pai é seguido por uma turba intencionada a destruir o Monstro. Nas cenas finais do filme, o Monstro é cercado e encurralado em um velho moinho. O Monstro, que está triste e perturbado com o entendimento em relação ao que ele é, dirige sua raiva para Frankenstein. O Monstro agarra o médico e o atira em direção a morte. A multidão então incendeia o moinho, destruindo o Monstro. O que tornou o Monstro tão único, e, dessa forma, diferente dos "monstros" de *O nascimento de uma nação*, como Gus e Lynch, foi a técnica narrativa de exigir que a audiência simpatizasse com a fera e sua difícil situação, pois "um monstro que odeia a própria vida e contempla a existência com um olhar baixo exibe paralelos perturbadores com humanos deprimidos".[40] Diferente do Monstro, Gus e Lynch estão longe de ser personagens simpáticos. Seu dilema é a crença arrogante de que tomar as coisas por meio da força, assim como literalmente tomar uma mulher branca, está ao alcance deles. Ainda pior, a "falha" de Gus e Lynch, que serve para atrair a ira, é sua inabilidade de ver a própria monstruosidade, ou negritude, como algo problemático.

FIGURA 1.2 O MONSTRO E MARIA EM *FRANKENSTEIN*.
Universal/Photofest

A semelhança entre Gus, particularmente, e o Monstro reside em seus corpos grotescos, que se tornam "pontos de contradição".[41] O Monstro é uma atrocidade gigante montada com partes de corpos. Sua carne tem cor de cadáver e não possui vivacidade; ele ganhou vida por meio de um choque elétrico, não tem nenhum sangue pulsando em seu corpo morto-vivo e reanimado. E ainda assim essa aberração da natureza não cria repulsa no espectador, apenas pena. É o dr. Frankenstein, um tipo de intelectual que, com seu complexo de Deus, deve ser humilhado.

Gus se parece mais com um monstro. Seu uniforme é sujo e rasgado. O próprio Gus tem a compleição escura e às vezes parece mais rastejar do que andar de forma ereta e orgulhosa como os homens da família Cameron (ou até mesmo como o Monstro). Sua aparência monstruosa é acentuada pelo uso de blackface. Como resultado, os grandes olhos brancos de Gus parecem selvagens e desvairados, sua pele tem um tom escuro acinzentado e lamacento. Depois que a Irmãzinha se mata em vez de "se casar" com Gus, ele assegura o seu destino quando atira e mata um dos seus perseguidores brancos. Embora o corpo do Monstro tenha a intenção de ser igualmente problemático, seus olhos taciturnos lhe dão uma marca de profundidade. O Monstro se torna mais humano do que Gus jamais será, pois ele não mata seus perseguidores (a multidão de camponeses); em vez disso, atormentado, ele mata seu criador — um símbolo do homem e da ciência cometendo erros —, e assim salva a humanidade de tal húbris.

Gus e o Monstro revelam horrores díspares, ainda que ambos prometam "momentos particularmente intensos" de nascimento, entrada, transformação e destruição.[42] Ambos são retratados como crias de mentes privilegiadas. O Monstro é criação do dr. Frankenstein, e Gus e Lynch nasceram de um progressismo social que deu errado. Tanto Frankenstein quanto Stoneman são vistos como cientistas loucos embarcando em um experimento social irracional e perigoso, ou, como Butters coloca: "Dessa forma, assim como o dr. Frankenstein cria o seu monstro sem entender completamente o que está fazendo, Stoneman cria Lynch".[43] A entrada de Gus, Lynch e do Monstro no mundo revela que cada um deles, estejam cientes ou não, possui uma dependência em relação ao seu mestre (branco). O Monstro é infantil e vulnerável em sua entrada. Ao contrário, durante a Reconstrução, Gus e Lynch entram no mundo branco com seus poderes incontidos e comportamentos sem limites. A transformação em monstruosidade por parte do Monstro, Gus e Lynch só acontece quando cada um deles está completamente afastado de seus mestres. Mas apenas o Monstro aprende lições importantes e se torna um novo "homem" por causa delas. Mesmo que o Monstro tenha cometido três assassinatos, tendo matado Fritz, o dr. Waldeman e Maria, sua morte necessária é um ato de misericórdia. De uma maneira importante, o Monstro não é visto como monstruoso por conta da luxúria. Esse seria o caso de Gus e Lynch, já que eles não confundem garotinhas brancas com flores, mas as enxerga como amantes em potencial. Como Williams nota, a marca principal de um monstro é a sua diferença sexual — uma aberração — em relação ao homem "normal".[44] Ainda pior, Gus e Lynch não podem ser "normais"; em vez disso, a tentativa deles de misturar raças é uma transgressão sexual realçada como algo claramente perigoso.

Não há, em *Nascimento*, uma tentativa de responsabilizar Stoneman por sua criação. Na verdade, quando Lynch olha de forma romântica para Elsie, a filha de Stoneman, ele está condenado a ser destruído por Stoneman, seu próprio criador. Ao fazer isso, Stoneman é realocado dentro da branquitude, parecendo se libertar de sua confiança errada nos negros, ou, até mesmo, deixando seu estado de insanidade temporária. No fim, não há negros em *Nascimento* dos quais sentir pena ou com quem se identificar.

Ao tomar emprestados os livros de Dixon e Shelley, tanto *Nascimento* quanto *Frankenstein* adotaram a contribuição literária antiga do bom/virtuoso/iluminado contra o mal/corrupto/escuro. Contudo, o alcance do filme como mídia de massa, o apelo do cinema como uma nova tecnologia e as imagens surpreendentes de *Nascimento* conduziram as histórias racistas de Dixon a novos patamares. *Nascimento* foi o primeiro filme a ser exibido na Casa Branca. O filme tem sido creditado como responsável por ciclos de ressurgimento do interesse pela Ku Klux Klan.[45] Já foi usado como peça de propaganda e ferramenta de recrutamento de movimentos de supremacia branca e grupos semelhantes à Ku Klux Klan, os neo-confederados e os neo-nazis.[46] *Nascimento* foi homenageado pela Biblioteca do Congresso com a sua inclusão no Registro Nacional de Filmes (1992) e celebrado pelo Instituto Americano de Cinema, que o colocou como o 44º filme mais importante de todos os tempos. Em 2004, o popular DJ e produtor musical afro-estadunidense DJ Spooky começou uma turnê mundial para grandes públicos em locais como o Lincoln Center (Nova York) e o Festival de Viena, apresentando o seu "remix" do filme, que ele batizou de *O renascimento de uma nação do DJ Spooky*. O DJ Spooky colocou uma batida de hip-hop no filme e inseriu gráficos coloridos.

Para que fique entendido, *O nascimento de uma nação* não faz parte do gênero de terror. Ainda assim, o filme inseriu e fixou na imaginação popular estadunidense um personagem de terror por excelência para instigar o medo. Ao apresentar Gus, assim como outros homens negros, como malévolos, *Nascimento* tem a dúbia distinção de introduzir o desprezível "macho brutal" no cinema. O macho brutal é um desprezível homem negro, ainda mais perigoso por seu foco implacável na maldade. Não é possível ser racional com ele, pois ele é irracional. O personagem é tão primitivo e básico que só pode ser visto como animalesco. Donald Bogle traz uma famosa discussão sobre o dano que Griffith causou ao apresentar os homens negros como machos brutais: "Crioulos sempre enormes e malvadões, supersexuais e selvagens, violentos e loucos ao sonharem com carne branca. Nenhum pecado é grande demais para o homem negro. [...] Griffith investiu pesado na bestialidade de seus vilões negros e usou isso para criar ódio".[47] E, de fato, variações do tema continuaram a aparecer na mídia, como o infame comercial político sobre as saídas da prisão de Willie Horton (1988), no qual um negro assassino e estuprador condenado é apresentado, e em filmes como *O mistério de Candyman* (1992), no qual homens negros exalando sexualidade mantêm mulheres brancas como prisioneiras.

NEGROS ASSUMEM OS FILMES DE SUSTO

Em resposta ao *Nascimento*, com o objetivo de combater os seus efeitos, filmes negros — ou seja, filmes estrelando atores negros e apresentando histórias negras, e (idealmente) feitos e distribuídos por negros — começaram a aparecer "com força"[48] imediatamente. Cineastas negros anteciparam corretamente o poder das representações de Griffith e não ficaram parados enquanto sua raça e cultura eram maculadas em imagens. Filmes negros foram produzidos em resposta ao *Nascimento*. Por exemplo, George e Noble Johnson, por meio da sua Lincoln Motion Picture Company, fundada no verão de 1915, lançaram *The Realization of a Negro's Ambition* (1916) em um esforço para apresentar um contraste positivo a representação dos negros em *Nascimento*. Então veio a Frederick Douglass Film Company, fundada em 1916 pelo dr. George Cannon e pelo reverendo dr. W.S. Smith com o objetivo específico de rebater os efeitos de *O nascimento de uma nação*. O primeiro filme da empresa, *The Colored American Winning His Suit* (1916), mostrava os afro-estadunidenses como trabalhadores, e a habilidade que possuíam de se ajudar era o tema dominante.

O aclamado escritor e cineasta Oscar Micheaux, por meio da sua Micheaux Book and Film Company (1919), lançou o filme *Nos limites dos portões* (1920). *Portões* é mais memorável não apenas por sua tentativa de rebater o épico de Griffith, mas por reimaginar a infame cena "A colheita sombria". Em *Portões*, uma mulher negra[49] é quem se vê perseguida por um homem branco que deseja estuprá-la.

Um dos benefícios do aumento de histórias negras, produzidas por negros ou não, foi a introdução de uma gama de imagens negras diversas, apresentando personagens complexos e multidimensionais, assim como uma ampla variedade de narrativas, incluindo filmes de susto. Por exemplo, a Unique Film Co. lançou *Shadowed by the Devil* (1916), um "filme negro" de terror com três rolos e um elenco totalmente negro. *Devil* é um conto moral focado em três personagens — "o bom, o mau e o feio"[50] — e naquilo que significaria ser um "bom homem [negro]".[51] O filme "contrasta as características de três indivíduos — uma 'princesa' mimada, um homem possuído pelo diabo [precisamente], e Everett, 'um filho bom e trabalhador de pais pobres, um jovem sério e quieto, um marido amoroso e [...] pai [que] mostra os traços de sua aprendizagem precoce'".[52] Por mais intrigante que o filme possa parecer, *Devil* veio e foi tão rápido quanto a própria Unique, pois a empresa lançou apenas mais um filme (que não era de terror) antes de seu súbito desaparecimento. A escassez de lançamentos da Unique não era uma coisa incomum, já que "a vulnerabilidade econômica de companhias cinematográficas, fossem elas negras ou brancas, na era dos filmes mudos significava que a maior parte delas só tinha um ou dois filmes para mostrar".[53]

Na verdade, as dificuldades econômicas encaradas pelas companhias de cinema eram muito reais. Por exemplo, Richard Norman, o proprietário branco da Norman Film Manufacturing Company, detalhou, em uma carta para Anita Bush, uma atriz negra que estrelou no filme negro de susto *The Crimson Skull* (1921), os desafios monetários e a escassez de recursos que ele enfrentava. Bush pediu um salário maior pelo seu trabalho, e, em resposta, Norman explicou suas limitações financeiras: "como nosso filme vai passar apenas em cinemas para pessoas negras, ele vai ter uma distribuição em mais ou menos 120 cinemas; 85% dos quais tem uma média de 250 assentos. Esses números não se comparam com os 22 mil cinemas brancos nos quais o nosso produto não terá espaço".⁵⁴ Bush não recebeu o seu aumento de salário, mas assinou o contrato com Norman para atuar em *The Crimson Skull*, unindo-se ao seu antigo colega de teatro, o ator negro Lawrence Chenault, no filme.

The Crimson Skull foi anunciado como "um filme de mistério de faroeste" apresentando "o Caveira" e sua gangue de "Terrores", que, numa roupa preta com o desenho de um esqueleto, brinca com as superstições ao assombrar, aterrorizar e roubar suas vítimas. O filme teve uma recepção tão boa em Baltimore, Maryland, no Carey Theater, que foi "exibido por mais dois dias".⁵⁵

Assim como a Norman Film Manufacturing, a Ebony Film Company (1915) não pertencia a negros. Assim como algumas companhias brancas de cinema faziam, a Ebony forneceu suas contribuições estereotípicas para as representações da negritude em filmes como *Money Talks in Darktown* (1916) e *Shine Johnson and the Rabbit's Foot* (1917). Embora fosse de propriedade branca, a companhia era gerenciada por Luther J. Pollard, o único funcionário negro, e mantinha um número considerável de artistas negros. A Ebony Film Company produziu vários filmes de susto, elevando seu catálogo a uma impressionante coleção de duas dúzias de filmes. A Ebony colocou negros no grande número de *cinco* curtas de comédia de terror entre 1917 e 1918. Os cinco foram: *Devil for a Day* (1917), *Ghosts* (1917), *Mercy, The Mummy Mumbled* (1918), *Spooks* (1918) e *Do The Dead Talk?* (1918).⁵⁶

Os filmes foram exibidos para audiências brancas e negras, ainda que fossem mais direcionados aos brancos, como esta propaganda da empresa publicada em 1918 na revista *Motion Picture World* revela: "Pessoas de cor são engraçadas. Se o povo de cor não fosse engraçado, não existiriam as canções das plantações, nem banjos, a dança do bolo,* sapateado, nenhum show de menestrel e nem de vaudeville com pintura blackface. E eles são engraçados no estúdio".⁵⁷

Em resposta aos lançamentos da Ebony, os espectadores negros ficaram ofendidos, como escreveu a "sra. J.H." em uma carta ao editor publicada no jornal *Chicago Defender*:

---

* Cakewalk no original, refere-se à dança dos escravos norte-americanos de ritmo sincopado surgida a partir de uma tentativa de imitação do minueto e das quadrilhas dos brancos europeus em meados do século XIX. Mario Jorge Jacques conta, em seu livro *Glossário do Jazz* (Biblioteca 24 horas, 2009), que o nome surgiu das reuniões em certas fazendas que autorizavam a dança aos domingos como diversão também para os brancos e que presenteavam com um bolo os melhores dançarinos. A base musical era composta por marchas sincopadas e que vieram a contribuir para a característica rítmica do *ragtime*. [NE]

> Eu considero meu dever, como parte da respeitável classe de clientes do cinema, protestar contra um certo tipo de filme que tem sido e está sendo exibido nos cinemas deste distrito. Eu me refiro aos filmes que vêm sendo explorados pela Ebony Film Company, de acordo com as propagandas, e que fornecem uma amostra exagerada das ações desgraçadas dos elementos mais baixos da raça. Foi com abjeta humilhação que eu e muitos de meus amigos assistimos às cenas de degradação exibidas no cinema, e se o objetivo delas era causar riso, o resultado não foi esse. Quando ações bestiais dos degradados do nosso povo são ostentadas diante dos nossos olhos como diversão, é chegada a hora de protestar em nome da decência comum.[58]

A imprensa negra foi igualmente contundente nas críticas aos filmes da Ebony. O *Chicago Defender* apontou: "quando você topar com a propaganda de um desses tais filmes 'só com gente de cor', guarde o seu dinheiro e economize tanto as suas moedas quanto o seu respeito próprio".[59]

Tal qual foi o teor geral dos filmes de susto — "pretos" assustados arregalando os olhos em troca de risadas — por quase duas décadas do século XX. Contudo, Oscar Micheaux iria arrancar sorrisos e reinar supremo com seus lançamentos de "filmes negros" de terror.

OSCAR MICHEAUX: MESTRE DO MACABRO

Oscar Devereaux Micheaux, filho de antigos escravizados, nasceu em 1884 e foi criado no Kansas. Com aproximadamente 26 anos de idade, em março de 1910, ele escreveu para o jornal negro semanal *Chicago Defender*, descrevendo sua vida como um "residente, pioneiro e dono de terras" no condado predominantemente branco de Gregory, Dakota do Sul. Enquanto cultivava (ele não abraçava a identidade de "fazendeiro"), Micheaux começou a encher cadernos com contos autobiográficos do personagem (pouco) ficcional "Oscar Devereaux", por fim transformando suas anotações em seu primeiro livro autopublicado e distribuído de maneira independente, *The Conquest: The Story of a Negro Pioneer*. Este seria o primeiro dos seis romances que ele escreveria.

A mudança de Micheaux para o cinema começou em 1918, quando George Johnson, da Lincoln Motion Picture Company, fez contato com o escritor depois de ver um anúncio no *Chicago Defender* sobre o seu livro *The Homesteader*. A Lincoln estava interessada em adquirir os direitos do livro a fim de adaptá-lo para as telas. Uma enxurrada de comunicação entre eles resultou em Johnson tentando "convencer Micheaux de que tinha conhecimento suficiente do 'ramo dos filmes' e prometendo que poderia transformar o livro em 'um filme de primeira classe'".[60] Contudo, Micheaux insistia que o seu romance, de quinhentas páginas, merecia um longa-metragem de seis rolos, e não apenas os dois ou três que eram produzidos tipicamente pela Lincoln, comum para os filmes negros do período. As negociações falharam, e Micheaux determinou-se a produzir ele mesmo *The Homesteader* em sua Micheaux Book and Film Company. A companhia de Micheaux só iria produzir longas, um reconhecimento de suas ambições em fazer filmes longos.

Em 1919, com o filme mudo *The Homesteader*, Micheaux se tornou o primeiro norte-americano negro a fazer um longa-metragem. Micheaux continuou a escrever e também trabalhou com o fim de adaptar seus romances para a tela grande. O cineasta "escreveu a si mesmo na história" ao tomar sua, agora famosa, biografia para criar trabalhos que fornecessem um ângulo sociopolítico sobre negritude que ainda não tinha sido visto na cultura popular.[61] Essas histórias se tornaram a base de alguns de seus trabalhos mais famosos, como os filmes mudos *Nos limites dos portões* (1920), *O símbolo do inconquistado* (1920) e *Corpo e alma* (1925). Micheaux era a epítome do cineasta independente, que usava da bondade de sua rede de amigos negros que o deixavam "filmar em suas salas e disponibilizavam cadeiras para as exibições".[62] O resultado foi uma carreira de mais de trinta anos em que Micheaux produziu aproximadamente quarenta filmes.

Entre essas produções, havia pelo menos três filmes mudos de susto que mais se assemelhavam ao gênero terror de hoje. Micheaux não fazia comédias de terror. Seus filmes tratavam sobre narrativa, um assunto muito sério. Um dos filmes do tipo, um filme de susto dramático, *A Son of Satan* (1924), quase não chegou a ver a luz do dia por causa de algumas manobras escusas de negócio por parte do próprio Micheaux.

As notáveis estudiosas de Micheaux, Pearl Bower e Louise Spence, no livro *Writing Himself into History: Oscar Micheaux, His Silent Films, and His Audiences*, explicam que, para economizar dinheiro e maximizar os lucros, o cineasta virou um distribuidor esperto. Ele não submetia seus filmes, como era exigido, ao licenciamento até que já estivessem agendados o filme e a propaganda. A tática permitiu que Micheaux economizasse tempo e recursos associados ao asseguramento de uma licença, que eram gastos para depois ele se ver obrigado a cortar alguma coisa a fim de atender aos requerimentos do quadro de censores. Em vez disso, Micheaux tentou fazer a banca agir a seu favor, de maneira rápida e sem confusão, ao explicar que os cinemas estavam esperando pelo filme dele e que os censores não precisavam se preocupar com o conteúdo dos filmes, porque eles só seriam vistos pelo público negro.[63] Para persuadir a banca, "seu cabeçalho durante esse período listava todos os filmes que ele tinha em distribuição e descrevia sua firma como "Produtores e Distribuidores de Filmes Negros de Alta Classe".[64]

Quando a banca da Virginia ameaçou o lançamento de *A Son of Satan*, Micheaux agendou o filme mesmo assim, sem aprovação, no Attucks Theatre em Norfolk, e fez circular propagandas e outros materiais promocionais para o filme. Só então a banca teve notícias de Micheaux, que vinha ignorando os pedidos para que mudanças fossem feitas no filme. No fim, a estratégia foi uma proeza descarada:

> Sua resposta tardia evidencia como ele manipulou o sistema para fazê-lo trabalhar em sua vantagem, enquanto evitava as consequências desagradáveis de suas próprias artimanhas. Estabelecendo a cena para um melodrama, e fazendo o papel do trapaceiro, ele apelou para uma nota de "contrição", dizendo que havia viajado pelo sul em vagões Jim Crow infestados de cinzas durante todo o verão e que estava "sempre cansado e distraído" e por isso nunca conseguiu ficar bem o suficiente para "parar e explicar os motivos". Usando o paternalismo da banca, ele alegou pobreza e os lembrou que, afinal, os filmes só eram vistos pelo público negro".[65]

O estado aplicou uma multa de 25 dólares, a pena mínima, e rejeitou as cenas de miscigenação por "motivos de discrição".[66]

Os sete rolos de *A Son of Satan* incluíam Lawrence Chenault, famoso por *The Crimson Skull*, em seu elenco. De acordo com as propagandas, o filme apresentava "um poderoso elenco coadjuvante de cor" atuando em uma adaptação de uma história de Micheaux, *The Ghost of Tolston's Manor*.[67] O filme fala sobre um homem que, em uma aposta, concorda em passar a noite em uma casa mal-assombrada, e foi descrito como "uma história de aventura de deixar os cabelos em pé, que se passa em uma casa assombrada, onde o arrastar de correntes e fantasmas ambulantes são tão comuns quanto papagaios e filhotes de cachorro".[68]

O filme, contudo, não escapou de controvérsias. A produção de Micheaux encontrou o desdém de alguns por causa de sua representação de negros bebendo, apostando e jogando dados. A Comissão de Cinema do Estado de Nova York rejeitou o filme, impedindo, dessa forma, sua licença para tais representações, como afirma a Comissão em sua carta para Micheaux:

> O filme é repleto de cenas de bebedeiras e baderna, e mostra homens mascarados ficando bêbados. Mostra jogos de azar envolvendo dinheiro, um homem enforcando sua esposa até a morte, o assassinato do líder do bando mascarado e o assassinato de um gato por apedrejamento. Existem muitas cenas de crime. O filme é tão caricato que, na opinião da comissão, é "inumano" e "incitaria o crime".[69]

O longa, de acordo com os padrões da época, era particularmente recheado de estereótipos, exibindo homens negros fazendo "badernas" de todos os tipos, enquanto os homens brancos eram retratados como membros selvagens da Klan. De tal forma, o filme evidenciava como Micheaux podia ser "descaradamente desafiador para negros e brancos nos Estados Unidos".[70] Ainda assim, *A Son of Satan* foi, em geral, bem recebido. D. Ireland Thomas, do *Chicago Defender*, escreveu sobre o filme:

> alguns podem não gostar da produção, pois ela exibe a nossa raça nas cores deles. Podem protestar contra a linguagem empregada. Eu mesmo não apoiaria esse aspecto do filme, mas preciso admitir que é realista, sim, eu acho, até demais. Devemos dar créditos a Oscar por nos ter fornecido coisas reais [...] eu não quero ver a minha raça em botecos ou mesas de apostas. Mas o que desejamos não dá dinheiro. Aquilo que o público pede é o que faz o saco de moedas tilintar.[71]

O próximo filme de susto de Micheaux, *The Devil's Disciple* (1925), tem Lawrence Chenault em seu elenco mais uma vez. É descrito no *New York Amsterdam News* como "intensamente cativante e dramático" ao contar a história dos perigos da cidade grande, o Harlem, no caso, para mulheres jovens. O perigo toma a forma de um homem no filme, um discípulo de Satã, que seduz e explora "mulheres das ruas". Uma mulher acredita que ela pode mudar o homem, mas em vez disso se torna uma vítima da degradação. De acordo com o *Pittsburgh Courier*, "o que se segue cria uma história tão cheia de suspense inquietante e situações dramáticas que você fica preso no êxtase do entretenimento do qual não escapa até que o final passe pelos seus olhos".[72]

Micheaux ainda não havia terminado de lançar coisas assombrosas. *The Conjure Woman* (1926) foi baseado na coletânea homônima de contos de Charles Chesnutt de 1899. O livro apresenta sete contos, todos situados em Patesville, Carolina do Norte, centrados nos atos de conjuramento — uma magia vodu[73] — feitos por negros (escravizados e livres) ao resistirem às crueldades infligidas a eles por brancos racistas e violentos. Micheaux escreveu para Chesnutt delineando suas ideias para uma adaptação cinematográfica da primeira história de *The Conjure Woman*:

> Eu acho que você poderia desenvolver uma boa sinopse da primeira história de *The Conjure Woman*. Transformar o caso do homem e da mulher em uma boa história de amor, deixar que tenha, se possível, uma casa mal-assombrada, sendo que as assombrações seriam segredos revelados perto do final, e a heroína que foge para lá escondida — qualquer coisa que choque ou surpreenda, mas que tenha um bom final e que forneça homens e mulheres como protagonistas fortes (Oscar Micheaux para Charles Waddell Chesnutt, 30 de outubro de 1921, Arquivos de Charles Waddell Chesnutt, Sociedade Histórica de Western Reserve, Cleveland, Ohio).[74]

Porém o filme, por motivos desconhecidos, não fez muito barulho. O que se sabe é que a produção não foi muito promovida e teve exibições limitadas.[75]

Os filmes de Micheaux têm sido interpretados como "filmes raciais" e contos morais que tinham o duplo objetivo de circular mensagens positivas de ascensão da raça enquanto exibiam os negros como seres humanos complexos — capazes de amar e bons, falhos e fracos, maus e honestos. Micheaux também tinha um bom olho para histórias cativantes. Seus filmes de susto eram provocativos, suspenses psicológicos (não apenas filmes assustadores de "encontrões no escuro"). Seu trabalho abriria as portas para pessoas como o diretor/ator Spencer Williams e seus "filmes negros" de terror com temas morais dos anos 1940. Até então, contudo, a participação negra no terror seria quase exclusivamente desfigurada por descasos imagísticos em filmes de terror "com negros".

CONCLUSÃO

Foi contra o pano de fundo desse início do século xx, quando W.E.B. Du Bois lamenta pelo negro que mede "a própria alma pela fita métrica de um mundo que o olha com divertido desdém e pena", que os negros entraram na produção de filmes.[76] Eles buscaram oferecer entretenimento a partir de seu próprio e vantajoso ponto de vista da negritude enquanto combatiam as representações desdenhosas prevalecentes que eram circuladas por aqueles particularmente investidos em preservar noções puras de brancura. Certamente, para esses cineastas negros, o lucro em potencial também não incomodava. Contudo, as mentiras de Griffith se mostraram motivações fortes para que negros entrassem na área — rapidamente e em grande número. Companhias independentes de filmes negros e cinemas negros começaram a aparecer. No fim da década de 1920, o número impressionante de setecentos cinemas negros atendiam ao público negro (provando que a "renascença" não foi apenas um fenômeno do Harlem).[77]

Ainda assim, a vida do cineasta negro estava longe de ser fácil. Censura, distribuição, acesso a recursos (como equipamentos, atores, pagamentos) e a necessidade de um retorno do investimento eram problemas significativos e frequentemente impossíveis de serem resolvidos. Como resultado, cineastas não negros ainda dominavam a indústria, e a visão deles acerca dos negros e da cultura negra prevalecia. Parecia não haver meios de deter as representações de negros como figuras monstruosas ou as comédias de terror racialmente ofensivas, nas quais os negros eram vítimas de violências nas mãos dos brancos. Pior ainda, o negro assustado de olhos arregalados estava só começando a aparecer, chegando ao ápice na década seguinte. A próxima década, de 1930, viu uma diminuição de performances com pintura blackface, dando mais oportunidades para atores negros "reais". Contudo, os papéis destinados aos negros, especialmente no gênero do terror, que estava sendo formalizado nos anos 1930, eram terrivelmente regressivos. A década também viu um aumento da participação de mulheres negras: elas não seriam mais interpretadas por homens brancos com o rosto pintado, e assim mais papéis foram escritos para elas, ainda que frequentemente interpretassem bruxas vodus seminuas ou empregadas completamente vestidas e praticantes de vodu.

Na década seguinte havia ainda mais problemas representacionais para os negros surgindo no horizonte. "Filmes da selva" — sobre as vidas não civilizadas de negros que viviam em lugares como o continente africano ou a ilha do Haiti — se tornaram populares nos anos 1930. As contribuições desses filmes para o gênero do terror foram profundas, e os tropos dessas produções continuam populares até hoje. Negros retratados como figuras selvagens, praticantes malvados de vodu falando "uga-buga" enquanto se açoitam numa frenética dança vodu cadenciada por música da selva (percussão) rivalizavam com o grotesco de Gus e Lynch. Além disso, os brancos ainda eram retratados como superiores e iluminados... e ainda eram os protetores e salvadores das mulheres, que continuavam a ser ameaçadas pelos negros. Havia muito pouco para combater essas imagens, já que 1930 foi mais uma década de filmes de terror "com negros" do que de "filmes negros" de terror.

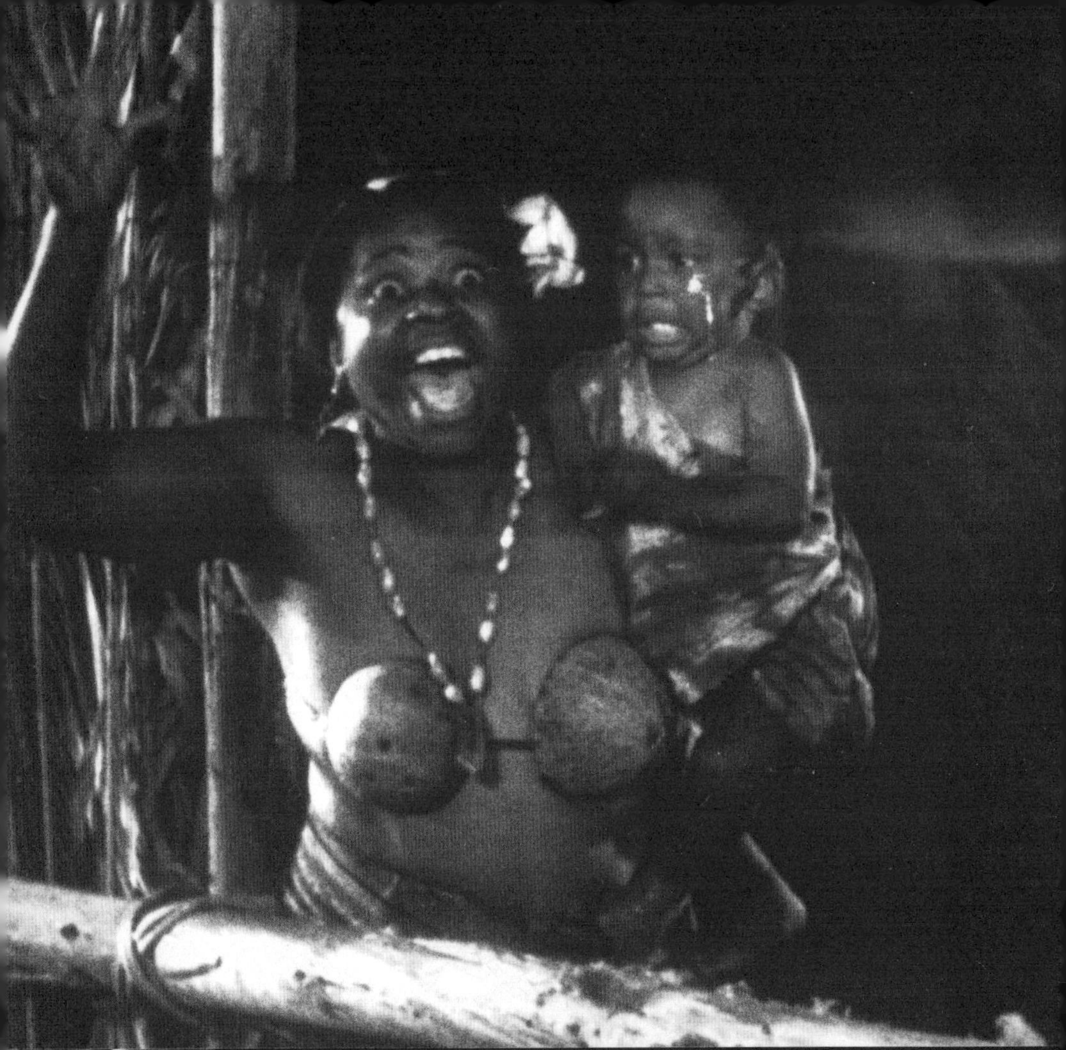

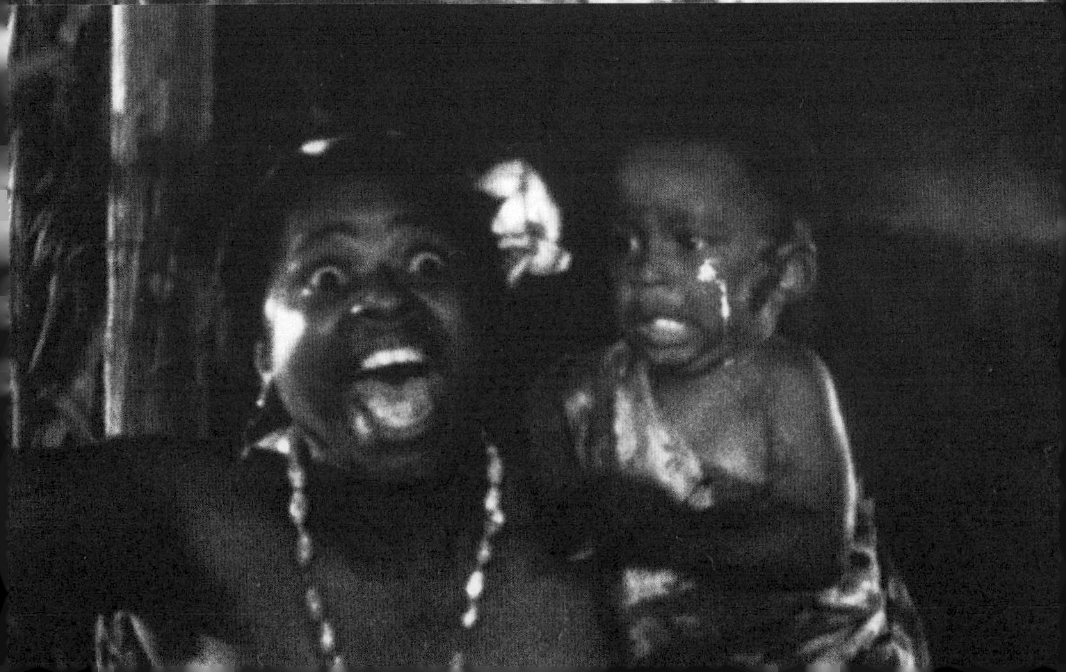

Horror Noire

1930

FEBRE DA SELVA, UM ROMANCE DE HORROR

> Vodu e zumbis. Coisa de criança, não é? Filmes B. Bem, errado. A uma hora de avião de Miami está o país caribenho do Haiti, e esse país está sendo tomado como refém por sacerdotes vodus que podem, e transformam, pessoas em zumbis. — **BILL O'REILLY** (20)[1]

Em 35 curtos anos (1895-1930), nos Estados Unidos, os filmes se transformaram de passatempos caros e experimentais de inventores em uma indústria comercial completa — "Hollywood". Na metade da década de 1930, a produção de filmes era saudada como uma indústria líder nos Estados Unidos, valendo 2 bilhões de dólares. A média de frequentadores de cinemas cresceu bruscamente, de 40 milhões em 1922 para 48 milhões em 1925 e 110 milhões em 1930.[1] A década de 1930 também foi quando o termo "filme de terror" finalmente entrou para o vocabulário.[2]

Quase todas as companhias de cinema começaram a produzir filmes de terror; contudo, a Universal pode ser creditada pela inovação dessa "Era de Ouro" dos filmes de terror com sua série de filmes de monstros hoje considerados clássicos — *Drácula* (1931), *Frankenstein* (1931), *A múmia* (1932) e *O homem invisível* (1933).[3] Os monstros da Universal receberam a companhia de outros filmes populares de terror, como *Os assassinatos da rua Morgue* (1932), e várias sequências, como *A noiva de Frankenstein* (1935) e *A filha de Drácula* (1936). Graças, em parte, aos esforços da Universal, a década de 1930 permanece como um dos períodos mais celebrados na história do cinema. Infelizmente os negros ficaram amplamente ausentes dos filmes de monstros da Universal, com a rara exceção do ator negro Noble Johnson, que fazia pontas como o servo "Janos, o Negro" em *Os assassinatos da rua Morgue*, e como o empregado "o Núbio" em *A múmia*. Um escritor do jornal negro *Pittsburgh Courier* acreditava que a Universal tinha pouco respeito pelo público negro durante esse período.[4] Os negros realmente estavam sendo desprezados pelo cinema, mas esse desprezo não vinha apenas da Universal.

Cineastas negros tinham poucas oportunidades de informar a indústria cinematográfica nessa época. A chegada do som, uma inovação tecnológica cara, e a ocorrência da Grande Depressão, que causou um colapso econômico nos mercados globais, foi uma mistura mortal para os cineastas negros. Já com dificuldades financeiras, muitos viram suas empresas falirem completamente. Filmes negros passaram a ser roteirizados, produzidos e distribuídos por brancos, que também detinham sua propriedade, mas com atores negros (e, ainda que raramente, brancos em blackface), sendo destinados para um público branco. A representação de negros no cinema, fosse no terror ou não, era notavelmente estática. Realismo social frequentemente ficava em segundo plano em favor de representações de negros felizes servindo brancos, como em dramas como *Noivado na guerra* (1935), *Cantando saudades* (1936) e *... E o vento levou* (1939).

O terror não era diferente, encontrando até mesmo um jeito de incluir alguma cantoria jovial (por exemplo, *Lua negra* [1934]). Os negros não eram representados nessa década como os "novos negros" progressistas celebrados durante a era da Renascença do Harlem. Pelo contrário, eram apresentados como figuras subdesenvolvidas e infantis. Em vários casos, seu lar ainda era uma plantação branca, embora o cenário da plantação não fosse mais o sul pré-guerra, mas algum tipo de selva caribenha amaldiçoada que ameaçava engolir o espaço civilizado criado pelos brancos. Magia vodu do mal figurava de forma proeminente, assim como animais monstruosos, em especial o gorila, que também tinha uma queda por loiras. Contra esse emaranhado de temas genéricos, uma constante era o romance, que fazia questionar: seriam a floresta, o vodu ou até mesmo o gorila, capazes de atrapalhar a busca por um amor branco?

CONQUISTANDO O MUNDO NEGRO

O terror de 1930 tinha uma obsessão por histórias "saídas da África", nas quais os brancos "conquistavam" a África. Era uma preocupação que poderia ser atribuída às aventuras do início do século XX do presidente Theodore Roosevelt (1901-1909). Roosevelt era um historiador publicado (foi nomeado presidente da Associação Histórica Americana); era um naturalista, conservacionista e explorador (ele é creditado pela descoberta de mais de mil quilômetros não mapeados do rio Roosevelt); trabalhou com o Smithsonian, com o Museu Nacional de História Natural (Washington, D.C.) e com o Museu Americano de História Natural (Nova York).

Roosevelt pode ter sido o primeiro presidente "midiático", já que sua voz, em um discurso político, foi a primeira a ser gravada para circulação em massa. Roosevelt também permitiu que sua imagem fosse gravada em uma coleção de clipes de filme mudos. Existem vários escritos acadêmicos e de não ficção de autoria de Roosevelt. Juntos, esses artefatos de mídia fizeram de Roosevelt um dos líderes mais publicamente acessíveis do início do século XX.

Como resultado da presença voluntária de Roosevelt na mídia de massa, os norte-americanos tiveram uma ampla cobertura das labutas de sua vida, incluindo suas escapadas em safáris. Em 1909 ele visitou o então Congo Belga em uma expedição, com o objetivo de adquirir animais para museus norte-americanos. Ele e seu time voltaram com um tesouro de 11 mil espécimes (elefantes, hipopótamos, rinocerontes, insetos) para preservação e/ou montaria. Na mente do público, Roosevelt havia "conquistado" a África.

Roosevelt contribuiu com os próprios mitos por meio de seus escritos sobre safáris e regularmente se apresentava como uma figura gentil e racional. Escreveu que *quase* sentia pena dos carregadores negros em suas expedições, já que eles tinham apenas suas roupas, um lençol e uma tenda; isto é, até conhecer Kikuyu, que tinha apenas um pequeno lençol e nenhuma roupa ou tenda. Foi então que Roosevelt acalmou sua culpa ao proclamar "o quão mais bem tratados" eram seus carregadores "pelo simples fato de estarem no safári de um homem branco".[5] Tais experiências foram bem documentadas graças ao grande compêndio robustamente divulgado dos escritos, citações e escritos de Roosevelt. O projeto do compêndio começou em 1928 e foi concluído em 1941, o que coincide com a grande proliferação de filmes sobre norte-americanos dominando a selva.

AMOR NA SELVA... COM MACACOS... QUE NOJO!

Ocasionalmente um boato de algum tipo vira uma história de primeira página, mas seria melhor que os jornais fossem "avisados" da estratégia.

— *The Encyclopedia of Exploitation* (138)[6]

"Animalística, sexualidade 'selvagem'." Patricia Hill Collins, em seu livro *Black Sexual Politics*, observa que mulheres negras não conseguem se livrar de tais estereótipos sexuais. Hill Collins escreve sobre "percepções ocidentais de corpos africanos", notando que a "mistura de peles de animais, [...] culto aos seios e foco no traseiro" continuam sempre presentes.[7] Hill Collins nota que desde Sarah Baartman (apelidada pejorativamente de "Vênus Hotentote") até Josephine Baker e as Destiny's Child, a atração — ou, mais precisamente, a comerciabilidade — — dos corpos dessas mulheres negras tem sido ligada a figuras primitivas hipersexuais, referidas de forma coloquial como "aberrações". De forma significativa, é a *sexualidade* da mulher negra — e não o romance negro ou o amor — que captura a imaginação e a atenção dos criadores de imagens durante o ciclo do terror da década de 1930.

O filme de terror "com negros" *Ingagi*, de 1930, é inteiramente dedicado à sexualidade animalesca de mulheres negras. Situado no Congo, é dito que o filme foi influenciado pelas viagens de Roosevelt pelo país. *Ingagi* é um dos filmes de terror mais nauseantes, não por causa dos tropos esperados de horror, como sangue e violência (não há nada disso), mas por causa de seu ataque nojento contra a sexualidade negra.

Ingagi conta a história de cientistas pesquisadores brancos que viajam para as profundezas da selva congolesa a fim de investigar os estranhos rituais de uma tribo que tanto reverencia quanto teme os gorilas, ou "ingagis". Os congoleses oferecem suas mulheres virgens para as feras. A história do filme é uma daquelas que dão conta do iluminismo branco. Chocados com os sacrifícios rituais dos nativos e incapazes de tolerar essa prática por mais um momento sequer, os cientistas trabalham para resgatar uma jovem vítima negra das garras de uma besta-símia. Enquanto salvam a vida da mulher negra e matam o animal, os homens, e, consequentemente, a plateia do filme, são levados a crer que a mulher não foi livrada apenas de ser espancada e/ou devorada pelo animal. Em vez disso, ela foi poupada de um encontro altamente erótico com a bestialidade. Para encerrar o assunto, outra mulher seminua emerge da selva no fim do filme segurando um bebê humano que tem a pele coberta de pelos. O infante é descrito como "uma criança estranha, mais símia do que humana".

Ingagi não foi vendido como um filme de terror pelo seu diretor William Campbell ou pelos produtores da Congo Pictures, Ltd. Pelo contrário, foi promovido como um verdadeiro e factual documentário. Ou seja, Campbell afirmou que *Ingagi* foi simplesmente editado, mas que era filmagem não adulterada e feita pelos membros da exposição. Ele garantiu ao público que os membros da expedição e as atividades da tribo eram bem reais, e que nada fora ensaiado. Em materiais promocionais, frases de efeito incentivavam os frequentadores de cinema a acreditarem que os eventos representados em *Ingagi* eram verdadeiros: "Você já ouviu falar sobre coisas assim, mas não acreditou [...] Mas este filme mostra a realidade pela primeira vez", e "Um milhão de emoções [...] Uma gravação verdadeira de aventura africana!", e "Mitos e lendas da parte mais escura da África trazidas para a realidade por meio do incrível trabalho das câmeras!". Rapidamente, o filme passou a ser popularmente referido como "o filme de sexo com gorila", quebrou recordes de bilheteria e até inspirou uma música chamada "My Ingagi".[8]

Uma humana fazendo sexo com um gorila nunca apareceu em cena. Em vez disso, o público foi mantido literalmente no escuro à medida que o trabalho de câmera e a baixa iluminação apenas sugeria a cópula interespécies, impedindo a visão de atrizes brancas com o rosto pintado de preto que retratavam algumas das nativas.[9] Contudo, a arte do pôster de divulgação prometia bestialidade explícita (de forma figurativa e literal), pois mostrava um gorila, em posição ereta, sequestrando uma mulher negra careca com os seios expostos. O gorila segura a mulher com os seus dois "braços" e aperta um dos seios da negra entre os dedos. De tal forma, *Ingagi* alude a uma "sexualidade masculina negra e agressiva na forma do gorila" que caça mulheres negras lascivas.[10] Aqui, mulheres negras são envolvidas em um esquema complexo de aberração, onde são hipersexuais e disponíveis ao mesmo tempo, mas nem um pouco femininas, bonitas ou atraentes (de acordo com os padrões tradicionais do Ocidente). Materiais promocionais também incluíam a pergunta: será que Darwin estava certo? Logo, *Ingagi* sugeria uma ligação direta entre a genética dos negros e as "bestas negras supermasculinas".[11] O resultado foi um filme que convidava o público a associar as práticas sexuais negras com bestialidade e provocava nojo diante da habilidade única dos negros de acasalar com um animal.* De tal forma, o filme inteiro se utilizava de dicotomias binárias, trabalhando de forma eficiente para separar os brancos civilizados (humanos) dos negros selvagens (bestas), distinguindo, assim, os brancos como exemplos de superioridade racial.

A controvérsia em relação à *Ingagi* não parou por aí. De acordo com Andrew Erish, repórter do *LA Times*, que escreveu uma longa matéria especial sobre o filme, vários meses depois de seu lançamento as dúvidas sobre sua autenticidade começaram a surgir. *Ingagi* incluía cenas e sobras de filmagem de filmes mais antigos e bem conhecidos como *Heart of Africa* (1915) (outro "documentário" sobre safáris na África). Muitas das cenas com gorilas em *Ingagi* foram filmadas em um zoológico na Califórnia. Foi provado, por meio de um depoimento juramentado assinado, que o ator Charles Gemora interpretou o gorila usando uma fantasia. Alguém reconheceu uma das mulheres "africanas" do filme como uma atriz figurante recorrente em filmes hollywoodianos. O jornal *Los Angeles Examiner* reportou que "negros comuns das ruas" foram escalados como homens tribais. Ainda assim, quando questionados, o diretor do filme e outros envolvidos na produção insistiram que *Ingagi* era autêntico, e as cidades continuaram a exibir o filme dessa maneira. Três anos depois, quando a estadia do filme nos cinemas acabou, e depois que a companhia responsável pela produção do filme alardeou lucros de mais de um milhão de dólares, a Comissão Federal de Comércio (FTC) determinou que os cineastas não poderiam mais divulgar o filme como uma produção autêntica.[12] Como parte das evidências, o FTC notou que "ingagi" era uma palavra inventada.[13]

Em meio a toda essa controvérsia, ninguém pareceu se importar com os ataques contra a sexualidade negra. Apesar do estabelecimento de um código governante de moral e decência na indústria do cinema, que incluía a rejeição de nudez feminina, verdadeira ou

---

* Para uma mentalidade supremacista branca, tudo o que destoa da norma (homem branco heterossexual cisgênero, cristão e classe média) são animalizados, mas o racismo anti-negro vitimiza este grupo com mais violência simbólica explícita como a "habilidade de acasalar com o animal". Para Aph e Syl Ko, a categoria de animal foi uma invenção colonial que tem sido imposta a humanos e a animais: aos primeiros porque justifica serem tratados como os segundos; os segundos porque é naturalizado que sejam violados. Ao investigarem as noções de "humano" e "humanidade" elas compreenderam que a categoria "animal" opera como ferramenta de opressão em relação a grupos racializados, pois animalizar humanos (racializados) é uma forma de justificar a exploração, violação e exposição — bem como o "nojo" proveniente da "bestialidade" essencializada. Ver: Ko, Aph; Ko, Syl. *Aphro-ism: essays on pop culture, feminism, black veganism from two sisters*. Nova Iorque: Lantern Books, 2017. [NE]

implícita, se estivessem a serviço de um interesse lascivo, os corpos de mulheres negras não contavam. O corpo negro "nativo", nem moral e nem decente, "se tornou instantaneamente um local de excitação sexual e degradação racial sancionada".[14] Infelizmente, não existiram campanhas para boicotar o filme, como aconteceu no caso de *O nascimento de uma nação*. No fim, *Ingagi* entrou para a história, de acordo com uma resenha do jornal *The New York Times*, como "um dos trotes mais ultrajantes já feitos".[15]

Pouco depois de *Ingagi*, surgiu *O passo do monstro* (1932). Esse filme de terror "com negros" é mundano (principalmente quando comparado com *Ingagi*). A ganância motiva uma dupla de empregadas domésticas a se livrar de Ruth (Vera Reynolds), a filha de seu empregador recentemente falecido. Ruth acabou de herdar a fortuna do pai e a mansão, que, por acaso, também tem um gorila no porão. As empregadas se fantasiam de gorila, planejando matar Ruth e colocar a culpa no animal. Contudo, no último minuto, Ruth é salva por seu intrépido noivo, Ted (Rex Lease).

O passo do monstro exibe vários clichês de terror que vinham sendo desenvolvidos ao longo dos anos — animais assustadores, a mansão gótica e mal-assombrada, a bela vítima branca, o salvador branco, romance, e, de forma interessante, o negro engraçado. *O passo do monstro* conta com a participação do famoso (infame) ator Willie Best, que é apresentado com o nome artístico obviamente ofensivo "Sleep 'n' Eat" [dorme e come], no papel de Exodus. No filme, Exodus é o motorista e mordomo de Ted. Exodus é infantil, indisciplinado e sempre se assusta, profunda e comicamente, com tudo — relâmpagos, o escuro, casas grandes, barulhos e até mesmo um tapete de urso. O filme é uma sucessão de sustos levados a sério, exceto quando Exodus aparece em cena. O filme até mesmo termina de maneira cômica. Exodus e o gorila finalmente ficam de frente um para o outro. Espera-se que seu encontro com o animal credite a teoria darwiniana de que o homem (negro) descende do macaco (como também é teorizado em *Ingagi*): "Quer dizer que ele tem parentesco comigo?! [...] Bem, eu não sei dizer. Eu tinha um avozinho que se parecia um pouco com ele. Mas que não era tão ativo assim."

De maneira significativa, Exodus também ilustra a maneira tendenciosa como o público via o negro norte-americano em relação àqueles de outras partes não ocidentais do mundo. Quando se dava em ambientes domésticos, a representação dominante dos negros durante o período era cômica. Essa representação se alinhava às representações seguras, alegres, subservientes e dessexualizadas de filmes como ... *E o vento levou*, que remontavam a um período mais estável e ordeiro da história americana. Contudo, quando os negros (interpretados por atores afro-estadunidenses) eram transplantados para locações estrangeiras, eles eram representados como figuras perigosas, selvagens hipersexuais que se mostravam uma ameaça considerável para os brancos. *Ingagi* e vários outros filmes de selva (como *Tarzan, o filho da selva* [1932] e *Lua negra* [1934]) apoiam essa teoria.

O REI DO AMOR SÍMIO

A popularidade de *Ingagi* e o sucesso de bilheteria provou que a fórmula de primitivos "escuros" somada a uma superioridade "clara" continuaria a trabalhar bem e de forma lucrativa. Foi o sucesso de *Ingagi* que convenceu o estúdio RKO a autorizar o filme de terror "com negros" *King Kong* (1933), no qual um macaco gigante, Kong, se apaixona, persegue e sequestra uma mulher branca.[16]

Se *Ingagi* fez com que o público considerasse os costumes sexuais repulsivos das mulheres negras, então *King Kong* estendeu o ataque metafórico aos homens negros por meio das imagens de um grande gorila negro perseguindo uma mulher branca. É um caso, como Snead argumenta de maneira persuasiva, do "negro codificado", quando a negritude é representada implicitamente na figura do macaco.[17] Kong é "enegrecido", ou racialmente codificado, quando justaposto em relação à presença de brancos no filme. Kong é a cor negra emergindo de uma cultura primitiva mais "baixa", onde ele é cercado por nativos negros — ou mini-Kongs, quando se vestem como macacos para adorar o grande Kong. A trilha sonora que acompanha as cenas com Kong e os outros negros no filme consiste de tambores, uma pista auditiva que é típica dos filmes de selva e da aparição de negros nativos.[18] O filme também continua a confinar os entendimentos acerca da negritude na primitividade, e sua sexualidade na selvageria, acrescentando o medo de grandes falos negros. Assim, *King Kong* adicionou mais um motivo para o extermínio do Outro negro — seu corpo é muito bem-dotado quando comparado ao homem branco padrão. Kong é acorrentado e enviado para os Estados Unidos (sua trajetória marítima diaspórica), onde experimenta um pouco de escravidão antes de ser executado por sair enlouquecido atrás de uma mulher branca.

King Kong não se afastou muito do artifício narrativo de um-filme-dentro-do-filme empregado em *Ingagi* — um tipo de "colonização óptica".[19] Em *Kong*, um cineasta norte-americano branco e sua equipe navegam até a Ilha da Caveira, localizada em algum lugar do oceano Índico (perto da Indonésia), para fazer um filme estrelado por uma mulher loira e bonita, em contraste com o fundo de primitivismo real da ilha intocada pela evolução.

Quando chegam à ilha, a equipe monta uma expedição e encontra uma tribo composta de nativos negros (não indonésios). Bogle (2005) afirma que o elenco de *Kong* incluía "todo mundo que encontrassem", desde que não tivessem feições claras. O estúdio procurava por atores figurantes com "feições escuras, lábios grandes e cabelo crespo".[20] O uso de atores negros para interpretar indonésios ilustra um impulso racial típico de Hollywood, de relegar qualquer um com pele escura ao papel de Outro.[21] Os nativos, que são vestidos com pedaços de pele de animais e carregam lanças, têm o rosto pintado e usam perucas afro. O "chefe nativo", um papel pequeno, é interpretado pelo ator Noble Johnson. A tribo (e isso vai soar muito, muito familiar) oferece suas mulheres virgens, silenciosas, submissas e seminuas como "noivas" para Kong, com o objetivo de permanecer nas graças do gorila.[22] A representação das noivas combinava de forma única o feroz e o selvagem com uma servitude complacente.

Com a chegada da equipe branca, o chefe e sua tribo notam a jovem e bela loira Ann Darrow (Fay Wray). Os nativos imediatamente concluem que sua pele branca a torna bem especial. A exclamação de júbilo do chefe, "Olhem para a mulher dourada!" (frase traduzida pelo capitão do navio que, por acaso, fala a língua "nativa"), une o olhar masculino negro com o do gorila, que também olha com adoração para Darrow assim que a vê. Quando o aspirante a cineasta Carl Denham (Robert Armstrong) responde "Sim, loiras estão em falta por aqui", o comentário do personagem funciona não apenas para elevar a branquitude, mas também para dispensar a possibilidade de que a beleza possa ser encontrada nas mulheres negras. E então o chefe propõe uma troca perturbadora: ele entregaria *seis* mulheres negras para os norte-americanos em troca de Darrow. O plano é sacrificar Darrow, que, teoriza o chefe e sua tribo, vai agradar Kong muito mais. A oferta do chefe, claro, é recusada. Como Greenberg elabora, esse confronto é uma criação de mitos raciais da pior espécie:

De acordo com essa visão depravada de outras terras e povos, uma das "nossas" mulheres deve valer seis das mulheres deles. E embora os homens "delas" sejam capazes das agressões mais ferozes, um dos "nossos" consegue aguentar e chicotear meia dúzia dos homens deles em um combate limpo [...] *Kong*, então, é a epítome do sonho branco de homens negros brutos, sem coração, estrangeiros descerebrados, que se alimentam de violência e rapinagem.[23]

Mais tarde, os nativos se esgueiram para dentro do navio e sequestram Darrow, um evento que é descrito num inglês ruim pelo cozinheiro chinês, Charlie (Victor Wong), que diz: "Negros loucos estiveram aqui". Quando Charlie pede para ir para a terra — "Eu querer ir também!" —, seu pedido é prontamente ignorado, e Charlie nunca sai do barco e nem é visto novamente. Na verdade, essa é uma briga apenas entre negros e brancos.

Depois do sequestro de Darrow pela tribo, os nativos a entregam para o gigantesco Kong numa grande cerimônia. Certamente é válido nos perguntarmos "o que o monstro faria com aquela moça se ele conseguisse tê-la [...] dada a natureza obscura do seu desejo e aparato genital".[24] Contudo, *Ingagi* deixou implícito que tudo é possível e que resgatar Darrow das garras do animal significa salvá-la do encontro mais inimaginável com uma besta de 15 m de altura.[25]

O filme também afirma que, diferente de seus encontros passados com mulheres negras, a reação de Kong diante de Darrow é única porque ele não a devora, mas se apaixona por ela e deseja tê-la por perto. Na verdade, o profundo desejo de Kong por uma parceira "humana" não é mostrado quando uma mulher negra é oferecida a ele. Em vez disso, seu desejo sexual se torna humano e humanizado de maneira mais completa quando ele se interessa por Darrow. Sua afeição é mostrada por meio de seu heroísmo protetor e de seus afagos gentis no cabelo loiro dela — e cabelo, o filme lembra ao público, não é algo que o macaco tenha visto antes entre os habitantes negros da Ilha da Caveira.

Darrow é resgatada das garras do gorila por Driscoll. Contudo, é a tribo que sofre as consequências quando Kong perde a sua "noiva" branca. Ele fica furioso, destrói a aldeia e mata vários nativos. Ele morde suas cabeças, bate neles, os devora e pisoteia até a morte. Em uma cena, deletada de várias cópias, ele trucida as crianças da aldeia.[26] Kong é capturado, escravizado pelos norte-americanos e posto acorrentado em exibição num palco em Nova York; ele, dessa forma, tem uma surpreendente semelhança com os escravizados colocados despidos em leilão, expostos para uma dissecação visual e fetichista.

Kong escapa dos seus captores e sai em busca de Darrow. De forma parecida com o Monstro em *Frankenstein*, Kong, o grande macaco preto, comete o erro fatal de entrar no quarto de Darrow e levá-la para aquele que será seu último momento juntos. O objetivo narrativo implícito é o de manter a fera longe dos aposentos das damas (brancas).[27] Há pouco desacordo em relação à afirmação de que Kong representa a masculinidade e a dominância sexual, já que existem "poucas imagens de dominância masculinas na arte ocidental mais estranhas e inesquecíveis do que um macaco gigante segurando [Darrow] como um prêmio no topo do deco-falicismo delirante do recém-inaugurado Empire State Building".[28] Comparando as infames imagens de dominação exibidas por Gus e Silas Lynch em *O nascimento de uma nação* com *Kong*, Young escreve: "*King Kong* oferece uma versão dessa fantasia cultural racista sobredeterminada" enquanto reforça "o 'realismo' histórico mais suave de *O nascimento [de uma nação]*".[29] De forma pouco surpreendente, Kong é baleado e morto, executado pelas forças militares, terminando de uma vez por todas seus ataques de fúria por Nova York atrás de uma mulher branca.

A história de amor entre o macaco primitivo e a bela mulher branca continuaria a encantar cineastas e plateias por várias décadas. Em 1976, John Guillermin refez *King Kong*, anunciando inicialmente um homem negro "encorpado" no papel de Kong.[30] O nome de Ann foi mudado para Dwan, e o propósito da expedição, de uma filmagem, passou a ser a exploração de uma ilha do Pacífico Sul ainda "não descoberta", embora completamente habitada, pela equipe de uma empresa petrolífera. Muito do restante do filme permanece igual ao original. Embora se trate de um lançamento pós-Direitos Civis/movimento Black Power, há pouca evidência de sensibilidade racial. A representação dos ilhéus como negros primitivos permaneceu, assim como sua noção de que seis mulheres negras equivalem a uma mulher branca.

Em 2005, quando Peter Jackson realizou o terceiro remake de *King Kong* por um grande estúdio, o lançamento reavivou debates antigos acerca do grande macaco negro como metáfora para a depravação negra, em contraste com a superioridade e a desejabilidade branca ocidental. O *King Kong* de Jackson é fiel ao filme original de 1933. Contudo, Jackson trabalha para reimaginar algumas cenas-chave que tivessem a ver com negritude. Os nativos negros

FIGURA 2.1 AS PRÓXIMAS VÍTIMAS
DE KONG EM *KING KONG*.
RKO *Radio Pictures/Photophest*

da Ilha da Caveira (muitos dos quais são escurecidos com maquiagens e têm dentes afiados) representam o horror no filme — eles são sujos, assustadores, hostis e violentos. Hordas deles se lançam contra a equipe de filmagem branca, espetando e batendo em seus integrantes assim que eles chegam à ilha. Os nativos são representados como monstros que, inexplicavelmente, tremem e se sacodem e rosnam enquanto reviram os olhos. Essa performance de possessão permite ao telespectador enxergar melhor o povo maldito, que se adorna com ossos e se enfeita com amuletos feitos de caveiras.

O outro princípio da representação de Jackson da negritude é demonstrado por meio do autossacrifício do personagem Ben Hayes (Evan Parke), um veterano da Primeira Guerra Mundial que é o confiável e engenhoso, segundo capitão do navio. O personagem é poupado de dividir uma cena com os nativos fantasmagóricos e enegrecidos, pois fica a bordo do navio para consertá-lo enquanto os outros desembarcam. Quando os nativos atacam, Hayes aparece na ilha, mas só depois que os nativos fogem por causa dos tiros disparados pelo capitão do navio. Hayes faz o papel de um pai protetor para um adolescente branco chamado Jimmy, que é parte da tripulação do navio. O laço entre Hayes e Jimmy é tão profundo que Hayes se sacrifica quando a expedição, da qual Jimmy participa, é atacada por Kong. Na cena final de Hayes, na metade do filme, ele atrai Kong para si, gritando "Olhe pra mim!" e alertando os demais: "Fujam. Por trás das árvores. Tirem o Jimmy daqui. Você precisa correr, Jimmy. Faça o que eu estou mandando. Corra!". Kong mata Hayes, e Jimmy vive para ver outro dia.

Quando Kong é forçado a se apresentar nos Estados Unidos, sua revelação é precedida por nativos enegrecidos e com perucas afro em um animado número de canto e dança. A morte do personagem de Hayes serve para remover o dilema constrangedor do negro moderno em confronto com o negro primitivo no roteiro. O *Kong* de Jackson recebeu Oscars de melhores efeitos especiais e som, lucrando mais de 650 milhões de dólares em ingressos e venda de DVDs, o que fez do filme uma das produções de maior bilheteria distribuídas pela Universal Pictures.

O LEGADO DO MACACO — ALÉM DOS ANOS 1930

Filmes de ficção científica como *O planeta dos macacos* (1968) estenderam o tema da superioridade racial branca em relação a espécies inferiores racialmente codificadas como macacos. *O planeta dos macacos*, que rendeu quatro continuações, um remake e duas séries de TV (uma delas em animação), conta a história de um grupo de astronautas norte-americanos que viaja pelo espaço do ano 1972 para o ano 3978 e aterrissam em um "mundo invertido" em que símios (gorilas, orangotangos e chimpanzés) dominam humanos primitivos e mudos. A raça aparece de maneira proeminente em *O planeta dos macacos*, onde até os macacos invocam um sistema de casta baseado em raça. Os astronautas formam um grupo de três homens. O coronel George Taylor (Charlton Heston), um loiro branco de queixo quadrado que comanda a missão e lidera seus dois companheiros enquanto tentam descobrir onde e em que época eles estão. Landon (Robert Gunner) também é um astronauta branco, mas seu jeito tímido e sua abordagem humanística do mundo o transformam em um subordinado de Taylor. Um terceiro homem, Dodge (Jeff Burton), fecha o time. Negro, ele é saudado como um grande cientista pelos seus colegas. Quando os homens são atacados pelos macacos falantes e vestidos que portam armas, Taylor é ferido, mas sobrevive. Landon é lobotomizado, mas não é morto. Apenas Dodge é morto. Um taxidermista o empalha e ele é colocado em exibição num museu.

Uma quarta astronauta, uma jovem loira chamada Stewart (Dianne Stewart), enfrenta um problema em seu sistema de suporte vital durante a viagem e morre antes do pouso da nave no planeta dos macacos. Com a remoção da mulher branca logo no início, Stewart, uma beleza branca ou "a carga mais preciosa", como Taylor a descreve, é poupada de um encontro com os macacos que agora, nesse filme, possuem a habilidade de examinar e invadir o corpo humano. Na continuação de 1970, *De volta ao planeta dos macacos*, a obsessão por mulheres loiras mostra suas cores rapidamente. Quando um soldado gorila (o mais negro e bruto dos símios no planeta dos macacos) tropeça no corpo de uma mulher branca platinada, ele fica tão enamorado dela que se detém para alisar suas mechas sedosas e alvas.

A conquista do planeta dos macacos (1972), uma alegoria das relações raciais e opressão nos Estados Unidos, é o único filme da série que pode ser associado mais de perto com o horror: "Veja a tela explodir ao ver o homem enfrentar o espetáculo mais horrível na história da ficção científica".[31] Tal tipo de promoção indicava que *Conquista* não seria uma ficção científica para toda a família como os filmes anteriores haviam sido anunciados. A história do filme, uma prequela situada em 1991, mostra como os macacos, por meio de uma revolução armada, conseguiram dominar a Terra. Inspirados pelas revoltas de Watts em 1965, narrativas negras permeiam o filme. MacDonald (Hari Rhodes), o assistente negro do governador, é mostrado como uma figura simpática e heroica ao suportar e erguer a voz contra uma série de injúrias raciais. Em uma cena, MacDonald é acusado por um policial branco de amar macacos, ao que um outro policial responde: "Faz sentido". O público é convidado a ver os policiais como racistas. MacDonald também é obrigado a aturar um leilão de escravos símios onde um chimpanzé é descrito como estando "no ápice da juventude e em perfeitas condições físicas" e como "familiar, obediente e dócil", com ofertas que começavam em oitocentos dólares. Essa inversão dos macacos se tornando mais humanos (com os humanos se tornando mais selvagens) é acentuada no filme quando os macacos são ligados à história de políticas raciais nos Estados Unidos:

> MACDONALD: Como você pretende ganhar essa liberdade?
> CAESAR (Chimpanzé): Da única forma que nos resta —
> revolução. ... Você, acima de todos, deveria entender. Não
> podemos ser livres até que tenhamos poder. [...]
> MACDONALD: A violência prolonga o ódio. O ódio prolonga
> a violência. Com que direito você derrama sangue?
> CAESAR: Com o direito do escravo de punir seus perseguidores.
> MACDONALD: Caesar. Eu, um descendente de escravos,
> peço que você mostre humanidade.

Nas cenas finais do filme em que os macacos se revoltam contra a escravidão, eles aparecem armados com M16s, e os cineastas adotam propositalmente um esquema de cores vermelho, preto e verde para aumentar o sentimento de desconforto (essas também são as cores associadas ao movimento Pan-Africano). Em entrevistas, os cineastas observaram que estavam cientes de que não poderiam fazer um filme que estrelasse o líder das revoltas de Watts, mas era viável retratar um macaco como líder revolucionário.[32] Houveram afirmações de que o público negro se identificou com a mensagem pouco sutil do filme, e uma revista informou que era possível ouvir negros gritando "É isso aí!" enquanto os macacos lutavam contra os "branquelos".[33]

Na década de 1930, e ao longo do século XX, os filmes continuaram com sua obsessão pela figura de homens brancos em terras estrangeiras conquistando lugares "sombrios" e seus habitantes "escuros". A preservação da feminilidade branca continuaria a ser um tema central, assim como a mensagem de que negros eram primitivos em seu desenvolvimento e de menor valor. A união dessas duas mensagens, a pureza da mulher branca e o animalismo dos negros, tem se provado tão implacavelmente popular que, em 2008, a estrela do basquete LeBron James posou como o perigoso Kong ao lado da modelo branca Giselle no papel de Ann Darrow na capa de abril da revista de moda *Vogue*. Ao reencenar a cena do famoso filme de terror, James e Giselle aproximaram um pouco mais do mundo real a ligação entre homens negros como macacos lascivos e a mulher branca como sua presa.

DO HAITI VEM A CONSTRUÇÃO DE MITOS

> Mas no Haiti há os ligeiros, os mortos e, então, os Zumbis.
> — Hurston (179)[34]

O Haiti, com aproximadamente 27.750 km², compreende a parte ocidental da ilha de Hispaniola. Embora pequeno, ao longo dos últimos quatro séculos, o país tem tido uma grande presença na história, situando-se no centro de um cabo de guerra disputado por um grande número de ocupantes estrangeiros. Hoje, o Haiti conta com menos de cem anos de independência. Tendo (por pouco) sobrevivido a um ciclo explorador de invasões e subjugação, e, recentemente, sendo vítima de um terremoto catastrófico, o custo para o Haiti tem sido alto, daí a impressão de se tratar da "nação mais pobre no hemisfério ocidental".[35]

Os problemas do Haiti começaram em 1492, quando Cristóvão Colombo "descobriu" a ilha e a batizou de Hispaniola, enquanto reivindicava a terra e seus habitantes, os taino aruaques, para a Espanha. A Espanha levou para a ilha armas sofisticadas e doenças, contra as quais os aruaques não podiam lutar. Uma geração mais tarde, por volta de 1517, com a dizimação dos aruaques, escravizados da África Ocidental, de países como o Benin (antigo Daomé), foram levados para lá para trabalhar no cultivo de cana e na produção de açúcar. Os escravizados levaram com eles uma variedade de práticas religiosas que eram rejeitadas pelos europeus. Impossibilitados de praticar abertamente a sua fé, os escravizados de Hispaniola hibridaram suas crenças e celebraram suas próprias tradições no interior da religião dos escravizadores — especialmente o catolicismo, que oferecia uma estrutura muito similar. Essa ocultação de religiões originárias não era uma prática incomum. O dr. Bellegarde-Smith, um estudioso de história haitiana e de vodu nascido no Haiti, explica a história:

> O vodu é relacionado a outras tradições africanas transplantadas, como a santeria, que teve lugar em Cuba, e o candomblé no Brasil. Em todos esses lugares o catolicismo era a religião oficial dos colonizadores. Escravos e pessoas comuns escondiam os espíritos que conheciam dentro da veneração a santos católicos. Até hoje muitos haitianos combinam práticas vodu com devoção católica.[36]

Durante o fim dos anos 1600, a ilha foi novamente vítima de violência quando os franceses tomaram conta de uma porção mais ao norte e saquearam as plantações de tabaco, dando início a um conflito entre França e Espanha. Em 1697, os dois países europeus decidiram dividir o Haiti, e a França ficou com o terço ocidental do país, nomeando-a de Saint-Domingue (que mais tarde seria o Haiti).

Em 1793 aconteceu uma das revoltas de escravizados mais significativas — a Revolução Haitiana —, que finalmente levou à abolição da escravidão. O líder da revolução, o escravizado nascido haitiano Toussaint L'Ouverture, "um voduísta, ou seja, um praticante de vodu" rezou ou "convocou os espíritos" com o fim de libertar o Haiti.[37] Os espíritos aparentemente responderam com algum tipo de graça, já que L'Ouverture e seu exército escorraçaram inclusive os ingleses, que também tentavam ganhar espaço na ilha. L'Ouverture, ao se tornar o novo líder do Haiti, criou uma constituição e trabalhou para consertar a economia explorada da ilha em favor de seus habitantes. Por aproximadamente cinco anos (1798-1802), o Haiti experimentou uma liberdade e governo próprio que nunca tivera por três séculos.

A independência do Haiti foi mais uma vez ameaçada quando L'Ouverture tentou livrar completamente o país do controle europeu, uma condição que encontrou resistência por parte da plantocracia europeia que restava na ilha, com a ajuda de 30 mil soldados franceses. Para impedir qualquer resistência, L'Ouverture foi preso contra a sua vontade e morreu de pneumonia, quando teve atendimento médico negado. Em seu lugar, o escravizado nascido africano Jean-Jacques

Dessalines assumiu o posto, liderando os haitianos a uma vitória sobre os franceses e rasgando a faixa branca da *tricolore* francesa num famoso ato para declarar o país como uma república negra, e (mais uma vez) pronunciar o Haiti independente em 1804. A França tentaria tomar a ilha novamente em 1825, o que resultou num tratado em que a França reconheceria o Haiti como um país independente, mas ao custo de 90 milhões de francos por ano para o empobrecido país.

Enquanto isso, alguns dos 10 mil haitianos e escravizados, assim como colonizadores brancos franceses, fugiram do caos, indo para Nova Orleans, Louisiana (atraídos pelas plantações similares), causando, dessa forma, um impacto dramático no cenário cultural da cidade. Essa migração se provou importante para a construção de mitos sobre o Caribe, que veio a ser visto como um "lugar fatal e promíscuo", cujos produtos culturais "viajavam por bem ou por mal pelo mundo, mudando em cada lugar onde chegavam".[38] Na verdade, nos Estados Unidos o *vodou* se tornou *voodoo* (embora alguns tenham rejeitado essa grafia por considerá-la vulgar). Até mesmo um filme de terror, *The Love Wanga* (1936), explicou que a religião do Haiti veio a "ser conhecida para o homem branco como VOODOO" [ênfase minha].[39]

Os Estados Unidos se recusaram a reconhecer a independência do Haiti até 1862.[40] A ascensão do Haiti no mundo foi complicada também por vários golpes de Estado, alimentados por interesses externos.

Em 1915, o presidente norte-americano Woodrow Wilson ordenou uma outra ocupação no Haiti. Por dezenove anos, entre 1915 e 1934, os Estados Unidos possuíram o Haiti, uma apreensão preventiva motivada durante a Primeira Guerra Mundial por receio de que a Alemanha pudesse desejar a ilha para sua própria vantagem militar. A ocupação militar do Haiti, liderada pela Marinha, tomou a forma de uma ditadura, marcada por extrema violência, onde toda forma de dissidência política era respondida com derramamento de sangue. A violência também foi pontuada por um racismo profundamente entranhado por parte dos militares norte-americanos: "O soldado da Marinha de alta patente Smedley Butler se referiu aos líderes da resistência popular como 'macacos depilados, sem nenhum tipo de inteligência, apenas uns crioulinho [sic]'".[41] Em 1932, durante o governo Roosevelt, foi anunciado que o tempo da Marinha no Haiti havia chegado ao fim, quando ocorreram partidas em massa escalonadas. O último marinheiro foi embora em 1934, acenando adeus para um país deixado em frangalhos sociais, políticos e econômicos.

É provável que não seja coincidência que a partida da Marinha tenha começado em 1932, coincidindo com o lançamento do primeiro filme norte-americano de terror inspirado no vodu, *Zumbi branco* (1932), que teve o Haiti como cenário. Na verdade, os marinheiros trouxeram histórias fantásticas sobre os modos supostamente estranhos do povo do Haiti, incluindo o uso de magia "negra" (feitiços mortais e envenenamentos).

NO INÍCIO, *ZUMBI BRANCO*

Representações do vodu no cinema existem há tanto tempo quanto a própria mídia.[42] Frequentemente, se houvesse uma selva, algum tipo de representação de feitiço ritual era jogado no meio para aumentar o sentimento de perigo numa terra selvagem, completado com a presença de cobras, nativas parcialmente nuas dançando ao redor de círculos de fogo e, claro, uma trilha sonora arrepiante associada aos negros — tambores. Rhodes identifica alguns tratamentos iniciais do vodu na história do cinema, começando com o filme *Voodoo Fires* (1913), que prometia a união clichê de rituais malignos e chamas. A companhia de cinema de Sigmund Lubin também entrou na moda de elencar o vodu como algo vulgar em *Ghost of Twisted Oak* (1915). O filme *Unconquered* (1917) mostrou o vodu ligado a rituais de sacrifício humano.[43] O filme *The Witching Eyes* (1929), um "filme negro" de terror produzido, escrito e dirigido por brancos, foi uma adição inicial na moda popular de mostrar como o vodu podia ser usado para perturbar assuntos do coração.

Há muito o que ser dito sobre o que estava presente nesses filmes, incluindo o tratamento exploratório dos negros e das religiões negras. Ainda assim, o mais notável entre essas produções iniciais sobre vodu é aquilo que está ausente delas — zumbis. Na verdade, o vodu era mostrado como algum tipo de religião pagã cujas únicas propriedades envolviam rituais em celebração a deuses negros e magia negra. Contudo, o cinema de vodu teve uma mudança dramática em 1932 com o filme *Zumbi branco*, que focava em zumbismo e na habilidade de ressuscitar os mortos para que eles seguissem as ordens de alguém.

Zumbi branco pode ser creditado como o precursor do prolífico subgênero dos filmes de zumbi (exemplos: *A noite dos mortos-vivos* [1968] e *A maldição dos mortos-vivos* [1988]). Contudo, a principal influência do filme e do gênero subsequente é o relato de viagem *A ilha da magia* (1929), de William Seabrook, que trata sobre a criação de zumbis no Haiti. Enquanto monstros como Frankenstein ou Drácula tinham uma origem literária, os zumbis, supostamente, eram oriundos da não ficção; descrições de vodu e zumbis eram encontradas em relatos em primeira mão escritos por europeus e norte-americanos. O livro de Seabrook é, de longe, o mais citado e conhecido. Escrito durante a ocupação da Marinha americana no Haiti, *A ilha da magia* servia para descrever o país como um lugar extremamente difícil, com haitianos e norte-americanos em conflito uns contra os outros em grande parte por causa da falta de civilidade e refinamento dos haitianos (até mesmo a elite educada era tida como inepta). Os marinheiros eram considerados racistas, mas a animosidade deles em relação aos negros era ignorada e considerada compreensível, dada a perversidade da terra.

O livro de Seabrook é baseado em sua estadia de dois anos com uma sacerdotisa vodu. Escrito em um tom dramático e sensacionalista, e acompanhado por ilustrações caricaturais claramente racistas de Alexander King, Seabrook descreveu na obra seus testemunhos de rituais vodu:

> sob a luz vermelha das tochas que faziam a lua empalidecer, saltando, gritando, corpos negros retorcidos, enlouquecidos por sangue, por sexo, por deus, bêbados, rodopiavam e dançavam a saturnália sombria deles, suas cabeças jogadas para trás de forma estranha, como se os pescoços estivessem quebrados, dentes brancos e glóbulos oculares brilhantes.[44]

Seabrook se esforçou para dar credibilidade ao seu trabalho citando fontes como o *The Museum Journal* (1917), da Universidade da Pensilvânia, que davam conta da selvageria do vodu haitiano, relatando como os haitianos mordiam a cabeça de cobras, como eram ensinados a "odiar os brancos" durante os rituais vodus e como comiam "uma cabra sem chifres", isto é, uma criança humana, "crua ou parcialmente cozida".[45] Seabrook até mesmo afirma apresentar fórmulas secretas para trazer os mortos de volta, receitas que foram encontradas no corpo de um "bocor", um feiticeiro:

> *Invocar os mortos*. Vá até um cemitério numa sexta-feira à meia-noite, em algum lugar onde tenha ocorrido tiroteios. Vá até a sepultura de um homem, leve uma vela branca com você, uma folha de acácia selvagem e uma arma carregada. Assim que chegar, faça este apelo:

> "Exsurgent mortui et ad me veniunt. Eu exijo que você, morto, venha a mim". Depois de dizer essas palavras, você vai ouvir um barulho de tempestade; não se assuste e dispare o primeiro tiro. O morto vai aparecer na sua frente; você não deve correr, mas dar três passos para trás lentamente, dizendo três vezes estas palavras: "Eu te asperjo com incenso e mirra como a tumba perfumada de Astaroth". *Mandar um espírito embora depois de o ter invocado.* Pegue um punhado de terra e jogue na direção dos quatro cantos da Terra, dizendo: "Volte para o lugar de onde veio, da terra você foi criado e para a terra retornará. Amém".[46]

Seabrook continuaria a escrever mais livros de não ficção sobre suas observações de primeira mão sobre a adoração ao diabo na África, sua incursão no canibalismo (e o gosto de vitela) e seu estudo das práticas de bruxaria pelo mundo.

Zumbi branco fez pouco para desmentir as histórias sobre o Haiti que Seabrook havia apresentado; em vez disso, o filme usou o livro como base. O filme de terror "com negros", que também fala sobre trapaças e amor, conta a história de Charles Beaumont (Robert Frazer), um empresário branco e rico que mora no Haiti e conhece um casal branco — Neil (John Harron) e Madeline (Madge Bellamy) — de Nova York. O casal planeja se casar, e Beaumont os convence a fazer a cerimônia em sua propriedade, localizada numa área florestal remota no Haiti. Os motivos de Beaumont, claro, não são puros, já que ele se apaixona pela loira Madeline e espera atrair o casal para sua casa, onde ele sequestrará Madeline, mantendo-a na ilha para o seu bel-prazer. Beaumont consegue a assistência de Murder Legendre (Bela Lugosi), o plantador de cana branco que dominou os poderes do vodu e controla uma horda de zumbis que cumprem seus desejos sombrios. Quando Murder vê Madeline, ele também a deseja, iniciando aí um cabo de guerra pela única mulher (branca) da ilha (mulheres negras são amplamente ausentes do filme). Murder e Beaumont zumbificam Madeline e tentam forçá-la a matar Neil; então Murder transforma Beaumont em um zumbi também.

Zumbi branco é notável pela sua introdução do monstro zumbi, que não havia sido visto em filmes anteriormente. Daí, como o título do filme promete, o foco é em zumbis *brancos* escravizados por Murder. Na plantação de cana de açúcar de Murder, negros e brancos trabalham um ao lado do outro em condições perigosas, e Murder explica: "Eles trabalham com lealdade, não ligam para as longas horas". Essa premissa relembra o capítulo de Seabrook intitulado "Homens mortos trabalhando nas plantações de açúcar", que apresentam zumbis de forma semelhante como um cadáver humano desalmado, ainda morto, mas tirado da cova e dotado com um semblante de vida pela feitiçaria [...] e então faça dele um servo ou escravo, ocasionalmente para cometer um crime, mas frequentemente usado como um burro de carga na habitação ou na fazenda, onde realiza tarefas pesadas, e em quem você pode bater como numa besta idiota caso demonstre preguiça.[47]

É uma fantasia de docilidade pós-escravidão — escravizados eternos trabalhando sob o sol e em condições mortais para sempre e sem reclamações. Murder tem vários desses brutos, mas se orgulha de possuir cinco zumbis franceses brancos, todos inimigos formidáveis antes que ele tirasse suas almas. Há um capitão, um ladrão, o ministro do Interior da ilha e um gigantesco carrasco, que, Murder explica, "quase me executou". O quinto zumbi é o maior troféu de Murder, alguém que ele descreve como o seu "antigo mestre" — um poderoso feiticeiro branco que Murder precisou torturar durante muito tempo antes que ele revelasse seus segredos vodu.

O verdadeiro terror desse filme, contudo, assim como muitos filmes de terror antes e depois — de *King Kong* até o mais recente *O mistério de Candyman* (1992) —, é a ameaça feita contra uma mulher branca. Madeline se junta a Ann Darrow de *Kong* como a arquetípica vítima feminina. As duas mulheres enfrentam medos similares, incluindo aí interações com o Outro. Para Madeline, seu encontro com o Outro vem daqueles que habitam o Haiti, e a ameaça que ela enfrenta é parecida com a de Darrow — um tipo de escravidão branca por meio da prostituição. No fim, assim como todos os monstros, Murder e Beaumont pagam pela traição lasciva com suas vidas, deixando que Madeline finalmente se una a Neil. Rhodes escreve: "todos os homens — zumbis, noivos, traidor — querem possuir sexualmente as mulheres".[48] Em relação ao desejo, o filme foi citado em 29 de julho de 1932, numa resenha do jornal *New York Times*, por usar zumbis como monstros porque "eles são bons empregados. Podem acompanhar loiras sem ficar tendo ideias na cabeça, o que é uma boa ajuda nos dias loucos de hoje."[49]

No mundo invertido do Haiti, os homens brancos podem se tornar praticantes malignos de vodu, mulheres brancas seduzidas podem ser levadas até a beira da morte, e brancos poderosos podem ser transformados em escravizados. Foi o impacto do Haiti na branquitude que gerou o horror. Em uma frase de divulgação relacionada ao filme, é afirmado que o Haiti sempre foi perverso, mas que o fato não merecia atenção até se voltar contra os brancos: "Eles sabiam que esse

FIGURA 2.2 UM ZUMBI COM MURDER EM *ZUMBI BRANCO*.
United Artists/Photofest

tipo de coisa estava acontecendo entre os negros, mas quando essa bruxaria foi praticada contra uma garota branca [...] tudo foi para o inferno".⁵⁰ Embora seja um filme de terror que atribui principalmente aos brancos os tropos do terror, *Zumbi branco* é uma acusação contra a negritude. O público ouve que a ilha é "cheia de bobagens e superstições", e que é habitada por nativos adeptos de um estranho "culto da morte", que "usam ossos humanos em suas cerimônias". Essas práticas foram "trazidas até aqui da África", a suposta fonte do mal. A pouca representação de negros no filme não os poupa da estereotipação, pois mesmo assim são descritos como figuras monstruosas, como quando Neil pensa que Madeline está "nas mãos dos nativos" e proclama que ela estaria "melhor morta do que assim!".

Na verdade, com o Haiti de cenário, é surpreendente quão poucos personagens negros aparecem em *Zumbi*. As mulheres negras são praticamente excluídas do filme, enquanto homens negros se encontram mais presentes, mas não em papéis centrais. Ainda assim, algumas representações negras são dignas de nota, oferecendo uma das primeiras representações eficazes de negros no gênero. O filme apresenta uma cena de funeral em que a câmera se detém por um momento em um grupo de negros (não zumbis) carregadores de caixão. Os homens não falam (como é esperado deles), mas são memoráveis. Eles chamam a atenção — bem-vestidos e reluzentes desde os penteados benfeitos até os ternos. Eles são pomposos por causa daquilo que não está representado ali; eles não são "malandros" ou deficitários de nenhuma forma, apenas apropriadamente elegantes.⁵¹

Contudo, a representação mais notável de negros em *Zumbi branco* acontece nos primeiros minutos do filme, em uma pequena participação do ator negro Clarence Muse (não creditado) como um "Motorista de Carroça". O personagem de Muse (o Motorista) é encarregado de levar Neil e Madeline até a mansão de Beaumont. Quando o motorista encontra um grande grupo de homens e mulheres negros escavando a estrada, e, assim, bloqueando o caminho da carruagem, ele explica de forma sucinta o motivo de os haitianos enterrarem seus mortos na estrada: "É um funeral, *mademoiselle*. Eles temem os homens que roubam corpos. Então, enterram os corpos no meio da estrada, onde pessoas passam o tempo todo". Aqui, a influência de *A ilha da magia* sobre o filme fica aparente mais uma vez, já que Seabrook escreve o seguinte acerca de rituais na beira da estrada: "por qual motivo, tão frequentemente, se vê uma tumba ou cova tão perto de uma estrada movimentada ou trilha, onde pessoas estão sempre passando? Isso acontece para dar toda a segurança possível ao pobre morto infeliz".[52] Em outra cena, conforme o Motorista conduz Neil e Madeline para mais perto do destino deles, ele vê alguns zumbis brancos. Em resposta, o Motorista grita "Zumbis!" e trota os cavalos em máxima velocidade para se distanciar dos monstros. Assustado, Neil pergunta: "Por que você está dirigindo desse jeito, seu idiota? Poderíamos ter morrido!". O motorista fornece um solilóquio em timbre tão medido que mais se assemelha a uma palestra de professor: "Pior do que isso, *monsieur*. Poderíamos ter sido pegos. [...] Eles não são homens, *monsieur*. São corpos mortos [...] Zumbis. Os mortos-vivos. Cadáveres removidos de suas sepulturas, que são obrigados a trabalhar nos moinhos de açúcar e nos campos durante a noite." O Motorista deixa o casal na mansão de Beaumont. Ele, novamente, vê os monstros e alerta "Olhe, aí vem eles!", e então sai de cena (e deixa o filme). Ele não é o típico e estereotipado pretinho—assustado—ai—meus—pezinhos—pretos—valham-me—agora, mas ele vai embora rapidamente por conta do perigo que se aproxima.[53]

A representação de Muse do Motorista, ainda que pequena, contradiz muito do que Hollywood apresentava em relação à negritude. Três anos depois de *Zumbi branco*, parecia que a indústria havia aprendido um pouco, como observou Robert Stebbins no jornal *New Theatre* em julho de 1935:

> A atividade do negro nos filmes de Hollywood é limitada ao
> papel do empregado preguiçoso [...] ou um carroceiro que parece
> ridículo [...]. Ele também é [...] um vilão enlouquecido pelo vodu
> e determinado a exterminar a raça branca em *Lua negra*, ou, na
> melhor das hipóteses, um bom prisioneiro entoando o espiritual
> onipresente na casa da morte enquanto o herói é preparado
> para dar os derradeiros passos em sua "última milha".[54]

O próprio Muse pode ser implicado nessa acusação contra a representação dos negros no cinema, já que sua participação no filme de terror "com negros" *Lua negra* (1934) apresentava uma queda no progresso representacional.

Lua negra é centrado em Juanita (Dorothy Burgess), uma mulher branca que é enviada de sua casa em San Christopher para os Estados Unidos por seu tio, o dr. Raymond Perez (Arnold Korff), um dono de plantação, e por seu capataz, Macklin (Lumsden Hare). Os dois homens brancos estão "sozinhos" em San Christopher, cercados por mais de 2 mil "nativos" que são descritos, em sua maioria, como "bandidos" do Haiti. Os nativos levaram o vodu com eles para San Christopher, o que inclui adoração ao sangue e sacrifícios humanos em honra aos seus "deuses negros". Juanita não consegue abandonar sua conexão com a ilha e até começa a tocar "tambores nativos" em seu tempo livre. É revelado que, quando criança, depois que os nativos mataram seus pais, Juanita teve uma cuidadora negra que, secretamente, a envolveu com o vodu, enchendo-a "com o som dos tambores e a visão do sangue". Daí, o terror nesse filme está na ideia de que o vodu pode se esgueirar das florestas e entrar numa casa branca e em uma mulher branca a qualquer momento.

Com saudades de casa, Juanita volta para San Christopher com sua filha Nancy (Cora Sue Collins) (e seu marido é esperado um pouco mais tarde). Ela é recebida por uma horda de nativos, que a enchem de flores e precisam apanhar do tio para se afastarem, o mesmo tio que tem uma reputação por açoitar e matar os nativos. Ainda assim, ao longo do filme, os nativos é que são mostrados como figuras que possuem prazer em matar — Macklin, Anna (a babá branca de Nancy, interpretada por Eleanor Wesselhoeft) e um homem negro, que, sob ordens, chama o marido de Juanita para salvá-la do perigo, são todos mortos, assim como uma mulher negra que é oferecida como sacrifício humano. Fica evidente desde cedo que Juanita está maculada demais pelos nativos para ser salva. Ela batuca, entra em transe e dança de forma sensual em rituais vodu (cercada por aproximadamente quinhentos afro-estadunidenses fantasiados de nativos).[55] Juanita abandona sua filha para fugir no meio da noite e ficar com os nativos, uma transgressão que é encarada com a mais pura repulsa por parte do tio, que, por sua vez, a abandona. Juanita fica tão imersa — tão "enegrecida" pelo seu contato com os nativos negros e com o vodu negro — que ela tenta matar o marido e a filha. Por esses pecados, Juanita é morta pelo seu marido salvador.

Aqui, novamente, a representação dos efeitos do Haiti sobre uma mulher branca está calcada em registros iniciais "reais" sobre o Caribe. Joan Dayan (175, 178), em *Haiti, History and the Gods*, escreve que o tema de mulheres brancas abraçando a negritude era algo recorrente em muitos escritos de historiadores coloniais sobre o Caribe. Dayan escreve que esses tomos históricos afirmavam que: "As assimilações graduais que os brancos faziam dos traços negros não eram vistas como imitação, mas infecção". Enquanto os negros tentavam assimilar a cultura branca, quando os brancos se apropriavam da cultura negra, eles eram descritos como se tivessem "contraído uma

FIGURA 2.3 A MARCA DA SOMBRA DE UM HOMEM NEGRO EM *LUA NEGRA*.
Columbia Pictures/Photofest

doença, demonstrando pouca força de vontade ou pouca fibra moral para resistir à atração contagiosa da vida largada, pouca roupa e fala lânguida. [...] Calor insuportável e negros demais contribuíam para a poluição inevitável da civilidade e da graça".[56]

Lua negra, então, se torna mais um conto de horror sobre o abominável enegrecimento de uma mulher branca; também é um alerta violento e austero contra a integração.

O "problema" negro no filme não termina com a morte de Juanita. Logo após, entra Clarence Muse como "Lunch", o dono de uma escuna oriundo de Augusta, Geórgia. Lunch leva pessoas de San Christopher para o Haiti, entretendo-as com música enquanto velejam. É por meio de Lunch que tanto os negros caribenhos quanto os negros norte-americanos são marcados como figuras deficitárias num sistema hierarquizante. Lunch se refere aos negros da ilha como "perseguidores de macacos", explicando que os macacos gostam de cocos, assim como os nativos, que perseguem os macacos para roubar as frutas. Também por intermédio de Lunch é revelado que os nativos precisam ser vigiados por olhos atentos e repreendidos, pois eles preferem dormir em vez de trabalhar. Na verdade, no fim do filme, os brancos fogem dos nativos sedentos por sangue porque alguns dormem durante o ataque, permitindo que Lunch leve os brancos até um lugar seguro. Mas Lunch também é um preto engraçado e um estereótipo do negro subserviente. Ele se alterna entre arregalar os olhos de medo e ser extremamente fiel e se sacrificar pelos brancos. As cenas retratam oposições óbvias de negros contra negros, sendo os afro-estadunidenses ligeiramente superiores aos negros de San Christopher, "o lugar de violência sem fim, batizado em homenagem ao santo padroeiro das causas perdidas".[57]

Muse era emocionalmente dividido por causa de suas representações de personagens do tipo e ocupou-se em falar e escrever sobre isso com frequência (por exemplo, sua autopublicação *The Dilemma of the Negro Actor*, 1934). Em um ensaio intitulado de maneira fúnebre como "When a Negro Sings a Song", Muse escreve sobre o dilema que os negros enfrentavam nos poucos papéis cômicos e de cantoria que lhes eram oferecidos nos filmes de Hollywood: "Existem dois públicos que precisam ser confrontados nos Estados Unidos — o negro e o branco. O público branco definitivamente deseja besteiras, canções e danças do homem negro, enquanto o público negro deseja ver e ouvir os verdadeiros elementos da vida negra sendo exemplificados".[58] A dignidade que Muse trouxe para a sua atuação ficava mais aparente em filmes negros e nos roteiros que escrevia, revelando ainda mais a tensão existente entre filmes negros e filmes brancos.

Ignorando as indicações de Muse de "respeito próprio e autoconsciência negra", ele ainda foi questionado por suas performances mais problemáticas.[59] Bogle descrevia os papéis de Muse como retratos de "servos humanizados", longe da performance cômica de Stepin Fetchit ou de um negro completamente subserviente, mas problemáticos do mesmo jeito.[60] Contudo, Muse também é conhecido por ter emprestado profundidade e complexidade às suas performances, que também eram distintas pela relativa ausência de estereótipos (dado o período).

Por exemplo, em 1941, Muse teve um papel coadjuvante substancial como Evans, o mordomo, no filme de terror "com negros" *O fantasma invisível*. Trabalhando mais uma vez com Bela Lugosi, que interpretava o dr. Kessler, o Evans de Muse também gerencia a propriedade de Kessler, o que inclui supervisionar seus empregados brancos (cozinheiros, jardineiros etc.). À medida que assassinatos começam a acontecer no solar de Kessler, Evans vai sendo apresentado como uma figura inteligente e informada, e participa de uma entrevista civilizada com as autoridades, que esperam que ele possa contribuir com a investigação. Evans se torna uma peça central na resolução do mistério, chegando, por fim, a ajudar na prisão do verdadeiro culpado, Kessler.

Ainda assim, esses papéis mais complexos destinados aos negros não eram o bastante para afastar o cinema de lugares negros como o Haiti. Os negros se tornariam eternamente associados ao vodu, magia negra e zumbis no gênero do terror.

SE TE AMAR É ERRADO, EU NÃO QUERO ESTAR CERTO

Filmes como *King Kong* e *Zumbi branco* eram, na verdade, histórias de amor. Graças às ameaças de nativos e um gorila, Ann apreciou ainda mais o seu verdadeiro amor e salvador em *King Kong*, Jack Driscoll (Bruce Cabot). Da mesma forma, se Madeline tinha dúvidas em relação a se casar com Neil, tudo foi resolvido quando ela viu suas outras opções, homens brancos maculados pelo vodu. *A múmia* (1932) também se apropriou do amor, da identidade racial mestiça e da regra de uma gota de sangue, mas não havia nenhum mulato trágico aqui. Nesse filme, Helen (Zita Johann) é meio egípcia/meio inglesa, mas se mostra alheia aos países africanos, incluindo o local de nascimento de sua mãe no Egito. Para Helen, que observa as pirâmides de dentro de um clube inglês, o país parece "belo", ainda que seja um local "desagradável". Seu pai, o governador do Sudão, a deixou no Egito para retornar àquele país "bestial e quente". De repente, Helen é mesmerizada, caindo no feitiço de Ardeth Bey/Imhotep (Boris Karloff), um sacerdote egípcio ressuscitado de 3.700 anos que havia sido mumificado e enterrado vivo pelo pecado de abusar da magia numa tentativa de lançar um feitiço para trazer sua amada de volta à vida. Imhotep reconhece que Helen "tem o nosso sangue" e lhe revela, por meio da magia, que ela fora a sua amada em outra vida. Na verdade, o sangue tem grande importância no mundo de Imhotep. Quando o Núbio (Noble Johnson), o servo de um "mestre" branco, também se vê sob o feitiço de Imhotep, sua suscetibilidade à magia é baseada em seu sangue negro: "O Núbio! O sangue antigo. Você o transformou em seu escravo." O Núbio se transforma no escravo de Imhotep, assim como os núbios haviam sido no antigo Egito, como é mostrado em um flashback. Os brancos precisam resgatar Helen do desesperado Imhotep. Mas eles estão fazendo bem mais do que simplesmente a salvarem de um monstro; eles a estão resgatando de um "outro étnico atrasado e oprimido" por enxergar Helen como uma mulher branca o suficiente.[61] Helen também é capaz de fugir dos mitos egípcios, cheios de superstições e politeísmo, quando seu amor, Frank (David Manners), que disserta enfaticamente sobre o valor do pensamento científico, a salva.

Mulheres brancas não estavam procurando o amor nos lugares errados, mas parecia que as mulheres negras faziam isso o tempo todo. *Ingagi* era um lembrete grotesco de como isso podia acontecer. O pior erro que uma mulher negra podia cometer, contudo, era escolher um homem branco como pretendente. Se ter alguma coisa com um macaco era implausível, então, tentar conquistar um homem branco era errado... mortalmente errado.

No filme de terror "com negros" *The Love Wanga* (1936), o cenário é a Paradise Island, próxima à costa do Haiti.[62] Lá vive Klili Gordon (Fredi Washington), uma dona de plantação birracial (negra/branca) que está apaixonada por Adam Maynard (Philip Brandon), um homem branco dono de uma plantação vizinha. Nessa "história real" em que "os nomes foram trocados", o problema é que, embora Adam conserve uma relação de amizade muito próxima a Klili, ele não consegue amá-la, pois, conforme explica: "não é possível transpor a barreira de sangue que nos separa". Embora tenha a tez branca como a de Adam, o fenótipo de Klili indica que nunca será branca o suficiente porque em algum lugar de sua linhagem sanguínea existe uma ancestralidade africana. Logo, ela está manchada pela regra da única gota, segundo a qual apenas um pouco de sangue negro marca alguém como negro de forma instantânea e eterna. Quando Adam escolhe (de forma previsível) Eve (Marie Paxton), uma branca pura, para ser sua noiva, Klili fica enraivecida de ciúmes. Ela aproxima o seu braço do braço de Eve proclama: "Eu também sou branca. Tão branca quanto ela!". A tragédia do sangue e da cor da pele é o típico estereótipo do mulato trágico, em que sua proximidade com a branquitude torna Klili bela ao mesmo tempo que sua situação irreconciliável a torna um perigo para si mesma e para os outros, e por fim a enlouquece.[63] Klili recorre ao vodu, usando um feitiço para deixar Eve à beira da morte (da qual ela é milagrosamente salva). Klili então é motivada a erguer treze zumbis, homens negros mortos-vivos, que sequestram Eve e a colocam em um transe para que Klili possa matá-la.[64] Aqui, os zumbis são levemente reimaginados em relação ao que foi visto anteriormente. Eles ainda são recipientes vazios e reanimados sob o controle de alguém. Contudo, *The Love Wanga* remove os discursos coloniais e de ocupação da memória do público em favor daquilo que Dayan descreve como um novo idioma que desmantela a culpabilidade dos Estados Unidos em relação ao trabalho forçado.[65] A nova construção coloca os negros no centro da servitude forçada e no cerne da morte, uma vez que os massacres realizados pelos brancos não são expostos.

Contudo, o filme é mais notável pela sua atenção à identidade racial. Fredi Washington, uma atriz negra cuja tez é menos pigmentada e olhos verdes, sempre era escalada para os papéis de mulata trágica, e seu papel mais notável foi como Peola, uma mulher "que se passava por branca", em *Imitação da vida* (1934). *The Love Wanga* continuava a brincar com as cores ao escalar o ator branco Sheldon Leonard como LeStrange, o cuidador negro da plantação de bananas de Adam. Leonard foi uma escolha estranha para interpretar um negro; contudo, essa escolha pode ter sido uma precaução por parte dos realizadores, já que Washington teve problemas com a censura em um filme que não era de terror intitulado *O imperador Jones* (1933), também situado no Haiti. Em *Jones* Washington beija o ator negro Paul Robeson, o que os censores temiam ser algo muito parecido com uma mulher branca beijando um homem negro.[66] Para remediar o problema, Washington foi instruída a usar maquiagem mais escura a fim de "parecer mais negra". Em *Wanga*, a maquiagem não era uma boa solução para o dilema racial, pois Klili deveria se parecer "tão branca quanto" Eve. Talvez fosse melhor que uma mulher que parecia ser branca fosse vista em um abraço com um ator branco em vez de um ator negro. Em *Wanga*, então, é o diálogo, e não a aparência, que deve marcar LeStrange (um nome bem apropriado) como negro. Ele se refere a Adam como "meu mestre" e há esta proclamação:

LESTRANGE PARA KLILI: Você é negra. Você pertence a nós. A mim.
KLILI: Eu te odeio, escória preta!

Assim como Klili, é impossível não associar a negritude de LeStrange como causa de sua proximidade com o mal. Ele é tão adepto do vodu, e tão perverso, quanto Klili. LeStrange rouba o cadáver de uma mulher negra, veste as roupas de Klili no corpo e o pendura em uma árvore como parte de uma maldição vodu contra Klili por ela ter rejeitado o seu amor. O grande amor de Klili por Adam é mostrado como impossível, o que não causa surpresa, já que ela e seus gostos se tornam parte do mito batido que dá conta de que mulheres "mulatas"* gostam das melhores coisas: "Existem vários relatos europeus sobre a mulher mulata, em especial sobre seus gostos requintados, amor pelas coisas finas e apreço especial por rendas, linho, seda e ouro".[67] Obviamente, gostar e ter são coisas diferentes, e Klili nunca terá Adam. Por causa

---

* O termo é pejorativo. A palavra *mulus*, no latim, faz referência a "mulo", o animal híbrido, estéril e produto do cruzamento do cavalo com a jumenta, ou da égua com o jumento. Por influência espanhola, o termo passou a designar um mulo jovem, e foi pela analogia com a origem mestiça do animal que a palavra ganhou tom pejorativo para pessoas negras com a pigmentação mais clara. [NE]

de tudo que ela fez, Klili se torna uma mulher caçada. No fim, quando a maldição vodu de LeStrange não mata Klili rápido o suficiente, LeStrange a estrangula com suas próprias mãos.

Com exceção de seu tratamento da identidade racial, *The Love Wanga* tomou o mesmo caminho de outros filmes de terror que incluíam alguma atenção para com a negritude. Praticantes negros de vodu estão por todos os cantos de Paradise Island, trabalhando sem parar em seus ofícios em um lugar onde o povo é, de acordo com o filme, preguiçoso e primitivo. Existem muitos bocores (feiticeiros), loas (espíritos) e zumbis, e o filme explica a existência deles da seguinte forma: "os corpos sem vida de negros assassinados, reanimados pelos bocores com propósitos malignos". Todos, bons ou maus, parecem saber como fabricar um ouanga (*wanga*) ou encantamento, que pode ser usado tanto para despertar o amor quanto para causar a morte. Quando não estão envolvidos com algum tipo de magia, os negros da ilha passam a maior parte do tempo jogando dados, apostando e dançando. *The Love Wanga*, é claro, não nega aos negros uma batida para que dancem, e o sempre presente batuque do tambor vodu, ou "rada", pode ser ouvido. O tambor é descrito em termos sensuais — apresentando uma batida "latejante" e "pulsante" — enquanto a câmera se demora no peito desnudo e musculoso de um homem negro batendo no instrumento com força.

The Love Wanga foi refeito em 1939 com um elenco todo negro no "filme negro" de terror *The Devil's Daughter*. Escrito por George Terwilliger e dirigido por Arthur Leonard, o filme foi roteirizado, dirigido e produzido por brancos, mas mirava em um público negro.

As cenas iniciais do filme servem para estabelecer como os negros caribenhos são diferentes. É possível ver, em uma longa sequência, um grupo enorme de trabalhadores malvestidos de uma plantação de bananas cantando e dançando em uma clareira. O lugar também serve para jogos de azar e brigas de galo. É mostrado que os trabalhadores acreditam no vodu como uma magia maligna que pode ser manipulada para todos os tipos de fins imorais.

O filme conta a história de duas meias-irmãs jamaicanas. A primeira é Isabelle (Nina Mae McKinney), cuja mãe era uma haitiana praticante de vodu. Isabelle tem cuidado da plantação da família com o amor e o apoio de seus empregados negros e "crioulos". A segunda irmã é Sylvia (Ida James), que deixou a Jamaica anos atrás em busca de uma educação superior nos Estados Unidos e se tornou uma mulher refinada no Harlem (o período de tempo coincide com a renascença do Harlem). Quando o pai das irmãs morre, ele deixa a plantação e a riqueza que vem com a propriedade para a educada Sylvia, enquanto a mais grosseira Isabelle não fica com nada. Sylvia volta para a Jamaica para cuidar da herança e consegue a ajuda de um feitor chamado Ramsey, que afirma estar apaixonado por ela, mas faz isso apenas para roubar seu dinheiro. Ramsey é interpretado pelo ator branco Jack Carter. Embora o ator branco tenha "enegrecido" seu dialeto em *The Love Wanga*, Carter não faz o mesmo aqui. Em vez disso, sua raça nem é mencionada no filme. A codificação de cores também pode ter contado até certo ponto com uma escolha de elenco politicamente esperta, pois Ramsey se mostra um homem mentiroso e traidor. Dois outros personagens masculinos negros se revelam como tais: John (Emmett Wallace), que ama Sylvia e no fim ganha o seu amor, e Percy (Hamtree Harrington), o mordomo de Sylvia no Harlem, que acredita que os negros jamaicanos são inferiores e, com efeitos cômicos, aprende que eles podem ser duas-caras quando o fazem acreditar que guardaram a alma dele em um porco (que é comido posteriormente).

O foco do filme, contudo, está nas diferenças entre as duas irmãs, que na verdade servem para problematizar as comparações entre os Estados Unidos e a Jamaica, trazendo alguma profundidade para as representações. Isabelle é mostrada como a irmã rude e desordeira que faz o árduo trabalho de cuidar da plantação enquanto suspira por John, que não tem interesse nela. Sylvia é representada como uma mulher que se transformou numa burguesa, passeando pela plantação em um vestido chique e conduzida por um motorista. A diferença entre as irmãs é alinhada com o urbano e os modos da cidade grande em contraste com o rural sem sofisticação. Contudo, até esse contraste é reformulado por meio de um alerta sobre os perigos de abandonar a casa, se tornar burguês e perder contato com o seu próprio povo. Sylvia e Percy, duas figuras do Harlem, são expostos como pessoas ingênuas por causa de sua separação geográfica e cultural com o "lar". Enquanto o trabalho na plantação é visto como rudimentar e desprovido de elegância, ser culto e conhecedor de livros é tido como inútil.

Isabelle cria um plano para ter a plantação de volta — ela explora as superstições vigentes ao lembrar Sylvia e John de que sua mãe era haitiana, deixando implícito que ela poderia praticar vodu. Isabelle instrui seus trabalhadores, muitos dos quais são praticantes de vodu, a baterem seus tambores na floresta com mais vigor do que nunca, fazendo com que Sylvia note que o som dos tambores soa ainda mais "ameaçador" do que em sua juventude. Sylvia acredita que se tornou a vítima de um ritual vodu quando Isabelle a droga e finge que vai prepará-la para um sacrifício. O filme apresenta uma longa cerimônia obeah (magia negra) presidida por Isabelle, que faz encantamentos. É revelado que Isabelle estava fingindo ter poderes — se ela realmente fosse mágica, ela não precisaria ter recorrido às drogas. John corre para resgatar Sylvia, enquanto o assunto de mistura sanguínea é trazido à tona: Isabelle não é haitiana "o suficiente" para praticar o vodu de forma efetiva. Isabelle e Sylvia fazem as pazes. Sylvia entrega a plantação para Isabelle, pois compreende seu não pertencimento: "Eu não pertenço a este lugar".

Chloe, Love is Calling You (1934) é um filme de terror "com negros" racialmente intrigante, ainda que controverso, já que aborda não só o mulato trágico mas também a violência racial da era Jim Crow. É uma história em que uma negra pobre, velha e praticante de vodu, Mandy (Georgette Harvey), procura vingança pelo linchamento de seu marido, Sam. Mandy é a "mamãe" de uma filha jovem adulta, Chloe (Olive Borden, uma atriz branca), que parece branca e sofre incômodos por parte de negros e brancos em virtude de seu sangue impuro. Chloe tem dois pretendentes. O primeiro é Jim, um homem "de cor" (interpretado pelo ator branco Philip Ober) apaixonado e sofredor que tem uma gota de sangue negro nas veias e não é amado pela jovem. O segundo é Wade (Reed Howes), um homem branco que acabou de chegar na cidade para cuidar de uma plantação de coníferas na região e, de início, toma Chloe por branca. As preocupações com a censura foram evitadas ao escalar atores brancos para os três papéis, já que uma mulher branca não seria mostrada nos braços de um homem negro.

Chloe ama Wade desesperadamente, mas foge dele por causa de seu segredo racial. Por sonhar em estar com brancos, Jim a acusa de dar ouvidos ao seu "sangue branco falando". Chloe então apresenta a história clássica da mulata trágica na qual ela é atormentada por se ver aprisionada na negritude, ainda que seu corpo denuncie pouco essa questão. A população negra afirma ver a negritude em Chloe, como fica evidenciado na cena em que um homem negro tenta atacar Chloe, dizendo: "Bem amarelinha, é assim que eu gosto da minha carne". E o mesmo acontece quando duas mulheres brancas olham para ela, comentando: "Ela é tão escura".

A surpresa aqui é que Mandy trocou seu bebê negro morto por Chloe num ato de vingança contra o pai branco de Chloe, o Coronel, que ordenou o linchamento de Sam. Na parte de Mandy, todos enxergam Chloe como negra e a tratam assim. A lição em relação ao preconceito racial é apresentada, ainda que de maneira falha. Quando se confirma que Chloe é realmente branca, ela (como Tarzan) exibe a superioridade inata da branquitude.* Nessa história nos moldes de Cinderela, Chloe não tem dificuldade nenhuma em se estabelecer no (rico) mundo dos brancos. Recentemente empossada da branquitude, a jovem pede que ninguém a chame de "Chloe" novamente, proclamando com confiança: "Eu me chamo Betty Ann". Ela se movimenta com naturalidade por sua mansão, usa vestidos brancos luxuosos e entretém a elite branca com facilidade. Sua nova casa é a epítome da ostentação, colossal e cheia de ornamentos. Parece apropriado, então, que essa Casa Grande, de frente para a plantação, seja o local de uma resistência negra. Casas assim, como suas "escadarias monumentais", um "labirinto de portas, salões e quartos gigantescos", e servos domésticos uniformizados pairando "silenciosamente em suas tarefas", eram símbolos cruéis de histórias e mitos da servidão.[68]

Mandy quer punir tanto o Coronel quanto Chloe pelas traições sacrificando Chloe em um ritual vodu. Há tambores retumbantes de vodu, fogo e dança nativa. Mandy se veste como o espírito vodu Barão Samedi. Mas tudo dá errado... para os negros. Jim tenta resgatar Chloe das garras de Mandy, mas é mortalmente ferido, deixando-a para ser salva por Wade. Chloe, como Betty Ann, e Wade finalmente encontram o amor como um puro casal branco.

Chloe, assim como *The Love Wanga* e *The Devil's Daughter*, não provoca sustos de verdade. Contudo, os três filmes encaram de frente o assunto das políticas raciais. *Chloe*, em particular, se destaca por sua atenção à violência racial. Filmes dessa época eram criticados por falharem ao lidar com racismos do tipo, como revelado na coluna "Camera Eye" (1933) do jornal *The Harlem Liberator*: "Dificilmente ouvimos uma palavra sobre linchamentos, trabalho forçado, arrendamento rural ou presidiários acorrentados trabalhando. E quando são debatidos, esses assuntos são vistos de relance".[69] Contudo, *Chloe* dá uma rara atenção ao linchamento. O vodu de Mandy "realmente fala" quando ela volta para Louisiana, o estado onde Sam encontrou o seu fim. "Óia lá. Óia lá. A véia árvore do enforcado. Onde us branquelo

---

* Conforme diz Grada Kilomba em *Memórias da Plantação* (Cobogó, 2019): "No mundo conceitual branco, o sujeito Negro é identificado como o objeto 'ruim', incorporando os aspectos que a sociedade branca tem reprimido e transformando em tabu, isto é, agressividade e sexualidade. Por conseguinte, acabamos por coincidir com a ameaça, o perigo, o violento, o excitante e também o sujo, mas desejável – permitindo à branquitude olhar para si como moralmente ideal, decente, civilizada e majestosamente generosa, em controle total e livre da inquietude que sua história causa". [NE]

mataro o meu Sam e os cachorro rasgaram ele em pedaço. Tô aqui, Sammy. A sua Mandy vortô pra amaldiçoá o Coronel e os branco." A morte de Sam no filme, ordenada pelo dono da plantação, o Coronel, não é contestada, mas descartada: "Eu demiti Sam. Não lembro o motivo". É possível ler o relato do Coronel sobre o fim de Sam de diferentes maneiras. Sua frieza serve para implicá-lo em um racismo que considera a vida negra como algo sem importância. Ou a leitura pode ser literal, dada a época, na qual a vida negra não tinha valor. O Coronel explica que Sam, ao ser demitido, bateu nele. Por esse motivo, o Coronel explica de forma direta: "Sam foi linchado". É nessa injustiça que Mandy se foca durante todo o filme: "Não vai demorar muito, Sam... Eu vou fazer o meu vodu. O trovão vai rugir e vai chover raio. E o diabo vai andar na sepultura de um branco." Contudo, o filme não se aprofunda mais na questão acerca do tratamento dos negros na era Jim Crow. Mandy é mostrada como louca, e assim sua obsessão pelo linchamento de Sam fica mais fácil de ser ignorada. No fim do filme, o Coronel exige a prisão imediata de Mandy, que está fugindo da cena do crime, dizendo: "Não queremos linchar ninguém". A frase "não queremos linchar ninguém" insinua que, se Mandy continuar a correr, então os brancos da comunidade vão ter que se incomodar com o linchamento dela também.

O outro personagem negro central, aquele que mina até mesmo a ilusão de um momento revolucionário no filme, é o servo doméstico do Coronel, Ben (Richard Huey). Uma típica representação do negro subserviente, Ben é um servo feliz e grato, leal ao seu empregador branco, que chega até mesmo a espionar Mandy e outros negros da plantação para contar ao Coronel tudo o que eles fazem. É Ben que revela ao Coronel que Mandy voltou para Louisiana com o fim de "colocar um vodu no senhor". Ben chega a invadir a cabana de Mandy, junto com o Coronel e Wade, para revirar os pertences dela. Com os olhos arregalados e cheio de medo, Ben revira a "bolsa de vodu" de Mandy, encontrando roupas de bebê que foram usadas pela filha do Coronel, a qual todos pensavam que havia se afogado. Por fim, quando um médico procura confirmar que o bebê negro de Mandy tinha morrido, e não a filha branca do Coronel, ele leva Ben em sua companhia para exumar o bebê em busca de uma evidência conclusiva. O doutor, triunfante, reporta: "O cabelo é crespo".

CONCLUSÃO

O amor estava no ar na década de 1930, mas estamos falando do gênero do terror, e a estrada para a paixão, de forma esperada, era cheia de curvas mortais. Macacos, vodu, nativos e zumbis tinham o costume de atrapalhar assuntos do coração. Parte do terror residia no fato de que essas monstruosidades se intrometiam em assuntos de corações brancos. Personagens monstruosos como Kong, Murder, e até mesmo a Múmia, sabiam como estragar uma noite de amor para Ann, Madeline e Helen, respectivamente, ainda que tentassem ganhar a afeição dessas garotas de pele menos pigmentada. Isso era algo assustador e sério, já que o público médio (branco) "consideraria extremamente abjeto o aprisionamento de cristãos brancos por nativos de pele escura. E ainda pior, pois, como as vítimas de feitiçaria vodu costumavam ser mulheres nessas narrativas iniciais e amplamente racistas [...] isso atacava a paranoia racial profundamente arraigada".[70] Que sorte a nossa haver os cavaleiros brancos que cavalgavam para salvar o dia e resgatar suas amadas da vilania, não? A lição aqui é que, ao ser vítima de algum tipo de intruso maligno de pele mais pigmentada, a pureza racial e sexual era desafiada, mas, por fim, restaurada.

De fato, não há amor maior para um homem (ou gorila) do que o amor de uma mulher branca pura. Mas ai daquela que negociar com o mal e distribuir a maldade — não existe pecado maior. Envolvidas nessas relações sórdidas, estavam as Klilis, Mandys e Juanitas. Essas três mulheres amaldiçoadas foram longe demais para continuar vivas. De maneira interessante, embora as três tenham utilizado a espada metafórica do vodu em vida, nenhuma delas foi morta por ela. Em vez disso, homens decidiram o destino dessas mulheres. Klili foi estrangulada por um homem (miscigenado), Mandy foi perseguida pelos homens brancos e a bala nas costas de Juanita foi disparada por um homem branco. Essas mulheres, com seus corações negros, estavam ainda mais obscurecidas por conta de sua relação com o vodu. Contudo, os mais acentuados desdém e desprezo foram reservados para Juanita, uma mulher branca que, por vontade própria, se submeteu e se aliou ao mundo dos negros.

Certamente alguns poderiam dizer que o terror precisa estar situado em algum ponto, e nesses filmes é uma eventualidade que ele se encontre entre pessoas negras e em locais majoritariamente negros.

Contudo, nos filmes desse período, o foco não recai tanto no terror (ou no amor), mas na representação dos negros como figuras pavorosamente horríveis, o que configura uma diferença fundamental. Esses não são filmes de terror modernos em que os monstros simplesmente surgem para retalhar e torturar pessoas; mas são filmes em que não basta localizar o terror no monstro (por exemplo, um gorila): o monstro também precisa ser enegrecido. Além disso, se esse monstro... enegrecido... tem relações sexuais com uma nativa negra, o efeito é maior do que aquele causado por um simples "Bu!"; quando isso acontece, o assunto passa a ser a natureza nojenta dos negros. A maldade negra sendo jogada de um lado para o outro, os negros obedientes, as mamães pretas, os malandros, todos são utilizados como estofo para a ridicularização racial e para assegurar a supremacia branca. Esse é o verdadeiro terror desses filmes.

De modo representativo, ao longo dos anos seguintes, as coisas não ficariam mais fáceis para os negros. A longo prazo, por exemplo, o Haiti e a zumbificação seriam ainda mais explorados na cultura popular. Na imprensa, os haitianos continuariam a ser retratados como figuras perversas e contaminadas por meio de bordões que davam conta de que o "povo dos barcos" (em busca de liberdade política e econômica) estava chegando, levando não só vodu para os Estados Unidos, mas também doenças (tuberculose e AIDS).[71] O terror continuava a implicar os negros em zumbificação, acrescentando também um pouco de satanismo (*Coração satânico* [1987]) e canibalismo (*Zumbiz* [2005]).

Na década seguinte, os anos 1940, o progresso continua a ser lento para os negros em filmes de terror. Na verdade, o gênero estava regredindo ao escalar negros como bufões e alívios cômicos, além de dar ainda mais destaque para a performance do malandro em filmes de susto como *The Body Disappears* (1941), estrelando Sleep 'n' Eat, e *O rei dos zumbis* (1941), com Mantan Moreland. Vislumbres de esperança surgiram para os negros com o retorno de um diretor negro, Spencer Williams. Os "filmes negros" de terror de Williams tinham monstros, o diabo, e uma boa dose de lição de moral para acompanhá-los. Mas, primeiro, teríamos que enfrentar outro filme de macaco: *Son of Ingagi* (1940), um filme meio-macaco, meio-humano de Williams.

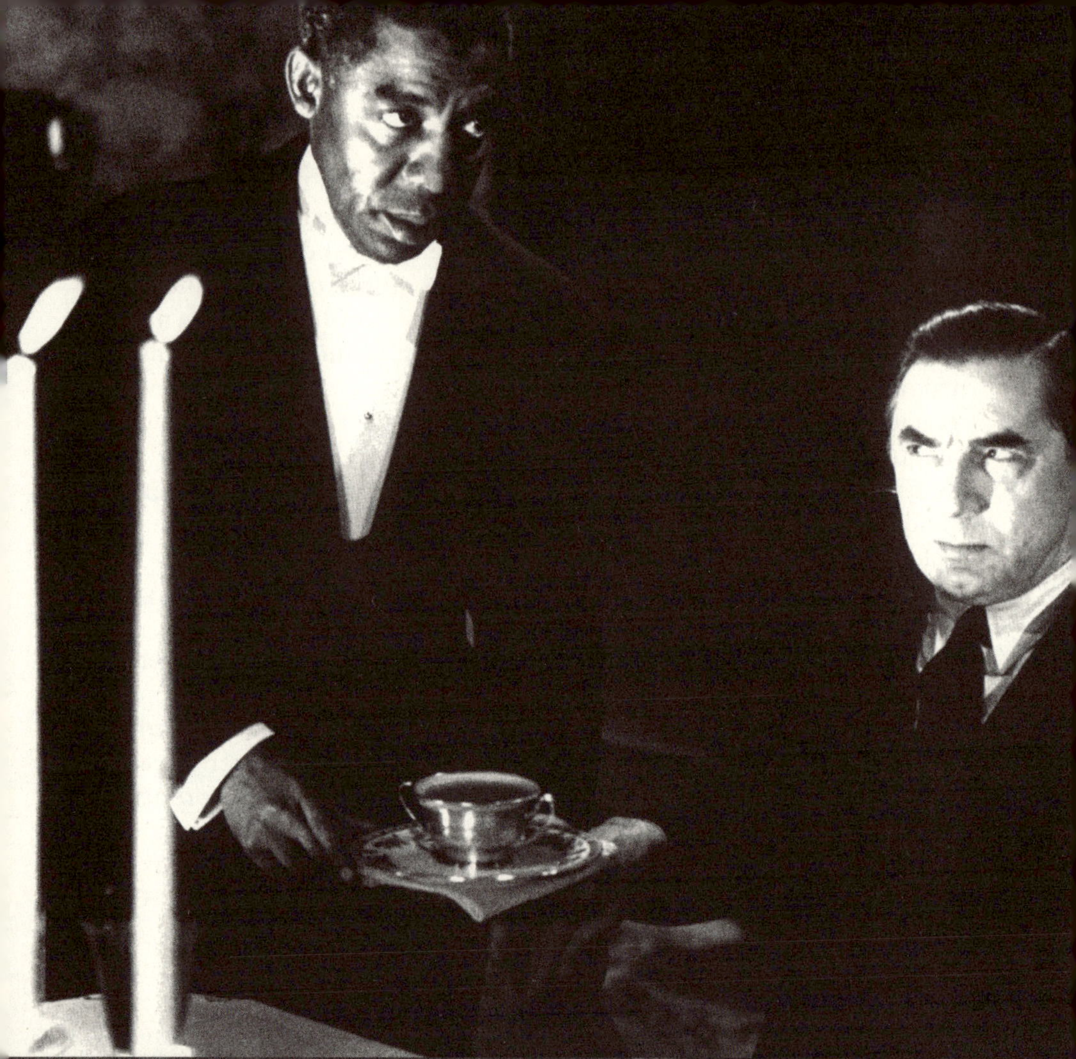

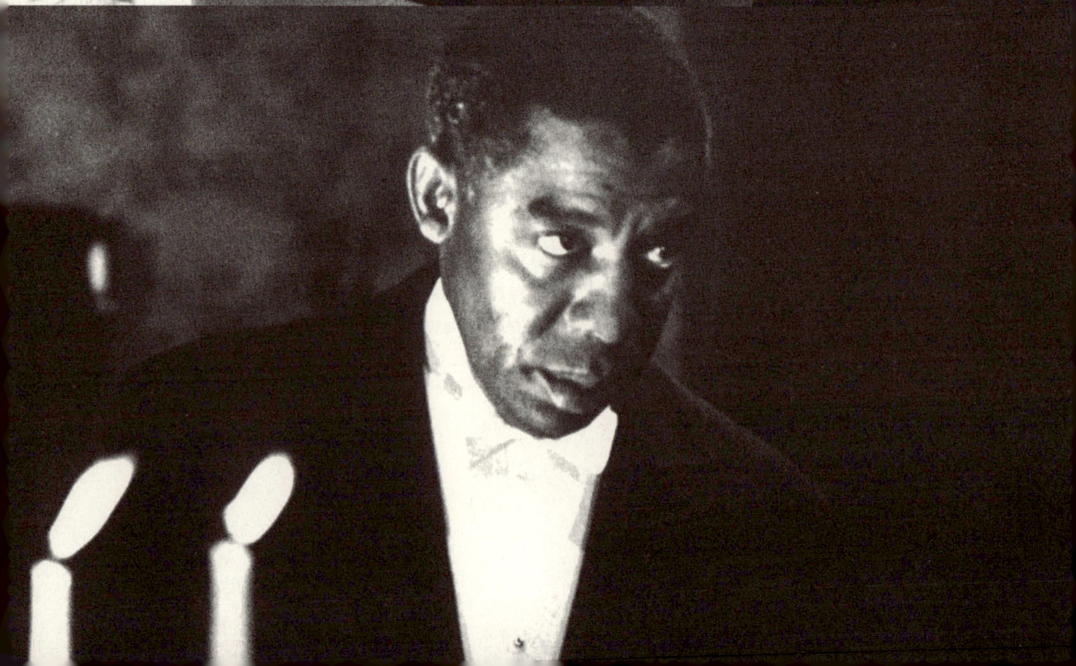

Horror Noire

1940
BANDIDOS ATERRORIZANTES E MISERÁVEIS MENESTRÉIS

> Ao montar esta horrível orgia
> Que paralisa no escuro de medo,
> Os filmes cometem um erro;
> Eles erram a mira..
> — **JAFFRAY** (174)[1]

O terror ganhou forma rapidamente, e vários realizadores pegaram alegremente o bonde do terror, fosse se especializando no gênero ou diversificando seu portfólio ao acrescentarem filmes de terror no conjunto de suas obras. Esse grande interesse logo resultou em uma abundância de filmes desse tipo, e o público, que antes formava filas para sentir o gostinho do medo, começou a ser bombardeado por uma grande oferta (geralmente rudimentar e banal); por isso, o público de terror começou a escassear.

À medida que os filmes de terror da década de 1940 encontravam bilheterias cada vez mais anêmicas, a indústria do cinema respondeu ao decréscimo na venda dos ingressos com um sistema pareado de produção e distribuição de filmes. Havia os filmes A, com grande apoio financeiro, e os "filmes B", como os filmes de terror, com orçamentos e promoções menores.[1] Os dois tipos de filme, A e B, às vezes eram vendidos de uma vez só, assim, quando o público fizesse fila para um "filme de qualidade A", como o vencedor do Oscar *A grande ilusão* (1949), as pessoas também teriam a opção de ver um filme de terror como alguns dos inúmeros filmes B de múmia que entravam em circulação: *A mão da múmia* (1940), *A tumba da múmia* (1942), *A sombra da múmia* (1944) ou *A praga da múmia* (1945). Frequentemente dois filmes B eram exibidos para que os clientes pudessem, talvez, aproveitar uma tarde de monstros. Mesmo com uma tática de marketing esperta de exibir dois filmes de uma vez só, os filmes de terror continuaram a ter dificuldades. Talvez as atrocidades da Segunda Guerra Mundial, cuja parte mais repulsiva mirava em civis, como o Holocausto e as bombas atômicas lançadas em Hiroshima e Nagasaki, fossem bem mais assustadoras e inescapáveis.[2]

O terror mal começara a ganhar fôlego e já estava sendo ameaçado. Os monstros do famoso estúdio Universal se tornaram embaraçosamente derivativos, com a dupla de comediantes Bud Abbott e Lou Costello "esbarrando" nos monstros em muitos dos seus filmes de comédia pastelão. O RKO, o estúdio que produziu *King Kong* (1933), sob a direção de Val Lewton, ofereceu uma safra mais original de filmes, como *Sangue de pantera* (1942). *Sangue de pantera* foi uma inovação rara o gênero na época, pois muito do terror dos anos 1940 se baseava no estilo homem-vestido-de-macaco, como *O gorila matador* (1940) da Monogram Pictures.

Enquanto o gênero de horror estava começando a se desfazer, o tratamento representacional dos negros nos filmes, especialmente em filmes de terror "com negros", não melhorou. Após cinquenta anos de participação no gênero, os negros ainda eram relegados a papéis de figuras primitivas, nativos das selvas ou empregados de brancos. A mudança mais dramática em relação à representação de negros nos filmes de terror durante a década de 1940 apenas agravou os problemas, pois os menestréis do fim do século XIX e início do século XX foram ressuscitados para criar comédias de terror nas quais os negros eram apresentados como tolos profundamente assustados — figuras absurdas e cômicas cujos defeitos intelectuais (como a fala errada), inferioridade cultural (como correr atrás de galinhas) e tiques físicos (como arregalar os olhos) provocavam riso e escárnio. Diferente do nativo e do servo, que geralmente eram escalados como meros figurantes em filmes de terror e se moviam silenciosamente nas cenas, os papéis de negros assustados e cômicos (como vieram a ser conhecidos) eram papéis coadjuvantes substanciais e centrais aos enredos. O gênero só olhou para os negros quando o terror se juntou ao humor, com atores cômicos como Mantan Moreland e Willie "Sleep 'n' Eat" Best sendo convocados para fazer suas "melhores" performances de malandros tolos.

De maneira mais significativa, o "terror negro" voltou nessa década, e, graças ao cineasta Spencer Williams Jr., o gênero do terror viu algumas das suas histórias mais intrigantes, caracterizações únicas e tratamento aprofundado da vida e cultura negras. Os filmes de Williams focavam na batalha entre o bem e o mal, embebidos em religiosidade negra, e suas histórias eram centradas em mulheres. Os filmes de Williams questionavam como os cineastas negros, excluídos de Hollywood e com orçamento apertado, poderiam trazer algo tão inspirador para o gênero. Em resumo, este era o dilema em relação à participação dos negros em filmes de terror da década: representações proeminentes e horrendas, ou representações promissoras e de alcance limitado.

BRIGA DE MONSTROS

Os filmes de terror "com negros" lançados ao longo da década evidenciam o quão ruim as coisas estavam para os negros. *A morta-viva* (1943) é um filme situado no Caribe, na ilha de St. Sebastian pós-colonização, em uma plantação de açúcar e numa selva ao redor.[3] Para os negros no filme, St. Sebastian é uma ilha construída pela morte por causa de sua antiga história de amor com a escravidão. O filme começa de forma pejorativa com uma mulher branca, Betsy (Frances Dee), ignorando de maneira casual e acrítica as atrocidades da escravidão enquanto conversa com um homem negro descendente de escravizados:

COCHEIRO (CLINTON ROSEMON, NÃO CREDITADO): O barco enorme trouxe há muito tempo os pais e mães de todos nós, acorrentados no porão de um navio.
BETSY: Eles trouxeram vocês para um belo lugar, não é?
COCHEIRO: Se você diz, senhorita, se você diz...

Embora o filme se esforce para mostrar que a história da escravidão e seus efeitos continuam a afetar os negros e sua existência na ilha, essa cena em particular funciona para ilustrar como os cineastas não conseguiam deixar de diluir as mensagens do tipo com alguma fantasia pós-colonial de exotismo e beleza primitiva. St. Sebastian pode chorar por causa do sangue negro derramado (como Ti-Misery, o calcês selvagem de um navio negreiro, faz simbolicamente durante a trama), mas o filme trabalha duro para convencer o público de que o Caribe, ainda assim, é um ótimo lugar onde tirar férias. Humphries explica a cena da incompreensão de Betsy da seguinte maneira: Betsy "só enxerga a beleza ao redor dela, a beleza que é construída pelo discurso colonial para o benefício daqueles que vivem dos frutos do trabalho escravo. [...] Seria difícil representar e sumarizar a cegueira social e econômica de maneira mais persuasiva".[4] O modo como Betsy enxerga St. Sebastian pela primeira vez é reminiscente de *Zumbi branco* (1932), quando o casal apaixonado, Neil e Madeline, se surpreende pelo fato de o Haiti não ser o local paradisíaco que eles esperavam para o seu casamento. A habilidade de Betsy (de Neil e Madeline) de estar entre tantos negros sem conhecê-los fornece entendimentos surpreendentes sobre a repressão de culturas e histórias.

A morta-viva apresenta vários negros praticantes de vodu que passam um tempo considerável "assustando" os brancos com batuques de tambores e fazendo rituais. Essa restrição dos negros ao estereótipo significa que o filme mais se interessa em focar nos "problemas psicológicos do povo branco" em vez de demonstrar qualquer consideração, ou engajamento, em relação aos personagens negros.[5]

Em *A morta-viva* existe, de forma esperada, um zumbi entre os negros — Carre-Four[6] (Darby Jones). Ele caminha silenciosamente e de forma agourenta, nunca representando uma ameaça até receber a ordem de invadir uma casa em uma plantação branca para sequestrar uma mulher branca. Obviamente, ele não realiza a última parte da missão, já que homens negros podem apenas olhar (o que talvez já seja ameaçador o suficiente), mas jamais tocar. Carre-Four não é o único zumbi da ilha; também há Jessica, uma mulher branca que pode ou não ser uma zumbi. Há muito para se saber acerca de Jessica enquanto os protagonistas brancos lutam para reclamar a alma dela e os homens brancos lutam pelo seu amor. Contudo, a história de Carre-Four não merece ser explorada, e ninguém está interessado em salvar sua alma.[7] Também há Alma (Theresa Harris), que mantém a tradição de seus ancestrais escravizados de guardar luto quando uma criança negra nasce, mas que fica "feliz em um funeral". No filme, as lágrimas de Alma (que não são vistas) são alinhadas e suplantadas pelas lágrimas de Ti-Misery, o calcês transformado em um irrigador da plantação, que parece chorar quando a água do equipamento flui. No filme, a história da escravidão na ilha é representada por Ti-Misery. O filme nega aos vivos uma chance de recontar completamente essa história de escravidão. Em vez disso, Ti-Misery, pelo uso do simbolismo, filtra e carrega as histórias de escravidão dos negros vivos de St. Sebastian. Fechando o estranho grupo, que é visto pelos "olhares confusos dos protagonistas brancos",[8] há um cantor onisciente de Calypso representado por Lancelot Pinard, também conhecido como Sir Lancelot. Lancelot contribui com o filme armando fofocas, inventando histórias e também com um aviso sombrio sobre o destino das pessoas em uma de suas músicas de Calypso.

O que fica evidente nesse filme é que a negritude é tão infecciosa que coloca os brancos em risco, especialmente as mulheres brancas, que são enfraquecidas pelo seu encontro com a negritude. No filme, duas mulheres brancas se tornam vítimas da cultura negra. A primeira fica obcecada por mitos e pelo poder do vodu e, por isso, transforma uma outra branca indefesa em zumbi. O crítico de cinema do *New York Times*, Bosley Crowther fez pouco caso de *A morta-viva*, afirmando delicadamente que o filme "acaba com todo o respeito que alguém pode ter por fantasmas ambulantes".[9]

Dois anos depois, em 1945, a RKO (sem Val Lewton) fez uma continuação de *A morta-viva*, com o título de *Zumbis na Broadway*. Esse filme de terror tomou um rumo cômico, assim como vários filmes feitos durante a década de 1940, ao focar nas palhaçadas de Jerry Miles (Wally Brown) e Mike Strager (Alan Carney), que são parceiros como Abbott e Costello. O filme fala sobre os esforços de Jerry e Mike a fim de encontrar um zumbi de verdade para a abertura de um clube em Nova York chamado A Tenda do Zumbi. A dupla viaja para San Sebastian e são recebidos na ilha por uma canção de Sir Lancelot que interpreta um Calypso que resume o destino vindouro deles por meio de uma rima alegre. O ator Darby Jones também está de volta no papel do zumbi silencioso e discreto, embora seu nome tenha sido mudado para Kolaaga e ele tenha ganhado um novo mestre na forma do dr. Paul Renault, interpretado por Bela Lugosi. A presença de Lugosi oferece um pouco de humor intertextual para os fãs de terror quando ele diz "Você já me viu criar um zumbi [antes]", fazendo uma homenagem ao seu papel no primeiro filme

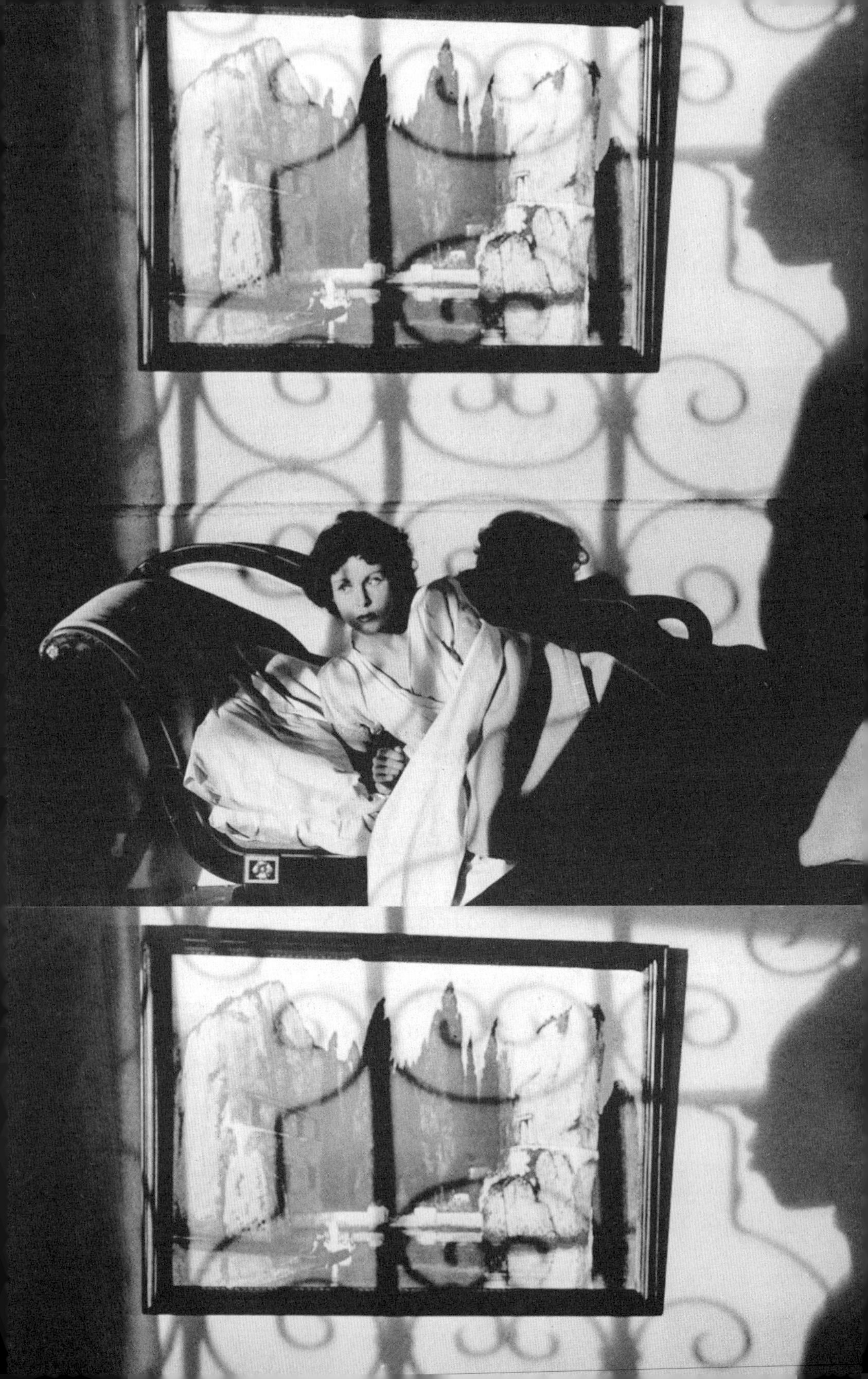

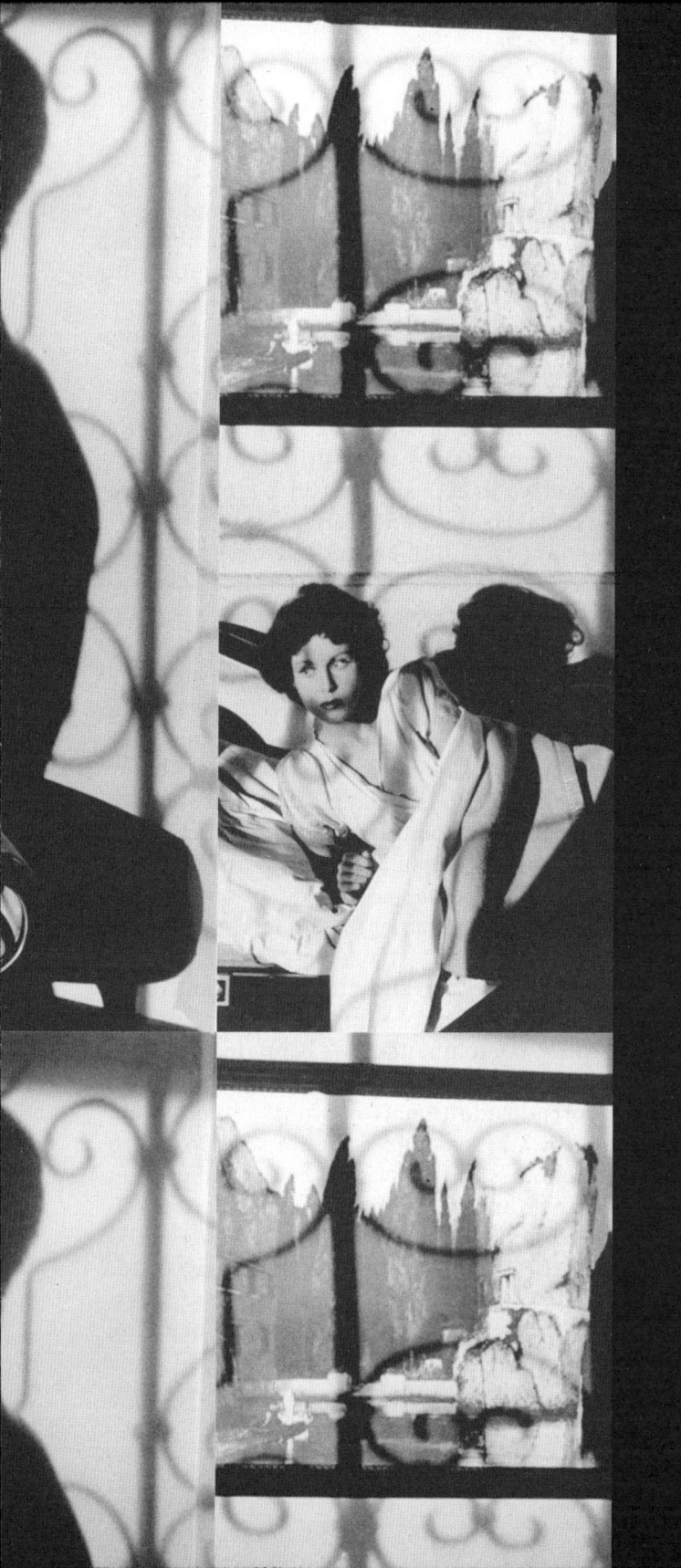

FIGURA 3.1 APENAS A SOMBRA DE UM HOMEM NEGRO PODE ENTRAR NO QUARTO BRANCO EM *A MORTA-VIVA*.
RKO/*Photofest*

de zumbis, *Zumbi branco* (1932). Kolaaga é representado de maneira séria, sem efeitos cômicos. É explicado que Kolaaga, "tomado" por Renault, está sendo forçado a sequestrar vítimas para zumbificação, além de realizar serviços domésticos na assustadora mansão de seu mestre. No filme, Kolaag realmente captura uma mulher branca e a entrega a Renault, que opta por não transformá-la em zumbi após ver sua beleza. E mais: nesse filme Kolaag é ainda mais empoderado, pois ele se volta contra o seu mestre, recusando-se a matar pessoas sob as ordens dele, e, em vez disso, acaba matando Renault (com uma pá). O filme mostra os nativos como primitivos seminus e faz referência aos tambores vodu com suas "batidas mortais" que enlouquecem os brancos; os "nativos das montanhas" também dançam ao redor do fogo com lanças. O humor do filme é performado em sua maior parte por Jerry e Mike, que chega até mesmo a aparecer em cena usando pintura blackface (enganando os nativos, que pensam que ele é negro).

O filme de terror "com negros" *Pongo, o gorila branco* (1945) ganhou destaque pelo emprego de mais de uma dúzia de atores negros numa época em que os papéis diminuíam por causa das restrições orçamentárias dos filmes B. Aqui, a maior parte dos negros escalados é de figurantes — parcialmente vestidos e sem falas. Eles guiam um time de cientistas brancos pelo "continente escuro" e por uma terra "não explorada pelo homem branco" em busca de um grande achado antropológico, um valioso gorila branco, ou "pongo", que se acredita ser o elo perdido. Um violento gorila negro — que ataca pongo, mas perde a luta e paga com a sua vida — não é desejado, sendo devolvido para a floresta pelos homens brancos quando é capturado por acidente. Quando os nativos fazem algum barulho, isso ocorre apenas por breves momentos, como quando eles bajulam as roupas europeias ou quando gritam no momento em que pongo os esmaga até a morte. Apenas um sortudo adulto nativo, Mumbo Jumbo (Joel Fluellen), consegue falar "bwana" e se oferece para ser o Porteiro #1".[10] No filme, Mumbo Jumbo, assim como Carre-Four, também tem a oportunidade de encostar numa mulher branca, mas não o faz. E assim como Carre-Four e Kolaag, pouco se sabe sobre Mumbo Jumbo enquanto ele se junta ao batalhão dos muitos negros que são tratados como objetos (de trabalho), e não como sujeitos, nesses filmes.

Considerar *Pongo, o gorila branco* como um filme B é um ato de generosidade. O filme é barato e se apoia em uma boa quantidade de filmagens antigas de animais bebendo água para esconder um roteiro mal escrito e problemático. Contudo, *Pongo* parecia um filme A e digno de prêmios perto de seu doppelgänger *O gorila branco* (1945). A maior parte de *O gorila branco* é uma mistura bagunçada de filmagens arquivadas e cenas de um curta-metragem mudo de 1915 chamado *Perils of the Jungle*. Esse filme caótico é basicamente um filme de guerra racial entre um gorila negro, Nbonga, que faz de um raro gorila branco, Konga, um "pária" na floresta por ser diferente.[11] Os dois brigam ao longo do filme, onde o gorila negro representa o "monstro com o peito cheio de ódio", o instigador. De maneira previsível, o filme acontecia em algum "país ruim" da África, no qual os nativos "odiavam o homem branco" e onde os brancos temiam os batuques dos tambores nativos. Quando o gorila branco é morto por um contrabandista branco, ele é altamente elogiado, com o gorila negro, Nbonga, lamentando pelo nobre e caído guerreiro branco que só estava lutando por sua raça em "uma batalha pela supremacia da selva":[12]

> Você sabe que eu fiquei meio triste de ter que matar aquele gorila branco. Ele parecia quase humano. [...] Sua morte pareceu lançar um feitiço de solidão na floresta [...] um tributo silencioso ao seu fim [...]; Eu quase posso vê-lo [o gorila negro] ao descobrir o pária branco deitado como se estivesse dormindo. Seus esforços para fazê-lo lutar. E então a mudança [...]. Sua surpresa ao olhar para a figura imóvel. Um tipo de emoção humana o avassala. Então, a lenta conclusão de que o pária está morto. E o instinto animal retorna, o instinto de enterrar e esconder os restos daquele que caiu pelas mãos dos exploradores da selva. Um gesto de perdão assim como um canto de morto para o pária da sua raça — o gorila branco.

No fim o público fica sabendo mais sobre o gorila branco do que sobre Carre-Four, Kolaag e Mumbo Jumbo juntos.

REFORMANDO HOLLYWOOD, REINVENTANDO A IMAGEM NEGRA

Preparando-se para uma nova década cinematográfica, em dezembro de 1939, Spencer Williams e uma lista enorme de estrelas do terror negro, incluindo Clarence Muse (*Lua negra*, *Zumbi branco*, *O fantasma invisível*), Laura Bowman (*Drums o' Vodoo*, *Son of Ingagi*) e Earl Morris (*Son of Ingagi*), se encontraram para discutir como fazer frente aos "tipos derrogatórios e estigmas" infligidos aos personagens negros em filmes de todos os gêneros.[13] Cineastas independentes, negros ou não, haviam desaparecido completamente na época; logo, a grande parte das representações vinha de Hollywood. Pedir mudanças, contudo, era uma proposta arriscada, pois Hollywood era a principal empregadora e a indústria já havia mostrado que podia e iria trabalhar ao redor de uma presença negra, como Williams "sabia que falariam de um lugar de fraqueza, das fileiras dos filmes B, de papéis prevalentemente servis".[14] Muitos artistas negros já estavam se mantendo calados "sobre a insatisfação e raiva que sentiam pela falta de papéis decentes. Assim como as estrelas brancas, eles sabiam que falar mal da indústria não lhes daria nada além de uma passagem de volta para o local de onde haviam saído".[15] A outra alternativa era seguir adiante com o trabalho em Hollywood, atuando como agentes de mudança onde e quando pudessem.

Muitos negros optaram por falar sobre o tratamento que recebiam em Hollywood. Em 28 de dezembro de 1940, o ator Clarence Muse tornou pública a sua esperança de um novo ano que traria uma melhora no tratamento da imagem dos negros:

> DE ALGUMA FORMA, EM ALGUM LUGAR, PRECISAMOS TER UM GRANDE FILME NEGRO. ESSA é uma resolução séria [...]. Uma grande história negra, grande o suficiente, boa o suficiente para ser lançada por uma grande empresa como qualquer outro filme [...]. Inspirador, ousado, cativante e verdadeiro para com a vida negra em todos os seus elementos [...]. Eu decidi fazer o meu melhor para encorajar isso [...]. E se isso acontecer [...]. Que Ano-Novo mais feliz![16]

Ainda assim, o tratamento dos negros dentro e fora do gênero terror era problemático, e depois de muita deliberação a NAACP tentou encurralar Hollywood — escritores, produtores, diretores, publicitários, diretores de elenco e similares —, fazendo com que fosse assinado um plano que melhoraria a posição dos negros na indústria. Depois de uma resistência significativa em Hollywood, que até então havia se recusado a ouvir, em 1942 a organização dos direitos civis finalmente conseguiu uma reunião com produtores de cinema e executivos de estúdios, e os incitou a liberalizar os papéis oferecidos às pessoas negras.[17] Contudo, os negros eram culpados pelos seus próprios problemas; um representante do estúdio Columbia Pictures disse: "enquanto pessoas de cor [...] aceitarem representar papéis subservientes ou de bufões [...] a venderem a dignidade de sua raça", as representações continuariam.[18]

Com a ausência daquilo que Cripps chamou de "estética negra", era difícil identificar o que constituía uma melhoria de imagem.[19] A indústria cinematográfica tinha o seu "Código", que os exortava a avaliar se as imagens que produziam eram moralmente apropriadas ou exploradoras. O Código era claro em relação ao que se julgava estar fora dos limites; coisas como beijos apaixonados, palavrões, perversões sexuais e miscigenação. Imaginar um "Código" desse tipo para a imagética racial era difícil, embora as melhores mentes continuassem tentando desenvolver uma técnica para lidar com Hollywood. Lawrence Dunbar Reddick foi um dos mais conhecidos e respeitados entre as pessoas que trabalharam para criar um plano de ação. Reddick recebeu um doutorado da Universidade de Chicago em 1939, e naquele mesmo ano assumiu uma posição de curador no (atual) Centro Schomberg de Pesquisa da Cultura Negra, que é parte da Biblioteca Pública de Nova York. Durante seu tempo lá (1939-1948), ele escreveu e apresentou suas ideias acerca do tratamento dos negros em todas as mídias, como livros didáticos, rádio, mídia impressa e cinema. Em 1944 ele publicou suas ideias sobre como lidar com Hollywood em um longo ensaio acadêmico no *Journal of Negro Education*. Reddick sugeriu que as instituições de censura, como o escritório Hays, que administrava o Código, deveriam se esforçar para "incluir o tratamento do negro no cinema" como parte das regras.[20] Além disso, para proteger o interesse dos atores, Reddick propunha que "atores negros, especialmente, deveriam ser apoiados quando recusassem papéis de empregadas e servos". Ele ainda pediu ao Escritório de Informações de Guerra para banir termos racistas como "crioulo", "escurinho", "pretinho", "fumaça", "zambo" e "malandro" dos filmes com base no fato de que tal linguagem poderia ser explorada pelos inimigos dos Estados Unidos.[21] Reddick continuou a circular suas ideias acerca da reforma. A NAACP continuou a pedir reuniões, nem sempre com sucesso. Aqueles em Hollywood que tinham a mente mais aberta fizeram as mudanças que julgaram apropriadas. Contudo, o progresso no cinema era lento. O ator negro Spencer Williams Jr. tomou para si a obrigação de efetuar mudanças ao seguir adiante com o seu próprio plano de oferecer representações dos negros feitas por negros.

MAQUIANDO O FILME DE MACACO

A primeira contribuição de Williams para a causa veio em 1940 com um "filme negro" de terror dirigido e estrelado por ele. Contudo, o título do filme — *Son of Ingagi* (1940) — era vergonhoso. O público de terror já tinha ouvido falar sobre os míticos "ingagis" antes. Em 1930, o diretor William Campbell apresentou um filme de terror "com negros" infame e controverso chamado *Ingagi*, sobre primatas, ou "ingagis", e as mulheres congolesas que carregavam seus filhos. *Ingagi* originalmente foi apresentado como um documentário real e verdadeiro que reportava as práticas estranhas e bestiais praticadas pelas mulheres negras da selva. *Ingagi* terminava com uma mulher negra acariciando um bebê meio-humano e meio-macaco.

Estaria Williams imaginando *Son of Ingagi* como uma continuação? Por que Williams indicaria uma conexão com o filme antigo usando um título tão similar? Os dois filmes não têm ligações; contudo, *Son of Ingagi*, dirigido pelo diretor branco Richard Kahn, tem algumas correlações com o filme original. *Son of Ingagi* conta a história de um cientista que viaja para a África e volta com um símio "meio-humano, meio-fera", como a criatura é descrita no pôster de divulgação do filme. Além disso, o filme também força sutilmente a noção de acasalamento entre espécies; afinal, de onde exatamente vieram as crias de símio-humano? Por sorte, as similaridades acabam por aí, com *Son of Ingagi* tomando um caminho novo ao focar em negros da classe média.

A primeira contribuição imagética significativa do filme reside na escolha da figura que resgata ingagi: uma cientista negra — dra. Helen Jackson (Laura Bowman), uma pesquisadora rica, brilhante e de mais idade, que exibe grande conhecimento em química, antropologia e comportamento animal. Por meio da dra. Jackson, a imagem do

FIGURA 3.2 A DRA. JACKSON SE PREPARA PARA ENCONTRAR O SEU FIM NAS MÃOS DO INGAGI.
Sack Amusement Enterprises/Photofest

FIGURA 3.3 SPENCER WILLIAMS JR. (DE CHAPÉU).
CBS/*Photofest*

homem branco em um safári é recodificada, embora a natureza exploratória de tais missões não seja fácil de ignorar mesmo com a presença de um corpo negro feminino. A dra. Jackson é vizinha e amiga de um casal recém-casado em ascensão, Robert e Eleanor Lindsay (Alfred Grant, Daisy Bufford), que estão celebrando suas núpcias com amigos igualmente ambiciosos. Aqui, mais uma vez, William quebra uma barreira, mostrando os noivos negros e seu casamento.[22] O filme inclui um número musical dos amigos de Lindsay, representados pelo quinteto real Four Toppers. O filme também inclui a representação do "proeminente" e competente advogado sr. Bradshaw (Earl Morris), e o sr. Nelson, um detetive interpretado por Williams.

Na noite do casamento de Robert e Eleanor, a fábrica onde Robert trabalha é completamente incendiada, deixando-o sem emprego e imaginando como poderia sobreviver. A dra. Jackson coloca o jovem casal debaixo das suas asas, legando a eles sua casa e suas posses. Quando a cientista é morta após um encontro com o símio enfurecido, o animal escapa do confinamento e passa a vagar às escondidas pela casa, e assim assusta os Lindsays, que haviam se mudado para a casa da dra. Jackson. Eles então ligam para a polícia e pedem que o caso seja investigado. O casal não sabia, mas a dra. Jackson tinha 20 mil dólares escondidos em casa, além do macaco assassino. Embora o gorila em *Son* ande ereto e use calças e uma túnica, o filme não explora a conexão símio-humano, lidando com o monstro apenas como uma besta destruidora. Graças a "um grande elenco de cor" e à locação do filme em uma comunidade negra, os salvadores dos Lindsays não são homens brancos que chegam cavalgando para derrotar a besta selvagem, como era visto em tantos filmes de gorilas com temas coloniais. Em vez disso, a comunidade negra se junta para ajudar os Lindsays.

O detetive Nelson (Williams) chega para resolver o mistério dos assassinatos ocorridos na casa, que agora incluem a morte do advogado, Bradshaw, que, durante uma visita,   é estrangulado secretamente pelo gorila. Contudo, o símio se mostra tão elusivo quanto enganador — quando Nelson termina de fazer um sanduíche para si mesmo, o símio o rouba enquanto Nelson está virado de costas, o que surpreende o detetive. Assim sendo, Williams traz um pouco de humor para sua performance, revelando algumas de suas habilidades cômicas que usaria no (controverso e pastelão) papel televisivo de Andrew "Andy" Hogg Brown na sitcom *The Amos 'n' Andy Show* (1951-1953). Contudo, Williams não é nenhum idiota no filme. Ele é mostrado como uma figura ao mesmo tempo séria e engraçada. Notavelmente, com

Nelson em sono profundo, Eleanor fica alerta tentando escutar movimentos e é ela quem descobre o gorila — embora desmaie e tenha que ser resgatada por Robert, pois Nelson é nocauteado pelo animal. Nelson se redime no fim ao recuperar a riqueza escondida e entregar aos Lindsays para que possam seguir suas vidas alegremente e viver juntos o sonho norte-americano.

Son poderia ser encarado como um filme "B" que seria lançado junto com outro — baixo orçamento e destinado ao público negro, duas características mortais para as bilheterias. Contudo, o filme teve sucesso ao dar o primeiro passo para a recuperação dos filmes raciais e da representação dos negros neles. O esforço tinha a ver com a missão pessoal de Williams de mudar o tratamento dos negros nos filmes de entretenimento.

LUTANDO CONTRA HOLLYWOOD, O DIABO NÃO PODE ME DERROTAR

> Bem, deixe-me ver, havia um cinema negro antes, Spencer Williams se apresentou lá e fez filmes relevantes. E havia público para isso. [...] Era uma cultura — cultura de cinema, cultura negra — onde filmes sérios e relevantes eram feitos.
>
> — Charles Burnett, cineasta[23]

Natural da Louisiana, Spencer Williams Jr. entrou de cabeça no mundo do entretenimento já adulto, depois dos trinta anos de idade, após um tempo no Exército e trabalhando no circuito de teatros, primeiramente como ajudante e então fazendo pontas cômicas, também contribuindo com alguns materiais cômicos para as apresentações. Ele teve o seu início naqueles filmes raciais cujo conteúdo era mirado em negros, mas feitos por não negros. Williams apareceu em vários gêneros, incluindo curtas musicais como *Brown Gravy* (1929), faroestes como *Harlem on the Prairie* (1937) e dramas criminais como *Bad Boy* (1939). Ele também foi um escritor/roteirista creditado em filmes como a comédia curta *The Lady Fare* (1929), *Harlem Rides the Range* e *Son of Ingagi*, filmes nos quais ele também atuou.

Em 1983, quatorze anos depois da morte de Williams em 1969, alguns de seus filmes foram encontrados e recuperados em um galpão em Tyler, Texas (a duas horas de distância de Dallas), pelo arquivista de filmes e vídeos G. William Jones da Universidade Metodista Meridional, em Dallas. Williams tinha um relacionamento especial com a cidade de Dallas, tendo filmado e trabalhado por lá em parceria com a Sack Amusement Enterprise, que lhe fornecia apoio em financiamento, distribuição e produção. A Sack permitiu que Williams fizesse filmes fora do sistema de Hollywood, que afinal o teria excluído, enquanto detinha o controle criativo de seu produto.

A década de 1940 pertenceu a Williams. Ele dirigiu doze filmes, todos eles entre 1941 e 1949. Notavelmente, ele escreveu, produziu (com sua companhia Amegro) e dirigiu *O sangue de Jesus*, um "filme negro" de terror, em 1941. O filme, que marca a estreia de Williams na direção, tem sido saudado com "o filme racial mais popular já produzido".[24] *O sangue* nunca foi vendido como um filme de terror, mas fugia de classificações genéricas, sendo às vezes classificado como fantasia e em outras como um drama religioso. Contudo, se Sobchack estiver correto quando afirma que o filme de terror lida com "o caos moral, a perturbação da ordem natural", especialmente a ordem divina, e "ameaça a harmonia do lar", então *O sangue de Jesus* é um filme de terror quintessencial.[25] O filme é profundamente inspirado pela religiosidade cristã e é centrado no tema do livre-arbítrio —escolher um caminho de retidão ou de pecado. A ameaça ao lar é introduzida quando a "Irmã" Martha (Catherine Caviness), uma frequentadora da igreja e temente a Deus, que vive numa pequena cidade rural, não consegue persuadir seu marido Razz (Spencer Williams) a ir à igreja nem para testemunhar o batismo dela. Razz é considerado um pecador porque ele prefere caçar a ir à igreja, e, em uma cena cômica, ele caça na fazenda do vizinho, levando dois porcos como prêmio. O caos se instaura quando Martha, ao voltar de seu batizado e enquanto reza em seu quarto, é acidentalmente baleada quando o rifle de Razz cai no chão. O rifle dispara, a bala atravessa a parede do quarto e atinge Martha e sua imagem de Jesus (branco). Ela é mortalmente ferida, deixando Razz devastado. Mas esse é um filme de terror, e a perturbação da ordem natural é esperada. Razz se vê orando sinceramente por Martha, que está morta, mas que ainda não foi endereçada ao Céu ou ao Inferno. De maneira interessante, é Martha, e não Razz, quem tem a sua fé desafiada. Aqui, mais uma vez, Williams se distingue ao colocar uma mulher negra, assim como fizera em *Son* com a dra. Jackson e Eleanor, no centro da narrativa. Martha traz ainda mais profundidade na representação da mulher. Ela é a antítese de

Razz, um marido relapso que cairia facilmente nas garras do diabo. Logo, Martha é quem deve ficar vulnerável para se ter certeza de que ela é uma mulher justa, e não hipócrita.

Já morta, Martha é recebida por um anjo que a leva até a Encruzilhada, a junção entre o Inferno e/ou o Sião. Martha, com muita certeza, escolhe o Sião, mas o Diabo (James B. Jones, de chifre, capa e tudo) intervém, enviando um "falso profeta", o sedutor Judas Green (Frank H. McClennan) como uma "tentação" para seduzir a certinha Martha a testemunhar um lado da vida que ela nunca viu. Ele dirige a atenção dela de Sião para a visão de uma cidade iluminada e cheia de pessoas e música alegre. Judas se torna o "*bête noire* da burguesia negra", pois sua fala ligeira e suave, assim como sua conexão com o urbano, o tornam excessivamente mau.[26] O terreno de Judas é marcadamente diferente da vida rural, sem glamour e cheia da poeira que é familiar para Martha; logo, ele é capaz de atraí-la com roupas elegantes ao mesmo tempo que a conduz pelo caminho do Inferno, repleto de bandas musicais e casais dançando em salões. Ao definir piedade e pecado dessa forma, o filme não tenta esconder nada; é uma visão direta da religião, "todas as superfícies" de seu tratamento do bem e do mal.[27]

Judas primeiramente leva Martha ao Clube 400, um lugar de classe para negros com mais dinheiro. Contudo, Martha permanece brevemente por lá antes que o plano verdadeiro seja revelado. Judas secretamente vende Martha por 30 dólares a um colega chamado Brown (Eddie DeBase), que está no clube esperando para pegar a sua mais nova presa. Daí a narrativa de Williams, que já é um conto moralizante, acrescenta um aviso para as moças que metaforicamente "acabaram de saltar do ônibus", vindas da segurança do lar rural e recém-chegadas na urbe traiçoeira. Brown leva Martha para um bar decadente onde as mulheres recebem dinheiro para dançar com homens (e talvez algo mais).

Enquanto o horror já havia prestado atenção nas mulheres negras antes, frequentemente retratadas como sacerdotisas vodu, raramente elas conseguiam ser centrais e *femininas*. Mulheres negras não são elegíveis para o pedestal simbólico onde as mulheres brancas são colocadas pelos homens, para serem romantizadas, olhadas com admiração, e terem seus corpos, suas emoções e sua beleza protegidos. Esses momentos de pura adoração tendem a ser reservados apenas para as brancas, como Ann Darrow em *King Kong* (1933). Contudo, Martha é uma personagem negra que chega bem perto de ser colocada no pedestal. Razz sente sua falta e reza incessantemente por ela. A última vez que uma mulher negra se viu recebendo cuidados tão atenciosos por parte de um homem, ela acabou sendo estrangulada até a morte por ele (Klili, em *The Love Wanga* [1936]). Ainda, Martha também é retratada como uma "dama" sulista; por isso ela é um grande prêmio para o Diabo. Quando Judas é enviado para tentá-la, ele faz isso colocando-a em um pedestal, explorando a falha de Razz em não reconhecer completamente não apenas o valor daquela mulher, mas o que ela representa enquanto uma dama. Nessa parte, Judas age como um trapaceiro, confundindo Martha ao unir sexo (sexualidade, atração sexual) com o feminino. Aqui há uma diferenciação sutil e importante, distinguível em grande parte quando comparamos a performance da masculinidade de Judas, que é moldada pelo desejo e pelos impulsos sexuais, com a performance de Razz mais adiante no filme, que se concentra no amor e na intimidade. Na verdade, o dilema de Martha é um conflito em relação ao tipo de feminilidade que ela irá abraçar: a "dama" ou a figura sexual em vestidos chiques e sapatos (antes que ela seja "apagada"). Manatu argumenta que o acesso e participação na feminilidade foi e continua sendo negado às mulheres negras. Como resultado, mulheres negras não têm a chance de lutar contra ou escapar da performance feminina, incluindo o tal pedestal.[28] Notavelmente, a feminilidade que Martha escolhe — ser uma dama respeitável e temente a Deus — é o que lhe permite ter amor e romance (Razz) e finalmente a assegura no pedestal.

Enquanto está aprisionada com Brown no bar, Martha cai de joelhos em oração, implorando perdão a Deus, e, em resposta, uma guardiã celestial negra ajuda Martha a escapar de seu destino. Sentindo-se restaurada e empoderada, Martha (agora em um vestido esvoaçante e angelical) volta para a encruzilhada. Durante a sua fuga, os servos do diabo no bar aparecem, saem em seu encalço e tentam apedrejá-la até a morte. A próxima cena é uma das mais dramáticas e estilizadas do filme. Cripps considera a imagética do filme como "diferente de qualquer outra em filmes afro-estadunidenses".[29] Nas cenas seguintes, assim que Martha chega na placa que marca a encruzilhada, a placa se transforma em uma grande cruz com uma imagem de Cristo. Martha, prostando-se diante da cruz, é literalmente lavada pelo sangue de Jesus, que escorre do corpo de Cristo pregado na cruz acima dela. Por mais chocante que a cena seja em aparência e simbolismo, também é significativa, pois tem a ver com Martha negociando um estado complexo de abjeção. Isto é, ela se encontra em um estado entre objeto e sujeito. Martha representa vários níveis de abjeção, já que ocupa uma posição limítrofe entre a vida e a morte, e também entre um santidade falha mas nem tão pecadora assim. Martha revela o quão traumático, física e psicologicamente, pode ser o confronto com a sua condição de ter sido separada do corpo (objeto) e estar distante de sua característica humana/humanidade (sujeito).

A escolha final de Martha, ficar com Deus, expelindo assim aquilo que ela não deseja como parte do seu eu subjetivo, é uma lição sobre rejeitar o "impróprio" e "sujo", substituindo-o por um "eu próprio e limpo".[30] Restaurada pelo sangue de Jesus, Martha de repente acorda em casa. Ela e o agora crente Razz são reunidos sob o olhar cuidadoso da guardiã.

Williams tomou muito cuidado com o seu primeiro filme, buscando detalhes minuciosos para acomodar os mais exigentes membros do público que poderiam escrutinar sua mensagem religiosa. Ele apresenta o (verdadeiro) reverendo R.L. Robertson e seu Coral Celeste ao mesmo tempo que oferece um vislumbre autêntico da igreja negra, de sermões até canções e orações. Na verdade, os três primeiros minutos do filme deixam evidente que se trata de uma produção que leva a religião e sua iconografia a sério. A congregação fala sobre os "dez mandamentos originais aceitos como a lei civilizada" e que a religião deveria ser "praticada com honesta sinceridade". Bíblias, cruzes e retratos de Jesus aparecem por todos os cantos. Hinos como "Good News" e "Go Down Moses" são cantados pelo coral. O reverendo Robertson realiza um autêntico batismo na beira de um rio enquanto o coral canta e os paroquianos rezam e se engajam em louvores e adoração.

O sangue de Jesus também populariza vários temas que se tornariam centrais em "filmes negros" de terror mais modernos a partir de 1990. Os temas de Williams, de escolha entre o bem e o mal, tentação pela agitação da vida (nortista) urbana versus a vida (sulista) humilde, honesta e rural, com a figura de mulher salvadora e árbitra moral, figuram de significativamente em filmes como *Def by Temptation* (1990) e *Spirit Lost* (1997).

ALELUIA! ELOYCE GIST

Enquanto as mensagens de Williams e o estilo cinematográfico eram duplicados várias vezes nos filmes de terror, os próprios filmes de Williams não emergiam de um vácuo cultural. *Marca da vergonha* (1927), de Oscar Micheaux, usou o urbano, a música mundana e tudo o que acompanhava o estilo de vida que esse tipo de música incentivava como um aviso para as pessoas permanecerem próximas às suas raízes (sulistas). Seguindo os passos de Micheaux, a dupla de cineastas formada pelo casal Eloyce e James Gist produziu dois filmes por volta de 1930, *Trem para o inferno* e *Veredicto: inocente*, que traziam temas relacionados ao bom/sul e ao mau/norte. *Trem para o inferno*, aqui considerado um "filme negro" de terror, é particularmente seminal. *O sangue* de Williams lembra bastante a história de *Trem para o inferno*, que é centrada em uma jornada, com mensagens que ecoam o caminho para a retidão. A iconografia do filme curto e mudo dos Gists pode ter influenciado o filme de Williams, já que os dois compartilham a figura do Diabo, encruzilhadas e imagens de perdição. Embora não haja evidência de que Williams tenha assistido ao filme dos Gists, fica claro que Williams aplica em suas produções um estilo visto nos trabalhos de Micheaux e dos Gists.

Gloria J. Gibson providencia uma das pesquisas mais informativas sobre a vida dos Gists, Eloyce em particular.[31] De acordo com Gibson, Eloyce Gist nasceu no Texas em 1892, e Washington, D.C. se tornou o seu lar pouco depois da virada do século. Ela frequentou a Universidade Howard. É dito que o pensamento de Eloyce em relação à religião refletia suas próprias crenças na fé baha'i e nas crenças de James, seu marido cristão evangelista auto-ordenado. Eloyce trabalhou em parceria com o marido, e suas contribuições para os trabalhos da dupla são inegáveis, ainda que não sejam precisamente conhecidas. Contudo, o filme mudo *Trem para o inferno* é significativamente considerado fruto do trabalho de Eloyce, já que o roteiro é amplamente de sua autoria, além das várias cenas cujas filmagens foram preparadas por ela. Os Gists não fizeram filmes para entretenimento, mas como uma ferramenta para ajudar seu ministério. A dupla viajou de igreja negra em igreja negra, de carro, com seus filmes e equipamentos.[32] Quando Gibson entrevistou a filha de 82 anos de Eloyce, Homoiselle Patrick Harrison, no início dos anos 1990, Harrisson se lembrou de como o casal exibia seus filmes: Eloyce tocava piano e liderava a condução dos hinos na congregação. Então, o filme era mostrado, seguido por um pequeno sermão de James Gist. Os ingressos eram vendidos com antecedência, ou uma coleta era realizada no fim da celebração, e o dinheiro era dividido entre os Gists e a igreja.[33] Os filmes dos Gists foram bem-recebidos, chamando até mesmo a atenção da NAACP em 1933, quando a organização entrou em contato com o casal para oferecer apoio aos esforços realizados por eles.

Graças ao trabalho de acadêmicos do cinema como Gibson e S. Torriano Berry, que têm remontado e digitalizado fragmentos de filmes, a história do cinema é bem discernível. *Trem para o inferno* começa com uma citação em que se lê "O trem para o inferno está sempre trabalhando, e o Diabo é o seu engenheiro", e em seguida vem uma mensagem do Diabo: "Entrada grátis para todos — apenas entregue sua vida e sua alma. Sem devoluções — viagem só de ida". O filme então mostra um grupo de pecadores fazendo fila para pegar seus ingressos: "sem devoluções — viagem só de ida [assinado] Satã". O trem dedica vagões para todos os tipos de pecadores, uma narrativa apresentada por meio das sinalizações feitas por Eloyce.[34] Por exemplo, aqueles que dançam em festas e clubes têm o próprio vagão porque "a dança de hoje é indecente", com Eloyce associando a dança e a música ao lado mais pecaminoso da vida. Aqueles que vendem álcool também possuem um vagão: "há espaço no inferno para OS TRAFICANTES DE BEBIDA e seus seguidores". O álcool é mostrado como a porta de entrada para todos os problemas das mulheres. Vemos uma personagem sendo encorajada a beber por um homem, que então a guia até um quarto privado. "Enganada pelo sussurro de um homem", ela é mostrada em seguida sozinha, cuidando de um recém-nascido. De maneira interessante, também há uma cena relacionada à reprodução, em que uma mulher morre apesar dos grandes esforços de um médico. O cartão indica: "Ela usou da medicina para evitar se tornar mãe. É MELHOR ela se acertar com Deus, porque isso é assassinato A SANGUE-FRIO".[35] Também há outros pecados não identificados, como apostas e assassinatos, assim como a desonestidade e a mentira. O demônio tem um vagão para os "desviados, hipócritas e ex-membros da Igreja".[36] Tudo indica que se trata de um trem muito longo e com muitos vagões para acomodar todos os pecadores; e nenhum deles evitará o julgamento e o inferno.

Diferente de *O sangue* de Williams, não é mostrado ao público que um retorno à religiosidade é possível depois que alguém peca. Em vez disso, o pecador assim permanece e embarca em sua jornada, com o trem se movendo rapidamente na direção da "Entrada Para o Inferno". De acordo com Gibson:

o trem entra no Inferno com um estouro (por um túnel), batendo e explodindo em chamas. O Diabo circunda o trem para atormentar ainda mais as vítimas. [...] Na cena final, um homem, talvez James Gist, afirma: "E assim eu mostrei a vocês este quadro que pintei como uma visão que tive depois de ouvir um sermão em um culto". Atrás dele há um grande pôster ou fluxograma da jornada do trem para o inferno. Essa cena pode ter servido como uma guia para o sermão de Gist depois do filme.[37]

Após a morte do marido, Eloyce continuou sua jornada, "viajando com os filmes, um projetor e um assistente por algum tempo, mas logo chegou à conclusão de que não conseguia aguentar sozinha as inúmeras responsabilidades. As atividades de planejadora, diretora e exibidora exigiam muito."[38] Ainda pior, o som deixou os filmes mudos obsoletos, abrindo caminho para esforços como os de Williams. Eloyce morreu em 1974. A magnitude de seus feitos pode ser medida hoje pela condição de seus filmes. De acordo com a Biblioteca do Congresso, exibir tantas vezes as películas teve o seu custo: "Os filmes foram exibidos tantas vezes que eles literalmente desfarelaram nas emendas e foram recebidos pela Biblioteca em centenas de pequenos fragmentos".[39]

As mensagens religiosas/"filmes negros" de terror dos Gists e de Williams atuaram como poderosas intervenções nos discursos cinematográficos que envolviam os negros nas décadas de 1930 e 1940. Os filmes de terror deram uma atenção dicotômica às práticas religiosas dos negros, onde eram representados como praticantes malignos de vodu ou (idealmente) como cristãos fervorosos. Notavelmente, nem os Gists nem Williams exploraram religiões negras de forma mais ampla além do cristianismo. Williams, em particular, tinha uma maneira de lidar a com religiosidade negra, como mostrado no filme de 1934 da Sack Amusement, *Drums o' Voodoo*, que examinava o vodu e o cristianismo igualitariamente.

No filme, seguidores do vodu e do cristianismo conviviam na mesma comunidade rural na Louisiana. O letreiro inicial do filme mostrava os praticantes de vodu como figuras malévolas por causa do batuque incessante "às vésperas de um sacrifício". Contudo, nenhum evento do tipo acontece. Em vez disso, o mal surge na forma de um vigarista cheio de estilo chamado obviamente de "Tom Catt" (Morris McKenny). Aqui, Catt é muito parecido com o Judas de Williams que persegue Martha, pois ele deseja que uma jovem chamada Myrtle (Edna Barr) trabalhe como um "agrado aos olhos" em seu bar. O problema é que Myrtle não quer ter nada a ver com Catt ou com seu bar. Outros lutam para que Catt não coloque suas garras em Myrtle, incluindo um tio dela, que é ministro da igreja, o Ancião Amos Berry ou Ancião Berry (Augustus Smith), Ebenezer, o neto de tia Hagar, a bruxa vodu local, e a própria tia Hagar (Laura Bowman). Hagar usa sua magia para proteger a sobrinha do ministro. De maneira significativa, ela tem o apoio do ministro, pois ele anuncia: "Eu acredito que [ela] é a única pessoa por aqui que pode expulsar Tom Catt desta comunidade". Na verdade, Hagar tem o apoio de toda a comunidade — tanto a parte cristã quanto a vodu —, que deseja colocar um fim nos modos perturbadores de Catt. É Catt quem afasta as pessoas da igreja, mas é o trabalho de Hagar que as une para declarar guerra contra Catt. Catt é cegado, dentro da igreja, pela magia de Hagar. No fim, atingido por Hagar, Catt cai em uma areia movediça e morre. Tudo fica bem graças à união dos cristãos com os praticantes de vodu, com os voduístas apresentando uma religião negra diferente, mas nem um pouco inferiorizada.[40]

Talvez Williams conhecesse o seu público e tivesse optado por uma fórmula estritamente cristã que ele sabia que funcionaria. *O sangue de Jesus* se provou popular e lucrativo o suficiente para que a Sack Amusement oferecesse apoio ao segundo filme de Williams com uma pegada sulista rural e religiosa.[41] O próximo filme de terror religioso de Williams, *Go Down, Death* (1944), é centrado em Big Jim Bottoms (Williams), que está longe de ser um personagem cômico. Em vez disso, Jim é o dono de um clube noturno que também serve como um parque de diversões para homens e mulheres de pouca moral. A história faz um paralelo muito próximo com *Drums o' Voodoo*, pois Jim considera Jasper seu inimigo, um jovem pregador (Samuel H. James) que cuida da Igreja Batista Monte Sião, a qual está "acabando com os negócios de domingo" no clube. Jim consegue a ajuda de três "garotas de estilo", ou prostitutas, para incriminarem Jasper. Enquanto o ministro presenteia as mulheres com bíblias e lê as escrituras para elas, as garotas o cercam, colocam uma bebida em sua mão e o beijam rapidamente, bem a tempo de Jim tirar uma foto.

Antes que Jim "exponha" Jasper e arruíne sua reputação, a mãe (adotiva) de Jim, Caroline, descobre o esquema e confronta o filho. Caroline, uma cristã devota e frequentadora da igreja, exige as fotos. Caroline também implora a Jim que reconheça Cristo para que toda a família possa "estar junta no Além". Em vez de fazer isso, Jim zomba da mãe e ignora suas súplicas. Ao som da canção "Nobody Knows the

Trouble I've Seen", Caroline conversa em voz alta com o falecido marido, Joe, e pede a ele que converse com Deus sobre Jim. Caroline fica chocada ao ver a imagem fantasmagórica de Joe aparecer, conduzindo-a até um cofre onde Jim guarda a foto escandalosa e todas as cópias. O fantasma de Joe abre o cofre para Caroline, e ela pega as fotos.

O uso que Williams faz do fantasma de Joe é muito parecido com o uso de Martha em *O sangue de Jesus*, já que ambos voltam dos mortos para falar com negros sobre a experiência de pessoas negras. A história de pessoas negras vivas é contada tão raramente na cultura popular que chega a ser frequentemente representada como se fosse contada pelos mortos. A eficácia de uma comunicação desse tipo tem sucesso ou falha miseravelmente, dependendo do lugar de onde o morto fala. "Na modernidade", escreve Holland, "a 'Morte' não ocorre mais entre os vivos, e, para alcançar a separação entre os alegres (vivos) e os miseráveis (mortos/quase mortos), o hospital foi criado".[42] Nesses filmes negros, a conversa dos mortos e moribundos acontece notavelmente no lar. As lições de religiosidade de Martha são dadas a partir da cama, em casa, enquanto é cuidada e atendida por Razz, que reza por ela em sua cabeceira.[43] Da mesma forma, no filme de Williams, Joe se aproxima de Caroline e só consegue se fazer ouvir dentro do "lar" e durante as orações.

Jim surpreende Caroline antes que ela possa fugir com as fotos e briga com ela, causando sua morte por acidente. O título do filme, *Go Down, Death*, vem de um poema/sermão fúnebre homônimo de 1926, de autoria de James Weldon Johnson, que é pregado no funeral de Caroline enquanto Jim escuta, com remorso, tendo colocado a culpa da morte de Caroline em um ladrão. Durante o sermão, palavras de conforto são oferecidas, o que inclui a promessa de que Caroline não está exatamente morta, mas que foi para o além.

Jim começa a receber sua punição durante o funeral da mãe. Quando Jasper prega, "filho enlutado, não chores mais", Jim abaixa a cabeça envergonhado e começa a ouvir uma voz — sua consciência falando. A condição mental de Jim piora depois do funeral. A voz demoníaca e incorpórea grita com ele: "Você matou, você matou, matou a sua melhor amiga!" e "O Senhor não perdoa assassinos". Jim corre assustado, mas o tormento piora. Jim corre, porém cai no chão enquanto a voz promete: "Eu vou mostrar para onde você vai [...] Inferno!". Contudo, Jim não consegue encarar o inferno de pé e em posição ereta, sendo derrubado, ainda que não esteja morto, para que possa ter uma visão de seu destino.

Como uma marca registrada de Williams, ilustrado de forma assustadora em uma sequência estilizada, o Inferno é revelado a Jim através de visões chocantes de almas torturadas de mortos-vivos se contorcendo em um lago de gelo, e um Lúcifer com chifres devorando violentamente suas almas. A sequência é emprestada de um assustador filme mudo chamado *L'Inferno* (1911), uma adaptação do Inferno de Dante, a primeira parte do poema épico do século XIV, *A divina comédia*, dirigido por Francesco Bertolini e Adolfo Padovan. As limitações orçamentárias de Williams o forçaram a ser criativo, apelando para uma das mais assustadoras representações alegóricas do bem e do mal como fonte de imagens de arquivo. O filme exibe uma jornada em espiral para o Inferno, onde os pecadores sofrem torturas infinitas. O Diabo está presente, abusando dos perversos e até mesmo devorando-os. Pouco depois de ser exposto a tais visões, Jim é encontrado realmente morto, tendo viajado para o "Lugar Terrível" por essência (não apenas uma casa mal-assombrada ou um túnel assustador), um elemento do terror obrigatório e até mesmo célebre.[44]

Contudo, esses tipos de filme não eram sustentáveis. Em 1968 e 1970, o acadêmico de cinema Thomas Cripps entrevistou Alfred e Lester Sack, da empresa Sack Amusement Enterprises, distribuidores de *O sangue de Jesus* e *Go Down, Death*. De acordo com Cripps, antes da guerra, *O sangue de Jesus* (para usar de exemplo) "já tinha se tornado quase uma arte folclórica para a clientela rural sulista [de Williams], sua falta de artifício parecia mais uma falha charmosa do que uma ferida debilitante".[45] Contudo, os Sacks revelaram que a locação do filme "naqueles dias [...] quase esquecidos" foi motivo de riso no norte durante os anos da guerra e depois.[46] Além disso, os assim chamados "filmes com elenco inteiramente de cor" estavam competindo com filmes em que os negros apareciam como coestrelas, e não apenas figurantes, ao lado dos brancos. No gênero do terror, infelizmente, papéis coadjuvantes para negros significavam o papel do parceiro negro engraçado. Williams teria que dividir sua década de conquistas com tipos como Mantan Moreland e Willie Best, cuja popularidade era construída em cima de papéis humilhantes.

"NÃO TEM NINGUÉM AQUI ALÉM DE NÓS, AS GALINHAS"

> Será que os produtores de Hollywood estão cientes de seus atos nocivos,
> Ou apenas ignoram na cara dura e desconhecem os fatos?
> Eles nos mostram como engraçados, vagabundos,
> criminosos e preguiçosos,
> Eles não sabem que pessoas de cor são como todas as outras?
>
> — Razaf (16)[47]

O cinema já tinha meio século de criação de imagens nas costas; contudo, levando em conta a representação dos negros durante esse período, as obras ofertadas parecem saídas de algum palco de show de menestréis do século XIX. Durante a escravidão e o período pós-reforma nos anos 1800, as performances teatrais tinham muito a dizer sobre as relações raciais ao oferecerem uma representação oportunista da relação entre mestre e escravizado. Os brancos eram representados como figuras pacientes, cuidadores paternais de suas posses humanas ineptas, fracas, mas contentes de qualquer forma. Essa relação racial entre os brancos superiores e os "escurinhos" alegres era uma fantasia poderosa que suplantava a realidade das brutalidades da escravidão.[48] Inicialmente, essas fantasias eram encenadas nos palcos por brancos com o rosto pintado de preto e que reproduziam um sotaque negro — um jeito de falar simplório e cheio de palavras erradas. Enquanto parece difícil imaginar que os negros participariam de sua própria subjugação nos palcos, no fim dos anos de 1800 eles eram escalados em papéis de "escurinhos", e alguns até pintavam os rostos. Para atrair o público branco dos shows brancos de menestréis, os atores negros afirmavam ser de verdade, "verdadeiros escravos da plantação, não uma 'imitação' como os brancos com o rosto pintado".[49] O cinema apenas pegou essas performances dos palcos (e às vezes também seus atores) e as colocou em celuloide.

Por exemplo, o ator de teatro Harold Lloyd encontrou sucesso no cinema, aparecendo em mais ou menos duzentos filmes de humor. Um dos mais conhecidos foi a comédia muda de terror de 25 minutos chamada *Haunted Spooks* (1920). *Haunted* e filmes do tipo eram chamados de "comédias de arrepio", que misturavam cenas tensas e arrepiantes ou sustos com muito humor.[50] Nesse filme de terror "com negros", um jovem, "o Garoto" (Lloyd), ajuda sua nova esposa, "a Garota" (Mildred Davis), a receber a herança dela, uma grande mansão. A Garota não pode ser dona da mansão até viver nela por um ano. O Garoto afasta o tio ganancioso da Garota (Wallace Howe), que "assombra" a casa numa tentativa de assustá-la até que ela vá embora. O filme apresenta um grande grupo de atores negros (aproximadamente dez) que interpretam servos e escutam o tio dizer: "fantasmas sorridentes dos mortos gritam de dentro de suas covas e vagam por estes quartos". O filme retrata os servos como pessoas crédulas, espalhando a história (com o uso de letreiros) com suas vozes negras cheias de palavras erradas: "1 u simitério todo fica virado dus avesso! Fantasmas de dar medu, assustador, vêm pra zanzar nus quarto". À medida que o tio "assombra" a casa, um criado infantil (Ernest "Sunshine Sammy" Morrison) mergulha em uma lata de farinha, emergindo todo branco e petrificado. O mordomo (Blue Washington) é mostrado como uma figura tão assustada que ele só consegue sapatear no lugar enquanto a tinta preta que cobre o seu rosto começa a escorrer. A representação de negros era tão abismal no filme que era possível achar que a palavra "spooks" [sustos] no título era um xingamento ofensivo usado para descrever os personagens negros.

Hollywood foi notavelmente prolífica em apresentar tais comédias de terror, com os filmes desse tipo dominando o gênero durante a década. O humor que os negros exibiam, "um show de menestréis híbrido", ainda era orientado para os brancos, com os negros sendo empregados para validar e velar o racismo.[51] Essa foi uma era marcada pela representação obsessiva de negros como figuras "culturalmente inferiores", que se transformaram no fardo dos homens brancos, uma vez que os eram mostrados como defeituosos, mas estavam nos Estados Unidos para ficar.[52] Os negros eram cada vez mais apresentados como norte-americanos (fossem do sul ou de Nova York, mais frequentemente do Harlem), e não apenas como nativos da África ou do Caribe. A mudança representacional teve um pouco de propaganda, pois o Departamento de Cinema do Escritório de Informações de Guerra afirmou que seria do melhor interesse da nação a representação de uma América unida (embora não totalmente integrada).[53] Ainda assim, os filmes de Hollywood continuaram com seus insultos. Por exemplo, no filme de terror "com negros" *O castelo sinistro* (1940), Bob Hope, interpretando Larry, fala em viajar para "Black Island" [ilha negra] a fim de (numa piada de duplo sentido) "conhecer de perto os fantasmas". A proeminência de filmes do tipo era, em parte, o resultado de planos incompletos de censura que identificavam facilmente e exigiam a remoção dos estereótipos mais escandalosos e viciosos, mas ignoravam aqueles calcados no humor. Como resultado, comédias de terror racistas se tornaram comuns, e tudo isso serviu para reforçar a ascendência branca.[54]

UM PECADO E UMA VERGONHA

"Eu estou com uma vontade danada de sair,
mas as minhas pernas não ajudam!"

— Birmingham Brown, Charlie Chan em *O mistério do rádio* (1945)

Willie Best se vendia como Sleep 'n' Eat [dorme e come]. Nellie (Wan) Conley se tornou Madame Sul-Te-Wan [uma brincadeira fonética cuja tradução seria algo como "southy one", a sulista]. Ernest Morrison era conhecido como Sunshine Sammy. Mantan Moreland não precisava de truques do tipo, já que o seu próprio nome vendia. Quando o nome de Moreland aparecia em um anúncio, o público podia ter certeza de que iria ouvir os seus melhores bordões e vê-lo arregalar os olhos e tremer de medo. Os personagens que esses atores representavam, e o que fizeram pela reputação deles e dos negros, têm sido descritos nos termos mais implacáveis. Contudo, parte do desdém mais feroz tem sido reservado para Moreland. O acadêmico de cinema James Nesteby descreveu os papéis que Moreland aceitou como "o amigo alegre, o preto que vira um covarde ao primeiro sinal de perigo, ou o preto que nem conseguia mexer os pés enquanto o resto de seu corpo tremia".[55] O jornalista britânico e historiador de cinema Peter Noble (181-182) escreveu de forma brutal acerca de Moreland: "nenhum ator negro revirou os olhos com tanta desolação quanto Moreland, nenhum ator de cor se esforçou tanto para retroceder às caracterizações sub-humanas de Stepin Fetchit. Ele é a ideia aceita nos Estados Unidos do supremo palhaço negro e atua na frente das câmeras como um macaco bem treinado".[56]

Nascido na Louisiana em 1902, Moreland começou sua carreira como um artista itinerante, encontrando seu caminho nos palcos de vaudeville por volta dos vinte anos. Aparecendo em mais de cem filmes, foi a comédia que deu fama a Moreland. Ele foi creditado como sendo um artífice da comédia, exibindo um "arsenal de gestos e caretas que os atores

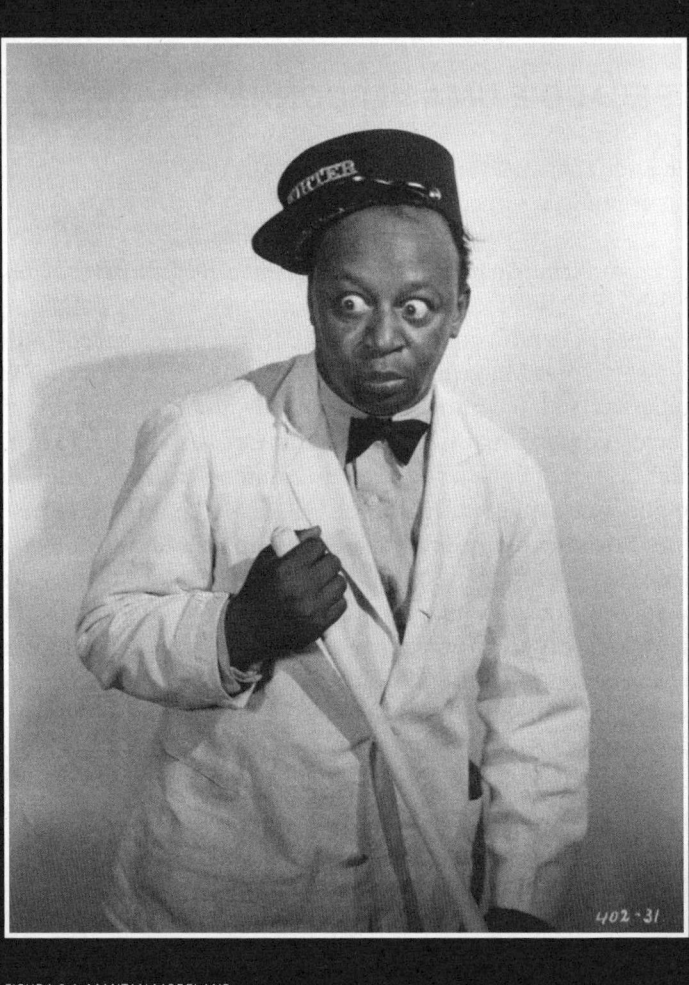

FIGURA 3.4 MANTAN MORELAND.
Toddy Pictures Co./Photofest

geralmente usavam para roubar a cena e desenvolver personagens".[57] Suas performances espirituosas eram perfeitas para as comédias de terror.

No filme de terror "com negros" *O rei dos zumbis* (1941), que se passa durante a Segunda Guerra Mundial, Moreland interpreta Jefferson "Jeff" Jackson, um morador do Harlem e motorista de seu mestre branco, Bill "sr. Bill" Summers (John Archer). A dupla, juntamente com o seu piloto, James "Mac" McCarthy (Dick Purcell), faz um pouso forçado em uma ilha nas Bahamas. Lá, o trio encontra a mansão do dr. Miklos Sangre (Henry Victor), um cientista austríaco. Sangre também é um "agente secreto" de um "governo europeu" que não é nomeado. Ele usa os poderes do vodu como ferramenta de interrogatório para conseguir segredos de guerra de um almirante norte-americano a fim de que os inimigos da América (que se comunicam por rádio em alemão) tenham a vantagem militar. Os planos do cientista dependem dos poderes de Tahama (Madame Sul-Te-Wan), uma velha sacerdotisa vodu que também trabalha como cozinheira. Apesar de seu pequeno tamanho, Moreland rouba a cena quando arregala os olhos enquanto fala uma coisa engraçada depois da outra a despeito da própria negritude. Por exemplo, pouco antes da queda, ele diz todo arrepiado: "Oh, oh!!! Eu sabia que não tinha nascido pra ser um passarinho preto". E quando o seu personagem, Jeff, chega à conclusão de que sobreviveu à queda, ele proclama: "Eu pensei que tivesse a cor errada pra ser um fantasma". O propósito de Jeff no filme é ser acometido pelo medo, enquanto os brancos ao redor dele são calmos e racionais, reforçando dicotomias de emoção negra e razão branca.[58]

Quase todas as falas ditas por Jeff (ainda que corretas) são sobre os perigos da ilha e a necessidade do trio de ir embora rapidamente. De tal maneira, Jeff é covarde, enquanto os homens brancos são sérios e heroicos. Mas, claro, Jeff não corre, preferindo ficar perto do seu sr. Bill. Em outra cena, Jeff recebe uma cama na ala dos empregados, longe do sr. Bill. Ele é escoltado até lá pelo estranho mordomo Momba (Leigh Whipper). Tanto por medo quanto por lealdade, Jeff pergunta: "Ah, sr. Bill, priciso memo ir, não posso ficá aqui com o senhô?". Jeff não apenas volta o seu humor contra si, mas implica outros negros em sua ignorância ao descrever os zumbis negros da ilha como "preguiçosos demais para deitar".

Em 1943, a Monogram Pictures, a mesma empresa que trouxe *O rei dos zumbis* ao público, lançou uma sequência, *A vingança dos zumbis*. Enquanto os dois filmes possuem basicamente a mesma premissa, as narrativas não se conectam, e o segundo filme não faz nenhuma menção ao primeiro. *A vingança* é situado na Louisiana, com Moreland reprisando o papel de Jeff. Madame Sul-Te-Wan também está de volta, mas desta vez no papel de Mammy Beulah, uma velha empregada tagarela. Eles se juntam a uma horda de zumbis silenciosos que inclui James Baskett (vencedor do Oscar por *A canção do sul* [1946]), como o sobrecarregado escravo zumbi Lazarus.

A premissa de *A vingança* é parecida com a de *O rei*, mas é ainda mais explícita em sua propaganda anti-Alemanha/Nazi. O dr. Max Heinrich von Altermann (John Carradine), que saúda os seus compatriotas alemães com uma batidinha dos saltos de suas botas, está fazendo experimentos com uma droga feita de "lírios do pântano" que irá ajudá-lo a criar um exército de zumbis: "Estou preparado para fornecer um novo exército ao meu país, tantos milhares quanto necessário [...] um exército que não precisará ser alimentado, que não pode ser parado por balas. Que é, realmente, invencível."

Quando sua esposa zumbi (branca) desaparece, von Altermann junta os negros em sua cozinha para interrogá-los. A coisa mais interessante nessa cena é o desprezo que os personagens negros têm pelo alemão. Quando Altermann acusa sua empregada Rosella (Sybil Lewis) de saber o paradeiro da zumbi, porque ela está "sempre andando de fininho, observando e escutando tudo", Rosella responde em tom desafiador: "Num vi nada, num ouvi nada". Em seguida, uma desdenhosa Mammy Beulah se intromete, desafiando o mestre: "Tem certeza que num sabi pr'onde ela foi, tem certeza que num consegue adivinhá?". Quando Altermann responde "Eu estaria perguntando se soubesse?", Mammy Beulah rebate: "Bem, mestre, 'taria sim, se quisesse *fingi* que num sabe". No fim das contas, é uma ótima troca, dadas as representações e relações raciais da vida real na época. Os personagens negros não são "engraçadinhos", mas são oposição. É uma cena poderosa de propaganda norte-americana mostrando os negros unidos pelo desprezo ao alemão. Nos filmes dessa época, os negros não eram mostrados em levantes em oposição aos brancos dessa forma, e certamente não mereciam impunidade. Os zumbis negros ou nativos praticantes de vodu, na época, não eram os únicos monstros do período da guerra. Os cineastas distribuíam monstruosidades mais ao longe, e os zumbis se tornaram a representação de um tipo de controle mental e social antidemocrático que regimes mais fascistas empregariam.[59]

Mantan Moreland e Flournoy Miller, como Washington e Jefferson, respectivamente, se uniram na comédia negra de terror *Lucky Ghost* (1942). *Lucky* tinha um elenco negro e mirava no público negro. Foi dirigido por William Beaudine, um homem branco que, com mais de 350 filmes na carreira, era conhecido por fazer filmes B em duas semanas ou menos. O filme foi distribuído pela Dixie National Pictures, Inc. de Ted Toddy (mais tarde transformada na Toddy Pictures Co.). Toddy, um homem branco que apoiou vários filmes que estrelavam Moreland, construiu sua fortuna produzindo e distribuindo filmes com negros, como *Harlem on the Prairie* (1937), *Mantan Runs for Mayor* (1947) e *House-Rent Party* (1946).

Lucky Ghost conta a história de dois azarados, Washington (Moreland) e Jefferson (Miller). Descobrimos que eles estão encrencados com a justiça por causa de um juiz que disse "Saiam da cidade e continuem andando", o que a dupla não muito inteligente fez de forma literal, andando por dias a fio. Washington não sabe escrever e não conhece os dias da semana, mas é um exímio jogador de dados. Jefferson faz o homem sério da dupla, que dá respostas sagazes e se engaja em humor pastelão. A comédia deles não distancia os negros dos velhos estereótipos. Por exemplo, os dois possuem um radar interno para encontrar galinhas. Quando Washington invade um viveiro para roubar galinhas, ele é surpreendido pelo dono, que grita "Quem está aí!?", dando espaço para o coloquialismo popular de Washington: "Não tem ninguém aqui além de nós, as galinhas". À medida que Washington foge do viveiro, o proprietário atira em seu traseiro. Em 1915, a Lubin Manufacturing Company produziu um desenho chamado *A Barnyard Mix-Up*, centrado "no ladrão de galinhas Rastus que escapa dos tiros do fazendeiro, mas é derrubado pelo machado, embora seja ressuscitado de forma inusitada por uma explosão de dinamite".[60] *Lucky* serviu como lembrete de que o estereótipo de "negros amando galinhas" pode ser uma coisa perigosa.

A sorte da dupla muda quando Washington ganha uma bolada, um carro, um motorista e roupas em uma partida de dados contra dois transeuntes que estão se dirigindo para um clube ilegal (que funciona dentro de uma mansão). Washington e Jefferson vão para o clube e, enquanto estão lá, Washington ganha o clube inteiro em um jogo de dados. No fim das contas, o clube é um lugar mal-assombrado por uma família insatisfeita pelo fato de seu "sobrinho inútil" ter transformado a casa, agora propriedade de Washington e Jefferson, em um lugar onde ocorrem "estripulias, dancinhas de jazz e algazarra". As assombrações dão grandes oportunidades para que Washington, alternadamente, fique paralisado de medo ou comece a implorar "que meus pés não me falhem agora".

A atuação de Moreland como "o pretinho que se acovarda" não se limitava às comédias de terror.[61] No mistério *The Strange Case of Doctor RX* (1942), no papel de Horatio Washington, seu cabelo ficou branco de medo. Quando foi escalado na série de comédias de mistério do detetive *Charlie Chan* como o motorista Birmingham Brown, de 1944 até 1949, ele geralmente soltava frases como: "Eu estou com uma vontade danada de sair, mas as minhas pernas não ajudam!".[62]

Cedric Robinson, em *Forgeries of Memory & Meaning: Blacks & the Regimes of Race in American Theater & Film Before World War II*, se esforça para reabilitar o legado de Moreland[63] argumentando que ele "não era um tolo" e foi alguém que usou de um tipo de subterfúgio com o qual fazia pouco caso e zombava dos brancos por não serem tão superiores quanto diziam. Robinson cita *O rei dos zumbis* (1941) como um filme em que Moreland entalhou uma réplica negra. Por exemplo, Robinson enxerga capacidades intelectuais em Jeff que são propositalmente evidenciadas com o uso que Jeff faz de palavras como loquaz, kosher e prevaricador. Realmente, Jeff usa tais palavras, mas em Jeff, cuja fala também é repleta de malapropismos, esse linguajar é usado para causar um efeito cômico.

E, em relação à representação de Birmingham Brown de Moreland, Robinson até enxerga esperança ali, observando que Brown transformou a casa de Chan em um lugar mais "diverso, vivaz, carinhoso e cômico".[64] A inclusão de Moreland é certamente vivaz e cômica, embora seja mais utilizada como um acessório do que para proporcionar uma diversidade racial.

É difícil enxergar como, num todo, essas comédias de terror fazem alguma coisa além de mostrar os negros como inferiores. Enquanto os personagens de Moreland permanecem ao lado de seus mestres, grudados feito cola, os filmes comunicam que está tudo bem entre negros e brancos. Tais representações mostram uma "visão da harmonia racial ao apresentar para o seu público-alvo uma imagem dos negros como figuras engraçadas (eles não podem ser infelizes; eles nos fazem rir), confusas (veja, eles precisam de nós para guiá-los) e ansiosas para agradar (nós obviamente merecemos a atenção deles)".[65] Esses filmes também são únicos porque a violência neles é muito trivializada. Em filmes de terror mais tradicionais, a violência está sempre presente, mas dificilmente é trivializada. Quando uma múmia estrangula ou quando um gorila esmaga, essas ações são entendidas como violência. Quando o personagem de Moreland leva um tiro no traseiro durante uma fuga ou quando o personagem de Eddie Anderson, Eddie, o motorista, em *A*

FIGURA 3.5 WILLIE BEST.
RKO *Radio Pictures/Photofest*

volta do fantasma (1941), leva repetidas cabeçadas de uma foca e quase se afoga, as consequências da violência infligida contra corpos negros (nessa era das leis Jim Crow, ainda por cima) são silenciadas.

Willie Best era o outro ícone das comédias de terror na década de 1940. Ele também começou a atuar cedo, "com o preto alto e magro passando por toda a ladainha banal do comediante vaudeville com o rosto pintado de preto".[66] Bogle escreve, com um pouco de chiste, que Best era o "step" de Stepin Fetchit (Lincoln Perry), com Best se apropriando das caracterizações cômicas, vacilantes e de gestos toscos de Perry, e, dessa forma, roubando papéis que teriam ido para Perry.[67] Best não era nem de longe um bom ator como Perry e não conseguia realizar as performances de pretos preguiçosos e lentos com a mesma criatividade. Ele simplesmente não era um bom ator. Em *O castelo sinistro* (1940), Best aparece juntamente com Bob Hope, fazendo bico enquanto atura frases como: "Você parece um blecaute durante um blecaute. Se isso continuar assim, eu vou ter que pintar você de branco". Best era sempre o mesmo, não muito engraçado, apenas um parceiro idiota que não reagia a insultos ou disparava alguma ferroada ocasional, como Moreland fazia. Best, notoriamente, esticava o lábio inferior, arregalava os olhos e vagava por filmes de terror "com negros" como *O passo do monstro* (1932), no qual ele considera sua semelhança com um gorila, e *O fantasma risonho* (1941), em que ele acrescenta cruzar os olhos e ultrapassar cavalos em debandada ao seu arsenal de performances de "negrinho assustado". Best seria chamado de novo e de novo para fazer pouco mais do que tremer de medo e pular por causa de sombras em outras comédias de terror como *The Body Disappears* (1941), *Veleiro fantasma* (1942) e *Cara de mármore* (1946).

NEGRO ASSUSTADO... MARIONETES?!

> "Se eu sou 'marelo, cê é daltônico."
> — Scruno, *Spooks Run Wild* (1941)

A grande proliferação de comédias de terror pareceu quase sufocar as conquistas de Spencer Williams. Até mesmo a série de filmes *The East Side Kids* (1940-1944), com o jovem Scruno (Ernest "Sunshine Sammy" Morrison), usou do recurso do negro assustado. Em *Spooks Run Wild*, enquanto Scruno anda por uma mansão escura e assombrada, ele é repreendido pelos colegas: "Da próxima vez que você for sair do escuro, se cobre com uma mãozinha de tinta branca, ouviu?", ao que Scruno responde: "Tô tão assustado que tô ficando branco agora". Em *Fantasmas à solta* (1943), outro filme de gravação rápida de William Beaudine, Scruno treme e gagueja: "Quem é... diz quem é quando eu pergunto quem é", enquanto Emil (Bela Lugosi), um espião nazista, o persegue.[68] Não surpreende que Hollywood iria deixar de infantilizar homens para implicar crianças — reais e desenhadas — na encenação do negrinho assustado.

George Pal fez filmes em stop-motion com marionetes de madeira chamadas de "puppetoons". Os filmes mais infames de Pal são os curtas da série *Jasper* (1942-1947) que estrelam a marionete Jasper como "o pretinho" (como Jasper era apelidado nas propagandas), retratado numa caricatura de pintura blackface — olhos arregalados, lábios sorridentes largos e brilhantes, contrastando com sua pele preta como carvão —, que vive com a sua "Mammy" em uma cabana decrépita. Jasper e aqueles ao redor dele conversam com sotaque negro. Ao longo da série, o amor de Jasper por melancias é algo constante e representa a fonte de muitos de seus problemas, situando-o no território dos filmes de terror, com Jasper experimentando uma "violência arrepiante" realçada por cenas escuras, mal iluminadas e que emprestam um tom sinistro e agourento.[69] Em *Jasper and the Watermelons* (1942), Jasper rouba melancias de uma plantação proibida. O filme então se transforma em uma "sequência assustadora com a criança [mortificada] sendo perseguida por figuras ameaçadoras".[70] À medida que o dia vira noite, melancias aparecem cantando: "Vai ter problema na Terra das Melancias hoje à noite", enquanto se transformam em monstros assustadores que vão atrás de Jasper. As melancias monstros se tornam predadoras ao se esforçarem para devorar Jasper, que por pouco escapa delas, correndo e saltando e lutando para se afastar de suas bocas. Uma cachoeira de suco de melancia finalmente fornece a Jasper a vantagem de que ele precisa, pois a correnteza o leva de volta para casa, para sua Mammy... que dá a ele um pedaço de melancia. Em *Jasper and the Haunted House* (1942) não é uma melancia, embora normalmente seja, o que mete Jasper em confusão, mas uma torta de groselha. Por ordem de Mammy, Jasper precisa levar uma torta para o diácono Jones, mas acaba em uma casa mal-assombrada. A sombra de Jasper vira as costas e sai correndo, deixando o menino sozinho. Aqui, com efeitos especiais, os olhos de Jasper se arregalam e flutuam de medo, na velocidade do som. Há um interlúdio musical em que fantasmas tocam um pouco de jazz no piano e aparições dançam ao redor.[71] Por fim, Jasper foge da casa e, durante a fuga, fica preso em uma placa onde é possível ler: "Dá próxima vez, experimente a torta de groselha dos fantasmas".

Jasper foi criado pela imaginação de Pal, que nasceu em 1908 na Hungria e morreu em 1980 nos Estados Unidos. Durante a sua carreira, seu trabalho de animação lhe rendeu um Oscar, além de outras seis indicações. Pal afirmava não ter nenhuma animosidade racial em mente quando criou Jasper, dizendo que ele estava apenas "trazendo à vida um verdadeiro personagem afro-estadunidense e que não nutria nenhum preconceito racial".[72] Ignorou-se o fato de que a série foi construída em cima de uma sopa de estereótipos negros e disfunções unidos à pobreza abjeta, um lar monoparental, pai ausente e mãe negra, tendo como centro um negro "à toa e problemático", que, ainda por cima, rouba melancias.[73] Pouco importava a intenção do criador, a recepção por parte dos negros foi ruim. A revista *Ebony* publicou um artigo, "Little Jasper Series Draws Protest from Negro Groups", lamentando a representação de um garoto negro que ama melancias tanto quanto teme casas mal-assombradas.[74]

Richard Neuert faz um paralelo entre os filmes de Jasper e, de maneira interessante, as produções de Spencer Williams, escrevendo: "contudo, é válido notar que alguns dos temas de Jasper, como o incentivo para que o povo do campo permaneça onde está, que respeita as velhas tradições e rechaça o furto, também apareceram em filmes raciais com atores de verdade na década de 1940, filmes como o famoso *O sangue de Jesus* de Spencer Williams, feito por e para afro-estadunidenses".[75] Contudo, os filmes de terror/religião de Williams eram incomparáveis e se tornaram um gênero por si só, "pristinamente negros em [sua] advocacia, locação, ponto de vista, ética social, e

[...] técnica popular resolutamente não hollywoodiana".[76] Não havia nada em Jasper que refletisse negritude, e ele certamente não adotou os objetivos adicionais de advogar ou privilegiar os valores da burguesia negra. Williams apresentou sistemas de valores, posicionamento de classe, rituais e comportamentos, relações amorosas e ideologias de empoderamento que não haviam sido vistos durante esse ciclo de filmes de terror. Os filmes de Pal não apenas falharam em dialogar com essas visões, mas eram simbolicamente devastadores. Na verdade, quase duas décadas depois de Pal apresentar Jasper, os grupos negros ainda tentavam manter estereótipos desse tipo afastados dos telespectadores. Em 1959, um canal de televisão de Portland, Oregon, precisou ser persuadido pela Liga Urbana a cancelar a série por causa de seus estereótipos óbvios. A imprensa negra — os jornais *Los Angeles Sentinel*, *Chicago Defender* e *Afro-American* (de Baltimore), entre outros — noticiou que a Liga Urbana escreveu para o canal KOIN sobre a representação de Jasper, que servia para "perpetuar noções falsas sobre as peculiaridades dos negros como raça". O apelo também chegou a afirmar: "É uma coisa trágica que Jasper e seus associados sejam continuamente apresentados de maneiras que solidificam noções falsas e atendam a uma demanda de superioridade racial por parte dos telespectadores brancos".[77]

CONCLUSÃO

As produções de Spencer Williams não eram tecnicamente complexos. Afinal, um dos filmes (*O sangue de Jesus*) mostrava o Diabo como um homem vestido com algo semelhante a uma fantasia de halloween. Alguns críticos chegaram a dizer que suas lições simplistas de piedade não correspondiam com os tempos mortais em que eram transmitidas. Ainda assim, Williams usou literalmente de sua fé para criar "filmes negros" de terror populares e de sucesso centrados na cultura negra (sulista) e pensados para o público negro. Infelizmente, Hollywood ignorou as evidências e continuou a procurar narrativas banais e estereotipadas.

Ainda assim, grupos de indivíduos instruídos e organizações continuariam a fazer apelos a Hollywood, pedindo que o tratamento dos negros sofresse alguma revolução. Joel Fluellen (*Pongo, o gorila branco* [1945]) e Betsy Blair (atriz e esposa de Gene Kelly), em 1946, apareceram diante da Guilda dos Atores de Cinema (SAG) e propuseram que a associação advogasse pela afiliação de negros: "AGORA, PORTANTO, SEJA RESOLVIDO que a Guilda dos Atores de Cinema use de todos os seus poderes para se opor à discriminação contra os negros no cinema".[78] Em 1947, Boris Karloff (*A múmia* [1932]), como membro do comitê antidiscriminação da SAG, notou os desafios que a guilda enfrentava e o acréscimo de mudanças que a organização buscava:

> Se insistirmos que os produtores escrevam papéis para os negros de acordo com um certo padrão, é bem possível que excluam completamente os papéis para negros. Contudo, o que pretendemos fazer é lutar pela inclusão de negros em todas as cenas que tenham multidões. Planejamos insistir para que em todas as cenas pelo menos 10% dos personagens sejam negros fazendo coisas normais como as outras pessoas.[79]

A proliferação de comédias de terror enterrou e minou os pedidos de mudança. Nessas ficções, os negros são, de maneira alternada e/ou simultânea e "de forma natural", autenticamente dóceis e selvagens, cuidadores e monstruosos. Tais tratamentos exigiam que se questionasse a possibilidade de algum dia os negros interpretarem o monstro cotidiano nos filmes de terror, ou criaturas retratadas na mitologia, ou serem inseridos em um terror psicológico. Poderia o terror criar um monstro negro sem apontar a raça inteira como monstruosa, ou talvez retratar um personagem negro como uma figura corajosa ou salvadora? Os Gists e Williams começaram a responder essas perguntas de forma afirmativa com alguns recursos. Enquanto se provou fácil exibir uma participação inteira e complexa dos negros no gênero do terror, a indústria do cinema continuou a falhar em agir ao longo dos anos seguintes por uma série de razões sociais (e algumas financeiras).

Os filmes de terror deixaram a década de 1940 assim como entraram: ameaçados. Chamar de "filmes B" alguns dos filmes que seriam produzidos na década seguinte seria terrivelmente generoso, já que cineastas dos anos 1950 seriam considerados sortudos se conseguissem contratar algum humano de verdade para entrar em roupas de borracha e interpretar monstros. Cada vez mais, o terror virou motivo de chacota à medida que os monstros se tornavam criaturas infláveis (*O cérebro do planeta Arous* [1957]), tocos de árvore feitos de borracha e papel machê (*Veio do inferno* [1957]) e marionetes tinhosas controladas por cordas (*O ataque vem do Polo* [1957]). Isso deixou tudo ainda mais fácil para a televisão, que começou a transmitir nacionalmente em 1948, tornando-se uma rival para o cinema. Embora a TV fosse mais rigidamente regulada pela Comissão Federal de Comunicações (FCC), se um telespectador quisesse ver algo assustador, a televisão tinha, fosse transmitindo filmes de terror ou criando uma programação de suspense (nem tanto terror, mas algo de ficção científica) como *Alfred Hitchcock Presents* (1955-1965). Se o negro engraçado era desejado, a televisão também oferecia isso, com negros "menestréis da TV"[80] aparecendo em programas como *Beulah* (1950-1953) e *Amos 'n' Andy* (1951-1953).

Já com relação aos filmes de terror, invisibilidade e ridículo são os melhores termos para descrever o que havia adiante para os negros pelas próximas *duas* décadas (1950 e 1960). Nos anos 1950, a ficção científica e o terror tenderiam a criar monstros deformados por bombas atômicas. Diferente de Spencer Williams, que imaginou uma mulher negra cientista, Hollywood não conseguia fazer o mesmo. Já que Hollywood não conseguia imaginar cientistas negros em laboratórios onde bombas e produtos químicos eram criados e experimentos davam errado, não era possível ter negros lidando com esses temas. Os negros se tornaram basicamente invisíveis nos filmes de terror da década de 1950 — a menos que algum cientista precisasse fazer um safári africano. Com essa exceção, os negros só apareceriam novamente nos anos 1960 em híbridos de show de menestréis (por exemplo, *The Horror of Party Beach* [1964]). Seria apenas em 1968, quase 25 anos depois dos filmes de Williams, com Ben, o protagonista negro de *A noite dos mortos-vivos*, que o gênero alcançaria a visão de Williams.

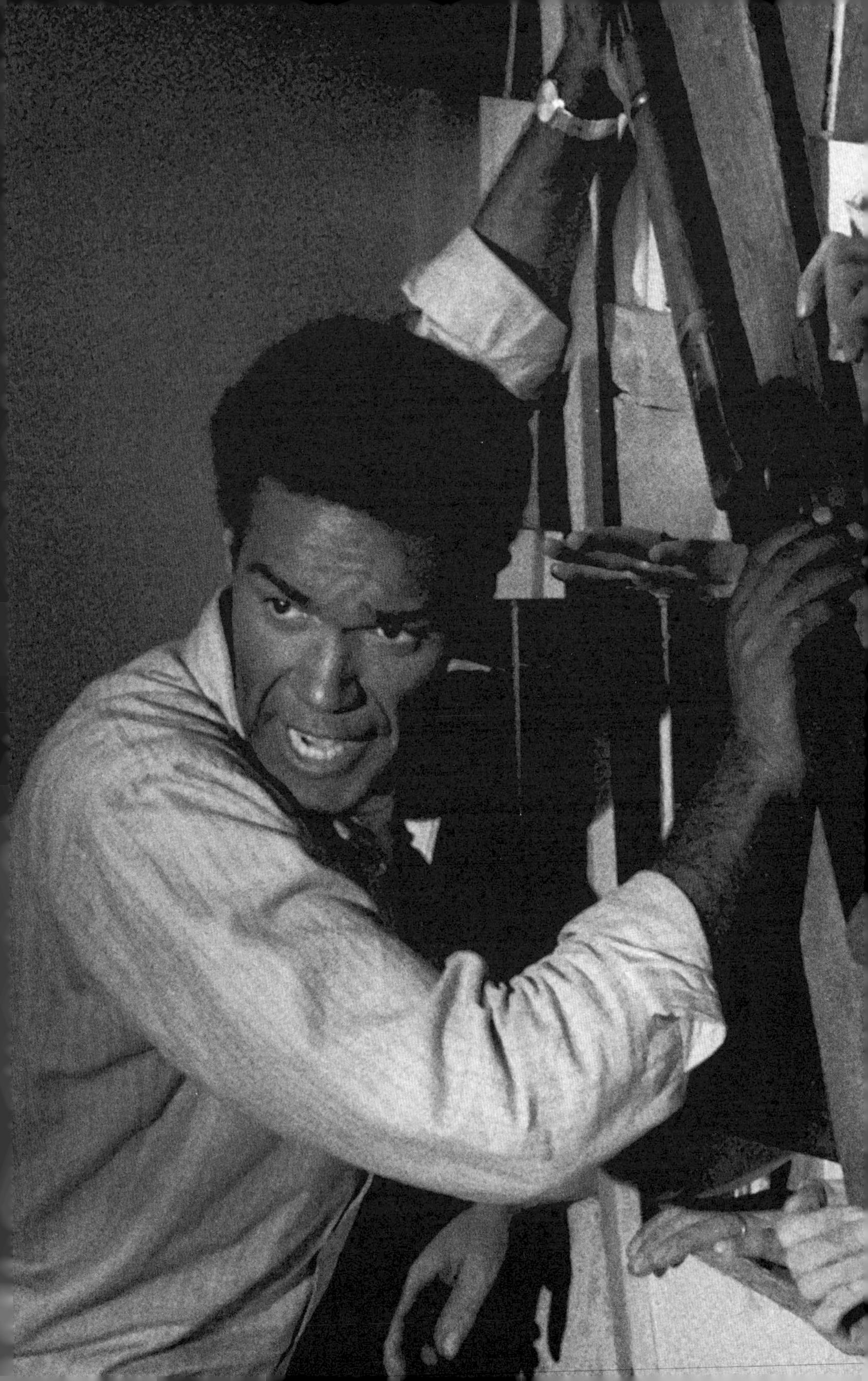

Horror Noire

1950/60

INVISIBILIDADE NEGRA, CIÊNCIA BRANCA E UMA NOITE COM BEN

> Eu sou um homem invisível. Não, eu não sou uma assombração como aquelas que atormentaram Edgar Allan Poe; nem sou um dos seus ectoplasmas de Hollywood. Eu sou um homem de substância, de carne e osso, fibra e líquidos — e pode-se até dizer que tenho uma mente. Sou invisível, compreenda, simplesmente porque as pessoas se recusam a me ver.— **ELLISON**, 1952[1]
>
> Parecia algo saído do espaço sideral, e também parecia um pesadelo, não uma parte de mim. — **MAMIE TILL BRADLEY**, *mãe de Emmett Till, garoto de quatorze anos que foi assassinado por brancos racistas*[2]

Algo estava errado. Na pacata e afável cidadezinha de Santa Mira, a paz idílica da década de 1950 estava sendo perturbada por um grupo de "eles" perigosos que se esforçavam para invadir o "nós" comunitário. A cidade reage rapidamente, embora de forma controversa, contra a ameaça. Quando ônibus interestaduais deixam forasteiros em Santa Mira, os intrusos são recebidos de maneira agourenta pelo xerife da cidade, colocados na parte de trás de seu carro e levados embora para nunca mais serem vistos. Controle e conformidade eram as novas preocupações de Santa Mira; logo, seus habitantes não tolerariam mais visitantes (baderneiros de fora) que tivessem potencial para fazer perguntas e que poderiam influenciar os outros com suas agendas diferentes. A cada dia, os cidadãos apertavam as rédeas, eliminando toda e qualquer divergência. Uma banda de jazz/swing que chegou alguns meses atrás para tocar em um dos restaurantes populares da cidade, logo sinalizando um flerte entre Santa Mira e o progresso — "estamos no caminho" —, foi, neste novo clima, expulsa. A banda foi substituída por um jukebox pré-programado. No geral, era uma representação lamentável dos Estados Unidos, que reprimia a humanidade de seus cidadãos: ser "mecânico" nesse contexto era ser um "zumbi ambulante!".[3]

A cidade fictícia de Santa Mira do filme de terror/ficção científica *Vampiros de almas* (1956) funcionava como uma metáfora para as muitas ameaças que os Estados Unidos enfrentavam em 1950 — mudança, guerras (atômica/fria), invasão estrangeira, comunismo e integração racial. E evidenciou, como muitos filmes dos anos 1950 e 1960, "uma forte ressonância entre os elementos do filme com várias ansiedades existentes na cultura mais ampla".[4] No filme, embora a noção de segurança-na-igualdade tenha sido levada por imigrantes (ilegais) do outro lado do mundo, isso não obscureceu o fato de que os norte-americanos estavam felizes em assegurar a insularidade e estabilidade pelos meios que fossem necessários. *Vampiros*, um filme de terror sem nenhum personagem negro, evidenciava como alguns norte-americanos acreditavam que, embora a estrada para o fascismo cultural pudesse ser desagradável — como ficar de pé na frente de uma escola para repelir o individualismo —, o fim justificava os meios.

Vampiros permanece até hoje como um clássico cult não apenas para os fãs, mas continua a ser um dos filmes mais celebrados nos Estados Unidos.[5] O filme narra a história de como vagens alienígenas aterrissaram na Terra, trazendo com elas a habilidade de replicar completamente os humanos e então matá-los para produzir clones emocionalmente neutros, ou "pessoas vagens".[6] Metaforicamente, *Vampiros* pode ser visto como o termômetro para o tratamento dispensado a qualquer coisa que se mostrasse uma ameaça à conformidade branca nos filmes de terror das décadas de 1950 e 1960. Acertadamente, houve pouca variação de representação no gênero do terror ao longo das décadas de 1950 e 1960, já que os negros eram invisíveis para os invasores de Santa Mira.

OS INVISÍVEIS

À medida que os anos 1950 emergiam, os personagens negros se tornaram uma presença rara no terror. O que no passado constituía na representação do trabalho "negro", como empregados ou trabalhadores rurais, se tornou menos necessário numa era em que o cinema estava mais preocupado com ameaças científicas e extraterrestres. Nesses desafios, os brancos, e notavelmente as personagens femininas, assumiam o papel de ajudante. Por exemplo, num filme de 1957, *O ataque vem do Polo,* um (hilário) pássaro monstro gigantesco com uma tela de energia anti-matéria ameaça o planeta (os Estados Unidos, em particular). Embora a invenção mais mortal da ciência, a bomba atômica, não seja capaz de exterminar esse alienígena, os cientistas permanecem resolutos, esforçando-se para encontrar uma solução. Nesse filme, há pouca necessidade da presença de negros carregando bolsas ou servindo refeições. O pássaro é um dilema para intelectuais, e o espaço em que essas pessoas trabalham são laboratórios ou centros de pesquisa. Nesse contexto de trabalho, os negros não servem, teoricamente, para nada.

No filme, a "srta. Caldwell" (Mara Corday), uma mulher branca matemática e analista de sistemas, exerce a função de ajudante. Embora prometa ser uma pessoa estudada, ela é incapaz de mapear o padrão de voo básico do pássaro (isto é, analisar o seu sistema). Em vez disso, Caldwell se transforma naquela que recebe ordens e tolera abusos sexuais de maneira afável — ela é referida como "mãe, querida mãe" e recebe ordens de um colega de trabalho, "me beija e fica quieta" —, o que ela faz avidamente. Esse tipo de "repressão severa da sexualidade/criatividade feminina", escreve Wood, não apenas atribui passividade, subordinação e dependência à figura da mulher, mas "em uma cultura dominada por homens [...] a mulher como o Outro assume uma significância particular".[7] Embora o trabalho primordial de Caldwell seja parecer bonita e servir como algum tipo de empregada, servindo bebidas aos homens, ela é capaz de fazer notas e cuidar de painéis eletrônicos — tarefas que presumidamente vão muito além da capacidade dos negros.

Até mesmo na ausência geral de diversidade racial, o uso do simbolismo racial era abundante ao longo da década de 1950. O filme *A noiva do gorila* (1951) une a diferença e a aberração de forma parecida. Aqui, o personagem Barney (Raymond Burr) é o capataz de uma plantação de seringueiras que cuida do gerenciamento de uma residência construída no interior da selva amazônica. Barney é um gerente cruel que possui lembranças saudosas: "Oh, quando eles tinham escravos!". Os cineastas sabiam que filmes de selva do tipo tinham implicações raciais, e essa produção não foi uma exceção, trazendo frases como: "Pessoas brancas não deveriam viver por muito tempo na selva". De acordo com Thomas Cripps em *Making Movies Black*, um escritor do jornal *AfroAmerican*, de Maryland, Carl Murphy, "foi chamado para ser um consultor em [...] *A noiva do gorila* [daí] estabelecendo um ponto de vista negro em relação a coisas que iam além do uso da palavra 'crioulo' nos diálogos".[8] Na verdade, insultos não estão presentes no filme, tampouco participações significativas de negros. No filme, Barney passa a cobiçar a esposa do chefe, Dina (Barbara Payton), e mata o chefe para poder possuí-la. O assassinato é testemunhado por Al-Long (Gisela Werbisek), uma bruxa que amaldiçoa Barney. O homem é atormentado por alucinações nas quais ele acredita que está se transformando em um gorila. O filme apresenta uma pequena ponta do famoso ator negro Woody Strode no papel de Nedo, um policial local. Sua presença é breve aqui, e Strode interpreta de maneira direta. Ele é estoico e profissional. Suas ações estão largamente centradas na procura rápida pelo quarto de Al-Long para ver se ela tinha escondido alguma evidência do assassinato do chefe. Seus princípios funcionam para dar credibilidade ao poder assustador do vodu. Alarmado pelo poder da bruxa, Nedo a censura de forma veemente: "Eu não acredito em magia negra [...]. Mas fique longe da minha casa. Eu não quero bruxas perto das minhas crianças". Ele então sai de cena (e do filme) rapidamente. A brevidade da participação de Strode é triste, já que serve para lembrar o que atores negros poderiam acrescentar ao gênero — um medo real, sem precisar arregalar os olhos para parecer assustado. Contudo, qualquer tipo de representação, assustada ou normal, na metade do século XX, ainda era uma raridade.

Outra produção pertencente a esse ciclo de filmes de terror, *A noiva e a besta* (1958), traz gorilas/primitivismo e civilização no centro de tudo. Contudo, mais uma vez, os negros desaparecem das telas. *A noiva e a besta* não tem nenhuma pessoa negra em seu elenco, mas ainda assim obteve sucesso ao exibir o "continente escuro" e tudo que vem dele como algo grotescamente assustador. No filme, Dan (Lance Fuller), um grande caçador, se casa com Laura (Charlotte Austin). A licença de casamento deles custa 6 dólares, o que faz Dan exclamar de forma inexplicável: "Eu poderia comprar seis esposas por esse preço no meio da África!". Dan apresenta Laura para Spanky, um gorila africano que ele capturou e mantém aprisionado no porão de sua casa no topo de uma montanha nos Estados Unidos. Laura exibe uma estranha atração sexual pela besta ao conhecer Spanky, olhando de forma luxuriosa para o gorila e, mais tarde, sonhando com o animal. Em uma cena chocante, Spanky visita Laura no quarto, onde a besta e a mulher se abraçam, e o animal despe Laura em seguida. Dan mata Spanky imediatamente. A estranha atração de Laura pelo animal é explicada sob hipnose: em uma vida passada Laura foi um gorila, a rainha dos gorilas, para ser mais exata. Laura e Dan, juntamente com o "criado" Taro[9] (interpretado pelo ator branco Johnny Roth com o rosto pintado de marrom), cujo vocabulário é limitado a se dirigir a Dan como "Bwana", vão até a África para que Dan volte a caçar. Aqui, os monstros (gorilas negros) e o lugar (África) são abertamente racializados. Enquanto está na África, a atração de Laura por todas as coisas africanas — um tipo de febre da selva — se torna ainda mais profunda, e Dan tentar curar a obsessão dela. O filme termina com uma Laura entusiasmada sendo levada para os confins da selva nos braços de um gorila negro. Contudo, a cena provoca inquietação, mostrando Dan como a verdadeira vítima, que perde o seu amor para um tipo de miscigenação grotesca, uma mistura de espécies que provoca um medo parecido com aquele da mistura de raças. Em resumo, animais e negros são a mesma coisa.

PRETO SAI, PRETO FICA

O filme de terror "com negros" de 1957 chamado *Monster from Green Hell* evidenciou como os negros poderiam ser empregados de maneira efetiva no gênero do terror. Trata-se de uma produção B de terror/ficção científica — baixo orçamento, efeitos especiais cômicos. O filme começa com o questionamento: o que aconteceria com a vida "no vácuo sem ar acima da atmosfera da Terra" em uma "aglomerado de radiação cósmica?". Para descobrir a resposta, o programa espacial dos Estados Unidos envia um macaco, vespas, um caranguejo, aranhas e um porquinho-da-índia para o espaço em dois foguetes não identificados. O desastre acontece quando um dos foguetes é perdido "perto da costa africana". Dan (Robert Griffin) e Quent (Jim Davis), dois cientistas norte-americanos brancos que trabalham no projeto espacial, logo recebem relatos de vespas monstruosas e misteriosas que estão causando destruição na África Central e decidem fazer algo. Lá os homens conhecem o médico branco dr. Lorentz (Vladimir Sokoloff) e sua filha Lorna (Barbara Turner), que tratam os nativos africanos com medicina "real" e cuja missão secundária é ajudá-los a se livrar de suas crendices, o que inclui medicina tradicional e orações para deuses não judaico-cristãos. O filme toma um rumo previsível com a inclusão de um safári pela selva com nativos mudos, descamisados e de tangas que andam em fila indiana e carregam bagagens na cabeça.

Contudo, entre os nativos há um homem chamado Arobi. Arobi é interpretado por Joel Fluellen, um ator negro que advogou incansavelmente por papéis complexos e dignos de nota para os negros em Hollywood. A influência de Fluellen é evidente, com o personagem Arobi quase roubando o filme para si (se assumirmos que alguém estaria prestando atenção em tal personagem). Arobi é um personagem orgulhoso e articulado que está bem longe do "Mumbo Jumbo" interpretado por Fluellen, um servo no filme de terror "com negros" *Pongo, o gorila branco* (1945). Arobi está sempre bem-vestido com roupas ocidentais de safári — calças cáqui, um chapéu característico, camisa passada, meias até os joelhos e um cinto de utilidades com munição e um rifle. Embora Arobi receba frequentes instruções dos cientistas para trabalhar ou "fazer" coisas — como a importante atividade de montar explosivos —, ele também é questionado com frequência acerca de suas ideias em relação ao plano que estão tramando. Enquanto os guias nativos são subservientes aos cientistas brancos, Arobi se torna um membro importante da equipe, contribuindo com conselhos em tom profissional. Ele não dorme com os nativos, mas ao redor do campo com os brancos — perto, mas não junto (afinal, há uma mulher branca na equipe).

O filme termina com o grupo assistindo ao fim dos monstros e um diálogo final. Os três integrantes brancos falam primeiro. Os dois homens e, então, a mulher, falam brevemente. No fim, é Arobi quem solta o tocante trecho final: "A morte das criaturas trará a libertação do meu povo. Os deuses foram bons. Eles nos ensinaram, como o dr. Lorentz nos ensinou, a ter fé." A fala evidencia uma dependência continuada em relação à sabedoria branca. Contudo, também funciona para restaurar algum valor cultural à negritude.

Muito do filme tem a ver com o desdém pelos modos dos nativos, mas Arobi enfatiza uma noção da existência de deuses (plural). Porque, na verdade, não é a ciência que mata os mutantes. Quem faz isso é a África, por meio de um de seus vulcões, que os destrói, trazendo equilíbrio para a natureza.

Monster from Green Hell não é uma obra perfeita, e os problemas são significativos. Com a exceção de Arobi, ainda é um filme que invisibiliza os negros. Por exemplo, uma das mortes mais ligeiras e corriqueiras ocorre apenas dois minutos e 51 segundos após os créditos iniciais. Aqui, um homem negro chamado Makonga (sem créditos), de uma das vilas africanas, é encontrado morto. Sua morte não é vista, e é simplesmente dito que o homem encontrou o seu fim pelas mãos de um monstro da selva — "o inferno verde" — que injetou uma quantidade enorme de veneno nele. A cena serve para estabelecer o que falta na negritude e aquilo que é superior na branquitude. O corpo de Makonga é levado até o dr. Lorentz. O dr. Lorentz representa a modernidade, a sofisticação do iluminismo científico e religioso dos brancos. Makonga é submetido a uma autópsia sob a sombra de uma grande cruz pendurada acima de seu corpo no hospital improvisado. A morte de Makonga também simboliza o que há de errado na África — seu "caos", como menciona o filme. Seis meses depois da morte de Makonga, os monstros se multiplicaram, mas não há o menor sinal de qualquer forma de governo africano, tampouco militares, centros médicos, indústrias ou cidades modernas — há apenas a selva. A África é retratada como rebelde, uma terra primitiva cheia de superstições, sem modernização ou civilidade. Logo, são os norte-americanos, cujos próprios experimentos colocaram o continente em perigo, que saem voando (literalmente, pois o filme faz uma propaganda das linhas aéreas TWA) para tornarem-se os salvadores. Dan e Quent chegam na África, de uma maneira que Sontag chamaria de "fortemente moralista", para fazer com que todos saibam que eles dominam o uso próprio e humano da ciência, e que eles, os homens brancos, não são cientistas loucos.[10] Em relação aos personagens negros, com exceção de Arobi, há apenas "nativos" trabalhando como uma junta de animais e sendo retratados como vítimas desafortunadas dos monstros em fúria. Esses papéis — carregadores e vítimas — não são mutuamente exclusivos.

"EU REALMENTE AMO MULHERES BRANCAS"[11]

Os cineastas continuaram a forçar a tendência de oferecer aquilo que Gonder chama de "monstros grosseiros racialmente codificados", mas alguns também acrescentaram mensagens antimiscigenação de maneira aberta ou velada, só por via das dúvidas.[12] *O monstro da lagoa negra* (1954) é para os anos 1950 aquilo que *King Kong* foi para a década de 1930, um filme metaforicamente racializado e contra a mistura de raças. O filme apresenta uma equipe de cientistas/arqueólogos brancos viajando pela Amazônia em busca de uma criatura negra que é ao mesmo tempo marinha e terrestre — o Homem Guelra (Ricou Browning/Ben Chapman). Assim como em *O ataque vem do Polo*, a equipe conta com uma pesquisadora branca cujo papel principal é ser um colírio aos olhos e gritar assustada quando o Homem Guelra é avistado. Obviamente, ela também é o objeto de desejo do monstro, que ataca repetidamente a equipe para capturá-la. Os pesquisadores são guiados na expedição por um grupo de brasileiros que, assim como os africanos em *Monster from Green Hell*, encontram fins terríveis e caóticos logo no início do filme. As mortes desses homens — nativos — são desimportantes, já que apenas a morte de um cientista seria "um desperdício de experiência e habilidade".[13] Contudo, o monstro evoca uma racialização problemática.

Nesse filme a criatura é violenta e obstinada em seu desejo por uma mulher branca. O Homem Guelra é Kong e Gus de *O nascimento de uma nação* unidos em um só corpo. Em relação ao seu corpo, o monstro parece uma caricatura racista — os lábios são grandes e exagerados, sua pele é pigmentada. É aparentemente vazio mentalmente. Seus movimentos são trôpegos, exceto quando faz um manobra rápida para roubar a mulher branca. O monstro serve como uma imagem inversa da evolução branca, que é mostrada como moderna, intelectual e civilizada. Isto é, o filme nos diz que os brancos — homens brancos no topo da hierarquia — evoluíram, enquanto, note, outras raças permanecem estáticas e imóveis em seu progresso. Logo, o filme fala sobre onde, ou em quais lugares (a Amazônia exótica e perigosa), e em quais populações (os brasileiros negros ou não brancos) é possível encontrar a inferioridade. Quando o monstro encara o seu esperado fim em seu próprio território, pelas mãos da elite científica branca, não apenas sua subordinação é assegurada, mas também fica evidente que um Outro não tem lugar nem pode contribuir para o mundo branco, e que sua mera presença, ainda que em seu mundo não branco, é um incômodo — algum tipo de fardo do homem branco.

Patrick Gonder, em seus ensaios "Like a Monstrous Jigsaw Puzzle: Genetics and Race in Horror Films of the 1950s" e "Race, Gender, and Terror: The Primitive in 1950s Horror Films", apresenta uma leitura detalhada e profunda de *O monstro da lagoa negra*, argumentando que a função do filme não é só reforçar a superioridade branca e a inferioridade dos não brancos, ou sua monstruosidade. Além disso, o filme também "toca nos medos racistas de dessegregação",[14] como o monstro negro, saindo do seu lugar na água e tentando se integrar com aqueles que estão em terra, que é um lembrete darwinista do motivo pelo qual a segregação é necessária.[15]

É importante lembrar que *O monstro* não é apenas uma história sobre uma ação sísmica na escala Richter evolucionária. Mas, sim, uma história em que pesquisadores brancos são levados a destruir o Homem Guelra, em vez de estudar a criatura, pois ele cometeu o maior pecado de todos: ter colocado seus olhos sobre uma mulher branca.

A vida real e a arte foram amalgamadas em relação a uma ameaça sexual à feminilidade branca. Em agosto de 1955, um garoto de quatorze anos de Chicago, Emmett Till, foi assassinado por ter assobiado para uma mulher branca enquanto estava de férias no Mississippi. A brutalidade do assassinato do garoto foi terrível, pois ele sofreu espancamentos e traumas graves, teve seus olhos arrancados e levou um tiro na cabeça. Seu corpo mutilado foi amarrado a uma peça de maquinário agrícola de 45 quilos e jogado em um rio. A mãe de Emmett, Mamie Till Bradley, exigiu que o mundo voltasse sua atenção para essa atrocidade, bem como aos demais horrores que os negros enfrentavam nos Estados Unidos, quando abriu o caixão do filho e insistiu para que a imprensa negra tirasse fotos e as publicasse em seus periódicos.

Goldsby (250) escreveu sobre o impacto imagístico da decisão de Till Bradley: "Em uma decisão surpreendente que reformulou o escopo e a direção do caso, ela autorizou um velório de quatro dias aberto a todos e permitiu que a imprensa negra fotografasse o cadáver do filho. As imagens do corpo mutilado de Till apareceram em jornais e revistas de alcance nacional como *Jet*, *Chicago Defender*, *Pittsburgh Courier*, *New York Amsterdam News* e na *Crisis*".[16] As fotos do corpo terrivelmente abusado e inchado de uma criança representaram o ápice das imagens de horror. Em uma rápida sucessão, vieram à tona casos históricos e de grande notoriedade que reclamavam direitos e justiça para os negros. *Brown vs. Conselho de Educação de Topeka, Kansas* (1954), e o caso dos nove alunos afro-estadunidenses que frequentaram a Central High School em Little Rock, Arkansas (1957), foram desafios diretos ao caso *Plessy vs. Ferguson* (1896), que assegurou a segregação nas escolas. Até mesmo aqui, a segurança das mulheres brancas era invocada — estariam as jovens brancas a salvo de homens negros em suas salas integradas? Till e o Homem Guelra sofreram destinos similares, pois seus corpos foram destroçados de várias maneiras e mortalmente feridos antes de serem jogados em um túmulo cheio d'água. "Homens brancos não apenas lincharam e torturaram afro-estadunidenses na vida real", escreve Butters, "mas viveram essa fantasia por meio dos ataques cinematográficos violentos contra homens negros", fossem eles figuras reais, ficcionais ou metafóricas.[17]

MUITO CHÃO PELA FRENTE

Não houve uma mudança muito discernível entre os filmes de terror dos anos 1950 e as produções da década de 1960. Os anos 1960 começaram da mesma forma que a década anterior havia começado, com cientistas/homens brancos procurando maneiras de intervir na progressão da natureza enquanto os negros sofriam com medidas de invisibilidade. A distância entre brancos e negros foi mais bem ilustrada no filme de terror *The Alligator People* (1959). Situado em uma Louisiana "primitiva, selvagem", numa casa em uma plantação que até uma "bruxa conjuradora sabe que é ruim", o filme conta a história de um cientista branco cujos experimentos científicos transformam humanos em crocodilos e que agora trabalha para reverter os efeitos por meio da radioatividade. Esse filme conta com a participação de dois negros, Toby, o mordomo (Vince Townsend Jr.) e Lou Ann, a empregada (Ruby Goodwin). Os estranhos experimentos científicos são feitos em um laboratório que fica separado da casa. Toby e Lou Ann ficam limitados à casa, onde limpam, cozinham e cuidam de outros afazeres domésticos; apenas os brancos e homens-lagartos brancos saem da casa e entram no laboratório. Durante sua breve participação, Toby e Lou Ann se engajam com a branquitude, esforçando-se para controlar um trabalhador rude, Mannon (Lon Chaney

Jr.), um bêbado violento e sujo cujo comportamento errático (tentativa de estupro) ameaça a pesquisa. Contudo, o encontro entre eles é limitado ao momento em que Mannon vai até a casa ou o jardim, já que esse é o limiar para a dupla. Mannon, ao contrário, anda por toda a parte, indo inclusive até a entrada do laboratório, um lugar que está fora de cogitação para os empregados negros.

The Horror of Party Beach (1964), um "musical de terror" muito sério, é parecido com *The Alligator People* em seu tratamento dispensado aos negros. Os negros não figuram na narrativa, com a exceção de uma empregada mal-humorada, esforçada mas não muito inteligente, chamada Eulabelle (Eulabelle Moore), que nunca é vista fora da casa do empregador, um médico/pesquisador cientista. Quando monstros saídos do lixo tóxico começam a matar jovens veranistas brancos, é Eulabelle quem entra em cena para afirmar não menos que três vezes ao médico designado para resolver o problema que deve haver algum tipo de vodu no meio daquilo tudo: "É o vodu, é isso que é!". Não é. Ainda assim, a supersticiosa Eulabelle serve para apontar a religião negra como algo ruim, chegando ao ponto de andar com uma boneca vodu para amaldiçoar o monstro, ou, como ela diz: "aqueles malditos zumbis". O verdadeiro culpado é o lixo tóxico radioativo despejado na água e que reanima os mortos, cujos corpos estavam em naufrágios, trazendo-os de volta à vida como figuras meio-humanas/meio-monstros-marinhos. A implicação é que, ainda que o perigo seja branco e criado pelo homem, o vodu negro é a medida para todas as monstruosidades.

Contudo, a segunda contribuição de Eulabelle é bem mais interessante. Antenada em todas as questões domésticas, é Eulabelle quem descobre que o sódio caseiro pode matar os monstros marinhos radioativos. Porém, o modo como Eulabelle descobre a solução reafirma a noção de que os negros não possuem lugar em um laboratório. No filme, Eulabelle tem medo de ficar sozinha no escuro e ousa descer no laboratório do doutor, onde ele trabalha em uma arma química para matar os monstros. Apesar de ter a habilidade de carregar travessas, limpar e cuidar da parte de cima da casa, no laboratório Eulabelle é um desastre. Ela derruba produtos químicos e quebra tubos de ensaio, e então pede desculpas aos gritos. Por acaso, o acidente dela conduz à solução — sódio. Mas Eulabelle não possui a capacidade intelectual para dizer "sódio", então ela se refere ao produto como "nem sei o nome disso". *The Horror of Party Beach* se mostrou problemático de duas maneiras diferentes. Primeiro, o filme realmente serviu para reforçar a crença de que apenas os brancos, qualificados ou não (fossem as esposas ou outras mulheres apaixonadas), deveriam estar nos laboratórios. Em segundo lugar, para o ano de 1964, quando os movimentos dos Direitos Civis e do Nacionalismo Negro se complementavam, parecia regressivo ver uma personagem estilo mãezona negra ressuscitada.

De maneira significativa, *Vaidade que mata* (1960) apresenta uma personagem principal negra como adepta e central aos experimentos de um cientista branco. Paul Talbot (Phillip Terry) espera criar uma fonte da juventude farmacêutica, uma droga capaz de cessar e até reverter o processo de envelhecimento. É aí que entra uma mulher negra de 152 anos de idade chamada Malla (Estelle Hemsley), uma ex-escravizada que carrega, como ela explica, "a marca do mercador de escravos árabe que roubou a mim e a minha mãe da África e nos vendeu do outro lado do mar há 140 anos". A origem africana de Malla a torna misteriosamente mágica, já que, ao encontrar a esposa de Paul, ela (corretamente) declara: "Você não vai precisar se divorciar do seu marido. Não será necessário. Ele vai morrer. A morte dele vai te dar vida [...]. Você aparece nos meus sonhos sangrentos." Por acaso ela também tem Nipea, uma mistura orgânica capaz de retardar o envelhecimento. Uma negociadora dura e esperta, Malla insiste para que Paul pague por seu retorno à África, e somente então ela fornecerá a segunda substância que, misturada com a Nipea, reverte o envelhecimento, restaurando a juventude. A droga só pode ser encontrada na África, entre o povo Nando, uma "raça selvagem e orgulhosa [...] que tem um ódio imortal pelos europeus". Paul paga pela passagem de Malla, mas ele e sua esposa June (Coleen Gray), que caminha já para os seus setenta anos, aproximadamente dez anos mais velha que Paul, seguem Malla em segredo até a África para assegurarem o segundo ingrediente da droga — a fonte da juventude. Eles descobrem que a tribo de Malla realiza um ritual no qual homens são mortos e têm a glândula pineal extraída, e então essa secreção é misturada ao pó de Nipea e ingerida para reverter o processo de envelhecimento. Dando continuidade ao ritual, Malla se torna a bela "jovem Malla", interpretada pela popular atriz Kim Hamilton. O filme então muda o seu foco de atenção para June tentando fugir da África (com a Nipea roubada), deixando todos os personagens negros para trás, rumo aos Estados Unidos. June, nos Estados Unidos — velha e considerada pouco atraente —, mata os brancos ao redor dela a fim de extrair suas glândulas para que ela mesma possa fazer a droga da fonte da juventude. A mudança para os Estados Unidos é necessária, pois June não pode capturar homens africanos e injetar os fluídos deles em seu corpo. O filme, cuidadosamente, evita qualquer mistura de sangue e implicações de miscigenação.

Para dar os devidos créditos, *Vaidade que mata* foi um dos poucos filmes de terror "com negros" de sua época a elencar uma *mulher negra* em um papel principal. Mais do que isso, a personagem é uma feminista, afirmando os direitos das mulheres ao mesmo tempo que protesta contra o etarismo, notando que os cabelos grisalhos dos homens são injustamente respeitados como símbolo de intelecto e maturidade, enquanto mulheres envelhecidas são alvo de zombaria e negligência. Malla foi uma das personagens negras mais substanciais durante essa época do cinema de terror e foi considerada uma melhora em relação ao tipo de representação que os negros experimentavam em filmes como *The Alligator People*. Ainda assim, a inclusão dos negros nos filmes de terror do período continuava desigual e confusa.

AQUI VAMOS NÓS OUTRA VEZ: VODU E NEGROS ENGRAÇADOS

Filmes de terror adotaram novamente a África e o Caribe como locações, lugares livres das tensões raciais testemunhadas nos Estados Unidos durante o movimento dos Direitos Civis, e portanto lugares em que era possível ter uma presença de personagens negros sem que o foco recaísse em questões de igualdade racial. A estratégia era voltar aos temas vistos nos filmes de terror da década de 1930. Como resultado, zumbis, vodu e a selva tiveram uma segunda chance em filmes como *Serpent Island* (1954), *A ilha do terror* (1957), *Voodoo Woman* (1957) e *O fantasma de Mora Tau* (1957). Mas poucos (ou nenhum) negros apareceriam em tais filmes. Em vez disso, durante a maior parte da década de 1950 e em boa parte dos anos 1960, como evidenciado pelo filme *Voodoo Bloodbath* (1964), "quase todos os filmes de terror com algum componente racial discernível mantinham a presença dos negros restringida a narrativas com ilhas exóticas, brancos se casando em segredo e nativos ('selvagens') desinibidos praticando vodu e experimentando zumbificação".[18]

Por exemplo, o filme de terror *O fantasma de Mora Tau* (1957) não tinha nenhum personagem negro, mas esse fato não impediu que a África fosse implicada, aquela terra "esquecida pelo tempo", no vodu maligno. Nesse filme com teor político, que critica o colonialismo ocidental, é revelado que, em 1894, um grupo de norte-americanos navegou até a África para saquear diamantes. Os marinheiros localizaram os espólios com sucesso e embarcaram os diamantes em seu navio enquanto nativos africanos praticantes de vodu (que não são mostrados) amaldiçoam os homens, transformando-os em zumbis e naufragando o navio. Como zumbis, os marinheiros são condenados a proteger os diamantes para sempre. Ao longo das décadas, outros caçadores de tesouros tentam encontrar os diamantes, mas são mortos pelos zumbis. Diferente da representação dominante de zumbis, esses mortos-vivos norte-americanos brancos não têm um "mestre"; isto é, esses zumbis brancos não são controlados por africanos. Em vez disso, são monstros bem autônomos que estão simplesmente aprisionados em seus corpos mortos. Marinheiros estadunidenses tentam novamente recuperar os diamantes. Uma mulher velha branca (a esposa do capitão norte-americano que foi transformado em zumbi) revela que os zumbis só poderão finalmente descansar em paz quando os diamantes estiverem perdidos para sempre no mar. No fim, os diamantes são jogados ao mar, libertando os brancos mortos-vivos da praga zumbi.

Com o retorno do terror para a África, o gênero continuaria a culpar a negritude de formas diferentes. O filme *Bwana, o demônio*, de 1953, tinha o potencial de examinar o domínio colonial britânico sobre o Quênia e o caminho de resistência do povo Kikuyu, que enfrentou fome (devido ao racionamento britânico de comida), excesso de trabalho em condições deploráveis, humilhação, brutalidade e execuções nas mãos de seus colonizadores. O protesto, por fim, culminou no movimento Mau Mau de 1952, um levante contra o domínio estrangeiro. Em vez disso, o filme mostra o Quênia como uma terra inerentemente selvagem, implicando até mesmo com a vida selvagem do país, especialmente com os leões, em uma história de vitimização racista em que os brancos são os prejudicados. No filme, os leões quenianos decidiram que os britânicos seriam a melhor escolha para o lanchinho de um predador felino.

O público recebeu um filme de terror que referencia as narrativas da década de 1940, em que os negros ficavam assustados e sofriam abusos com o fim de causar um efeito cômico. O filme *Spider Baby or, The Maddest Story Ever Told* (1968) conta a história da família Merrye, que é afligida pela Síndrome de Merrye. A doença herdada é resultado de incesto e causa retardo mental. Um membro da família, Virginia (Jill Banner), é obcecada por aranhas, acreditando ser uma e usando cordas como teias e facas de açougueiro como ferrões. Mantan Moreland, escalado simplesmente como um "entregador", abre o filme e morre nos primeiros cinco minutos. O entregador sobe na varanda da mansão isolada e decrépita da família Merrye e espia pela janela, chamando por algum dos moradores. A janela se fecha com força, prendendo-o de maneira que sua cabeça e seu corpo ficam pendurados no interior da casa enquanto suas pernas balançam do lado de fora, na varanda. Virginia aparece com uma faca de açougueiro em cada mão. Ela joga a sua "teia" no entregador, enrolando-o. Alegremente, Virginia grita "Ferroe, ferroe, ferroe!" enquanto retalha o entregador com suas facas. O ataque tem tons de comédia. Uma tomada da varanda mostra as pernas do entregador sacudindo de maneira burlesca. Uma filmagem do interior da casa mostra o torso superior do entregador esmagado pela janela e Virginia segurando a orelha dele como um souvenir. É uma cena típica do terror, exceto pelo fato de que Moreland ressuscita sua risada e seus olhos arregalados. Moreland, nessa ponta, é incluído apenas com o objetivo de relembrar a figura do negro engraçado sofrendo violências em filmes de terror.

Mantan Moreland talvez possa ser considerado uma das pontes mais evidentes entre os filmes de zumbi dos anos 1940, como *O rei dos zumbis* (1941) e *A vingança dos zumbis* (1943), e a representação dos negros nos filmes de terror. Moreland foi central na criação de filmes sobre zumbis (e outros monstros) negros. Sua aparição em *Spider Baby* marcou o fim de uma longa e árida estação de filmes de terror livres de racialidades. Além disso, as performances de Moreland lembraram ao público de filmes de terror que negros e zumbis, para o bem e para o mal, formavam uma dupla interessante, e todos sentiam falta deles. Então não foi nenhuma surpresa que o retorno dos negros ao gênero tenha acontecido em um filme de zumbis (longe de ser engraçado), *A noite dos mortos-vivos* (1968). A obra, que merece ser discutido em detalhes, representaria uma das mudanças mais dramáticas e provocativas em relação à participação dos negros em filmes de terror.

UMA NOITE COM BEN

Foi na noite de 4 de abril de 1968. Algumas horas antes, o diretor de cinema George R. Romero escutou, junto com o resto do mundo, que o ativista dos Direitos Civis e ganhador do Prêmio Nobel, dr. Martin Luther King Jr., havia sido assassinado em Memphis, Tennessee. Romero já estava ansioso enquanto dirigia de Pittsburgh para Nova York carregando no porta-malas *A noite dos mortos-vivos*, o seu[19] filme de terror de baixo orçamento e produzido de maneira independente. Será que ele conseguiria uma distribuidora para o seu filme, uma obra que forçava o gênero do terror a novos limites com sua violência gráfica e sanguinolenta e sua narrativa sombria? *A noite dos mortos-vivos*, um filme de terror "com negros", traz um personagem negro como protagonista, Ben (Duane Jones), que sobrevive de forma heroica e única a uma noite longa e implacável de ataques de monstros canibais apenas para ser morto em plena luz do dia por um grupo de vigilantes brancos que espetam seu corpo com ganchos para içá-lo acima de uma fogueira. Certamente, no contexto do assassinato de King, esse filme poderia ser considerado inflamatório demais para conseguir financiamento. Contudo, pouco depois de chegar em Nova York, Romero conseguiu o financiamento para o filme com a Walter Reade Organization/Continental, e (de maneira apropriada) no halloween de 1968, *A noite dos mortos-vivos* estreou nos cinemas, entrando para a história por conta da reforma dramática que propôs ao gênero do terror. *A noite dos mortos-vivos* é um filme de zumbis diferente de tudo que veio antes e vem sendo copiado múltiplas vezes desde então. O filme tem sido creditado pela revolução e solidificação dos zumbis no subgênero do terror.

 A noite dos mortos-vivos começa no cemitério de uma cidade pequena próxima a Pittsburgh. Os irmãos Barbara (Judith O'Dea) e Johnny (Russell Streiner) estão visitando uma sepultura nesse cemitério. Um homem de terno se aproxima lentamente da dupla, e ele parece normal de longe. Contudo, à medida que o homem se aproxima, fica claro que há algo de errado com ele — seu andar não é lento, mas cambaleante; seu rosto duro não é solene, mas guarda o olhar vazio de um morto-vivo. O homem ataca Barbara, e Johnny corre para resgatá-la apenas para ser morto quando o homem o empurra e ele cai, batendo a cabeça em uma lápide durante a briga insana. Barbara foge em pânico e assustada, incapaz de ajudar o irmão, enquanto o "fantasma" ou zumbi a persegue. Desfazendo-se mentalmente por causa do encontro inexplicável, Barbara acaba em uma casa de fazenda, onde encontra refúgio. Pouco depois ela se junta a Ben (a única pessoa negra do filme), que também está tentando sobreviver ao ataque dos zumbis.

Enquanto Barbara fica catatônica, Ben assume o controle de modo confiante. Ele se ocupa reforçando a segurança da casa com tábuas para bloquear a passagem dos zumbis que tentam entrar. Ben encontra uma espingarda na casa e repele a horda de zumbis com tiros em seus cérebros, golpes em suas cabeças e fogo. São as últimas defesas de Ben, e ele está vencendo de maneira heroica e efetiva. Contudo, sem que Ben e Barbara saibam, um grupo de sobreviventes se trancou no porão da casa e se encontra em silêncio, escondendo-se daquilo que acreditam ser zumbis andando no andar acima. Depois o grupo emerge. Vemos Tom (Keith Wayne) e Judy (Judith Ridley), um jovem casal. E também a família Cooper: Harry (Karl Hardman), Helen (Marilyn Eastman) e a jovem Karen (Kyra Schon), sua filha, que foi mordida por um zumbi e, adoentada, permanece no porão. Quase imediatamente uma briga se inicia entre Ben, uma pessoa altamente competente e ativa, e Harry, um homem irritado e reclamão que exige autoridade e respeito. Harry propõe que o grupo se tranque no porão até que a ajuda chegue. Sua sugestão é recebida com a oposição de todos. Tom fica do lado Ben e implora para que Harry reconsidere a ideia de isolamento no porão — o que Ben chama de uma "armadilha mortal" sem saída. Helen se pergunta por que Harry tem que estar sempre "certo e os outros errados". Para Helen, que melhor conhece Harry, a questão não é tanto a solidez de qualquer um dos planos, mas o fato de seu marido desejar ser o chefe. Ben Harvey, em seu livro *Night of the Living Dead* (2008) argumenta que: "Ben também não é nenhum santo; embora ele seja mais heroico, honrado e carismático do que Harry, ele também pode ser pouco razoável, às vezes".[20] Por exemplo, quando Harry continua a se esconder no porão, deixando todos que ficaram contra ele entregues à morte, Ben se recusa a deixar que Harry leve comida para a filha.

Uma reportagem na televisão mostra que os mortos-vivos estão em todos os lugares, e em uma das várias notícias os cientistas especulam se o surgimento dos mortos pode ter alguma coisa a ver com uma sonda enviada da Terra até Vênus, que voltou repleta de radiação. Diferente de muitos filmes de terror anteriores e subsequentes, *A noite dos mortos-vivos* não acusa a negritude do mal que está acontecendo. Os zumbis não são negros e não surgem de lugares negros como a África, o Caribe ou algum pântano da Louisiana, nem se levantam como resultado de algum ritual vodu. Em vez disso, *Noite* usou de um hábito comum na década de 1950, que era culpar cientistas (brancos) e invasões alienígenas. Chegam notícias de que abrigos estão sendo erguidos para os sobreviventes. Com os zumbis ainda cercando e atacando a casa, Ben cria um plano para que o grupo fuja em uma caminhonete que está próxima, mas sem combustível. Tom, Ben e Harry — os homens — trabalham em equipe para levar a caminhonete até um posto de gasolina nas proximidades. No último minuto, Judy corre para ficar ao lado de Tom enquanto ele luta para se aproximar da caminhonete a fim de abastecê-la. O plano dá errado, e a caminhonete ensopada de gasolina explode com Tom e Judy dentro dela. A morte deles é uma surpresa chocante — certamente o jovem casal representaria a imagem do futuro norte-americano depois que sobrevivessem. Não. Os zumbis jantam os corpos chamuscados de Tom e Judy.[21]

Ao ver a cena, Harry se encolhe dentro da casa, deixando Ben do lado de fora lutando contra os zumbis. Aqui, o filme, de maneira esperta, coloca Ben, o herói, entre dois tipos diferentes de monstros, ambos munidos de uma humanidade decadente. Essa é também uma reviravolta única no filme, pois a representação da monstruosidade geralmente funcionava para realçar os traços iluminados e favoráveis dos personagens brancos.[22] Aqui, o filme nos faz lembrar que humanos e monstros não são assim tão diferentes e, na verdade, podem ser a mesma coisa. Mas a tensão da cena é aumentada pelo componente racial.

Enquanto Ben implora para que Harry abra a porta, Harry fica parado; ele está petrificado pelos zumbis e irritado com Ben. Harry alternadamente olha para fora e se esconde de Ben. Logo, Ben encontra uma maneira de entrar na casa. Assim que entra, ele e Harry se unem momentaneamente enquanto tentam consertar a abertura na casa que Ben foi forçado a fazer. Ainda assim, Ben está possesso, gritando: "Eu deveria ter arrastado você pra fora e deixado que aquelas coisas te devorassem". E fica subentendido que Ben, mais alto, mais jovem e em melhor forma poderia dar um jeito no velho e atarracado Harry. Mas Ben não faz isso. Quando os reparos são terminados, Ben apenas xinga Harry por ter tentado abandoná-lo à morte. As ansiedades raciais são realçadas quando Ben faz algo que nunca havia sido feito por um personagem negro em um filme de terror (pelo menos não sem uma reprimenda severa contra o personagem): Ben derruba Harry com uma pancada, o levanta e bate nele de novo, deixando Harry ensanguentado e com hematomas. Na verdade, até aquele momento, em 1968, era raro que qualquer tipo de filme mostrasse um homem negro batendo em um branco. Ben, que não está mais em perigo imediato, bate em Harry porque está frustrado e com raiva. Não se trata de uma representação exagerada, mas a questão racial dos homens aumenta o drama.

Mais tarde, depois que Ben se oferece para carregar Karen (a filha de Harry) até um lugar seguro, Harry está ainda mais interessado na espingarda de Ben e no poder que a arma promete. Helen diz a Harry para deixar Ben e a arma em paz: "Já não foi o bastante?". Harry não consegue deixar isso de lado, pegando a espingarda e apontando para Ben. Mas Ben consegue lutar, então a arma dispara e fere Harry mortalmente. Harry vai até o porão e descobre que sua filha morreu. Os zumbis começam a encher a casa, e Johnny, o irmão morto-vivo de Barbara, acompanhado da horda zumbi, quebra a janela e as portas, capturando a jovem para ser consumida. Harry morre no porão. Karen revive e começa a se alimentar do cadáver do pai. Ela então encontra a mãe encolhida no porão, ainda viva. Com uma pá, Karen golpeia brutalmente a mãe repetidas vezes para que possa se alimentar dela também. Ben se vê forçado a "matar" todos eles de novo e, com os zumbis invadindo o andar de cima, ele se tranca no porão até o dia seguinte. À medida que o dia amanhece, Ben sai do porão ao ouvir o som de vozes humanas. A polícia e um grupo de moradores locais estão cercando os zumbis e os matando. Ao sair, Ben é repentinamente baleado na cabeça por alguém que o confunde com um zumbi.

Os realizadores do filme se mantêm inabaláveis na afirmação de que a escolha de um ator negro aconteceu por acaso — "ele apenas era a melhor pessoa para o papel" — e que a questão racial não teve importância no roteiro, o que fica evidenciado pelo fato de a raça de Ben não ser mencionada no filme.[23] Embora Romero estivesse ciente de que seu filme seria o "primeiro filme a ter um homem negro interpretando o papel principal independentemente e apesar de sua cor", ele também diz que "nem mesmo quando Duane leva um tiro na cabeça no final, nós estávamos pensando em conotações de brancos e negros". Apenas décadas mais tarde ele descobriu "o que aquilo significava de verdade".[24]

Se Romero precisou de anos para entender o que o papel de Ben significou, parte do público compreendeu de imediato. Nos meses seguintes ao lançamento de *Noite*, Romero foi bombardeado com perguntas sobre aqueles "caipiras" que mataram Ben — eram pessoas reais (já que alguns figurantes do filme eram "reais", como o repórter televisivo Bill Cardille interpretando ele mesmo em uma ponta) atuando, ou simplesmente sendo elas mesmas? Em uma resenha de 1970, Romero explica: "a maior parte das pessoas, na verdade, morava na cidadezinha em que filmamos [...] tivemos bastante cooperação por parte das pessoas da cidade — da polícia e dos administradores [...] [eles ficaram] felizes em poder empunhar armas".[25] Claro que rótulos de "milícia" branca, "turba", "caipiras" e até mesmo polícia "provinciana" traziam à tona conotações racistas. Como resultado, o desgosto que o público é levado a sentir em relação aos personagens é aumentado e se transforma em desprezo real e ódio quando fica entendido que se tratam de pessoas reais dos fundões de Pittsburgh. Além disso, em entrevistas, embora Romero seja cuidadoso para não alienar aqueles que tanto o ajudaram ao se voluntariar para o filme, ele admite não "ter feito muita coisa" para dirigir a atuação dessas pessoas, já que "a fantasia metafórica confronta uma realidade mal filtrada".[26] Essa colisão entre fantasia e realidade se torna ainda mais real quando, no remake do filme, feito por Romero em 1990, o ator Tony Todd (famoso por *O mistério de Candyman*) foi escalado como Ben. Todd se lembra dos tons de intolerância real partindo dos figurantes que interpretavam a turba:

> Todo mundo na cidade queria ser um zumbi. E nós filmamos em Washington, PA, que não é o lugar mais progressista dos Estados Unidos. Você deve ter visto *O franco atirador*. Coisas estranhas acontecem na Pensilvânia. Então, estou cercado por zumbis que eram caipiras na vida passada [...]. Eu sabia que seria um lance fodido, porque eles estavam esperando para me agarrar de verdade. Um pouco da tensão que você vê é real, coisa genuína.[27]

Na versão original de *Noite*, o fato de que a turba caçadora de zumbis estivesse acompanhada de cães treinados para atacar os alinhava com as imagens já familiares de cães policiais sendo incitados a atacar ativistas dos Direitos Civis. Sua vestimenta rural, camisa de flanela e jeans, o jeito de falar — "Bata neles ou queime, eles morrem fácil" — e seus acessórios que consistiam em balas, charutos e armas, no geral anunciavam os "cidadãos de bem",* que também representavam perigo para os negros. O perigo que os homens representam é mostrado na maneira descuidada com que recolhem o corpo de Ben. Ele é baleado e tirado do enquadramento da câmera apenas para ser visto novamente em uma longa tomada que mostra seu corpo sendo arrastado pelo chão. O xerife, de modo simplista, diz: "Bom tiro" e "Mais um pra fogueira". Hervey escreve: "E acaba assim: sem nenhuma longa sequência de morte, sem nenhuma glória para o herói".[28]

Ao contrário das afirmações de Romero de que a raça não havia sido levada em consideração, o ator Duane Jones (que trabalhava como professor de inglês durante o dia) rejeitou a ideia de que Barbara sairia do estupor para se levantar e salvá-lo dos zumbis. Para Jones, tal final teria sido "racialmente errado". Jones acreditava que "a comunidade negra iria preferir me ver morto a ser salvo [...] de uma maneira brega e simbolicamente confusa". A morte de Ben foi chocante, mas talvez tenha sido um dos momentos mais realistas do filme, já que ele é morto pelos seus "inimigos naturais, os policiais e caipiras de Pittsburgh".[29]

Aqueles que saíram do cinema antes de os créditos finais rolarem não viram a forma como lidaram com o corpo de Ben. Uma série de imagens granuladas são exibidas rapidamente durante os créditos. Elas parecem o que poderiam ser fotos antigas de Emmett Till, baleado na cabeça, sendo jogado na parte de trás da caminhonete de seus executores para ser levado até o rio Tallahatchie, onde seu corpo seria sujeitado a mais abusos. Em vez disso, as fotos são do cadáver sem vida de Ben, sendo empalado por ganchos de açougues e erguido para ser colocado em uma fogueira. O corpo de Ben então é esmagado nas chamas por madeira e destroços. No fim, "nosso herói não está apenas morto, mas obliterado. Não haverá registro de sua luta, nenhum funeral ou cerimônia, nenhuma esperança de justiça".[30]

Há muito o que se dizer sobre a produção de *A noite dos mortos-vivos*, assim como sobre seu simbolismo e poder. Richard Dyer, em seu famoso ensaio "White", chama a atenção para o simbolismo de cor no filme, como a fotografia em preto e branco numa era de cor com o objetivo de acentuar e complicar os entendimentos de bem e mal. A noite é escura (negra), mas a luz do dia traz outro mal na forma da multidão (branca).[31] O filme foi acusado inicialmente de apresentar

---

* No original, *Good ol' boys*, um termo usado para se referir ao branco sulista conservador, intolerante e dotado de um forte (e assassino) senso de companheirismo em relação aos seus pares. [NT]

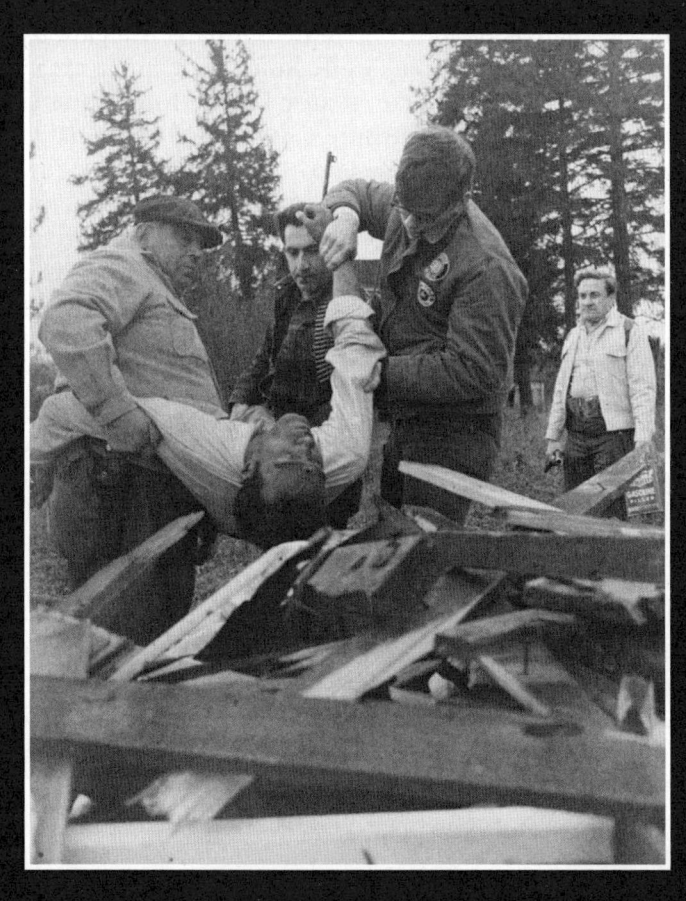

FIGURA 4.1 BEN SENDO ATIRADO NUMA PIRA
EM *A NOITE DOS MORTOS-VIVOS*.
Ten/Photofest

uma "pornografia da violência" com suas impávidas cenas de zumbis estripando suas vítimas e então devorando suas entranhas, fazendo com que a Associação Cinematográfica da América analisasse seu sistema de classificação.[32] E houve aqueles que escreveram sobre a "família" disfuncional em guerra e incapaz de trabalhar em união mesmo em um desastre que transcendia raça e classe.[33] Contudo, pouco se sabe sobre a reação de *Noite* entre os negros — isto é, além do fato de que uma grande quantidade de pessoas negras apoiou o filme, contribuindo para a sua popularidade.

A surpreendente bilheteria de *Noite* — tendo custado aproximadamente 115 mil dólares, mas arrecadando 90 mil só no primeiro fim de semana — pode ser atribuída, em grande parte, a sua recepção popular entre o público negro.[34] Kevin Heffernan aponta a contribuição dos negros frequentadores de cinema para o sucesso de *Noite* em seu livro *Ghouls, Gimmicks, and Gold: Horror Films and the American Movie Business 1953-1968* e em seu artigo de jornal "Inner-City Exhibition and the Genre Film: Distributing *Night of the Living Dead*". Ele observa: (1) normalmente, os negros compunham 30% da primeira leva de público em comparação com os 15 a 20% cento da população geral; (2) os cinemas em bairros negros contribuíram para o sucesso de *Noite*, pois tinham dificuldade de conseguir filmes (especialmente durante o boom do 3-D, quando adaptar os cinemas se mostrou caro demais), e assim *A noite dos mortos-vivos* foi recebido com ansiedade e por um longo período de tempo; (3) um filme como *Noite*, com sua atenção implícita ao assunto de raça, ficava em cima do muro entre ser um "filme de prestígio sobre um problema social" e um "produto apelativo"; e (4) o público negro fez filas para ver um filme com um afro-estadunidense orgulhoso, esperto e habilidoso como protagonista e estrela principal.[35] Heffernan também nota que, quando cinemas de comunidades afro-estadunidenses (em cidades como a Filadélfia, por exemplo) conseguiam exibições de estreia (um acontecimento incomum), os filmes geralmente eram de terror.

De fato, se a atenção que a impressa negra dispensou ao terror nas décadas de 1950 e 1960 serve de termômetro, é possível afirmar que o gênero tinha um status favorecido na comunidade negra. Em jornais como o *Chicago Daily Defender*, o *New York Amsterdam News* e o *L. A. Sentinel*, artigos curtos e reportagens que davam conta do gênero eram frequentemente publicados, notavelmente quando *nenhum outro* filme ou gênero era mencionado. O jornal *Daily Defender* era particularmente prolífico: por exemplo, publicou um artigo em 1957, "Horror Films Debut Soon", prometendo que pessoas que gostam do tipo de filme que faz gelar o sangue serão agraciadas em breve com a chegada de uma nova série chamada "Shock". Cinquenta e dois filmes de terror dos arquivos da Columbia e da Universal-International prometem um ano inteiro de entretenimento sangrento [...] fiquem atentos a esses filmes — eles serão um agrado terrível.[36]

Um artigo de 1960 no mesmo jornal proclamava: "uma tríade de filmes horripilantes em exibição no Royal Theatre está metendo medo e provocando risadas em espectadores que nunca experimentaram isso antes. *Um balde de sangue*, *O ataque das sanguessugas gigantes* e *Ordem de matar* compõem uma programação eletrizante".[37] Em outro artigo de 1960, o *Daily Defender* detalha alguns dos clichês do terror ao promover o filme *Paranoia*, que estava em exibição no Oriental Theatre em Chicago:

> muitos filmes de terror desenvolvem um enredo ao redor de uma bela vítima que está sozinha e vulnerável ao assassinato [...] outra técnica dos filmes assustadores é deixar que o espectador acredite que a vítima pode escapar [...] um dos ingredientes comprovados do terror é tentar levar a vítima à loucura.[38]

Esse estilo de escrita estilizado sobre o terror continuou até os anos 1970:

> Dois filmes excelentes de terror e suspense, chocantes e de dar calafrios, que são assustadores e agoniantes mesmo nos momentos mais amenos de suas histórias, estão com sua dupla estreia marcada para a sexta-feira (17 de abril) em mais de trinta cinemas de bairro, nos subúrbios e drive-ins por toda a Chicago [...]. Porém, tomem cuidado, pois esses dois filmes não são para os fracos de coração. Aqueles que duvidam do oculto, que são assustadiços e nervosos, estão duplamente avisados.[39]

Estar ciente da promoção e popularidade dos filmes de terror nas comunidades negras é essencial para entender como, de maneira geral, o gênero evoluiu graças ao público negro, e por que *Noite*, especificamente, foi um sucesso tão grande. Na época em que *Noite* chegou aos cinemas, a Walter Reade/Continental estava pronta para capitalizar com o mercado afro-estadunidense tão maltratado normalmente. "Muitos dos cinemas que exibiram *A noite dos mortos-vivos*", escreve Heffernan, "ficavam no interior das cidades e atendiam majoritariamente um público negro", em parte porque os cinemas de bairro, ou *nabe houses*,* como eram apelidados, que atendiam os negros tinham dificuldade de conseguir filmes.⁴⁰ Esses cinemas abraçaram uma programação independente, eclética, fora do escopo dos grandes estúdios. *Noite*, por exemplo, apareceu em conjunto com o drama *Um amor para Ivy* (1968), de Sidney Poitier, em sua primeira exibição em um cinema negro de bairro na Filadélfia, e em outra sessão ele foi pareado com o filme policial *Quadrilha em pânico* (1968) que estrelava Jim Brown.⁴¹ Em cinemas desse tipo, *A noite dos mortos-vivos* rodou bastante.⁴²

Em 1999, *A noite* foi inserido na lista da US National Film Registry e é material de referência para inúmeras obras de zumbis, incluindo uma franquia de sequências e outras histórias derivadas, ao mesmo tempo que ganha status de clássico cult entre seus fãs.

DESPERTAR DOS MORTOS

Romero continuaria, em seus três filmes seguintes — *Despertar dos mortos* (1978), *Dia dos mortos* (1985) e *Terra dos mortos* (2005) —, a empregar homens negros em papéis centrais importantes. *Despertar dos mortos* é situado algumas semanas após o primeiro levante dos mortos e revela que a praga zumbi se infiltrou em cada canto da sociedade. Aqui, o desespero da situação é revelado quando os zumbis são vistos causando destruição na cidade altamente populosa da Filadélfia. Grupos de oficiais da SWAT, predominantemente brancos (uma versão urbana dos caipiras mostrados em *Noite*) atravessam cortiços, pouco se importando em distinguir zumbis dos residentes humanos negros e não brancos dos prédios: "Acabe com todos os porto-riquenhos e os crioulos de uma vez!". Uma violenta limpeza racial/étnica e de zumbis começa quando os residentes se recusam a sair de suas casas conforme ordenado.

Um tema contínuo de Romero em seus muitos filmes dos *Mortos*, os zumbis são metáforas para a branquitude, mesmo que alguns zumbis sejam mostrados como não brancos. Numa cena, uma zumbi negra ataca um homem negro. A zumbi não só é pálida para evidenciar seu estado defunto, mas parece embranquecida, um contraste de cor "enfatizado em uma tomada de uma zumbi negra embranquecida

---

* O termo *nabe* é derivado de *neighborhood*, tendo o mesmo significado, e também é utilizado para se referir aos cinemas de bairro. [NT]

mordendo o pescoço do homem negro".⁴³ Entra o herói negro, Peter (Ken Foree), um membro da SWAT que se levanta contra os seus pares brancos, exigindo que interrompam a matança de inocentes. Quando um membro do grupo não para imediatamente, Peter o mata, como faria com um zumbi, dando um fim à performance hiper-masculina e de dominação racial do outro. Peter está fora e acima de ambas as coisas. Ele faz amizade com outro oficial tático, Roger (Scott H. Reiniger), um homem branco que despreza igualmente o tipo de violência que testemunham. Peter e Roger decidem tentar escapar da loucura zumbis/polícia procurando um refúgio livre do caos. Eles se juntam a outros que possuem a mesma intenção — um casal branco, Stephen (David Emge) e sua amante Francine (Gaylen Ross), que são repórteres de uma estação de notícias e têm acesso ao helicóptero da estação. Mais tarde, é revelado que Francine está grávida. Os quatro encontram um local seguro em um shopping.

O filme é uma crítica ao consumo e ao consumismo norte-americano, assim como um engajamento — graças à presença da mulher grávida — com o movimento feminista e a revolução sexual. Ao locar o filme em um shopping, Romero continua a trazer mudanças impressionantes e inovações ao terror. A escolha foi importante porque décadas de cientistas malucos, mulheres em transe, histórias de experimentos que deram errado e locações como antigos laboratórios domésticos se tornaram "chatas e rotineiras".⁴⁴ O shopping foi uma novidade emocionante, com o grupo atuando em meio a suas mercadorias.

A vida em *Despertar* é feita de materialismo, que é ocasionalmente interrompido por zumbis. Da mesma forma, a negritude não interrompe (muito). Em uma cena, tambores da selva servem de trilha sonora quando o grupo explora uma loja de armas com a foto de um safári africano. Enquanto os tambores e a música "africana" geralmente sinalizam vodu, não há zumbis de vodu aqui, apesar do comentário (inexplicável) de Peter dizendo que seu avô era um sacerdote vodu. Em vez disso, esse é um filme sobre exploração econômica, que, de acordo com Romero, significa que todos os norte-americanos se tornaram zumbis consumindo sem pensar — canibalizando os produtos, em sua maioria desnecessários para a sobrevivência e o sustento. Não dá para culpar o vodu negro por isso.

A vida de Peter se transforma em uma rotina chata, que, de maneira pouco progressista, inclui assistir Francine "limpar a casa", em um apartamento que o grupo montou no shopping. A esperta e talentosa Francine "dá uma de Caldwell", como no filme *O ataque vem do Polo*,

FIGURA 4.2 PETER SE PREPARA PARA LUTAR CONTRA ZUMBIS EM *DESPERTAR DOS MORTOS*.
United Film Distribution Company/Photofest

cozinhando e limpando para os homens (embora ela exija ser consultada acerca dos planos e ter permissão de aprender a atirar e pilotar o helicóptero). No restante do tempo, a existência de Peter é vazia, limitada a conversar com seu amigo Roger, que foi mordido por um zumbi, até que ele morre e Peter precisa atirar no parceiro.

Com o tempo, a relativa paz do grupo é perturbada por uma gangue de motociclistas que deseja os espólios do shopping. A gangue invade o local e hordas de zumbis vêm atrás, enchendo o lugar. Os motociclistas se tornam comida de zumbi, e Stephen é morto e transformado em morto-vivo. Peter e Francine — que, após meses no shopping, já se encontra em um estágio avançado da gravidez — são os únicos sobreviventes. Francine os conduz pelos ares para longe do shopping. O filme termina convidando o público a se preocupar com o destino da dupla. Eles têm pouco combustível e não fazem ideia do rumo que deveriam tomar. Contudo, há coisas que o filme não aborda — será que Francine conseguira parir seu bebê sozinha? Peter, um oficial treinado, seria capaz de ajudar? Qual será o futuro da dupla? São nessas questões que a negritude e masculinidade de Peter e a branquitude e feminilidade de Francine aparecem de maneira mais óbvia.

DIA DOS MORTOS

A terceira produção de Romero, *Dia dos mortos* (1985),[45] não teve a inovação política e, até certo ponto, racial, dos outros filmes da série. O filme é situado em uma época "após o fechamento de todos os shoppings" (uma referência a *Despertar dos mortos*) e se passa em um bunker militar subterrâneo na Flórida em que experimentos grotescos são feitos nos zumbis por cientistas civis sob direção militar. Acima do chão, as coisas parecem sem esperança, com pouca vida restante à medida que os zumbis tomam conta de tudo. Os membros restantes do governo e do Exército esperam que os experimentos revelem uma maneira de acabar com o reino dos zumbis. O filme se foca em um zumbi, Bub (Sherman Howard), que parece estar evoluindo e pode sentir a maldade nos cientistas e militares de moral decadente. Os cientistas são distantes, às vezes ríspidos. Um deles faz experimentos em soldados mortos-vivos, e até mesmo os joga como alimento para os outros zumbis. Os cientistas são "loucos". Os militares são a versão da década de 1980 dos caipiras de Romero. Os soldados são mostrados como figuras sádicas, racistas e machistas. Os militares é que são os monstros, prontos para matar e torturar tanto zumbis quanto humanos. Os homens ameaçam estuprar a única cientista mulher, Sarah (Lori Cardille), importunam e até matam os outros civis da equipe por serem diferentes.

O personagem negro indispensável no filme é John (Terry Alexander), um piloto civil de helicóptero oriundo das Índias Ocidentais. Nesse contexto, John é uma tripla minoria — negro, não militar/cientista e estrangeiro, como fica evidente em seu sotaque. John também é educado e civilizado. Ele cria um lugar de convivência improvisado, mas idílico, que chama de "Ritz", dentro do bunker, e que tem até mesmo a réplica de uma cabana na beira do mar que ele usa como sala de leitura. Ele divide seus aposentos sem dificuldades com um civil branco e direito chamado William (Jarlath Conroy), em um acordo de convivência que alude a uma definição de masculinidade mais iluminada, não associada aos soldados, que dormem com suas armas.

No filme, as coisas dão errado, e Sarah, William e John precisam lutar em duas frentes de batalha: contra os zumbis, que lotam o bunker, e contra os soldados, cuja sede de sangue é igual a dos mortos-vivos. Todos são dispensáveis em potencial nesse filme, com exceção de John, porque ele é o único que sabe como pilotar um helicóptero e pode levar os sobreviventes até um lugar seguro. Embora os militares precisem dele, ele é claramente desprezado. John zombou do comportamento primitivo dos soldados e não baixou a cabeça para suas ameaças. Quando ele se recusa a abandonar Sarah e William para encarar a morte iminente nas mãos dos zumbis que estão no bunker, John é espancado até obedecê-los — uma referência clara à escravidão. Contudo, ele luta contra os soldados, resgata Sarah e William, e salva o dia ao levá-los pelos ares para longe do bunker e para uma ilha deserta que só ele parece conhecer. O filme termina com John pescando em paz em uma praia, junto com Sarah e William.

Em uma convenção de terror em 2010, em Indianápolis, o ator Terry Alexander e o diretor Romero falaram sobre o personagem John e, especificamente, a respeito dessa cena final que mostra os três personagens desfrutando uma sobrevivência pacífica. Ao notar a capacidade do personagem John, Romero disse que, embora tenha havido centenas de outros filmes em que zumbis-dominam-o-mundo, talvez o público continue a acreditar que "Terry *ainda* está pescando naquela praia", uma hipótese que Alexander abraçou de forma entusiasmada.[46] O comentário de Romero sobre o personagem John confirma sutilmente a análise de Dyer, de que "o ponto principal em relação a Ben, Peter e John é que, de maneiras diferentes, todos eles possuem controle sobre seus corpos, conseguem usá-los para sobreviver, sabem como fazer coisas com eles". Embora os brancos percam o controle enquanto permanecerem vivos, muitas vezes voltando "na forma descontrolada de zumbis",[47] esses homens negros, especialmente John — que, diferente de Ben, sobrevive, e, diferentemente de Peter, conduz o grupo até um local seguro —, continuam donos de si, seguindo em frente.

TERRA DOS MORTOS

Em 2005, Romero lançou *Terra dos mortos*. Aqui, a profundidade política de Romero volta, pois ele trabalha para criticar o classismo. Em *Terra* existem duas classes. A primeira é a classe superior, composta de humanos ricos que vivem em um prédio requintado de frente para a água, de vidro e aço, que tem três lados protegidos pelos três rios da cidade e, do lado que dá para a terra, há barricadas eletrificadas. O estilo de vida dessas pessoas é mantido pela segunda classe, forrageadores profissionais que vasculham as ruínas da cidade enquanto lutam contra zumbis, ou "fedidos", em busca de mercadorias — comida, vinhos finos, tecidos e outros suprimentos. Os forrageadores vivem, assim como a maior parte dos cidadãos, numa terra devastada, caótica e brutal. Essa segunda classe se encontra faminta e imunda, vivendo e morrendo nas ruas. A terceira classe, ainda que não seja a "mais baixa", é formada pelos zumbis, que andam livremente e, à medida que os humanos morrem ou são capturados do lado de fora das cercas, têm muito o que comer.

Um zumbi, um homem negro chamado "Big Daddy" (Eugene Clark), acaba por ser especialmente evoluído e é ciente da brutalidade continuada direcionada aos zumbis. Ele se torna o líder de uma facção zumbi, aprende a se comunicar com rugidos e rosnados, e descobre como usar armas para destruir seus opressores humanos. Ele até mesmo ensina seus compatriotas a pegarem em armas como facas e facões. Em uma cena importante, Big Daddy evidencia um alto nível de pensamento racional, pois conclui que seu exército zumbi pode alcançar o prédio — um símbolo que ostenta exclusão até mesmo para os zumbis — indo pelo fundo do rio em vez de arriscar uma eletrocussão na cerca. De fato, os zumbis invadem, e Big Daddy busca uma vingança particularmente brutal contra o malvado dono do prédio. O filme termina com um grupo de sobreviventes humanos, estrelas do filme, entregando a cidade para Big Daddy enquanto os humanos procuram um novo lugar para viver. Por sua vez, Big Daddy parece reconhecer essa trégua enquanto lidera seu exército zumbi.

Como um todo, os filmes de Romero podem ser celebrados por seu tratamento complexo e até mesmo positivo dos negros. Parte da profundidade de seus personagens talvez venha da crença de Romero de que raça não fazia diferença quando ele escalou os atores Duane Jones, Ken Foree ou Terry Alexander.[48] Contudo, seus personagens não estão livres das histórias e políticas que a pele deles traz de herança. Os personagens negros de Romero são revolucionários no que se refere à representação cinematográfica de raça nos Estados Unidos, fossem heróis humanos ou zumbis. E mais ainda: esses personagens negros *são* retratados como pessoas diferentes dos brancos ao redor deles. Ben, Peter, John e Big Daddy são autoconscientes de suas identidades, e, enquanto buscam sobreviver entre os demais, eles não passam necessariamente uma mensagem de integração, mas de coexistência — uma diferença sutil, mas importante. A diferença deles se torna mais evidente quando, como Dyer insiste, a negritude dos personagens é compreendida em contraste com a branquitude. Através de tal análise, fica óbvio que o heroísmo desses quatro personagens vem, em parte, do fato de se elencarem enquanto alheios às hierarquias raciais e outras normas dominantes. É por meio de sua rejeição a essas limitações e de sua resistência à dominação que se torna "possível ver que os brancos [ou pelo menos aqueles investidos na branquitude] são os mortos-vivos".[49]

CONCLUSÃO

As décadas de 1950 e 1960 trouxeram um novo significado para o velho ditado "um passo para frente, dois para trás". Hollywood não estava pronta para desistir da fórmula insípida de situar o mal em lugares negros ou entre os negros. Lembre-se, é a empregada negra Eulabelle, em *The Horror of Beach Party*, que pronuncia aleatoriamente que um monstro saído do lixo tóxico deve ser um trabalho de vodu (negro). Assim, ao continuar com o impulso de entender o mal e o monstruoso como algo inspirado nos negros, Hollywood voltou para a África, evitando os Estados Unidos da era dos Direitos Civis para fazer seu terror. A África, especialmente a África tribal, era um alvo cinematográfico fácil, pois aparentava ser um lugar diferente dos Estados Unidos por causa da ausência de uma tradição cristã dominante e identificável, ou de práticas capitalistas dominantes.[50]

Quando vistas — e é importante notar que os negros raramente eram vistos durante essas décadas —, as representações de negros e da negritude não lutavam contra os limites impostos, já que empregados negros carregavam o peso dessas representações. Performances raras e inspiradas partiram de Joel Fluellen como o inteligente e capaz Arobi em *Monster from Green Hell* (1957), Estelle Hemsley (a velha Malla) e Kim Hamilton (a jovem Malla) como a esperta e autoritária Malla em *Vaidade que mata* (1960), e Duane Jones como Ben, o líder obstinado em *A noite dos mortos-vivos* (1968). Essas performances evidenciaram o que poderia ser feito com o talento negro nos filmes de terror.

Ainda assim, o gênero do terror em si estava progredindo. A recuperação do terror incluía abordar as histórias e os problemas que já entravam nas casas estadunidenses por meio dos jornais televisivos. Narrativas que enfileiravam dominação patriarcal capitalista, militarização e desigualdades sociais e medos encontraram seu espaço, de maneira sofisticada, nos cinemas. O tipo de metamorfose sociopolítica que o gênero do terror estava empreendendo faria com que a representação da diversidade racial se tornasse praticamente obrigatória.

A noite dos mortos-vivos foi, sob qualquer ângulo, um avanço, o grande filme de terror "com negros" que era uma crítica ao status quo e que falava sobre revolta. Certamente tivemos estrelas negras (significativamente, homens e mulheres) nos filmes de terror das décadas anteriores graças às contribuições de Spencer Williams, Oscar Micheaux e outros. Contudo, a apresentação de Ben foi inovadora, diferente e importante, apenas pela novidade de seu encontro e tratamento dos brancos. Não havia desejo pela mulher branca ou submissão e vacilo. Ainda assim, *Noite* era um filme pessimista em todos os níveis. *Noite* se tornou um lembrete ficcional da assertiva de Norman Mailer em seu ensaio "White Negro", de 1957, no qual ele afirma que

> qualquer negro que deseje viver precisa viver com o perigo desde o seu primeiro dia, e nenhuma experiência pode ser casual para ele, nenhum negro pode perambular por uma rua com a certeza de que nenhum tipo de violência irá acomete-lo em sua caminhada [...]. De tal maneira, que a paranoia é tão vital à sobrevivência quanto o sangue [...]. Sabendo nas células de sua existência que a vida é guerra, nada além de guerra.[51]

Pouco importa se os realizadores de *Noite* estavam escrevendo propositalmente ou de forma velada uma mensagem racial; o que se leva da história é o que importa. Na verdade, em *Noite*, a alusão ao linchamento com o assassinato do supostamente monstruoso Ben é bem clara. Os espectadores do filme que viram o fim de Ben foram lembrados do desamparo social, político e econômico dos negros, e a vitimização violenta era uma história terrível da qual era difícil escapar. Juntas, as mortes de Emmett Till e do dr. King "expuseram os limites da ideologia [estadunidense] de ordem doméstica",[52] e o herói ficcional Ben foi incluído nesse lembrete. A segunda coisa que podemos tirar daqui é que havia uma verdadeira revolução acontecendo nos Estados Unidos com o movimento dos Direitos Civis e o subsequente movimento do Nacionalismo Negro, mas, durante quase uma década e meia, um gênero construído em cima de violência e atrocidades deu as costas para essas mesmas coisas que aconteciam em solo norte-americano. Foi só no fim da década de 1960 que uma revolução finalmente aconteceu, com tensões em relação às diferenças sendo abordadas diretamente em filmes como *Noite*.

Na década seguinte, os anos 1970, a revolução do mundo real e a revolução do cinema se alinhariam explicitamente com o terror passando a se concentrar em temas de empoderamento negro.

Contudo, o mais notável foi que a realidade que o gênero tomou para si foi abordada de uma forma radicalmente diferente daquela oferecida por *Noite*. Enquanto *A noite dos mortos-vivos* revelava os entraves em "apenas conviver", os anos 1970 focaram no movimento Black Power, nacionalismo e autoconfiança, em lugar das dificuldades de integração e cooperação inter-racial. Essa seria uma década de "filmes negros" de terror em vez de filmes de terror "com negros". Os anos 1970 produziriam até mesmo alguns *fubu*,* feitos por nós e para nós, aclamados criticamente, como *Ganja & Hess*.

Heffernan elabora um forte argumento sobre a influência "incalculável" de *Noite* nos filmes de terror da década de 1970, notando que os elementos artísticos do filme anteciparam as tendências que seriam comuns no terror blaxploitation dos anos 1970. Mais do que isso, de acordo com Heffernan, *Noite* revitalizou "a bilheteria dos cinemas de bairro" de forma significativa, fornecendo um lar para os filmes negros como *Blácula: o vampiro negro* e *Abby*, até que os cinemas do tipo fechassem as portas de uma vez por todas na metade da década de 1970.[53]

À medida que a década de 1970 foi ganhando forma, alguns filmes brancos de terror persistiram no tema da ameaça nuclear (por exemplo, *Quadrilha de sádicos* [1977]) e em críticas sobre a unidade (burguesa) familiar (*Aniversário macabro* [1972] e *O massacre da serra elétrica* [1974]), o que serviu para continuar a exclusão de pessoas negras. Contudo, os negros voltariam, com ares de vendeta e em busca de vingança, na era do terror blaxploitation, quando os "branquelos" passaram a ser punidos pelas maldades discriminatórias do passado e pela exploração continuada das comunidades negras.

---

* Acrônimo para "for us, by us", feitos para nós e por nós. [NT]

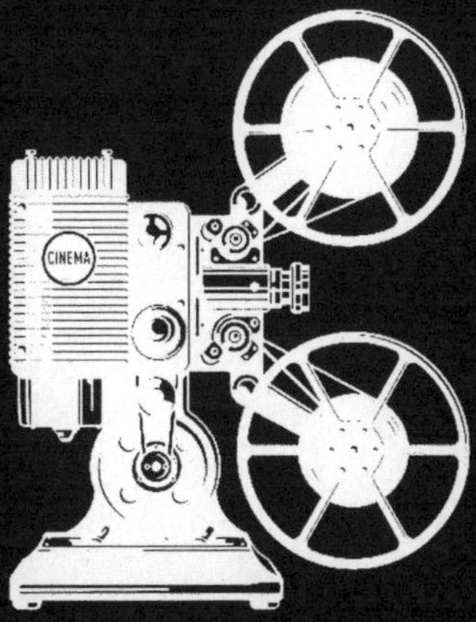
CINEMA

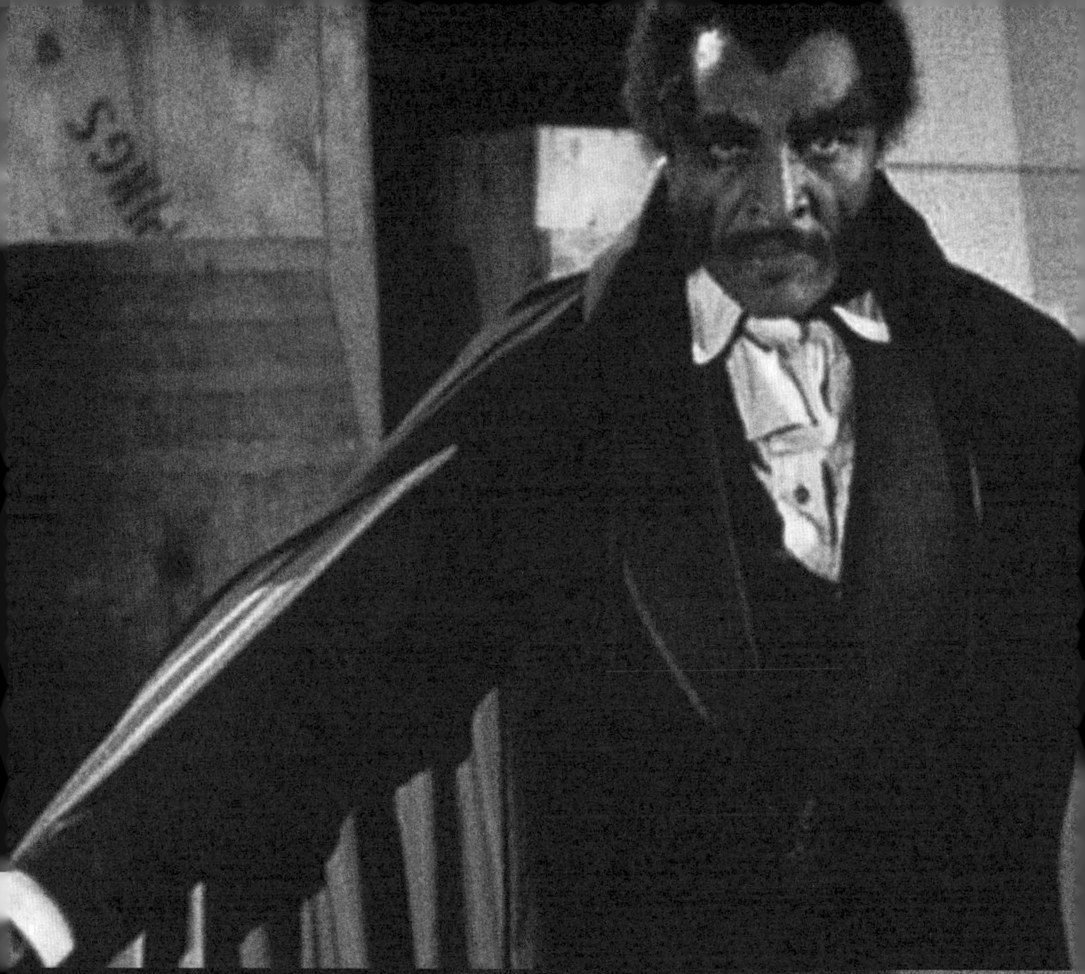
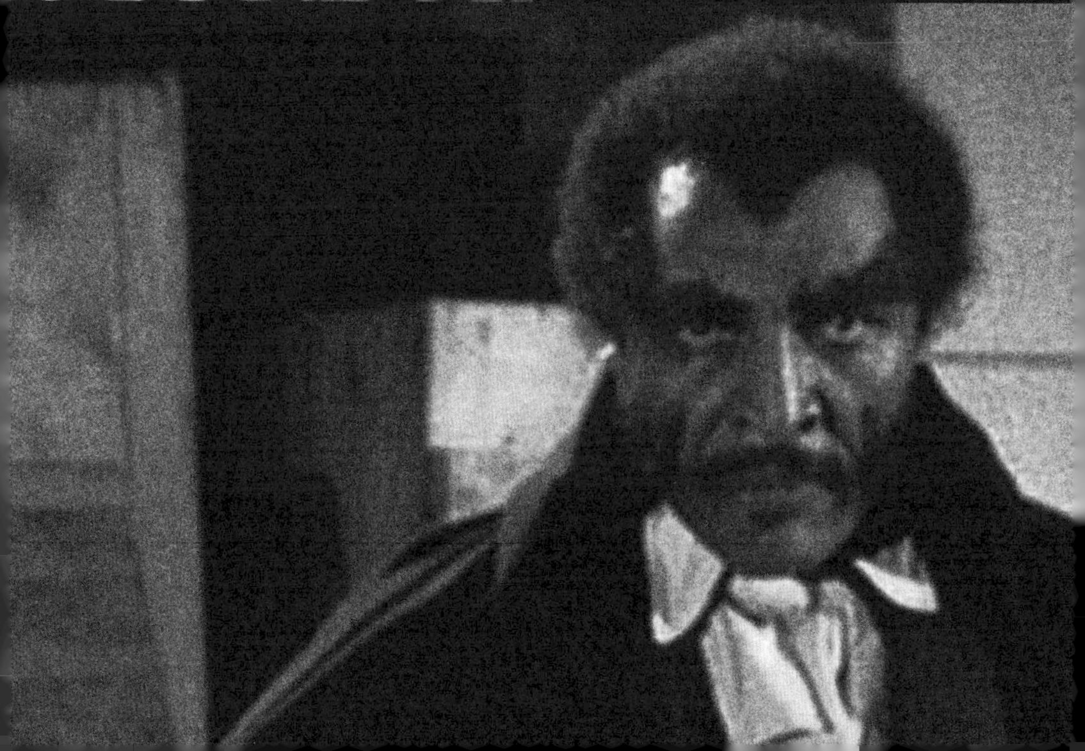

Horror Noire

1970

GRITE, BRANQUELO, GRITE — RETRIBUIÇÃO, MULHERES DURONAS E CARNALIDADE

> Muitos filmes "negros" são negros apenas no nome. [...] Na maioria das vezes, o material, além de não ser negro, não é nem mesmo original, já que o material branco destinado ao lixo é apenas revestido de preto e enviado para sua última rodada. [...] Esses filmes são negros? Eu não sei a resposta, mas acho que já passou da hora de alguém fazer a pergunta. — **HOLLY** (127)

Nos anos 1970, os cineastas tiraram vantagem das portas abertas pelo tipo de terror de George Romero, assim como pelo desaparecimento do Código Hays e do sistema de classificação aparentemente sempre em mudança e diluído da Associação Cinematográfica da América (MPAA).[2] Em apenas alguns anos, filmes repletos de sustos, violência e destinados a maiores de dezoito anos, como *O exorcista* (1973), *O massacre da serra elétrica* (1974) e *Halloween: a noite do terror* (1978), dominaram o gênero, transformando filmes como *Drácula* (1931), *O rei dos zumbis* (1941) e *O monstro da lagoa negra* (1954) em atenuações sem sangue. Embora o gênero tenha sofrido mudanças rápidas e dramáticas em estilo e forma, isso não quer dizer que filmes clássicos de terror como o *Drácula* de 1931 e *Frankenstein* não continuaram a influenciar profundamente o gênero. Os velhos clássicos foram modernizados com temas contemporâneos (e um bocado de carnificina). Esse tipo de renovação, especialmente no encalço de Romero com o sucesso de *A noite dos mortos-vivos*, com a participação de atores negros, abriu espaço narrativo para muitos outros personagens negros. Reinventar o gênero a partir do ponto de vista vantajoso da negritude geralmente significava reimaginar os clássicos. Por exemplo, *Drácula* se tornou *Blácula: o vampiro negro* (1972), apresentando o primeiro vampiro negro do cinema norte-americano. *Frankenstein* se tornou *Blackenstein* (1973),[3] com o monstro sendo transformado em um veterano negro ferido no Vietnã que foi reconstituído por um médico branco. *O médico e o monstro* virou *Monstro sem alma* (1976), em que o monstro toma a forma de uma criatura assassina branca, destruindo os esforços realizados por sua metade negra superior. Um processo do estúdio Warner Bros. afirmava que a história de *O exorcista* (1973), uma narrativa sobre um demônio africano que possui uma menina branca, foi plagiada pelos realizadores do filme *Abby* (1974). *Abby* conta a história de uma mulher negra que é possuída por um demônio sexual iorubá. Na verdade, essa foi uma "década revisionista"[4] para a indústria do cinema, na qual, pela primeira vez, "os estúdios produziram filmes orientados aos negros e feitos para agradar aos negros".[5] Realmente, ao longo da década, o "terror negro" prosperaria, com os negros adentrando o gênero como vilões monstruosos, anti-heróis e assassinos de monstros. As mulheres negras apareceram predominantemente como protagonistas fortes e resilientes. Os brancos também foram representados, mas nessa década eles seriam as vítimas, pagando caro por suas tentativas de vitimizar os negros.

Para ser exata, os "filmes negros" de terror não foram os primeiros a apresentar temas recorrentes em filmes. Os filmes (de terror) mudos iniciais saquearam ao ponto de plagiar "formatos preexistentes de histórias lucrativas e estilos de apresentação que poderiam ser facilmente adotados pelas câmeras em movimento", enquanto com frequência apenas alteravam minimamente as histórias surrupiadas com novos detalhes.[6] Ainda que cineastas negros escavassem aqui e ali, o gênero deveria ser creditado não apenas com a reformatação dramática das narrativas, em alguns casos, mas também com a reapropriação de "formas genéricas com um objetivo mais claramente político para criticar [por exemplo] o poder branco".[7]

Os filmes foram encorajados pelas ideologias do movimento Black Power — uma gama de sistemas de crenças que pregavam um despertar do orgulho negro, autossuficiência e empoderamento que eram proeminentes na década. Os resultados imagéticos foram "imagens em tela da vida negra refletindo a nova confiança do povo negro"[8] e uma "avalanche averiguável de super-heróis negros e anti-heróis encontrando o caminho até as telas".[9] Contudo, a enxurrada foi seguida por uma série de novos problemas, como Gary Null, em *Black Hollywood*, explica:

> O que emerge, na verdade, é uma nova gama de estereótipos negros. Talvez derivados do movimento de poder negro, o herói negro maneiro e eficiente parece ter mais em comum com James Bond do que com as ideias políticas de qualquer movimento negro. Alguns desses filmes mencionam o separatismo negro, cultura afro-estadunidense e controle local.[10]

OS HORRORES DO BLAXPLOITATION

Lamentando as representações e a qualidade dos filmes dos anos 1970 que estrelavam atores negros, Ellen Holly, do *New York Times*, escreveu em 1974: "um dos problemas em ser negro e ter recursos limitados é que raramente controlamos a nossa imagem. Nós raramente aparecemos na mídia *como dizemos* que somos, mas geralmente como *os brancos dizem* que somos".[11] As condições econômicas sob as quais os filmes negros eram feitos fizeram surgir o termo "blaxploitation" — uma união entre os conceitos da palavra negro em inglês (*black*) e "exploração"[12] —, que é usado para definir os filmes negros da década, fossem de terror ou não. Blaxploitation descreve uma era de lançamentos de filmes negros que frequentemente se inspiravam nas ideologias do movimento Black Power enquanto apresentavam temas de empoderamento, autossuficiência (ainda que nem sempre pelos meios legais) e tomada de consciência. Nos "filmes negros" de terror, especialmente, monstros famosos ou brancos, como Drácula ou o monstro de Frankenstein, foram transformados de propósito em "agentes" do poder negro.[13] Os filmes blaxploitation geralmente tinham uma mensagem contra o status quo, desafiando a exploração "do Homem" ou "dos branquelos" em detrimento das comunidades negras (por exemplo, importação de drogas, círculos de prostituição e policiais corruptos), embora raramente a crítica passasse de uma acusação contra alguns indivíduos ruins.

A tentativa do blaxploitation de engajamento político não passou incólume a críticas. Rhines explica:

> Esses filmes foram lançados durante o auge dos Direitos Civis/ Movimento de liberação negra, e ainda assim suas temáticas sexuais, de violência e individualidade "super legal" eram a antítese daquilo que organizações negras e políticas contemporâneas como a SNCC, a NAACP ou a SCLC defendiam para os negros.[14]

Os filmes foram "condenados por líderes de opinião negros em todo o espectro político por causa de seus estereótipos criminais e identificados, com razão, como produtos de estúdios, escritores e diretores brancos", ainda que os filmes se mostrassem populares, especialmente entre negros que apreciavam ver personagens e comunidades negras nas telas.[15] Além disso, os filmes eram notoriamente exploradores de mulheres, pois uma marca registrada dos filmes blaxploitation era a sujeição de suas personagens femininas ao tratamento misógino, abuso e estupro. O blaxploitation veio a ser conhecido como um estilo de filme em si mesmo, com clássicos de ação/drama como *Sweet Sweetback's Baadasssss Song* (1971), *Shaft* (1971), *Super Fly* (1972), *Coffy: em busca da vingança* (1973), *Foxy Brown* (1974), *The Mack* (1973) e *Dolemite* (1975), além de "filmes negros" de terror como *Blácula: o vampiro negro* (1972).

Blácula de 1972 foi o padrão para a recriação do terror (branco) à imagem e semelhança dos negros, ao mesmo tempo que abordava temas de orgulho e empoderamento negro. Dirigido pelo cineasta negro William Crain e estrelando William Marshall, esse "terror negro" apresenta uma abordagem interessante da história de vampiros enquanto explora os efeitos do racismo e a perda da história e identidade negras.

Blácula começa sua história no ano de 1780 com Mamuwalde (William Marshall), um príncipe africano em viagem com sua esposa Luva (Vonetta McGee) para a Transilvânia, onde têm um jantar marcado com o Conde Drácula (Charles Macaulay). Durante a reunião, o príncipe pressiona Drácula para que ele renuncie ao tráfico de escravos, com o qual o imensamente rico Drácula, ao que parece, tem se beneficiado enormemente. Drácula não é apenas um vampiro, mas acaba por se mostrar também um racista virulento ("É você que vem da selva"). *Blácula*, de forma autoconsciente, incluiu a retórica odiosa para expor seus efeitos cada vez menores e para rebater ativamente tais ofensas. Nesse filme, e em muitos grandes filmes de terror da década, "tropos racistas duradouros [...] estavam sendo prontamente identificados e expostos".[16]

Drácula morde Mamuwalde, infectando o príncipe com o vampirismo. Mamuwalde é renomeado "Blácula" — uma variação do nome de seu "mestre" vampiro branco, o que o marca como um Outro, mesmo entre os vampiros. Recebendo um nome de escravo, ele tem sua identidade (africana) roubada. Drácula então enterra Mamuwalde, deixando-o entregue ao sofrimento eterno, como um morto-vivo, causado pela sede de sangue. Luva não é manchada pelo vampirismo, embora seja provável que tenha morrido imediatamente.[17]

Transformado em Blácula, Mamuwalde fica preso na tumba por quase dois séculos, até 1972, quando o castelo abandonado de Drácula na Transilvânia é colocado à venda.[18] Ainda em seu caixão, Mamuwalde faz uma viagem diaspórica bem atrasada. Logo, Mamuwalde finalmente aparece no novo mundo —escravizado pelo vampirismo e leiloado.

Dois colecionadores de Los Angeles, um negro e um branco, ambos gays, compram alguns conteúdos do castelo, o que inclui, sem que saibam, Blácula. Os homens, que estão em um relacionamento amoroso, são mostrados como figuras afetadas, performando um estereótipo de feminilidade no modo de vestir e em suas maneiras. Quando Mamuwalde sai de seu caixão, sedento por sangue, sua aparência imponente se transforma numa monstruosidade peluda, e ele rapidamente se alimenta dos dois homens, permitindo lampejos de sensualidade por das implicações de um encontro inter-racial/homossexual. Quando Mamuwalde se alimenta de Billy (Rick Metzler), o colecionador branco, ele se alimenta por meio de um corte em seu braço ao mesmo tempo que afasta o rosto do homem (pescoço e lábios) para longe de si. Quando Mamuwalde se alimenta de Bobby (Ted Harris), o colecionador negro, ele o estrangula até que perca a consciência e, então, o morde violentamente, alimentando-se furiosamente de seu corpo sem vida. A ceifa da vida dos homens por Mamuwalde permite apenas uma pequeno vislumbre de homoerotismo antes de dar lugar a uma perspectiva homofóbica e heterossexista sinalizada por raiva e violência.

Mamuwalde, de início, está satisfeito e notavelmente não volta sua atenção para a vingança de sua própria "morte" e a de sua amada Luva pelas mãos dos brancos. Em vez disso, apesar do início politicamente inspirado de sua narrativa, *Blácula* se torna uma história de amor pavorosa, em que Mamuwalde inicia uma perseguição implacável a uma mulher, Tina (também interpretada por McGee), que o faz lembrar de Luva. As ações de Mamuwalde, então, se alinham com aquilo que "sempre [foi] explícito no reino de terror de Drácula na Inglaterra [...] a busca pelo amor romântico e um desejo de recuperar a normalidade".[19]

O amor romântico em *Blácula* é estritamente definido como heterossexual. No filme, o corajoso e experiente dr. Gordon Thomas (Thalmus Rasulala), com a ajuda de sua assistente médica/namorada Michelle (Denise Nicholas), descobre o segredo de Mamuwalde. Juntos eles são um bom time e também estão em uma relação amorosa. Ainda assim, Bobby e Billy, que são igualmente carinhosos um com o outro, e até mesmo parceiros iguais em um negócio de sucesso, são reduzidos a "duas bichas decoradoras de ambientes" no filme. Mais tarde, quando o corpo de Bobby desaparece de uma funerária porque ele se transformou em vampiro, a polícia se pergunta: "Quem diabos iria querer uma bicha morta?". E, em outra cena, um estereótipo racista, "todos eles se parecem", é direcionado aos homens gays, aumentando ainda mais a retórica violenta, heteronormativa e desdenhosa do filme.

Sharret descreve filmes na pegada de *Drácula* como uma paródia de *Totem e tabu* (1913) de Freud, uma coleção de ensaios relacionados a temas como a importância da figura paterna, obsessões relacionadas ao reino mágico e a carnalidade ilícita.[20] Sharret escreve: "Drácula [é] o pai tirânico violando de forma incidental todos os tabus sexuais, incluindo aqueles contra a homossexualidade".[21] Embora os filmes negros da década 1970 (tanto os de terror quanto os demais) apresentassem personagens (como Billy e Bobby) fora dos limites da sexualidade heteronormativa, sua representação raramente era positiva e inovadora. Gays, lésbicas, bissexuais, transgêneros e outros que violavam os papéis de gênero "tradicionais" lembravam o público de que as identidades sexuais nem sempre são estáveis. Contudo, tal "instabilidade" era geralmente punida. Por exemplo, um homem gay é sodomizado com um ferro em brasa no filme blaxploitation *Black Shampoo* (1976) — que não se encaixa no gênero terror. Wlodarz, em "Beyond the Black Macho: Queer

FIGURA 5.1 BLÁCULA CHEIO DE FÚRIA EM *BLÁCULA: O VAMPIRO NEGRO*.
AIP/*Photofest*

Blaxploitation", afirma acreditar que a heterossexualidade serve de âncora para representações de negritude "autêntica" (e heroísmo), enquanto o lado queer recebe um certo poder representacional ameaçador. Isso significa que sexualidades diversas não estão ausentes de filmes negros. Pelo contrário, há muitos personagens queer. Contudo, os "próprios filmes continuam admitidamente aflitos e fóbicos ao lidar com esses personagens".[22]

Apresentando uma masculinidade negra ideal e "autêntica", os sentimentos amorosos de Mamuwalde por Tina, que ela rapidamente expressa de forma recíproca, podem ser considerados como motivados de uma nostalgia afrocentrada de negritude completa. "O desejo de Tina de ficar com seu parceiro, de se tornar uma vampira", argumenta Gateward em "Daywalkin' Night Stalkin' Bloodsuckas: Black Vampires in Contemporary Film", é a sua tentativa de recuperar uma nobreza africana, num período da cultura americana em que a ideia da África como uma terra mítica foi prevalecente tanto na política quanto nas culturas expressas de norte-americanos negros e da diáspora como um todo".[23] Da mesma forma, o nome de Mamuwalde e sua nobreza "o conectam com as políticas culturais afrocentradas adotadas por alguns ramos do movimento Black Power".[24] Tina é persuadida por Mamuwalde a acreditar que ela é a chave para a recuperação, e para tanto ele usa a retórica da África-terra-natal: "Nós somos a tribo Abani, você e eu. Nordeste do delta do Níger. Nosso povo é formado por renomados caçadores. [...] Você é a minha Luva recriada". Até mesmo quando Mamuwalde precisa se despedir de Tina, ele o faz em suaíle.

Contudo, no filme, a conexão entre nobreza africana e afro-estadunidenses é (talvez de forma não intencional) ilusória. Mamuwalde aterrissa em uma região predominantemente negra de Los Angeles. Mas fica claro que aquele não é o povo dele. Mamuwalde pertence a uma casta e a um tempo diferentes. Como James Baldwin escreveu de forma tão eloquente em *Notes of a Native Son* acerca de relações africanas/americanas: "eles se encaram, o negro e o africano, separados por um abismo de trezentos anos — uma alienação grande demais para ser remediada em uma tarde".[25] O fato de Mamuwalde predar os norte-americanos negros que ele encontra também não ajuda, mostrando-o como uma figura pouco diferente daquelas pessoas, ou coisas, conhecidas por vitimizar os negros e suas comunidades.

Apesar desses deslizes, *Blácula* tem sido creditado como um filme revolucionário. Elizabeth Young, em *Black Frankenstein: The Making of an American Metaphor*, credita o filme por capitalizar na "liberdade para a fantasia política que os filmes de terror permitiam".[26] Leerom Medovoi, em seu artigo "Theorizing Historicity, or the Many Meanings of Blacula", observa que "a figura de Mamuwalde lembra, por exemplo, a adoração de Malcolm X ao longo dos anos 1960 como o 'belo príncipe negro' dos afro-estadunidenses".[27] Enquanto Harry Benshoff, em seu artigo "Blaxploitation Horror Films: Generic Reappropriation or Reinscription?", usa *Blácula* para argumentar que os filmes da época comentam criticamente o racismo branco (tanto o pessoal quanto o institucionalizado) e são "embebidos da cultura afro-estadunidense do início dos anos 1970; referências aos Panteras Negras, estilo afrocentrado, [e] *soul food*".[28]

AMERICAN INTERNATIONAL PICTURES

Blácula foi recebido com tanto sucesso de bilheteria — arrecadando mais de 1 milhão de dólares até o fim do seu período de exibição[29] — que a empresa que produziu o filme, a American International Pictures (AIP, 1954 até o presente), desejou continuar a cortejar os filmes negros de terror. A AIP era conhecida por suas produções de baixo orçamento e apelativas que miravam o público jovem, com filmes de monstros ou "praianos" como *A praia dos amores* (1963) e *Folias na praia* (1965). A AIP não podia ser creditada como uma pioneira do cinema. Em vez disso, seus integrantes observavam com cuidado e de longe, com sua política de "observar tendências em gostos emergentes".[30] Somente então entravam na roda; eles "sempre esperavam que alguém colocasse o pé na água primeiro".[31] No caso de filmes negros, um primeiro teste foi *Sweet Sweetback's Baadasssss Song* (1971), lançado pela produtora Cinemation, que teve uma ótima bilheteria, acima dos 11 milhões de dólares.[32] O outro filme foi *Shaft* (1971, MGM), com seus 17 milhões em renda doméstica.[33] Juntos, o sucesso e a aclamação desses filmes incentivaram a AIP, em 1972, a lançar *Blácula*, assim como o filme de gângster *O chefão de Nova York*.[34] A estratégia de negócios da empresa era sólida:

> De início pode parecer difícil de imaginar dois tipos de filmes mais diferentes em tom, estilo, conteúdo e público do que os filmes praianos e as produções blaxploitation da AIP; ainda assim, a prioridade que o estúdio deu ao público negro entre 1972 e 1975 rendeu uma lição

valiosa de como a mesma fórmula empregada nos filmes praianos de uma década atrás poderia ser modernizada e relocada a uma nova geografia racial para produzir resultados similares com um público completamente diferente. Com sua torrente de filmes direcionados ao público negro, a AIP [conquistou] os maiores lucros do estúdio.[35]

A AIP continuou com a sua decisão de explorar o nicho com lançamentos de terror estrelando atores negros, como *O monstro de duas cabeças* (1972), *Os gritos de Blácula* (1973), *A vingança dos mortos* (1974), *Abby* (1974) e *A vingança de J.D.* (1976). Todos foram filmes de baixo orçamento, pois fazia parte da política da AIP "produzir filmes com prudência, evitando despesas com coisas que não aparecerão nas telas".[36] Aproveitando a deixa da AIP, a Exclusive International lançou *Blackenstein*, e a Dimension Films apresentou *Monstro sem alma*.

LUTE CONTRA O PODER

Esperando capitalizar com o sucesso de *Blácula: o vampiro negro*, o *Blackenstein* (1973) da Exclusive International foi um "produto da Hollywood branca, feito por um diretor branco, William Levey, e um escritor branco, Frank Saletri; o filme é tosco e descuidado, um erro até mesmo para os padrões de baixo orçamento".[37] *Blackenstein* mostrou uma coalescência de preocupações sociopolíticas ao adotar uma postura contra a guerra (do Vietnã), questionando a contribuição dos negros com o que poderia ser percebido como um esforço de guerra colonialista, e explorou as tensões raciais contínuas entre negros e brancos. O filme é centrado em Eddie Turner (Joe De Sue), um negro, que é severamente ferido por uma mina durante a Guerra do Vietnã.

Desprovido de membros, Eddie é basicamente uma cabeça sem corpo. Ao ser enviado de volta para os Estados Unidos, ele é conduzido ao Hospital dos Veteranos. Durante sua estadia por lá, o infortunado Eddie sofre zombarias por parte de um cuidador branco, numa conversa que serve para realçar as lutas relacionadas à supremacia branca e intolerância. Primeiro, o cuidador (Bob Brophy) importuna o homem sem braços: "Por que você não se estica até aqui e bebe um gole de água bem gelada?". A cena dramatiza uma hierarquia racial que é "inseparável da locação de um hospital para veteranos durante a Guerra do Vietnã — ativistas Black Power e de outros grupos frequentemente criticavam a Guerra do Vietnã, apontando-a como um conflito de homens brancos em que negros lutavam de forma desproporcional".[38] Em seguida, o cuidador revela que tentou se alistar, mas, para sua grande vergonha, foi considerado inadequado. O cuidador então transfere a sua falha para Eddie: "Grandes coisas você deitado aí, sabe, são os meus impostos e os impostos dos meus amigos que te sustentam aí. A gente vai cuidar de você." Eddie é sumariamente desprezado por ser um tolo ao ter caído no "golpe" do patriotismo, enquanto era reduzido à assistência governamental — os brancos precisam "cuidar" dele.

A noiva de Eddie, a dra. Winifred Walker (Ivory Stone), o transfere do hospital para os cuidados do gentil médico branco dr. Stein (John Hart). O dr. Stein, como no clássico *Frankenstein* (1931), trabalha em sua casa que mais parece um castelo, contando até mesmo com um laboratório no porão. Contudo, Eddie não se torna monstruoso por causa do dr. Stein; seu destino é selado por Malcomb (Roosevelt Jackson), um assistente negro muito ciumento do dr. Stein, que sabota a relação de Eddie e Winifred. Malcomb manipula as drogas de Eddie, transformando-o em um monstro restaurado e capaz de se mover, mas que é um perigoso psicopata. Aqui, assim como a falha de *Blácula* em se engajar diretamente com as opressões brancas, um país branco que o forçou a lutar em primeiro lugar, *Blackenstein* "corrompe umas das maiores contribuições da história de Frankenstein: seu foco na origem da violência [difundindo assim] os alvos da fúria do monstro".[39] O cuidador branco encontra o seu esperado fim violento. Contudo, assim como Mamuwalde, Eddie fica feliz em matar inocentes, pessoas negras aleatórias. Quando Eddie opta por estripar uma negra, ele só faz isso depois que o público recebe uma longa e "valiosa" tomada dos seios expostos e balançantes da mulher.

As cenas de matança são temperadas, contudo, com o baixo orçamento do filme. Os ataques assassinos de Eddie são filmados com pouca iluminação e encenados no meio da escuridão cheia de sombras. Como resultado, o filme ganha uma atmosfera inesperada, com um tom e camadas taciturnas. O efeito é único, pois a violência em tela, que é uma marca registrada dos filmes de terror, fica em segundo plano em relação às coisas que podem ser ouvidas — os gemidos angustiados de um monstro impelido a matar quando não deseja fazer isso, talvez porque ele (como homem) o fez durante a guerra. O destino de Eddie não é muito diferente dos veteranos de guerra aleijados dos Estados Unidos. Ele volta para o seu país e não

FIGURA 5.2 *O MONSTRO DE DUAS CABEÇAS.*
American International/Photofest

é aceito e nem adequado para se misturar aos demais; enfraquecido pelas drogas (prescritas), ele se volta para uma vida de crime e é morto por agentes da lei (cães policiais destroçam Eddie até a morte). Embora ele tenha sobrevivido a uma guerra em terra estrangeira, é o seu retorno para a casa que o derrota.

O monstro de duas cabeças (1972) e *Monstro sem alma* (1976) abordaram de forma mais explícita os temas das relações raciais e experimentos médicos. *Duas cabeças*, considerado um dos cinquenta piores filmes já feitos, conta a história de uma réplica negra diante da intolerância branca.[40] O filme, mais farsesco do que de terror, conta a história do dr. Maxwell Kirshner (Ray Milland), um famoso cirurgião racista que está morrendo e deseja viver ao transplantar sua cabeça para um corpo (branco) saudável. O jogador da NFL Rosey Grier interpreta "Big Jack" Moss, um presidiário à espera no corredor da morte que, embora inocente, se oferece para doar seu corpo para a ciência em vez de morrer em uma cadeira elétrica. Sem que o inconsciente Kirshner saiba, sua equipe cirúrgica coloca sua cabeça no corpo de Jack. Ambos acordam surpresos ao ver a cabeça um do outro no corpo de Jack — daí, o monstro de duas cabeças. A premissa do filme tinha consequências (ridiculamente) cômicas. "Colocaram a cabeça do branco racista no corpo de um mano!", anunciavam as propagandas do filme e as artes dos pôsteres, que talvez não fossem metáforas tão sutis para o tratamento dispensado à negritude pelos criadores de imagens brancos.[41]

Monstro sem alma, com o diretor negro William Crain no comando mais uma vez, levou a experimentação médica e racial bem mais a sério, trazendo o dr. Pryde (interpretado pelo ex-jogador da NFL Bernie Casey), um carinhoso médico negro que trata dos pobres em Watts. O nome do dr. Pryde é obviamente uma jogada de duplo sentido com o termo *pride*, uma referência ao orgulho negro (ele nunca é chamado de dr. Black). No filme — originalmente lançado como *Dr. Black, Mr. Hyde* —, o dr. Pryde faz experimentos para curar a hepatite e a cirrose.

O dr. Pryde desenvolve o que ele acredita ser um tratamento para as doenças mortais que afligem os membros da comunidade de Watts, especialmente as prostitutas. As mulheres são apresentadas em cenas gratuitas e apelativas. Aparecem frequentemente com os seios à mostra e, de vez em quando, nuas. O filme revela mais tarde que o dr. Pryde tem esse ímpeto pela busca de uma cura porque a própria mãe dele (embora não fosse uma prostituta) morreu por causa de danos no fígado. Realmente, essa história é um conto interessante sobre conquista e comprometimento. O dr. Pryde alcançou o ápice da educação e, significativamente, voltou para "casa" com o objetivo de fazer um bom trabalho, apesar de sua criação problemática. Na verdade, o filme mostra dois "lares" para o dr. Pryde. O primeiro é onde ele trabalha, Watts, sua cidade natal. Contudo, ele não mora em Watts. O doutor vive em um subúrbio de alto nível, numa mansão gigantesca. É revelado que a casa de juventude do dr. Pryde era um bordel de "damas da noite" localizado em uma comunidade predominantemente (imagina-se) branca.[42] Sua mãe era uma faxineira que vivia no local, onde tinha a responsabilidade de "limpar a podridão". O trabalho teve um peso físico e emocional, fazendo com que a mãe do dr. Pryde começasse a beber e, por fim, desenvolvesse "essa condição no fígado" que se provou mortal. Logo, o fato de não morar em Watts não tem a ver com fuga, mas se trata de um ato simbólico de reparação.

O dr. Pryde aplica a droga em si mesmo, obtendo os resultados desastrosos já esperados. A droga transforma o dr. Pryde em um "cara branco" — um monstro assassino branco, de olhos azuis e rosto pálido (presumivelmente o sr. Hyde, embora ele nunca seja referido dessa maneira no filme). O dr. Pryde vai (de Rolls Royce) até a cidade, transformando Watts em seu lugar de caça, onde ele libera o seu ódio reprimido por prostitutas e cafetões.

Na lista de ódio do doppelgänger, está Linda (Marie O'Henry), uma prostituta por quem o dr. Pryde se apaixonou. Conforme a polícia procura pelo assassino, Linda inicialmente desconfia dos oficiais, ficando em dúvida se conduz ou não a polícia ao dr. Pryde. Aqui, o filme expõe uma conhecida linha tênue presente nas relações entre a polícia e a comunidade negra; o filme discute abertamente o fato de que os negros se mantêm longe da polícia: "Na comunidade negra ninguém sabe de nada, ninguém vê nada e ninguém ouve nada". O filme também fala sobre as dificuldades reais que mulheres negras enfrentam quando correm perigo em um relacionamento violento — envolver a polícia nem sempre é uma escolha fácil. A Associação Nacional dos Assistentes Sociais Negros resume seus medos:

> Mulheres de ancestralidade africana frequentemente não chamam a polícia com receio de haver brutalidade policial contra os seus cônjuges ou elas mesmas. [...] Mulheres de ancestralidade africana geralmente não relatam abusos de violência doméstica com medo de que a denúncia possa significar uma traição da raça ou a contribuição para estereótipos negativos.[43]

Linda fica frente a frente com o seu atormentador. Ele a ataca em seu estado monstruoso, mas não a mata, libertando-a em determinado momento (talvez haja um pouco do dr. Pryde nele). A polícia chega e, assim como em *Blackenstein*, incita os cães policiais a atacarem o dr. Pryde, uma referência às imagens televisivas da década de 1960 em que cães policiais atacavam os ativistas do movimento pelos Direitos Civis. Tentando fugir, o monstro sobe até o topo da Watts Tower, com helicópteros circundando acima, relembrando a cena culminante em *King Kong*. A polícia atira no monstruoso dr. Pryde — ele cai em direção à sua morte em meio a uma chuva de balas. A alusão a negros e símios no fim do filme é curiosa, pois ela não aparece no romance original de Robert Louis Stevenson, *O estranho caso do dr. Jekyll e sr. Hyde* (1886), nem na meia dúzia de adaptações subsequentes da história. Contudo, o monstruoso gorila negro aparece mais uma vez na versão de 2006, *O estranho caso do dr. Jekyll e Mr. Hyde*, estrelando o ator negro Tony Todd de *O mistério de Candyman* (1992). No filme, o dr. Jekyll primeiro se transforma no monstruoso Eddie Hyde. À medida que Eddie Hyde se torna mais insano e letal, ele (estranhamente) se transforma em um primata, tenta fugir por um telhado e é baleado como Kong, mergulhando para encontrar sua morte.

O filme *Fight for Your Life* (1977) juntou as "piores" coisas dos negros e dos filmes blaxpoitation. Um plágio de baixo orçamento de *Aniversário macabro*, o filme acompanha três condenados sádicos que estão foragidos: um asiático, um mexicano e um branco que se autodeclarou o chefe do trio. Fugindo da polícia, os homens se escondem em uma cidade pequena predominantemente branca. O lar que escolhem para se esconder pertence a um ministro negro no estilo Martin Luther King, chamado Ted Turner (Robert Judd), que prega a passividade negra, paz, paciência, e diz que os humildes herdarão a Terra.

Os Turners são a personificação de uma família integracionista. Além de viverem em uma comunidade amplamente branca, seu filho recém-falecido (resultado de um acidente de carro) tinha uma noiva branca, Karen (Bonnie Martin), que ainda visita a família. Karen é amiga da filha dos Turners, uma jovem adulta chamada Corrie (Yvonne Ross). O filho mais jovem da família, um pré-adolescente chamado Floyd (Reggie Rock Bythewood), tem um melhor amigo branco, Joey (David Dewlow), o filho de um policial local. Uma linha central do filme tem a ver com a questão do que é mais eficaz diante do racismo cruel: a paz ou a resistência (armada). A ideologia de Ted é abraçada por sua esposa, Louise (Catherine Peppers), mas rejeitada pela "Vovó"

(LeLa Small), uma mulher mal-humorada numa cadeira de rodas que cospe uma retórica própria do nacionalismo negro: "É o poder negro que conta!". No filme, Jesse (William Sanderson), o condenado branco que se refere aos parceiros como "china" e "cucaracha", aterroriza a família Turner. Ele força a família a participar de atos degradantes — "Digam: 'Todos nós, crioulos safados, estamos com fome'" — e os cobre de xingamentos racistas. O terror aumenta quando Karen e Joey são mortos. Ted é espancado com sua própria Bíblia até desmaiar. Corrie sofre um estupro grupal. Por fim, a família se revolta pegando em armas e matando seus atormentadores. Contudo, é Ted quem se encontra no centro do clímax, quando ele não apenas duela com Jesse, mas renuncia dramaticamente à sua ideologia de paz e humildade com um ato de vingança. Ted provoca Jesse de maneira cruel, chamando-o de "bicha" e dizendo que ele é menos homem por ter aceitado o estupro homossexual na cadeia. Ele então acaba com Jesse, o último dos condenados, com uma arma. *Fight for Your Life* foi escancarado em sua mensagem principal — ideologias integralistas de "dar a outra face" não eram mais sustentáveis. Contudo, também é um filme apelativo no qual ideologias desse tipo, além do racismo, sexismo e até reincidência criminal, eram diminuídas, reduzidas a um momento na vida de uma família que pode ser resolvido pelo vigilantismo.

O problema com essa década de exploração industrial do mercado de filmes para negros era que, ocasionalmente, um filme de terror de baixo orçamento mas interessante era lançado, porém seria incapaz de escapar da pior escória. *Soul Vengeance* (também conhecido como *Bem-vindo de volta, irmão Charles*) (1975) — dirigido pelo diretor negro Jamaa Fanaka — apresentou uma das histórias mais chocantes já vistas no terror: um homem negro faz o seu pênis crescer até um tamanho descomunal através da força de vontade e une uma força impossível a fim de usá-lo como arma para matar brancos racistas. Ao mesmo tempo que o toque de terror em *Soul Vengeance* pode provocar incredulidade, o filme é a resposta mais provocante a: (1) medo do falo negro; (2) performance do papel de gênero masculino; e (3) brutalidade policial.

Soul Vengeance começa focando a atenção do público em um assunto duradouro e divisor nas relações raciais — brutalidade da polícia branca contra corpos negros. Charles Murray (Marlo Monte), um traficante, é capturado pelos "homens" — dois policiais do Departamento de Polícia de Los Angeles (LAPD). Os policiais levam Charles até um beco para baterem nele. Um dos policiais, Jim (Stan Kamber), tenta fazer com que o seu parceiro, Harry "Free" Freeman (Ben Bigelow), pare de machucar ainda mais o algemado Charles, mas não consegue. Embora estivesse aterrorizado e sendo espancado por Harry, Charles não abaixa a cabeça e é punido severamente pelo desrespeito — Harry castra Charles com uma lâmina. Contudo, essa punição em particular foi motivada por algo que Charles não sabe: a esposa de Harry está tendo um caso com um negro porque Harry "não é homem o suficiente" com seu "negócio enrugado". Assim, a castração é uma narrativa complexa que envolve a intolerância, a inveja peniana e a proteção da feminilidade branca.

Charles então é preso, e há pouca referência feita aos danos que seu corpo sofreu. Enquanto está na prisão, ele é consumido por pensamentos de vingança que são encenados em sonhos e visões. A representação do estado mental de Charles ecoa os escritos famosos (ou infames) do nacionalista negro Eldridge Cleaver em *Soul on Ice*. Cleaver descreve seu estado mental na cadeia: "Eu, o Eunuco Negro, despojado das minhas Bolas, andei pela terra com a minha mente presa em um Congelador".[44] Charles é liberado depois de três anos na prisão e volta para a sua casa em Watts, apenas para descobrir que não pode recuperar boa parte de sua vida. Charles é confrontado com o fato de que a reincidência paira sobre ele, dada a diminuição dramática de seu status social como ex-presidiário. Empregadores legítimos não querem nada com ele — "Eu não posso nem mesmo lavar um carro".

Aqui, o filme coloca o seu terror de lado para embarcar em uma longa exploração dramática da vida desoladora que homens como Charles viviam na Watts dos anos 1970. Charles luta para manter a sua performance do gênero masculino. Ele inicia uma relação amorosa com uma mulher, Carmen (Reatha Grey), mas a união deles é difícil em grande parte porque Charles lamenta sua incapacidade de apoiá-la financeiramente.

Charles assiste a uma reportagem na televisão sobre Harry sendo reconhecido pelo trabalho policial altamente eficiente. A raiva de Charles em relação ao sentimento de negação da sua performance masculina nas frentes econômicas e sociais, além da celebração de um policial corrupto, se manifesta no retorno do filme aos tropos do terror e por meio do foco no pênis mutilado de Charles. Seu pênis, ao que parece, não foi completamente desmembrado por Harry. Em vez disso, ele se cura com uma musculatura aberrante.

Na conversa, Charles abre o seu caminho até a casa do policial que o brutalizou e a do procurador que o processou. Assim que chega na casa deles, Charles abaixa sua calça, literalmente hipnotizando a esposa branca de ambos com seu pênis enfeitiçado. Novamente, a narrativa do filme se alinha com um tipo de discurso controverso da época:

> Muitos brancos se orgulham com a ideia de que o desejo e a cobiça de homens negros pela mulher branca dos sonhos se trata de uma atração puramente estética, mas nada poderia estar mais longe da verdade. Sua motivação é sempre tão sangrenta, odiosa, amarga e de natureza maligna, que os brancos dificilmente considerariam motivo de orgulho.[45]

No primeiro ato da vingança de Charles, ele transa com mulheres enquanto elas estão hipnotizadas. Enquanto estão sob o feitiço de Charles, ele implanta uma demanda em suas psiques: elas devem abrir as portas de suas casas para ele mais tarde, quando os maridos voltarem do trabalho. As mulheres fazem o que é pedido, e Charles pega os homens desprevenidos e os mata.

Contudo, o espectador não sabe com certeza como os assassinatos foram realizados, já que "aquilo que se esconde fora do quadro ou imprecisamente dentro dele gera incerteza sobre o que está sendo visto".[46] Finalmente, no assassinato do advogado, o poder de Charles é revelado completamente. Charles consegue usar a força de vontade para que o seu pênis cresça vários metros, e então ele o enrola no pescoço do outro personagem, estrangulando-o. Essa cena é fascinante, pois o desejo de Charles de fazer com que o homem branco "engula tudo" não pode ser realizado de forma literal, o que iria requerer um encontro bem mais homoerótico do que o apresentado. Ainda assim, ao enrolar o pênis de um homem negro ao redor do pescoço de homens brancos, uma referência ao linchamento — ainda que altamente erótica — é estabelecida. Dessa forma, enquanto o homem branco é mostrado como impotente — por uma esposa infiel e por ter que pagar por sexo —, o homem negro se torna um "super garanhão"[47] e o homem branco, "uma vítima de seu próprio monstro de Frankenstein".[48]

As ações assassinas de Charles são finalmente descobertas, ele é perseguido pela polícia e, assim como muitos monstros negros discutidos anteriormente, é encurralado em um telhado. A polícia leva Carmen até o lugar, pedindo para que ela o convença a descer. Na cena final e dramática do filme, Carmen grita de forma desafiadora para Charles: "PULA!". O filme termina abruptamente. Agora que Charles molestou, matou e foi revelado que ele possui um atributo físico incomum, é de se esperar que lhe reste pouco tempo de vida. Na época, "ninguém queria ver um herói negro ser derrotado",[49] logo, uma morte em que o homem negro tem poder sobre o próprio destino é melhor do que se entregar — e a sua vida — aos brancos. O público é deixado com a impressão de que Charles realmente pulou.[50]

MULHERES DURONAS

Ao longo das décadas, os papéis das mulheres se tornaram mais centrais e inovadores no terror. Em filmes não negros de terror, as mulheres lutaram de maneira triunfante contra monstros (Laurie Strode em *Halloween: a noite do terror* [1978]) e foram aterrorizadas pelo mal (Pamela Voorhees em *Sexta-feira 13* [1980]). Enquanto o público já havia visto mulheres malvadas antes em forma de vampiras, tentações, súcubos e rainhas vodu, a *heroína* no terror estava apenas começando a fazer incursões revolucionárias durante a década de 1970.

Carol Clover, em *Men, Women and Chain Saws: Gender in Modern Horror Film*, teoriza acerca da forma e função da heroína no terror, descrevendo-a como a "Garota Final". O apelido captura o sentido — ela é única que, no fim, não morre. Na verdade, a Garota Final é a única sobrevivente — superando ao ataque do monstro, e geralmente sendo a única (como Ripley em *Alien: o oitavo passageiro* [1979]). Como Clover explica, "ela encara a morte sozinha, [e] sozinha encontra a força para enrolar o monstro por tempo suficiente para ser resgatada (final A) ou matar o monstro sozinha (final B)".[51] A Garota Final também é *uma* sobrevivente — esperta, habilidosa e uma lutadora diante do mal. Novamente, elabora Clover, os filmes da década de 1970 começaram a apresentar "Garotas Finais que não apenas lutavam, mas faziam isso de maneira feroz e até mesmo matavam o assassino sozinhas, sem a ajuda de ninguém".[52]

O que importa aqui, em parte, é a ausência de um salvador masculino. Na falta de um salvador masculino, é a mulher que assume e derrota o monstro. Como Clover afirma, as qualidades mais importantes de uma Garota Final são "a qualidade da luta e as qualidades que a permitem sobreviver".[53] Em *Halloween*, por exemplo, quando Laurie Strode (Jamie Lee Curtis) está encurralada em um closet pelo mortífero Michael, ela não chora e entra em colapso, esperando a morte. Em vez disso, ela entra em modo de luta, até mesmo improvisando uma arma com um cabide (a única coisa por perto) para lutar contra o mal. Da mesma forma, Ellen Ripley (Sigourney Weaver) em *Alien: o oitavo passageiro* mostra sua aguerrida capacidade de liderança quando a equipe se depara com um monstro alienígena imbatível. Enquanto um homem negro, Parker (Yaphet Kotto), quer atacar de cara — "Você vai me deixar matar essa coisa, não vai?" —, é Ripley quem entende que essa abordagem não funcionaria, assumindo o controle ao gritar: "Cala a boca e me deixe pensar!". As Garotas Finais costumam ser brancas. Quando sua luta com o monstro acaba, a vida delas volta ao normal. Ripley dorme em paz depois de ejetar o alien. A vida tranquila e suburbana de Laurie Stode pode voltar ao normal.[54]

Contudo, os filmes de terror da década de 1970 com mulheres negras lidavam com a Garota Final de maneiras diferentes. As Garotas Finais brancas geralmente não estavam disponíveis sexualmente e eram masculinizadas em seus nomes (por exemplo, Ripley) e pelo uso de armas (fálicas, como facas ou motosserras). Pelo contrário, as mulheres negras eram altamente sexuais, com a sedução servindo como uma das peças mais importantes do seu arsenal. Assim como a Garota Final branca, as mulheres negras encaram a morte. Contudo, essas mulheres negras não estão lutando contra algum bicho-papão; elas geralmente lutam contra o racismo e a corrupção. Nesse quesito, não é possível dormir depois que o "monstro" é derrotado, pois o monstro é codificado amorfamente como "branquelo", e a opressão dos branquelos é persistente.

Sendo impossível derrotar o mal (os sistemas de desigualdade) que as cerca, as mulheres negras em filmes de terror podem ser descritas como "mulheres duronas" resilientes. Elas são soldados em uma batalha duradoura, na qual a vitória total é elusiva. A caminhada triunfante da mulher negra em direção ao sol promete levá-la não a uma vida de paz, mas de volta para o meio da polícia corrupta, homens machistas e "o Homem" que explora sua comunidade negra.

A Mulher Durona, diferente da Garota Final (assexuada), geralmente luta não apenas por sua vida, mas também pela sobrevivência dos homens. Por exemplo, no filme blaxploitation não pertencente ao terror chamado *Foxy Brown* (1974), a personagem Foxy (Pam Grier) enfrenta o "Homem", seduzindo seus inimigos antes de matá-los, enquanto também se sujeita a abusos físicos e estupro, tudo porque deseja vingar a morte do namorado. O "filme negro" de terror com zumbis *A vingança dos mortos* (1974) apresenta uma motivação parecida para a sua Mulher Durona. A personagem batizada provocativamente de "Sugar" (Marki Bey) deseja vingar a morte de seu namorado Langston, que foi assassinado por um chefe branco do crime. Sugar usa sua bela aparência e sensualidade para se aproximar de seus inimigos, já que não lhe é permitido batalhar como as outras Garotas Finais. Ela não abandona a sua sexualidade, nem tem um nome "masculino" ou possui sua própria arma "masculina", tem lábios e quadris, mas nenhuma serra elétrica. Da mesma forma, a Mulher Durona de *Os gritos de Blácula* (1973), Lisa (Pam Grier), entra na luta para salvar não um, mas dois homens — um deles do vampirismo que percorre suas veias e o outro, um antigo amor, do ataque de um vampiro.

O aclamado filme de arte *Ganja & Hess* (1973) (vencedor do prêmio Escolha da Crítica no Festival de Cannes),[55] dirigido pelo diretor negro Bill Gunn, apresenta a história de um homem atormentado e de uma Mulher Durona malvada. O "filme negro" de terror é centrado no dr. Hess Green (Duane Jones de *A noite dos mortos-vivos*), um arqueólogo atraente e de sucesso. O abastado Hess é "um homem elegante e sofisticado por causa de suas roupas, seu Rolls Royce e uma grande mansão, onde um empregado realiza todos os seus desejos".[56] O status socioeconômico de Hess é apropriado, já que a estratégia do diretor era fazer um filme "contra estereótipos", refletindo, dessa maneira, "um desejo honesto de transcender os clichês debilitantes dos filmes blaxploitation".[57] Assim, Hess foi oferecido como a antítese das representações da subclasse urbana e daqueles que recebiam lucros ilícitos por meio de economias do submundo, como podia ser visto em inúmeros filmes blaxploitation.

No filme, Hess é empregado pelo Instituto de Arqueologia e tem um assistente, um negro mais velho, George Meda (Gunn). Em um momento privado, enquanto Meda está na recepção esperando para se apresentar a Hess, ele passa o tempo apontando uma pistola para o seu reflexo num espelho de parede. Esse é o primeiro vislumbre que o público tem da insanidade de Meda.

Hess convida Meda para acompanhá-lo até sua casa, e, durante sua estadia por lá, ele revela um lado rude, ofendendo o empertigado e educado Hess com piadas vulgares. Meda então se esgueira para longe de Hess, faz um nó de forca, sobe em uma árvore na propriedade e ameaça se enforcar. Hess compreende que Meda é um bêbado "neurótico", uma combinação volátil de instabilidade. Hess pede a Meda que não se mate na propriedade dele, pois, argumenta o arqueólogo: "isso vai dar às autoridades motivo suficiente para que invadam a minha privacidade com todo tipo de perguntas humilhantes. [...] Eu sou a única pessoa de cor no quarteirão [...], e pode acreditar que a polícia vai me levar para ser interrogado".

Meda então ataca Hess, esfaqueando-o "em nome do Pai, do Filho e do Espírito Santo". A arma que Meda acaba usando é uma adaga do povo Myrthia, uma casta antiga de bebedores de sangue da Nigéria, que é parte da extensa coleção privada de objetos valiosos de Hess. Tendo "assassinado" Hess, Meda comete suicídio. Contudo, a infecção da lâmina faz Hess acordar morto-vivo e com sede de sangue. Hess guarda o corpo de Meda em um freezer no porão em vez de chamar a polícia, evidenciando que até mesmo as elites negras, não apenas prostitutas como em *Monstro sem alma*, continuam a temer a polícia (branca).

Hess então sai à caça de sangue, viajando de sua gigantesca propriedade até um gueto para se alimentar dos pobres. O abastado Hess rouba sangue de uma clínica de doação de sangue. Ele mata uma prostituta e o cafetão dela por causa de sangue. Outra prostituta, que cuida do bebê recém-nascido, tem um destino igual, porém ele deixa o bebê abandonado e intocado, chorando perto do corpo da mãe. Nesse quesito, *Ganja & Hess* se tornou um filme emblemático entre as produções dos anos 1970 que estavam "desafiando constantemente a legitimidade do capitalismo, do domínio patriarcal [...], o monstro se tornou um símbolo da revolta na civilização burguesa".[58]

Logo, a esposa de Meda, Ganja (Marlene Clark), chega em busca do marido, que já havia "desaparecido antes" durante seus surtos de psicose. Como prometido pelo nome de Ganja (uma gíria em inglês para a maconha), Hess fica completamente viciado naquela mulher bela, mas grosseira. Ganja então encontra o corpo do marido e pouco depois se casa com Hess. Seus motivos são simples: ela prefere se casar com um louco extremamente rico do que ser a viúva de um pobre.

Hess revela o seu segredo para Ganja, transformando-a com a adaga para que eles possam viver juntos para "sempre". Juntos, eles representam personalidades viciantes — com seu desejo de sangue e indulgências carnais. Eles trabalham juntos com frequência — matando e transando, às vezes ao mesmo tempo — até que Hess conclui que tal existência é insustentável.

Hess procura por uma cura, e a encontra. Ele precisa aceitar Jesus como seu único salvador e então ficar diante de uma cruz, com a sombra da crucifixo sobre o coração. Somente então Hess pode morrer e, quem sabe, ir para o céu. O filme termina com Hess indo à igreja para se curar. Ele então volta para Ganja para morrer, implorando-lhe que se junte a ele em uma morte pacífica. Contudo, Hess morre sozinho.

Ganja prefere continuar infectada, uma súcubo sexy, e continua sozinha, fingindo ser de alta classe e educada. Ela fica na casa de Hess, com sua riqueza, enquanto tem sua cota de amantes e vítimas. Ganja não apenas sobrevive ao seu encontro com o monstro, mas escolhe alegremente se tornar um. Ganja também é uma Mulher Durona sexy e sexual, que encontra a vitória na morte dos seus dois maridos e agora, completamente independente (livre dos maridos e cheia de dinheiro), pode realizar todo e qualquer desejo. Ela não é mais amarrada ou aterrorizada; mas ela mesma aterroriza (homens) alegremente. Ela não espera que um príncipe em seu cavalo branco vá ao seu resgate; assim, Ganja desenvolveu maneiras de assegurar sua própria sobrevivência e ter sucesso.

Ganja & Hess foi, inicialmente, "suprimido" pelos seus produtores porque o filme se distanciava muito do blaxploitation que havia se tornado tão popular naquela década. "Os produtores", escrevem Diawara e Klotman, "queriam um filme para explorar o público negro — uma versão negra dos filmes de vampiros brancos. Contudo, eles se afastaram quando Gunn foi além do gênero vampiresco para criar um produto original".[59]

PAM GRIER: EXPLORANDO A MULHER DURONA

Pam Grier se tornou um ícone da era blaxploitation, estrelando em sete filmes só para a AIP.[60] Ela se tornou, como Dunn descreve em *"Bad Bitches" and Sassy Supermamas*, uma musa da AIP e do cinema negro, o que ajudou a "estabelecer a imagem de deusa sexual de Grier".[61] Contudo, Grier não foi lançada pela AIP como uma deusa sexual no estilo de atrizes brancas como Ava Gardner, Elizabeth Taylor, Hedy Lamarr ou Lauren Bacall. Em vez disso, ela foi confinada ao estereótipo da negra gostosa — uma "imagem dominante", como Hill Collins descreve, da sexualidade feminina negra, em que as mulheres negras se tornam um símbolo da sexualidade feminina depravada, enquanto a heterossexualidade feminina branca se torna o "culto" da verdadeira feminilidade.[62] Tais imagens relegavam as mulheres negras à "categoria de mulheres sexualmente agressivas", o que logo justifica e abre espaço para abusos sexuais.[63] Por exemplo, em *Foxy Brown* (1974)

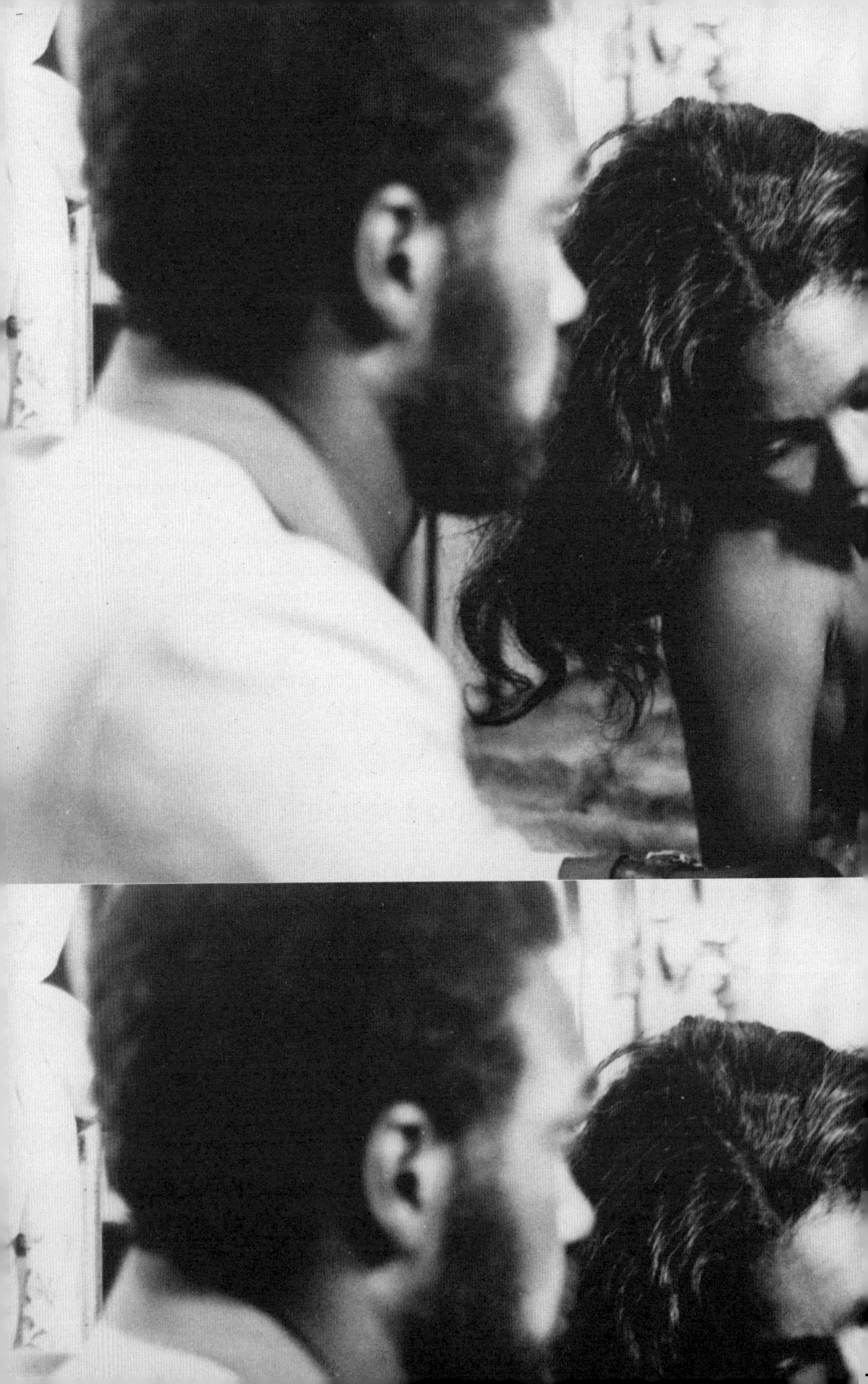

FIGURA 5.3 HESS E GANJA
EM *GANJA & HESS*.
Kelly/Jordan Ent./Photofest

a personagem de Grier é drogada e sofre um estupro coletivo (por racistas brancos). O terrível encontro é apresentado como um desafio necessário, pois permite que Foxy se vingue daqueles que maltrataram seu namorado. Em *Coffy: em busca de vingança* (1973), Grier, interpretando Coffy, se oferece para se disfarçar de prostituta — o que requer que seu cafetão faça um "teste" com ela.

A marca de Grier era sua nudez parcial. A câmera se detia em seus seios redondos e em suas pernas longas enquanto ela passava por todo tipo de exploração sexual. Dunn escreve:

> A exibição dos corpos sexuais de mulheres [era] permitida pelo atenuação geral das tradicionais regras de Hollywood em relação à violência, conteúdo sexual e linguagem profana. Contudo, no caso de Grier, essa exibição está intrinsicamente ligada à [...] insistência da AIP em mostrar o empoderamento e a resistência feminina negra por meio do tratamento pornográfico de sua estrela.[64]

Embora a prontidão sexual não exclua imediatamente o "apelo feminista", o tratamento de Grier e de outras estrelas do cinema blaxploitation era distintamente sexual — elas estavam sempre disponíveis para o sexo, independentemente de quão violento fosse.[65]

De maneira notável, Grier é desatrelada dessas imagens misóginas no "filme negro" de terror *Os gritos de Blácula* (1973). *Os gritos* é a continuação de *Blácula: o vampiro negro*, que foi dirigido pelo diretor negro William Crain e estrelado pelo aclamado ator de teatro (Broadway) e cinema, diretor e cantor de ópera e jazz William Marshall. Talvez o tratamento não pornográfico de Grier possa ser atribuído à influência de Marshall e a uma insistência antecipada de que *Blácula* deveria evitar a estereotipação. Novotny Lawrence, em *Fear of a Blaxploitation Monster: Blacks as Generic Revision in AIP's Blacula*, detalha a influência de Marshall:

> Enquanto *Blácula* estava em desenvolvimento, William Marshall colaborou com os produtores para se certificar de que o primeiro monstro negro do terror possuísse um nível de dignidade. No roteiro original, o nome humano de Blácula era Andrew Brown, que é o mesmo nome de Andy na dupla Amos e Andy, comediantes que usavam pintura blackface. Marshall criticou o nome, comentando: "Eu queria que o filme tivesse uma nova história ao redor dele. Uma história que removesse completamente o

estereótipo de ignorância e estupidez conivente que se desenvolveu nos Estados Unidos para justificar a escravidão". [...] Marshall convenceu os produtores a incorporarem suas sugestões, e o primeiro vampiro negro emergiu como uma figura da realeza.[66]

A conduta de Marshall, sua estatura e seus trabalhos, tendiam a apresentar os negros fora dos tropos exploradores (por exemplo, no palco ele interpretou Otelo, Paul Robeson, Frederick Douglass, um cantor de ópera e um médico). Parecia que ele não tomaria parte em um papel que representasse um abusador (sexual). Daí, dado o tratamento de Pam Grier em outros filmes, é digno de nota que Lisa, sua personagem em *Os gritos*, permaneça vestida e até de forma conservadora. A maquiagem pesada está ausente, assim como roupas despudoradas e grandes perucas que eram as vestimentas usuais de Grier. Em vez disso, seu cabelo natural — um afro curto — foi exibido em *Os gritos*. E ela é vista constantemente de calças com camisas de colarinho alto, negando ao público um olhar objetificador em direção às suas pernas e ao decote. No filme, Lisa tem uma pose séria e até mesmo profissional, trazendo um ar de dignidade para a usualmente difamada religião vodu. Confrontada por pessimistas, Lisa e outros definem o vodu como "uma ciência muito complexa" e como "uma religião baseada na fé". Em uma cena, Lisa vai até uma funerária para rezar por um amigo falecido. Ela acende velas, monta um pequeno altar e começa sua prece em silêncio — não há nenhum estereótipo, dança frenética, batuques ou cantoria. Suas orações são mais parecidas com uma meditação pensativa.

O ponto mais inovador de *Os gritos de Blácula* é a inclusão de Lisa como uma Mulher Durona esperta e heroica. No filme, o vampiro Blácula é ressuscitado por meio de um ritual vodu praticado por Willis (Richard Lawson), o irmão egoísta e irritado de Lisa, sua irmã adotada. Willis deseja usar Blácula para se vingar de Lisa, a quem ele se refere como "vadia inútil", e de outros membros do culto vodu que não o escolheram como "Papa Loa". Contudo, Blácula não está feliz com o seu retorno forçado. Quando ele é chamado pelo nome real e principesco, "Mamuwalde", o vampiro angustiado grita: "O nome é Blácula!". Atormentado pelo seu destino, Blácula pede a Lisa que use suas habilidades vodu para livrá-lo da maldição vampírica e matá-lo, a fim de que ele possa descansar em paz. Aqui, Lisa é mostrada como heroína e salvadora. Contudo, existe uma limitação crucial nessa representação, como Clover explica: "Diante disso, o filme sobre o oculto faz parte do mais 'feminino' dos gêneros do terror, contando geralmente histórias de mulheres ou garotas nas mãos do sobrenatural. Mas, por trás da 'fachada' feminina, há sempre a história de um homem em crise".[67]

Na verdade, a pressão em Lisa para que cure Blácula é aumentada quando ele ameaça matar seu ex-namorado, Justin (Don Mitchell), com quem ela ainda mantém uma amizade. Lisa agora precisa salvar os dois homens. Diferente de seus iguais do gênero masculino, que "ficam com a garota", Lisa não fica com nenhum dos homens ao salvá-los. "Se isso indica alguma coisa", escreve Bogle, "é que essas heroínas exibiam a situação triste dos relacionamentos de mulheres negras nos filmes. Pouquíssimos filmes tentaram explorar as tensões ou aspirações de uma mulher negra ou examinar as dinâmicas das políticas sexuais dentro da comunidade negra".[68] Após sobreviver ao seu encontro com um vampiro, quando outros não conseguiram, protegendo o seu ex da morte e salvando a alma de Mamuwalde, Lisa possui a característica principal das Garotas Finais: "ela encontra os corpos mutilados dos amigos e percebe a ampla extensão do horror precedente[; ela mostrará] mais coragem e calma do que [sua] contrapartida chorona masculina".[69] O triunfo de Lisa não foi simplesmente o fato de ter sobrevivido sem a ajuda de um/seu homem. Mas o fato de também representar a figura de uma Mulher Durona. A batalha dela não acabou. Por exemplo, sua luta contra homens machistas e contra estereótipos (vodu como um culto) vai continuar. A Mulher Durona sabe que ainda restam grandes desafios para ela e para a sua comunidade.

Abby (1974) também foi um dos "filmes negros" de terror mais interessantes (independentemente da acusação de quebra de direitos autorais feita pelos criadores de *O exorcista*) por causa de seu foco na diversidade sexual.[70] O filme começa com um professor de arqueologia e teólogo, Garnet Williams (William Marshall), libertando acidentalmente um espírito maligno durante uma escavação na Nigéria. O demônio do sexo viaja até os Estados Unidos e se aloja no lar cristão de Abby (Carol Speed), a nora de Garnet. Abby é casada com o reverendo Emmett Williams (Terry Carter) e trabalha na igreja do marido como conselheira de casamentos. A novidade em *Abby* está no fato de que ela é possuída por um demônio *masculino*, Exu (com a voz de Bob Holt), um deus iorubá "impregnado de uma ideologia cristã ocidental e contrária ao sexo".[71] Como o pôster de cinema anunciava, "Abby não precisa mais de um homem", o filme

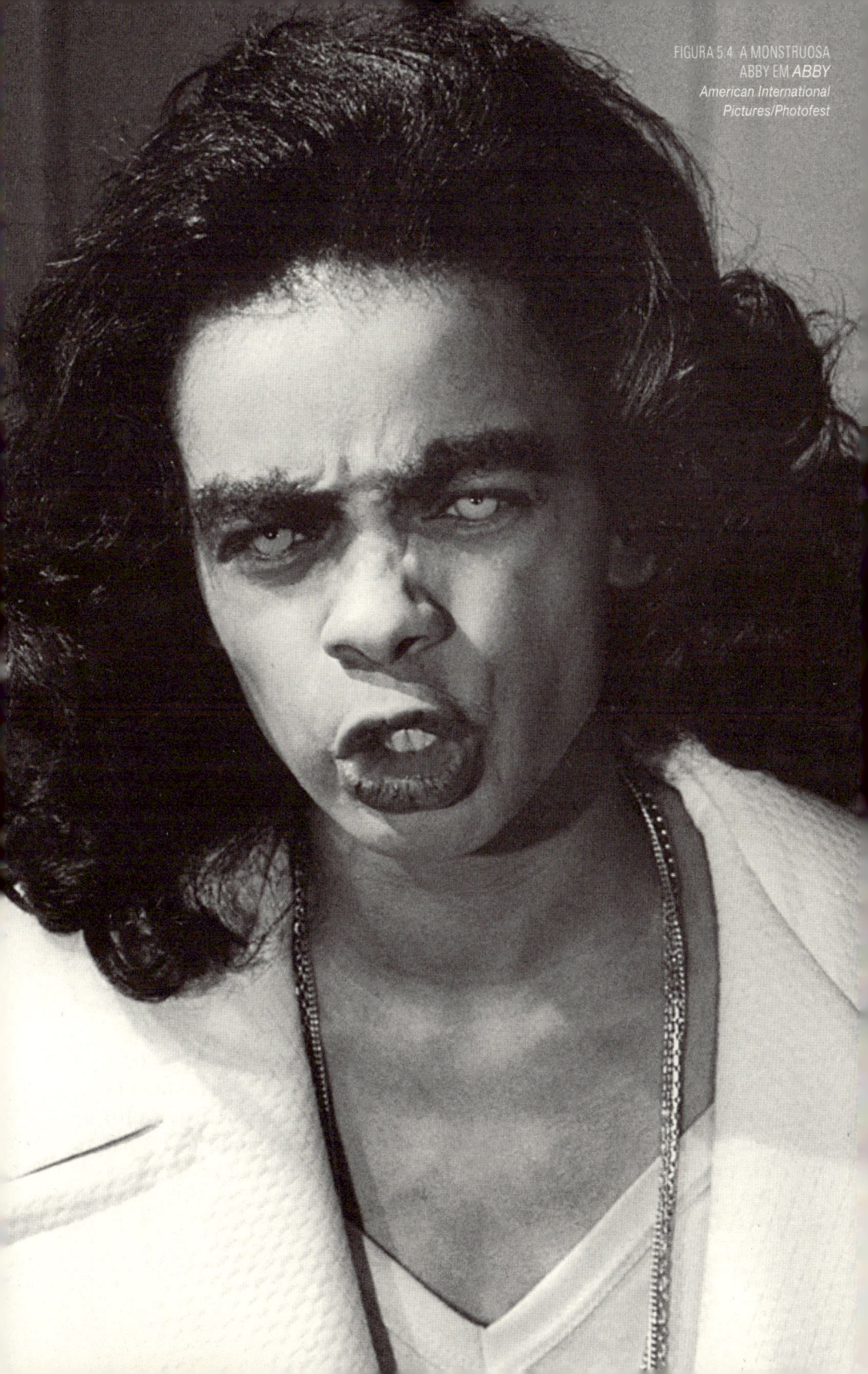

FIGURA 5.4 A MONSTRUOSA ABBY EM *ABBY*
American International Pictures/Photofest

apresenta uma intrigante narrativa de múltiplas sexualidades: um espírito masculino busca conquistas sexuais de dentro do corpo de uma mulher. Por exemplo, através de Abby o demônio pergunta a um homem: "Você quer foder a Abby, não quer?". O demônio transa com suas vítimas (homens) e, no auge do ato, os mata. O filme desnuda e complica a heteronormatividade, pois os homens são atraídos pela aparência exterior e feminina de Abby, que exala sexualidade e tem pouca dificuldade ao seduzir suas vítimas.

Ao longo do caminho, o filme se aproveita da caracterização de Garnet como um professor/teólogo/ministro (e o porte de autoridade que William Marshall traz aos seus papéis) ao inserir comentários educativos sobre Exu: (1) ele toma a responsabilidade por desastres naturais; (2) ele é uma das divindades terrenas mais poderosas, mais do que os poderosos orixás; e (3) Exu é o deus da sexualidade, um pregador de peças, criador de turbilhões e caos. Por fim, por meio de um exorcismo de origem iorubá, Abby é libertada da possessão. O efeito é causado pela apresentação de uma religião negra de uma maneira marcadamente diferente dos, por exemplo, muitos filmes de terror com temática vodu que mostram a religião como singularmente estranha, desprovida de história e ruim.

Com exceção desses pontos narrativos de interesse, *Abby* era o típico filme de terror de baixo orçamento, com o *New York Times* chamando-o de "bobo".[72] Abby não é uma Garota Final ou uma Mulher Durona, já que é salva de uma vida de sexo e festas (e assassinatos) pelo sogro, marido e irmão policial enquanto volta à boa graça do seu Deus (ocidental) masculino.

Por mais questionadores que os filmes (negros) de terror sejam, eles não têm sido tão inovadores naquilo que se refere à quebra de narrativas tradicionais acerca do sexo e da sexualidade. Por exemplo, com poucas exceções, os filmes centrados em monstros-gorilas ou vampiros têm histórias de amor heteronormativas ao fundo. Não é de surpreender, então, que a Abby-predadora-sexual precise ser derrotada, não apenas por causa da possessão e porque ela mata sua presa, mas porque "a sexualidade transgressora é definida como monstruosa".[73] Ainda assim, a performance de Abby é (talvez de forma não intencional) independente, liberada sexualmente e confiante. Enquanto está possuída, Abby é sociável e forte tanto em personalidade quanto em força física. Não fosse uma assassina, ela poderia ser um forro interessante para leituras de uma pessoa livre das amarras de gênero e sexuais.

IRMÃS SENSUAIS: COMO SEMPRE FOI

O vodu se tornou tão esperado em filmes de terror que um periódico se mostrou desapontado quando essa faceta da cultura negra deixou de estar presente nas produções. A revista de cultura negra *Jet* questionou por que os filmes negros de terror deveriam se basear na lenda cristã do Drácula "quando havia o vodu na experiência negra".[74] O "filme negro" de terror *A vingança dos mortos* (1974) tentou recuperar o vodu. Se a maior parte dos filmes blaxploitation celebrava um "'crioulo malvado' que desafiava o opressivo sistema branco e vencia",[75] então *A vingança dos mortos* celebrava a "Vadia Durona"[76] que fazia o mesmo, embora usando o vodu. Em *A vingança dos mortos*, os negros — especialmente os negros acorrentados da Guiné que acabaram em Nova Orleans — são os zumbis mortos-vivos. Os zumbis são convocados por Mama Maltresse, uma rainha vodu (Zara Cully), em nome de Sugar (Marki Bey), para realizar uma vingança contra Morgan (Robert Quarry), o "branquelo" chefe do crime, e seus capangas que mataram o namorado de Sugar.

O exército silencioso, mas mortal, de zumbis tem um líder pensante e sagaz entre os seus membros — o Barão Semedi (Don Pedro Colley).[77] Semedi age como um líder sindical, negociando os termos sob os quais ele e seus zumbis trabalharão. Ele nota rapidamente que seus alvos são maus e irrecuperáveis — assassinos, racistas e mestres na arte da extorsão. Como resultado, ele e sua horda irão matar alegremente Morgan e sua gangue. Os zumbis são heróis. A identificação com os monstros em *A vingança dos mortos* gera um "ato prazeroso e potencialmente empoderador",[78] já que os zumbis representam uma estrutura pró-negros de homens negros acabando com os "branquelos" — realmente, "os heróis negros estavam vencendo e a identificação da comunidade foi intensa".[79] Os zumbis matam de forma particularmente grotesca um homem negro "vira-casaca", Fabulous (Charles Robinson), que deixa Morgan chamá-lo de "crioulo" e engraxa os sapatos do chefe.

Sugar está presente durante quase todo o caminho, conforme seu exército de zumbis derruba seus inimigos: "Ei, branquelo, você e os seus amigos idiotas mataram o meu homem [...]. Eu não estou te acusando, babaca, estou passando a sentença, e a sentença é de morte". Contudo, a imagem dela está longe de ser a de uma líder

FIGURA 5.5 O DECOTE DE SUGAR CONVIDA MAIS OLHARES DO QUE SEUS ZUMBIS EM *A VINGANÇA DOS MORTOS*.
American International Pictures/Photofest

focada e competente. Sugar é apresentada como a "Gostosa Vodu"[80] que atenta e provoca sua presa vestida com roupas decotadas e apertadas. A representação da personagem apresenta a aderência do filme aos papéis tradicionais de gênero. Pouco depois da morte de seu namorado, Sugar flerta com seu ex-namorado, um policial chamado Valentine (Richard Lawson). A mensagem paira — Sugar não consegue ficar sem um homem. Ela sugere disponibilidade sexual tanto para amigos quanto para inimigos. Ela até mesmo participa da obrigatória briga entre mulheres contra outra gostosa (branca), Celeste (Betty Ann Rees), a namorada de Morgan. A representação de Sugar "nega qualquer mudança na representação narrativa de mulheres negras"; ela não toma o poder dos homens de verdade.[81] Esse equívoco se mostra de maneira objetiva quando Sugar oferece sua alma a Semedi em troca de seus serviços, o que ele rejeita, proclamando de maneira lasciva: "Não estou interessado em almas". Fica subentendido que ela deve entrar para o harém de "esposas" dele.

Em *A vingança dos mortos*, os zumbis cumprem o seu contrato e, quando chega a hora de Sugar pagar com o próprio corpo, ela oferece uma barganha. Semedi, que é descrito como sexualmente faminto, recebe Celeste como oferenda. A aceitação da mulher branca por Semedi — que "preferia" Sugar, mas diz que Celeste "dá pro gasto" — deve ser lida de maneira política: a punição apropriada para uma mulher branca "protegida". Por outro lado, a prática de negociar mulheres é machista e objetificante; ainda que a "escravidão branca" de Celeste brinque com um tabu importante.

Embora as Mulheres Duronas estivessem se tornando raras nesse ciclo cinematográfico, as mulheres negras continuaram a aparecer de maneira proeminente em filmes como *Vampira* (1974) e *A fera deve morrer* (1974). *Vampira* é uma comédia de terror "com negros" que conta a história de um "Velho Drácula" (David Niven) que, velho demais para caçar vítimas jovens, atrai suas presas para o seu castelo, que ele abriu para turistas. A esposa de Drácula, Vampira, também está aposentada, por isso ele faz uma transfusão nela usando o sangue de uma de suas vítimas para revitalizá-la. Mas, por acaso, esse sangue pertence a uma mulher negra, o que, em Vampira, a deixa mais jovem e negra — justificando (e extrapolando) a mítica "regra da única gota de sangue". Vampira (Teresa Graves) agora é considerada uma figura sexy, fazendo valer o mantra *black is beautiful*. Como Null observou na época, "se filmes negros mal começaram a elevar as mulheres a papéis de personagens reais, pelo menos as ideias brancas de beleza se foram".[82] Incapaz de "curar" a esposa, cuja cor da pele faz com que ela fale com o linguajar negro, Drácula se junta a ela de má vontade, com Niven aparecendo na cena final do filme com pintura blackface.

No filme *A fera deve morrer*, que também é um produção de terror "com negros", Marlene Clark interpreta Caroline, a bela esposa de Tom (Calvin Lockhart), um rico caçador de grandes animais.[83] Esse casal negro de elite, Tom e Caroline, juntamente com Pavel (Anton Diffring), seu assistente branco, recebem cinco convidados brancos em uma residência numa ilha com a esperança de descobrir qual deles é um lobisomem. Tom fica devastado quando sua amada Caroline é acidentalmente infectada por um dos convidados, que é o verdadeiro monstro. Em uma cena desesperadora, ele precisa matar a esposa com uma bala de prata para que ela não inicie seu próprio surto assassino de licantropia. Embora sejam filmes bem diferentes, *Vampira* e *A fera* compartilham o tema de mulheres negras como desejáveis e valiosas, mas que também são atingidas por uma mácula que ameaça seus homens.

A vingança de J.D. (1976) ecoa *A vingança dos mortos* por suas semelhanças no que diz respeito à possessão e ao amor negado. No entanto, *A vingança* é um filme incrivelmente machista, exaltando Sugar por meio de um subtexto misógino e antifeminista que correlaciona independência e revolução sexual das mulheres à arrogância.

A vingança de J.D. (1976) conta a história de Isaac, um residente de Nova Orleans, também conhecido como "Ike" (Glynn Turman), um jovem certinho e estudante de direito que está se preparando para a prova da ordem dos advogados. Sua namorada, Christella, ou "Chris" (Joan Pringle), convence Ike a fazer uma pausa nos estudos para um encontro com os amigos na cidade. O grupo visita um clube noturno onde um hipnotista está se apresentando. Ike está entre os vários que se oferecem para serem hipnotizados. Algo dá errado enquanto ele, "hipnotizado", fica possuído pelo espírito furioso de J.D. Walker, um mafioso da década de 1940. Walker quer vingança para ele e para sua irmã Betty Jo (Alice Jubert), por seu assassinato há mais de três décadas, em 1942.

J.D. possui o corpo de Ike numa tentativa de revelar as verdadeiras circunstâncias que envolveram os assassinatos. À medida que o violento criminoso se mostra mais dominante no corpo de Ike, Chris se torna uma vítima. Chris é visto em pé de igualdade com Isaac. Ela habilmente questiona Ike em relação a conceitos jurídicos e o ajuda a se preparar para o teste. Ela é sincera, tem uma rede de amigos e fica implícito que vive do seu próprio dinheiro. Em uma cena, numa inversão de papéis de gênero, Chris investe no sexo enquanto Ike recusa, dizendo: "Hoje não, estou com coisas demais na cabeça esta noite". O público descobre que o gentil Ike nem é considerado homem pelo seu amigo Tony (Carl Crudup) por tratar a sua namorada com respeito. Quando Ike (possuído por J.D.) estapeia Chris, o colega o elogia por finalmente ter virado macho:

> Eu acho que é uma coisa boa acertar a cabeça de uma mulher quando ela começa a falar demais. Quer dizer, acredite ou não, elas gostam disso. É, cara, juro por Deus, você precisa agir feito um crioulo doido de vez em quando. Elas vão te irritar até que você faça isso. Elas querem que você imponha limites. Quer saber, mano? É animador ver que você fez o que fez. Desde que eu te conheço você sempre pareceu... você era meio reprimido [...] Isso é fantástico, mano.

Colocar Chris no lugar dela por meio de pancadas é particularmente importante porque — o público acaba notando — ela gosta e entende de futebol, não permite que Ike guarde seus tênis fedidos no apartamento deles, e é uma mulher divorciada que largou o marido.

Um ponto narrativo interessante é que, com exceção de uma mudança no estilo — um chapéu fedora, o cabelo conk e um terno estilo anos 1940 —, a nova personalidade masculina brutal de Ike não parece fora de lugar na década de 1970 (o contexto da segunda onda do movimento feminista); ao contrário, sua atitude é recompensada. Como J.D., Ike é ríspido e perigoso — traços que as mulheres (certamente) acham seduтor. Ike escolhe uma mulher atraente em um bar e a acompanha até a casa dela, dando-lhe "a melhor trepada que já tive na vida". Quando o "coroa" da mulher os flagra, J.D. se delicia em cortar o homem com uma lâmina, o auge de sua bravata hiper-masculina.

Quando Chris vê Ike chegar em casa bêbado, ela fica furiosa. J.D./Ike, então, revela o que há de errado com mulheres como ela (diferente daquelas que ele atualmente encontra nos bares) ao chamá-la de "vadia" e "puta" enquanto grita: "Como você ousa falar comigo como se eu fosse um criulinho veado qualquer?". Em determinado momento, Chris é completamente silenciada quando J.D. a espanca cruelmente e a estupra, colocando um fim nas estripulias da mulher.

O filme, Benshoff observa,

> sugere um homem capturado entre duas construções diferentes da masculinidade afro-americana, quando Ike [...] trata a sua namorada como um cafetão trataria sua prostituta. O filme aponta que o estilo e a brutalidade masculina de J.D. ainda são problemas contínuos na cultura negra masculina dos anos 1970.[84]

Além disso, o filme comunica, por meio de J. D./Ike, que a performance feminina independente de Chris deve ser rejeitada. Chris não é uma Garota Final nem uma Mulher Durona; seu ex-marido surge para ajudá-la, e no fim ela retorna alegremente para Ike.

SÓ PODIA DAR NISSO

> Eu andei pelo cemitério como um raio.
> Fiz as lápides saltarem e deslumbrei os mortos.
>
> — Rudy Ray Moore[85]

O fim dos "filmes negros" de terror foi marcado por uma comédia do gênero que entreteve alguns, mas que deixou muitos outros confusos enquanto especulavam se o declínio inevitável do gênero blaxploitation não havia chegado tarde demais. A epítome da era blaxploitation, o comediante Rudy Ray Moore, lançou o filme *Petey Wheatstraw* (1977). Esse filme estarrecedor começa com a Mãe Wheatstraw (Rose Williams) deitada em uma cama dentro de uma cabana, em trabalho de parto, cercada de parteiras vestidas como "mães pretas". Ela está tendo um parto difícil, e um médico branco é chamado para auxiliar no nascimento. O médico primeiro faz o parto de uma grande melancia e, por fim (como se fosse uma placenta), sai um garoto brigão de sete anos de idade completamente formado e cuspindo palavrões. O garoto, Petey Wheatstraw (Clifford Roquemore II), nasce ao som de tambores e com os gritos de "Ele está vivo! Ele está vivo!" do médico, uma frase roubada de *Frankenstein*.

A história desse filme com orçamento dos mais baixos é bem indecifrável (uma "bengala de cafetão" figura de maneira proeminente); contudo, o motor da narrativa é o fato de que o adulto Petey

Wheatstraw (Rudy Ray Moore), um comediante, é assassinado por rivais. Petey recebe uma nova vida pelas mãos do Diabo, com a condição de se casar com a mulher mais feia da terra — a filha do Diabo. Ao longo da história, Moore faz rimas e raps cômicos.

Petey Wheatstraw foi um olhar reflexivo para os filmes dos anos 1970, já que Moore se apropriou e parodiou os aspectos mais clichês das artes marciais, de conteúdos apelativos e de filmes B e colocou em seus filmes. Por exemplo, quando garoto, Petey é treinado como Caine do seriado *Kung Fu*[86] por um misterioso mestre ancião das artes marciais. Mais tarde, já adulto, Petey usaria (mal) seus golpes de caratê contra assaltantes, incluindo "demônios" vestidos de colã roxos e capas, trazendo chifres vermelhos na cabeça. Entre lutas e escapadas, o corpulento Wheatstraw também é apresentado como símbolo sexual, um amante insaciável que possui uma horda de mulheres. Moore, alinhando-se aos temas do blaxploitation que ele aperfeiçoou em seus filmes anteriores (como *Dolemite* [1975]), incluiu até mesmo uma linha narrativa de vingança-contra-o-branquelo. Para Moore, suas contribuições estavam longe de ser apelativas: "Quando a gente não estava apanhando e levando na cabeça, eles chamavam de 'blaxploitation', e eu acho que isso foi extremamente rude para nós como pessoas".[87] Thomas Cripps resumiu o fim do blaxploitation indicando o filme de Moore: "Previsivelmente, tais filmes 'blaxploitation' logo perderam a graça e enfrentaram a rivalidade dos filmes asiáticos de artes marciais, uma nova geração de filmes de monstros da ficção científica e outras criaturas".[88] Sem nenhuma surpresa, o gênero não conseguiu se manter, já que a natureza apelativa dos filmes — conteúdo, investimento, qualidade — perdeu a graça. Em 1977, o mesmo ano em que *Petey Wheatstraw* foi lançado, uma universidade historicamente negra "abriu sua temporada de filmes de primavera não com um dos efêmeros heróis negros como Shaft, mas com *O massacre da serra elétrica*".[89]

CONCLUSÃO

Embora muitos dos filmes de terror dos anos 1970 tivessem sido apelativos de várias maneiras — em orçamento, em qualidade, em seu tratamento do corpo feminino e em sua representação dos desfavorecidos —, eles não deveriam ser prontamente deixados de lado como filmes esvaziados de um discurso relevante. Os "filmes negros" de terror e os filmes de terror "com negros" da década deixaram o público com uma indicação clara da função e do papel de raça, gênero, sexualidade, cultura e classe na cultura popular, e de que maneira essas identidades podem, de forma certa ou errada, ser refletidas no mundo social. Nos filmes, as lutas contra essas opressões, e temas de levante (intra)racial diante de tais opressões, dialogavam com a retórica da não violência e integração, assim como resistência armada e autoconfiança negra, se não supremacia. Os filmes se esforçaram para revelar ao público que, para os negros, o horror (ou o monstro) estava localizado dentro da branquitude — o branquelo, o sistema, o Homem. Diferente dos filmes de terror dos grandes estúdios, em que Garotas Finais enfrentam um mal individual (como um alienígena com uma sede mordaz de sangue) e lutam para derrotá-lo, os filmes negros revelaram que o mal que circundava a negritude era duradouro.

Enquanto "o público negro sempre foi uma parte substancial do público de terror", esses filmes dos anos 1970, que saudavam especificamente o público negro, encorajaram os negros a enxergarem para além do monstro, identificando-se com as mensagens de igualdade negra por meio da união metafórica (exércitos de zumbis) ou por meio de um projétil metafórico (poções vodu ou o pênis).[90] Com estrelas negras nesses papéis, ainda que apelativos em determinados momentos, sua presença e performance superaram o tratamento que negros recebiam em filmes de terror antigos, em que eram retratados como figuras assustadas, que tremiam de medo e arregalavam os olhos. Os negros, nessa época, eram orgulhosos.

O período nem sempre foi puramente reacionário em relação aos tipos de racismo e classismo que os negros enfrentavam na época. *Ganja & Hess*, por exemplo, excluiu amplamente a branquitude numa tentativa de privilegiar histórias saídas da negritude. Aqui, não haviam "figuras de papelão" e personagens "simplificados" que faziam sua reputação "ao matar vilões brancos em tela".[91]

Filmes negros de terror que se esforçavam para fugir dos tropos do blaxploitation tradicional encontraram uma resposta morna entre alguns frequentadores de cinema, como explica o produtor Rob Cohen: "Eles querem um tubarão atacando uma praia de veraneio ou tramoias nível *Um Golpe de Mestre*. Se existe uma coisa que a audiência não quer é uma mensagem. E se há algo além disso, esse algo é uma mensagem negra".[92] Em resumo, os filmes da era blaxploitation enfrentavam um dilema multifacetado de ser cultural e politicamente negro em demasia, de não ser negro o suficiente ou de não ser puro entretenimento.

Os filmes blaxploitation de terror mostravam personagens bem homogêneos e limitados — em classe, gênero, políticas e interações com os brancos. O jornal *Washington Post* previu que a tendência cinematográfica se voltaria para "negros interagindo entre eles mesmos ou com brancos".[93] Além disso, o jornal expressava otimismo em relação ao tratamento representacional dos negros, que eram "mostrados como humanos completos — bons e maus, ricos e pobres, espertos e burros".[94] Qualquer previsão de interação mais substantiva para a década seguinte não se concretizou. Na década de 1980, os negros foram associados aos temíveis espaços urbanos, fazendo com que os brancos fugissem para os subúrbios. Os negros e seus filmes de terror foram colocados na geladeira à medida que o gênero voltava suas atenções mais exclusivamente para os medos da classe média branca.

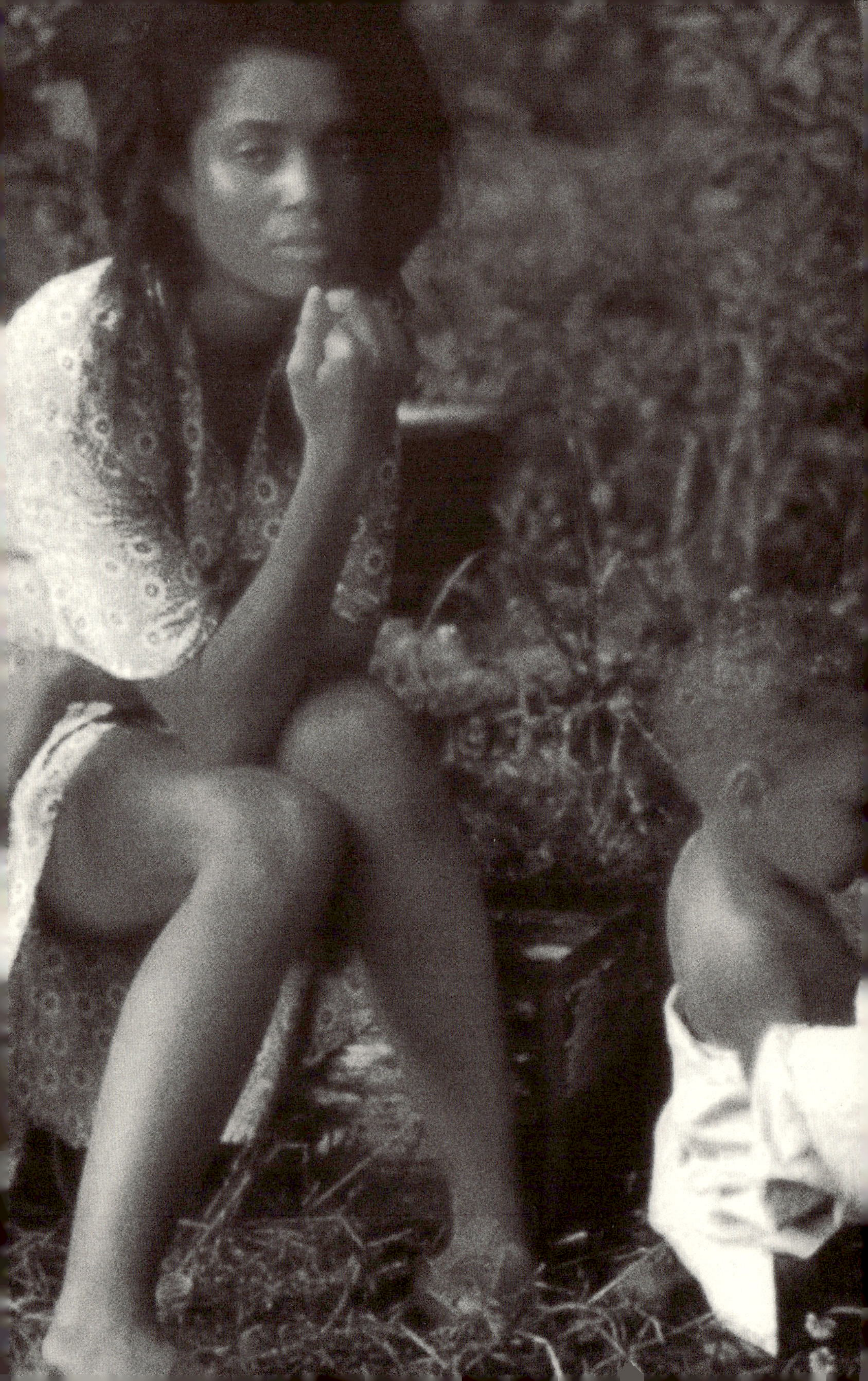

Horror Noire

1980
NÓS SEMPRE MORREMOS PRIMEIRO — INVISIBILIDADE, SEGREGAÇÃO RACIAL ECONÔMICA E O SACRIFÍCIO VOLUNTÁRIO

> E, toda noite, faça uma oração ao santo padroeiro da morte negra, Scatman Crothers, que levou uma machadada por causa daquele moleque maluco em *O iluminado* para que outros seguissem o seu caminho. — **HARRIS**[1]

Durante os anos 1980 o mundo urbano (também chamado de interior urbano, a "quebrada" ou gueto na cultura popular) foi mostrado como um ambiente amplamente habitado por negros e outros não brancos, o lar de problemas exclusivos dos "Outros". A paisagem urbana, escreve Nama em *Black Space*, "se tornou um atalho político para se discutir uma miríade de mazelas sociais que afetam os negros de maneira desproporcional — como a pobreza, crime, abuso de drogas, alto desemprego e abuso de políticas do bem-estar social — sem focar na raça como a fonte específica do problema. Em vez disso, as localizações espaciais e geográficas definiram o escopo do problema".[1] Espaços urbanos foram mostrados como lugares em que as escolas eram mal equipadas (*Meu mestre, minha vida* [1989]) e onde os alunos se comportavam de maneira insolente (*O preço do desafio* [1989]). As vizinhanças urbanas abrigavam gangues (*As cores da violência* [1988]). Eram lugares onde o assassinato e o tráfico de drogas encontravam-se desenfreados e sem limites (*Scarface* [1983]), e onde os criminosos comandavam a polícia (*Robocop: o policial do futuro* [1987]. Esses lugares também eram palco de violência brutal, repletos de abusos sexuais e assassinatos (*Desejo de matar 2* [1982]).

Uma mensagem dominante presente nos filmes da década de 1980 era de que as cidades eram selvagens, terras sem lei onde os mais irrecuperáveis membros da nossa sociedade — os de classe baixa e as pessoas de raças diferentes, dois grupos geralmente considerados como um só — deveriam ser confinados. No fim, essas eram imagens de cidades "mortas" ou decadentes,[2] refletindo os Estados Unidos após um êxodo branco, em que os brancos "viraram as costas para as velhas áreas centrais e fugiram para os subúrbios".[3] O êxodo branco representava uma nova variação da segregação racial e cultural (por exemplo, as leis Jim Crow e a segregação racial econômica). Avila explica esse processo em seu ensaio "Dark City: White Flight and the Urban Science Fiction Film in Postwar America":

> à medida que minorias raciais se concentravam nos interiores urbanos das cidades americanas ao longo das décadas de 1940 e 1950, milhões de norte-americanos "brancos" rumaram para novas comunidades suburbanas para preservar sua brancura [com a] ajuda de políticas federais, estratégias locais de desenvolvimento de terras e o desejo popular de viver em bairros racialmente exclusivos e homogêneos.[4]

Para muitos brancos, comunidades urbanas eram favelas arruinadas que geravam "uma cultura de pobreza", enquanto os subúrbios mantinham uma promessa de "progresso cultural".[5]

Enquanto os negros tinham um papel imagístico central em instigar medos raciais, espaciais e de classe, nos filmes de terror dos anos 1980 a participação dos negros era bem insípida ou inexistente. Isto é, o medo do mundo negro urbano se baseava em mitos; a negritude se tornou um tipo de história assustadora ou um bicho-papão invisível. De maneira mais notável, os negros não eram vistos em nenhum dos filmes de terror populares que se passavam fora do espaço urbano, como:

- *Horror em Amityville* (1979), que se passa em uma pequena vila no condado de Suffolk (NY);
- *Sexta-feira 13* (1980), que se passa em um acampamento chamado Crystal Lake;
- *Uma noite alucinante: a morte do demônio* (1981), que se passa numa floresta rural;
- *Halloween 2: o pesadelo continua!* (1981), que se passa no subúrbio de Haddonfield, Illinois;
- *Poltergeist: o fenômeno* (1982), que se passa numa Califórnia suburbana;
- *Criaturas* (1986), que se passa na parte rural do Kansas.

Isso não quer dizer que os negros estiveram completamente ausentes das grandes telas. Pelo contrário, os negros tiveram um papel importante naquilo que ficou conhecido como o subgênero do "parceiro" — um ciclo de filmes de comédia/drama que pareavam de maneira problemática atores negros e brancos em aventuras. Esses filmes incluíam: *Loucos de dar nó* (1980), com Richard Pryor e Gene Wilder (que aparece brevemente usando pintura blackface); *48 horas* (1982), com Eddie Murphy e Nick Nolte; *Um tira da pesada* I e II (1984 e 1987), com Eddie Murphy, John Ashton e Judge Reinhold; *Dois policiais em apuros* (1986), com Gregory Hines e Billy Crystal; e *Máquina mortífera* I e II (1987 e 1989), com Danny Glover e Mel Gibson.[6] O efeito de duplas assim não era exatamente a harmonia racial que os filmes prometiam; mas, como Guerrero explica, os negros eram "completamente isolados de outros negros ou de qualquer referência ao mundo negro. Nessa situação, o que existe de cultura negra é personificado em uma estrela negra individual cercada e apropriada pelo contexto branco e pela narrativa para o prazer do público consumidor dominante".[7]

Com exceção dessas uniões negro-branco, um número significativo de grandes filmes dos anos 1980, muitos com locações distantes dos subúrbios, mostravam os negros e sua cultura bem afastados do olhar, como esses vinte filmes populares, que não pertencem ao gênero terror, ilustram: *E.T.: o extraterrestre* (1982), *Batman* (1989), *Indiana Jones e os caçadores da arca perdida* (1981), *Indiana Jones e o templo da perdição* (1984), *Indiana Jones e a última cruzada* (1989), *De Volta para o futuro* (1985), *Tootsie* (1982), *Rain Man* (1988), *O exterminador do futuro* (1984), *Uma cilada para Roger*

Rabbit (1988), *Gremlins* (1984), *Top Gun: ases indomáveis* (1986), *Amadeus* (1984), *Clube dos cinco* (1985), *O reencontro* (1983), *Curtindo a vida adoidado* (1986), *Atração fatal* (1987), *Uma secretária de futuro* (1988), *Num lago dourado* (1981) e *Como eliminar seu chefe* (1980). O resultado foi uma construção afirmativa da branquitude por meio da segregação racial ou exclusão. Omissões desse tipo eram, certamente, "uma forma de estereotipação que reforçava a ideia de que os negros e outros grupos não brancos eram obscuros, marginais e dependentes".[8]

Isolamento e invisibilidade eram apenas dois dos ataques representacionais que a cultura negra recebia. A infame propaganda política sobre Willie Horton, produzida pela equipe do candidato republicano George H.W. Bush durante a disputada presidencial de 1988 contra o candidato democrata Michael Dukakis, também serviu de pano de fundo para construções populares acerca do que acontecia quando negros entravam em espaços brancos. A mensagem do comercial, divulgada pelo Comitê de Ação Política da Segurança Nacional, não era muito diferente dos filmes da série *Desejo de matar* dos anos 1980 — sem uma figura de autoridade (branca) no poder, os homens negros iriam estuprar e assassinar as mulheres brancas da América. A propaganda mostrava duas fotos — uma de Willie Horton, um homem negro, e a outra do governador Dukakis. Uma voz proclamava: "Bush apoia a pena de morte para assassinatos em primeiro grau. Dukakis não só é contra a pena de morte, como permitiu que assassinos de primeiro grau saíssem da cadeia nos fins de semana". Essa narrativa é acompanhada pelas palavras "sequestro", "punhalada", e "estupro" sendo exibidas na tela. Da mesma maneira, o Partido Republicano de Maryland distribuiu uma carta em que se lia "Time Dukakis/Willie Horton" e "Você, sua esposa, seus filhos e seus amigos podem receber a visita de alguém como Willie Horton se Dukakis virar presidente".[9]

CIDADES DE CHOCOLATE E SUBÚRBIOS DE BAUNILHA

"Main Street e Elm Street, Estados Unidos", escreve Crane, "era nessas ruas, comuns a todo mundo, que o terror atacava de maneira implacável. O laboratório do grande homem, o castelo gótico, a mansão arruinada e a tumba sagrada do faraó sumiram das telas".[10] Enquanto a Main Street e a Elm eram "comuns" agora, o terror ditava que essas ruas não eram acessíveis a qualquer membro do público. De maneira implícita, nenhum negro (ou qualquer minoria racial na verdade) tinha permissão de entrar. Essas "utopias brancas", como Rich Benjamin, em *Searching for Whitopia: An Improbable Journey to the Heart of White America*, as nomeia,[11] se orgulham da mundanidade, amizade, ordem, segurança e conforto aparentes. Traços que, na superfície, parecem neutros em relação à cor e classe social, são primordiais para distinguir negros e brancos, a classe média da classe baixa, o suburbano (dentro dos conceitos norte-americanos) do urbano.

Ainda assim, o terror precisava de monstros, e nessa época eles vieram de modo infame na forma de homens brancos suburbanos sobrenaturais como a personificação do mal, tomando uma "estética masoquista" por meio do uso de facões e ferramentas elétricas.[12] Se os brancos quisessem sobreviver nos subúrbios, eles precisavam descobrir como separar o vizinho ruim do monstro, já que a separação por cores não funcionava. Esses monstros brancos tinham o objetivo particular de punir aqueles mais próximos: famílias brancas e não urbanas (rurais ou suburbanas). Os pais brancos eram julgados por não cuidarem de suas crianças, deixando suas crias sob o cuidado de babás ou dos aparelhos de TV. Crianças brancas, cujos pais aparentemente falharam em instigar padrões altos de religiosidade ou moral, tinham fins particularmente brutais por manter relações sexuais fora do casamento ou abusar de substâncias. Por exemplo, nos filmes de terror *Halloween: a noite do terror* (1978) e *Halloween 2: o pesadelo continua!* (1981), Michael "the Shape" Myers (Nick Castle) abre o seu caminho a facadas pelo vilarejo de Haddonville. Esses filmes inverteram o roteiro naquilo que se referia ao lugar em que os brancos acreditavam que poderiam encontrar conforto e segurança. Esses filmes diziam "peguei você" para aqueles que achavam que o êxodo branco, para longe dos negros e pobres urbanos e para os braços abertos de comunidades suburbanas brancas e de classe média, traria paz. Os filmes da série *Halloween*, especificamente, se mostraram enganadores quando brincavam com ideais de homogeneidade racial e de classe, destruindo esse mesmo sentimento de comunidade ao desafiar a "habilidade dos suburbanos em reconhecer estranhos e predadores".[13] Mais acertadamente, esses monstros não estavam vindo de fora dos subúrbios para causar destruição na domesticidade suburbana; mas os brancos perceberam que "eles são a gente, e a gente nunca sabe quando vai agir como monstros".[14] Ainda assim, talvez o momento mais deliberadamente "peguei você" do cinema se encontre no filme de terror não negro e com traços de comédia *A hora do pesadelo* (1984). Aqui, pais embriagados e desatentos descobrem que as "McMansões" deles serviram apenas para fornecer ao assassino pedófilo Fred Krueger (Robert Englund) mais espaço para praticar o seu sadismo. Ainda assim, Krueger é associado a um "defeito moral" numa confortável comunidade suburbana.[15]

Assim como os brancos nos filmes dos anos 1980 eram alertados para ficarem longe dos espaços urbanos, os negros eram advertidos a não se meterem nos subúrbios. O filme de terror "com negros" *A dama de branco* (1988) se passa em 1962, numa "pequena cidade" de Willowpoint Falls, "a 40 km a sudoeste" da "cidade", onde vive uma rara família negra. O patriarca da família é um zelador de escola beberrão, Harold Williams (Henry Harris), que é falsamente acusado pelo estupro e assassinato de uma garota branca. Harold é chamado de "preto filho da puta" e descrito pelo xerife da cidade como "o bode expiatório perfeito" porque "ele é preto". Depois é revelado que Harold foi acusado falsamente e que um membro branco da comunidade era o culpado. Ainda assim, o filme trouxe outra mensagem consigo: cidades pequenas de brancos são cruéis com negros. Williams é baleado e morto por um vigilante que não acredita em sua inocência.

Ainda assim, invisibilidade relativa não significava que os Outros racializados recebiam um indulto por sua aniquilação simbólica. Uma possível implicação da ausência representacional podia ser um questionamento por parte do público: se todo esse terror está acontecendo no subúrbio com aqueles que conhecemos e que se parecem conosco, o que estaria acontecendo com aquelas pessoas cultural e racialmente diferente nos guetos?

Em algumas circunstâncias, embora os Outros não fossem representados nas telas, os filmes de terror serviam para sanar a curiosidade dos espectadores a respeito do que acontecia com aqueles estranhos de aparência diferente que estavam ausentes. Os nativos norte-americanos tiveram que aguentar o peso de muitos ataques simbólicos. Eles eram ao mesmo tempo representados como (muito) espirituais, (muito) voláteis e (muito) primitivos. Essa tríplice de virtudes equivocadas estava acondicionada a um "campo de nostalgia romântica" em torno de símbolos de estoicismo diante de massacres e das perdas de seus lares e terras ancestrais.[16] A cultura dos nativos norte-americanos era tão excepcional que não poderia ser adequadamente contida ou completamente destruída, para sempre surgindo a fim de atormentar os domínios e corpos dos brancos. Brancos suburbanos ficavam horrorizados sempre que descobriam que suas casas eram construídas sobre "terras sagradas" na forma de "cemitérios indígenas" e por isso seriam assombradas.

Brancos eram representados como intrusos inconscientes, sem capacidade de interagir racionalmente ou coexistir com os intempestivos habitantes do outro mundo. Por exemplo, em *Horror em Amityville*, de 1979, há uma casa mal-assombrada que foi construída em cima de um esquecido cemitério nativo de Long Island. Os mortos irrequietos são implacáveis em seu terror, primeiro com um grupo de residentes que se tornam suscetíveis à possessão demoníaca e que acabam se tornando vítimas de um assassinato em massa na casa, e depois com a família Lutz, que é expulsa da casa apenas algumas semanas após sua mudança. É exigido do público que lamente a tentativa falha dos Lutz em conquistar o sonho norte-americano suburbano (eles vivem na casa por apenas 28 dias), e toda a grande dificuldade financeira na qual a triste situação os colocou — isso em lugar de lamentar pela morte de qualquer nativo norte-americano.[17]

Em *O iluminado* (1980), o Hotel Overlook, localizado no topo da montanha, também foi construído em cima das covas de nativos norte-americanos. Além disso, sua terra foi ensopada de sangue ao longo de um período de dois anos, entre 1907 e 1909, pelos corpos de nativos norte-americanos que buscavam preservar seu território, conforme explicado no filme: "Parece que o lugar fica em cima de um cemitério indígena. Foi preciso repelir alguns ataques indígenas enquanto o prédio era construído". O resultado dessa incursão foi igualmente mortal — exposição a ataques malignos, possessão e assassinato. O mesmo descuido em relação às terras sagradas dos nativos norte-americanos é o gatilho para o terror no domicílio suburbano em *Poltergeist: o fenômeno* (1982). Aqui, uma construtora ergue uma grande casa em cima de um cemitério sem antes realocar os corpos. Logo, aqueles que procuram o sonho norte-americano livre de pessoas negras ainda podem encontrar "esqueletos no armário (sem mencionar a piscina)".[18] Assim como os Lutz, o público é encorajado a sentir pena de uma família particularmente atormentada cujos sonhos de "utopia branca" chegam ao fim de forma abrupta quando eles são forçados a entregar sua valiosa moradia aos espíritos, trocando-a por um quartinho em um hotel de beira de estrada.

O filme *Lobos* (1981) é a história de um conto sobre gentrificação, mas com uma surpresa. Metamorfos nativos norte-americanos e lobos vivem e espreitam nas sombras escuras de uma desolada cidade de Nova York. Um membro corporativo branco de uma construtora deseja reclamar o espaço, subvertendo, assim, a tendência do êxodo branco, mas com o objetivo de desalojar os nativos feiticeiros — uma pequena variação do já conhecido coloquialismo "renovação urbana-remoção de pretos".[19] No fim, muitos precisam morrer antes que o projeto seja abandonado e os construtores brancos mantenham distância. E, de alguma forma, os nativos norte-americanos são mostrados como "os vencedores" da batalha contra a gentrificação e a corporação ao serem deixados sozinhos na cidade morta enquanto os brancos, imagina-se, voltaram para os seus desenvolvidos subúrbios de "baunilha".[20]

Mas quais eram os papéis negros nos filmes de terror dessa década? As produções do gênero falharam na tentativa de construir uma narrativa plausível acerca de sua presença suburbana, assim como fizeram com os nativos norte-americanos. Essa limitação tem a ver com o fato de que os filmes de terror haviam confinado o horror negro a locações urbanas (por exemplo, Nova Orleans, Chicago, Nova York, Los Angeles) ou ao Caribe e à África. Por exemplo, no filme de terror "com negros" *A terceira porta do inferno* (1988), os brancos precisam viajar para encontrar o horror negro. No filme, os negros são confinados a uma ilha remota (longe de qualquer subúrbio), onde um sacerdote vodu se vinga dos intrusos brancos ao permitir que seus zumbis se alimentem deles. Em resumo, era pouco provável que zumbis e o vodu pudessem, de maneira verossímil, encontrar o caminho para a Main Street ou para a Elm Street.

SALVADORES NEGROS E SACRIFÍCIO VOLUNTÁRIO

Em um grande contraste com os temas nacionalistas e revolucionários dos filmes de terror da década de 1970, nos anos 1980, se os negros apareciam para contribuir com o gênero, sua participação era amplamente vista em filmes de terror "com negros", sendo marcada por um apoio afirmativo aos brancos. O pouco que os negros ofereciam ao terror não era apenas desalentador, mas poderia ser descrito como uma nova forma de exploração negra. Tony Williams, em seu ensaio "Trying to Survive on the Darker Side", descreve o pessimismo geral em relação ao conteúdo da década:

> A década de 1980 foi extremamente decepcionante para os críticos que ficaram impressionados com a breve renascença do gênero nos anos 1970. Enquanto a década de 1970 assistiu ao surgimento de trabalhos raciais de diretores como [...] George Romero, a década seguinte pareceu ofertar filmes tolos apelativos como *Sexta-feira 13*, *Halloween: a noite do terror* e a série *A hora do pesadelo* — todos dependendo bastante de efeitos visuais espetaculares e banhos de sangue de adolescentes promíscuos (a maioria do sexo feminino).[21]

Então, enquanto o terror se focava nas valiosas cenas de adolescentes brancos empunhando uma picareta, o valor dos personagens negros era confinado à sua habilidade em exibir um ar assimilável em encontros interpessoais e inter-raciais. Nos filmes da década de 1980, os negros eram pressionados a valorizar um sistema de lealdade e confiança geralmente unilateral. Ou seja, não era esperado que a lealdade emanada dos negros fosse correspondida pelos brancos. E o mais alarmante: nessa década de filmes de terror, a lealdade de um personagem negro para com os brancos era frequentemente evidenciada não apenas por uma vontade de ajudar, mas também pelo desejo de ter uma morte horrível para salvar o branco — a versão terror do filme de parceiro.[22]

O filme *O iluminado* (1980), de Stanley Kubrick, é especialmente poderoso em sua abordagem dupla da aniquilação negra. Primeiro, *O iluminado* representa *a* (re)virada definitiva em direção ao personagem negro que se sacrifica voluntariamente — um personagem que morre enquanto salva um branco. Em segundo lugar, o filme invoca o estereótipo do "negro mágico", em que um personagem negro tem poderes sobrenaturais que são usados, notavelmente, não em seu benefício próprio, em prol de sua família ou para a proteção e desenvolvimento de sua comunidade; pelo contrário, seus poderes são usados totalmente a serviço de pessoas brancas.

Em *O iluminado*, a família branca Torrance — o pai Jack (Jack Nicholson), a mãe Wendy (Shelley Duvall) e o jovem filho Danny (Danny Lloyd) — se muda temporariamente para o Hotel Overlook, um resort isolado no topo de uma montanha no Colorado, que, por acaso, foi construído sobre um cemitério de nativos norte-americanos. Jack aceitou o trabalho de zelador durante o período de fechamento do hotel no inverno, quando a equipe se encontra de férias. Antes de sair para as suas férias de inverno, o cozinheiro negro do hotel, Dick Hallorann (Scatman Crothers), passa o dia orientando a família em relação às responsabilidades que envolvem a manutenção do hotel. Antes de sair de férias, contudo, Dick revela ao jovem Danny que possui poderes telepáticos secretos. Dick chama sua telepatia mental de "brilho". Em Dick o brilho é amavelmente folclórico. Especificamente, o brilho é uma condição não problemática que ele herdou de sua avó, que há muito lhe explicou que se tratava de uma dádiva mágica. Dick de imediato se afeiçoa a Danny — oferecendo sorvete para ele —, pois nota assertivamente que Danny também é um telepata.

Dick é interpretado por Scatman Crothers, que na época tinha 69 anos, um artista (cantor, dançarino, músico e comediante) e antigo artista de vaudeville. Com o idoso Crothers no papel, Dick se apresenta como uma figura amável e segura. Dessa forma, o afeto que Dick expressa em relação a Danny não é mostrado como pedofilia ou num sentido predatório. Para se certificar de que não há confusão, mulheres negras são objetificadas. Em uma cena Dick está em sua casa de férias na Flórida. Ele decorou o seu quarto com duas grandes imagens de mulheres negras, uma nua e peituda e a outra seminua.[23] Ainda assim, Crothers, que já havia interpretado papéis de ajudantes como bagageiros de trem, jardineiros, garçons e engraxates no passado, relembra antigas relações assexuais presentes na cultura popular entre o negro adulto e a criança branca, como em Huckleberry Finn (Junior Durkin) e Jim (Clarence Muse) em *Mocidade feliz* (1931), ou Virgie (Shirley Temple) e Tio Billy (Bill "Bojangles" Robinson) em *A pequena rebelde* (1935). Em cada um desses casos não é questionado o motivo de homens negros encontrarem satisfação na companhia de crianças brancas.

Embora seja mostrado como algo natural e aceito em famílias negras como a de Dick, para a família de Danny o brilho é algo abjeto, o que mostra o brilho no garoto como algo danoso. O brilho de Danny é apelidado de "Tony, o garotinho que vive na minha boca" e é considerado negativo. Jack e Wendy já até procuraram ajuda médica para tratar a condição de Danny. Logo, o brilho e outros eventos sobrenaturais em corpos negros e entre famílias negras não são completamente inesperados ou condenados, mas em um (jovem) corpo branco, e entre famílias brancas, tais coisas são tomadas como assustadoramente fora de lugar.

Uma parte central da narrativa é o fato de que o poder de Danny se torna mais forte e perigoso à medida que o menino passa mais tempo dentro daquilo que se descobre ser um hotel assombrado. Em contraste, Dick não é afetado pelo hotel, embora saiba que se trata de um lugar infeliz por causa de um assassinato cometido com um machado pelo zelador anterior. Ainda assim, Dick não se preocupa com essas presenças conspiradoras ou "ecos abafados"[24] a ponto de se sentir ameaçado: "Não tenho medo de nada aqui".

Em *O iluminado*, Danny enfrenta um perigo mortal quando se vê aprisionado no hotel cercado de neve enquanto seu pai, possuído pelo mal e carregando um machado, tenta matar Wendy, sua mãe, e ele. Danny pede ajuda telepaticamente a Dick, que está de férias, e Dick responde prontamente e sem hesitação, largando tudo para voltar ao Colorado e salvar o garoto. Num esforço tremendo e incansável, Dick compra uma passagem de avião de última hora, aluga um carro, pega uma niveladora de neve emprestada e dirige pela nevasca em uma tentativa de chegar ao hotel isolado. Nenhuma despesa parece ser alta demais. Intrépido apesar da solidão, da temperatura mortal e das estradas intransponíveis, o idoso Dick segue adiante para subir a montanha até o hotel.

Os esforços de Dick para ajudar Danny se mostram ameaçadores para o hotel, que expressa sua grande insatisfação pela interferência de Dick por meio do fantasma do antigo zelador assassino, Grady (Philip Stone). Embora Dick tenha sido apontado como o "cozinheiro-chefe" pelo gerente do hotel, Grady diminui Dick quando avisa Jack que "o cozinheiro crioulo" está vindo.

De maneira notável e estranha, toda a angustiante experiência de Dick acaba não valendo nada. Ele nunca alcança Danny. Em vez disso, assim que chega no hotel — ele dá alguns passos além da porta principal do estabelecimento, mas nem chega a tirar a neve do casaco e das botas —, Dick é cortado ao meio por Jack com um machado. Danny e Wendy escapam na niveladora de neve de Dick, enquanto seu corpo é deixado no saguão do hotel, em uma piscina de sangue que fica cada vez maior. Certamente, a morte chocante de Dick faz do terror aquilo que o gênero é; contudo, como o único personagem morto em tempo real no filme, a função primária de Dick é ser o negro mágico e a oferenda sacrificial da família Torrance. Por sua atuação, Crothers recebeu um prêmio Saturn de melhor ator coadjuvante.

PUF! MAIS NEGROS MÁGICOS

O iluminado serve para indicar que, nos Estados Unidos atual, tudo o que resta do legado de feiticeiros africanos selvagens e primitivos ou das sacerdotisas vodus em transe é o sutil negro mágico. Como escreve Matthew Hughey em seu ensaio "Cinethetic Racism: White Redemption and Black Stereotypes in 'Magical Negro' Films", o negro mágico

> se tornou um personagem que geralmente aparece como um negro de classe baixa e pouca educação que tem poderes sobrenaturais ou mágicos. Esses poderes são usados para salvar homens desgrenhados, sem cultura, perdidos ou quebrados (quase sempre homens brancos) e transformá-los em pessoas contentes, competentes e de sucesso dentro do contexto do mito norte-americano de redenção e salvação.[25]

O negro mágico contemporâneo, seja no terror, na ficção científica ou no drama, continua a capturar a imaginação de Hollywood. Por exemplo, no filme À espera de um milagre (1999), que se passa na década de 1930, o personagem negro John Coffey (Michael Clarke Duncan) é mostrado como um grandalhão mágico e burro que está no corredor da morte por um crime que não cometeu — o estupro e assassinato de duas meninas brancas. Coffey cura a hérnia de seu executor com um toque de mão, libertando o homem da dor e permitindo-lhe que restaure sua vida sexual. Coffey remove o câncer da esposa do diretor da prisão, salvando a vida dela. Coffey até mesmo reduz dramaticamente o processo de envelhecimento de um rato. Contudo, Coffey não usa seus poderes para salvar a si mesmo e é executado por aqueles a quem ajudou, embora estejam cientes de sua inocência. No filme *Lendas da vida*, de 2000, que também se passa nos anos 1930, um fantasma negro chamado Vance (Will Smith) aparece para servir de carregador de tacos para Rannulph Junuh (Matt Damon), um veterano deprimido da Primeira Guerra Mundial e antiga estrela do golfe. Vance restaura Junuh emocionalmente, ajudando-o a ter sucesso no golfe e a arrumar uma namorada, e então Vance desaparece. À espera de um *milagre* e *Lendas da vida* não apenas apresentam um papel e uma função muito específicos para a negritude; esses filmes também valorizam um período em particular da história americana e das relações raciais, anterior ao movimento pelos Direitos Civis.

Heather Hicks especula sobre o ímpeto por trás de tais representações de negros mágicos.[26] Ela escreve que personagens negros recebem qualidades santificadas e até mesmo mágicas numa tentativa errônea dos cineastas de rebater estereótipos racistas. Contudo, caracterizações desse tipo servem ao público branco, na verdade, pois é necessário santificar um negro para que ele adquira o equivalente moral de um branco "normal". Além disso, Hicks observa que há uma fantasia de igualdade quando o oprimido, o desalentado, ou aqueles que estão na base da pirâmide social (como John Coffey) são presenteados com poderes mágicos para compensar o que falta a eles. Contudo, negros mágicos têm limites necessários, caso contrário eles se tornariam super-heróis (brancos) como o Super-Homem ou o Capitão América.[27]

No filme de terror "com negros" *Olhos famintos* (2001), uma mulher negra, Jezelle Gay Hartman (interpretada pela talentosa atriz de teatro Patricia Belcher), tem uma habilidade psíquica e sente que o perigo ronda dois jovens irmãos brancos — Patricia (Gina Philips) e Darry Jenner (Justin Long) — que, de férias da faculdade, estão voltando para casa, dirigindo por uma estrada localizada numa área rural. Por sua própria vontade, Jezelle localiza os jovens para ajudá-los a sobreviver a um encontro com um canibal de outro mundo que devora vítimas humanas num ato ritualístico. Assim como Dick em *O iluminado*, Jezelle se mantém perto dos Jenner, embora ela seja uma estranha para a dupla, permanecendo ao lado dos irmãos mesmo depois de ter sido rudemente rejeitada por eles, que a consideraram uma mulher louca. Jezelle fica frente a frente com o monstro e cai de joelhos orando enquanto se prepara para o autossacrifício. Contudo, em uma interessante reviravolta, Jezelle é poupada quando o monstro devora Darry. Com a vida preservada, Jezelle continua a apoiar os Jenner, confortando a irmã sobrevivente e agindo como uma mãe substituta até que os pais de Patricia cheguem para levá-la para casa.

De uma maneira perspicaz, "vendo" pessoas que usam seus poderes para o bem, a bondade do negro mágico é tornada ainda mais óbvia por meio de seu sacrifício voluntário. Seu heroísmo, além de não considerar a si mesmo, também não leva em conta seus entes queridos (que estão ausentes em todos esses filmes). Isto é, embora seja um objetivo nobre tentar manter a unidade familiar dos brancos, os negros mágicos não parecem ter famílias que lamentariam por eles e sofreriam pela sua morte.

No filme de terror "com negros" *Coração satânico* (1987), a personagem Epiphany Proudfoot (Lisa Bonet) é um caso raro de uma negra que se sacrifica e tem uma família. Ela é a filha birracial de uma negra praticante de vodu de Nova Orleans. Seu pai branco desapareceu muitos anos atrás. Epiphany é mostrada cuidando de seu filho bebê, que não tem mais do que dois anos de idade. Eles parecem ter apenas um ao outro, já que visitam o túmulo da mãe dela juntos. Sem nenhuma família por perto, o único suporte que Epiphany tem é a babá que ela contratou — uma mulher com quatorze filhos próprios que cuida do menino enquanto Epiphany se ocupa com os seus afazeres, o que inclui dançar de forma sensual em um ritual sangrento de vodu ou dormir com um estranho branco que chegou em Nova Orleans. Embora seja uma sacerdotisa "mambo" altamente intuitiva, que controla seus seguidores por meio do medo e punições, Epiphany não é intuitiva o suficiente para notar que estava transando (pornografia leve) com um parente possuído (que tomou o corpo e a alma de outra pessoa). Epiphany sofre uma aniquilação particularmente brutal e misógina depois de dormir com o homem, Harold Angel. Seu corpo, nu e ensanguentado, é encontrado com as pernas abertas, revelando que ela encontrou a morte por meio de um "tiro na perseguida". O filho de Epiphany se torna órfão.

O personagem Harold Angel (Mickey Rourke) revela ter uma relação problemática com a negritude que percorre o filme de maneira profunda. Nas cenas iniciais, em 1955, ele é convocado para uma reunião no Harlem por um homem misterioso chamado Louis Cyphre (leia-se: Lúcifer). Cyphre (Robert De Niro) se encontra com Angel em uma igreja de negros, aparentemente pentecostal, onde Cyphre é bem recebido, acolhido e protegido pelos paroquianos. Logo, a relação simbiótica e simbólica entre os negros, religiões negras e o mal fica evidente no filme desde o começo. A parada seguinte de Angel é (obviamente) Nova Orleans, onde ele encontra mais negros e mais religião negra — nesse caso, o vodu. Ele descobre que os negros estão dispostos a dividir os segredos mais valiosos de suas religiões com os brancos, e que os brancos se tornaram particularmente adeptos do uso da magia negra do vodu. Especificamente, eles têm uma comunicação direta com o diabo. No filme, um branco chamado Johnny Favorite dominou a magia negra com tanta habilidade que ninguém é páreo para ele, nem mesmo os negros que o ensinaram, e ele faz um pacto com o diabo, no qual entregaria sua alma em troca de ser um cantor famoso. Quando chega a hora de pagar sua parte e se entregar ao diabo, Johnny tenta fugir do acordo ao se alojar no corpo de outro homem.

O encontro-que-virou-estupro de Angel e Epiphany o deixa mais próximo de descobrir a verdade relacionada ao destino de Johnny — Angel na verdade é Johnny Favorite. Johnny, assim como Angel, teve amnésia e não se lembra da possessão. A punição de Epiphany (sem que ela saiba) por seu encontro incestuoso com o pai, Johnny/Angel, é muito maior do que aquela experimentada por Angel em consequência de sua oposição a Lúcifer. O destino de Angel é simplesmente pegar um elevador lento até o inferno para se juntar ao diabo. Se os abusos virão, e não fica claro se virão, não há a menor pista.

A maldição dos mortos-vivos (1988) apresenta vários negros que se sacrificam voluntariamente. Nesse filme de terror "com negros", um antropólogo norte-americano branco, Dennis Alan (Bill Pullman), viaja até o Haiti para buscar, junto a praticantes de vodu, uma mistura de drogas em pó que transforma as pessoas em zumbis. Dennis planeja adquirir a droga para a Bio Corp, uma empresa farmacêutica americana, que pretende utilizá-la como anestésico. Dessa forma, esse é um filme que "elabora repetidamente a distinção entre ciência branca [empresas farmacêuticas americanas] e magia negra".[28] Os negros que ajudam Dennis em seus esforços de apropriação morrem de forma grotesca e violenta. Por exemplo, Dennis consegue a ajuda de

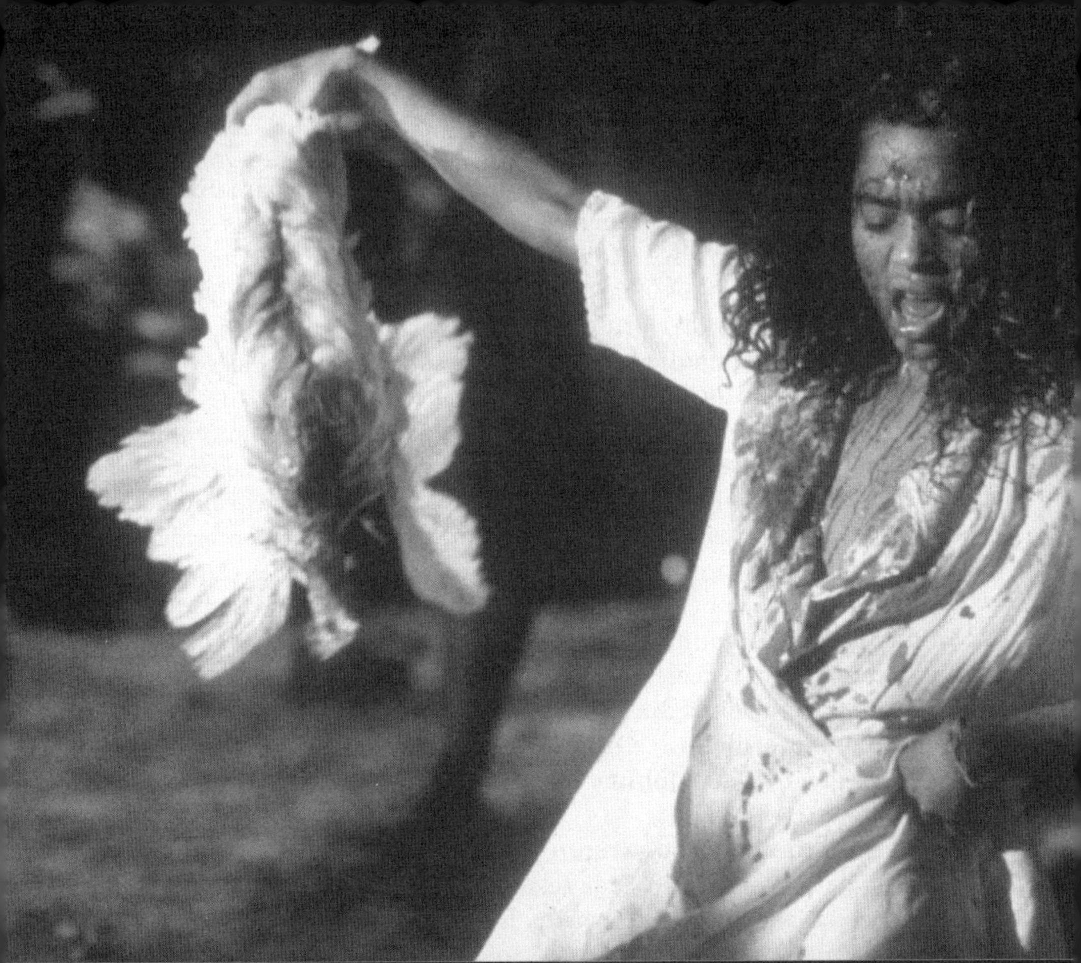
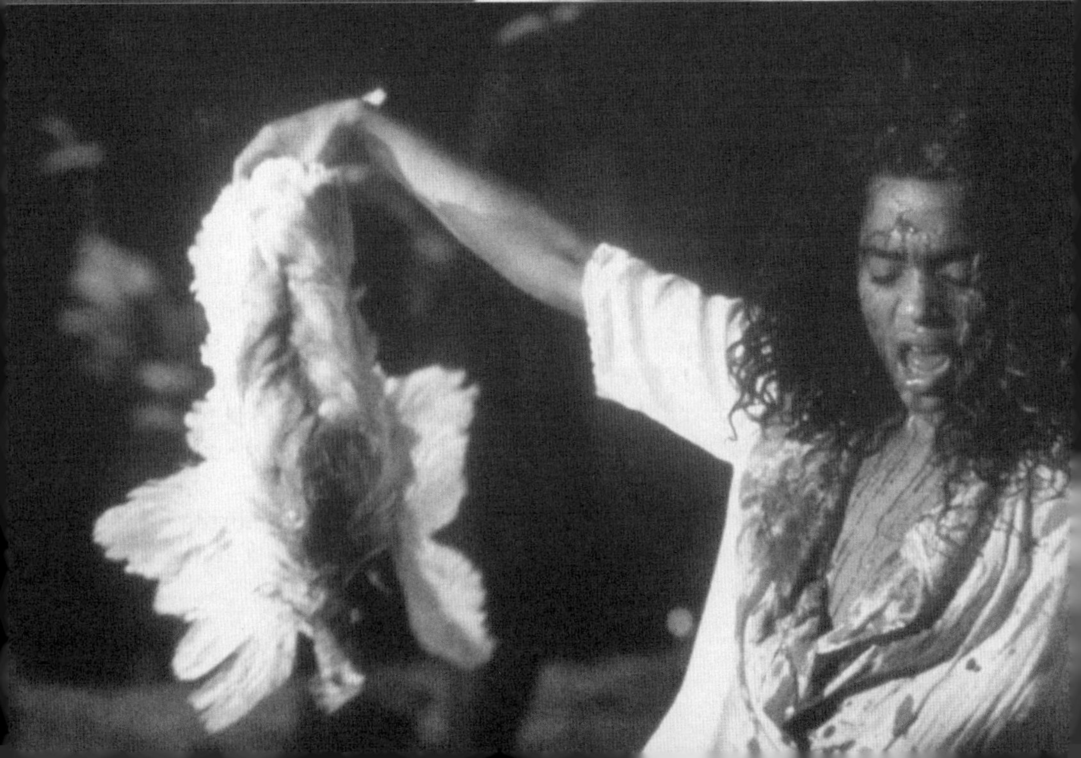

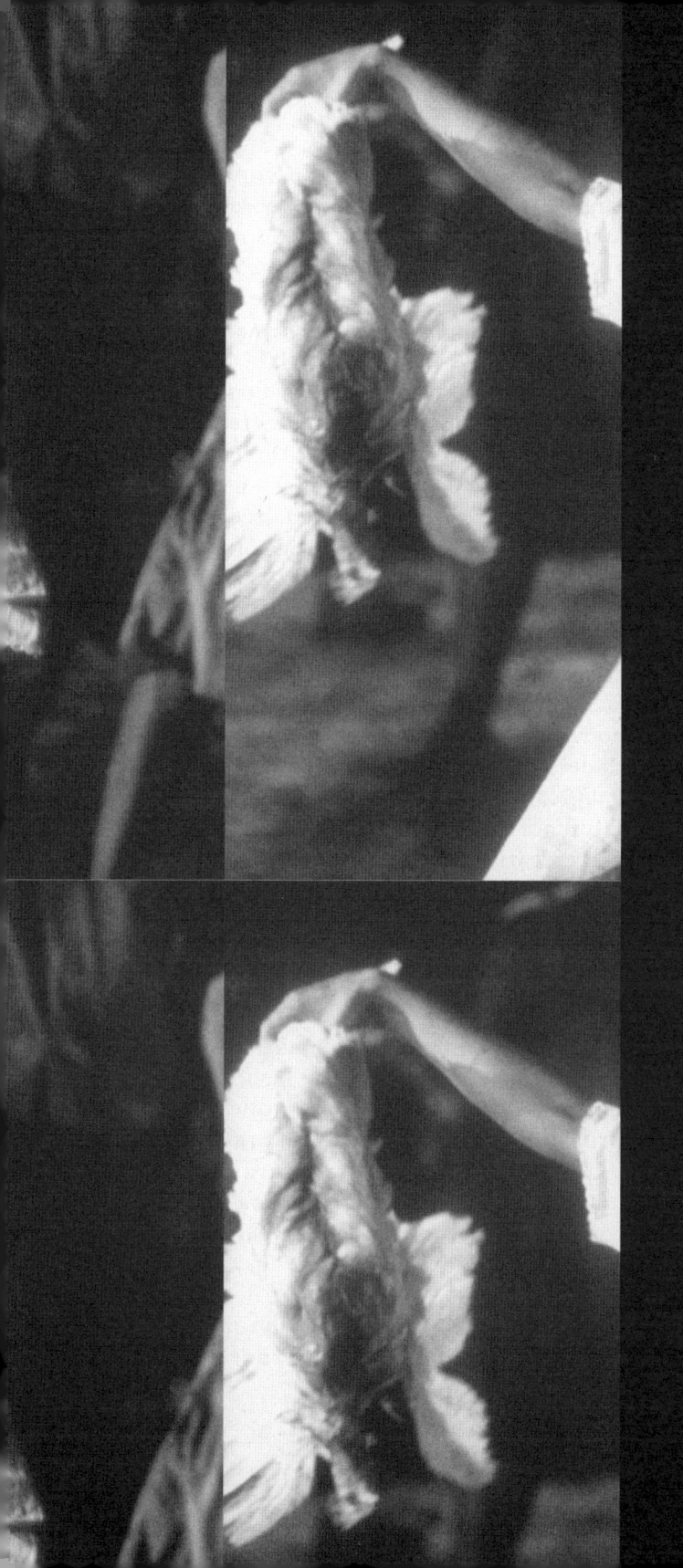

FIGURA 6.1 EPIPHANY PROUDFOOT NUM RITUAL VODU EM *CORAÇÃO SATÂNICO*, *Tri-Star/Photofest*

um sacerdote vodu/dono de clube noturno, Lucien Celine. Oficiais haitianos corruptos — membros da infame polícia secreta Tonton Macoute — deixam claro para Lucien que Dennis não deveria receber nenhuma ajuda em seu saque de práticas culturais/drogas. Quando Lucien não para de ajudar Dennis, ele é sacrificado ao ser picado por um escorpião venenoso que aparece magicamente em sua boca. Não é de surpreender, então, que Louis Mozart, um haitiano pobre que sabe como fazer a droga zumbi, seja decapitado porque ensinou Dennis a preparar a droga e o ajudou a levar a fórmula em segredo para os Estados Unidos. As motivações de Louis para ajudar Dennis foram a promessa de um pequeno pagamento — mil dólares — e a esperança de que Dennis contasse ao mundo sobre sua ajuda, enaltecendo Louis e seu "pó mágico". Dennis não cumpre nenhuma das promessas.

Embora o pano de fundo de A maldição dos mortos-vivos seja a revolução contra a presidência opressiva e violenta de Jean-Claude "Baby Doc" Duvalier, nenhum membro do governo ou da polícia que se opõe aos esforços de Dennis pensa em acabar com ele usando os métodos tradicionais de assassinato, com um facão ou armas de fogo — destinos que, no filme, vitimam cidadãos negros do Haiti com bastante regularidade. Em vez disso, Dennis é monitorado de perto, assediado (ele é magicamente induzido a ter sonhos ruins) e torturado, antes de finalmente ser persuadido a voar de volta para os Estados Unidos. Dennis retorna ao Haiti de maneira desafiadora, reunindo-se com outra de suas ajudantes haitianas, Marielle (Cathy Tyson), com quem ele tem relações sexuais. Marielle deseja deter o corrupto governo haitiano, mas não fica claro como ela vai fazer isso ajudando Dennis. Em seu retorno, Dennis é zumbificado e enterrado vivo. Ele é resgatado por um outro ajudante negro, Christophe (Conrad Roberts), um zumbi que não consegue se salvar do sofrimento. Obviamente, é a nêmesis de Dennis, o cruel chefe de polícia Dargent Peytraud (Zakes Mokae), que encontra o fim mais brutal. O próprio Peytraud, um mestre praticante de magia negra, usa de várias táticas sobrenaturais para tirar Dennis de seu caminho para a aquisição da valiosa mistura. Contudo, Dennis consegue uma última ajuda inestimável das almas negras que Peytraud matou. Dennis enfrenta Peytraud de frente, obtendo uma vitória jamais alcançada por ninguém antes dele. Dennis conquista o dom da telepatia e tortura Peytraud com uma dramática mutilação genital antes de enviá-lo para o inferno.

A MUDANÇA NA EXPERIÊNCIA CINEMATOGRÁFICA

Nos anos 1970, cinemas urbanos socialmente vibrantes e independentes, como o Elgin de Nova York, o Orson Welles Cinema de Boston e o Pagoda Palace Theater de São Francisco, ofereciam "filmes da meia-noite" (assim como muitos cinemas drive-in pelo país). Esses filmes eram definidos tanto pela independência, produção com orçamento limitado e temas sociopolíticos de oposição/resistência quanto pelos horários tardios em que eram exibidos. O resultado foi uma evolução cinematográfica em que filmes de terror como *The Rocky Horror Picture Show* (1975), *Eraserhead* (1977) e *A noite dos demônios* (1988), assim como filmes de outros gêneros como *Pink Flamingos* (1972) e *Balada sangrenta* (1972), abraçaram seu status underground e, por causa disso, foram saudados como os clássicos cult favoritos entre os jovens adultos descolados que frequentavam os cinemas. "Havia um movimento", escreve Heffernan,

> "de filmes apelativos para cinemas de arte", nas palavras de John Waters [um cineasta]. Muitos cinemas de arte permaneceram abertos ao longo dos anos 1970, contando com a bilheteria de híbridos excêntricos como Waters e seu *Pink Flamingos* [ou] *O massacre da serra elétrica*, que combinavam o horror visceral com floreios estilísticos excêntricos e segmentos non sequiturs dos filmes de arte.[29]

Os filmes da meia-noite de maior sucesso geralmente ficavam em cartaz por muito tempo, não apenas as poucas semanas típicas dos filmes de grandes estúdios, mas vários meses ou anos. Por exemplo, o musical britânico *The Rocky Horror Show* (1973), apesar de seu fracasso como uma peça da Broadway, experimentou um reavivamento inesperado nos Estados Unidos como um filme musical de terror. Rebatizado de *The Rocky Horror Picture Show*, a produção "chegou à meia-noite" e se tornou um fenômeno cultural, já que assistir ao filme repetidas vezes, assim como cantar junto, geralmente vestindo uma fantasia completa, se tornou um ritual comum para as legiões de fãs do filme. O filme tem sido exibido há décadas em cinemas como o Oriental Theatre em Milwaukee, Wisconsin, e o Clinton Street Theater em Portland, Oregon, e notavelmente o Museu Lichtspiele em Munique, Alemanha, exibe o filme diariamente, sem interrupções, há trinta anos.

A experiência de ir ao cinema nos anos 1980 assistiu ao fim de cinemas drive-in e independentes, assim como o desaparecimento dos baderneiros escandalosos, geralmente usuários de maconha, que alimentavam esses lugares. O fim do fenômeno de filmes cult/de arte no início dos anos 1980 coincidiu com duas tendências: "primeiro, a elevação do terror e da ficção científica em filmes como *Alien: o oitavo passageiro*, e em segundo lugar, o sucesso das tecnologias que permitiram ver filmes em casa, as quais fecharam a tampa do caixão dos cinemas drive-in, dos filmes dois por um e dos cinemas de arte".[30] No lugar dos pequenos cinemas e drive-ins, grandes cadeias de cinemas multiplex (como a AMC e a Showcase Cinemas) assumiram uma posição dominante. Em resposta, no início dos anos 1980, empresas de "arquitetura de entretenimento" como a Mesbur e Smith Architects (Canadá) emergiram oferecendo "conhecimento substancial em design de cinemas multiplex", incorporando "as últimas tecnologias, incluindo assentos de estádio com linha de visão uniforme".[31] Os planos de negócios multiplex giravam em torno da apresentação de filmes mainstream e sucessos de bilheteria em várias telas. Curiosamente, à medida que os cinemas cresciam, as ofertas diminuíam em diversidade. A variedade de filmes que era exibida em cinemas menores foi sacrificada a fim de proporcionar um número maior de assentos para exibições simultâneas de um único filme.

Os diretores de terror, em seu esforço para encher os grandes cinemas de arquitetura modernista, buscavam atrair uma massa lucrativa do mercado de jovens adultos brancos. Estrelas jovens foram escaladas e temas jovens foram adotados. Tecnologias melhoradas de efeitos visuais permitiam maneiras grotescamente inovadoras de se matar jovens, e foram bastante utilizadas enquanto o medo do mal-dentro-de-comunidades-brancas era explorado. Essas produções incluíam filmes de terror que se utilizavam de datas/eventos especiais, como *Baile de formatura* (1980), *O dia dos namorados macabro* (1981) e o natalino *Natal sangrento* (1984).

Esses filmes sangrentos com assassinos eram, além de extraordinariamente macabros, muito brancos. O público era questionado a respeito de sua capacidade de julgar se a pessoa por trás da máscara de halloween ou barba de Papai Noel era um amigo branco ou inimigo.[32] No pior dos casos, ao assistir esses filmes, os espectadores eram desafiados a descobrir se eles mesmos seriam os monstros ou as monstruosidades: "ou você se identifica com o assassino — e gostaria de sair por aí carregando um facão enorme e bem afiado também — ou você se identifica com a vítima inútil cujo desmembramento espetacular se torna a morte que você também merece".[33]

Juntamente com os filmes de terror hiperviolentos, o gênero do horror se encaminhava para o *centro* da cultura popular de maneiras interessantes, a partir de uma fonte completamente inesperada — o cantor Michael Jackson, o Rei do Pop.

MICHAEL JACKSON, O EMPRESÁRIO DO TERROR

O disco *Thriller* (1982) transformou Michael Jackson, que passou de uma estrela da música pop para um fenômeno musical e um ícone global. O crescimento da popularidade de Jackson coincidiu com o surgimento de programas de videoclipes musicais (como o *Video Concert Hall*) e redes de TV a cabo (como a MTV). A faixa-título de *Thriller* (escrita por Rod Temperton) foi lançada em 1983 e homenageia o gênero do filme de terror. Jackson canta sobre o mal, bestas que saem em perseguição no escuro, e vítimas que, paralisadas de medo, não têm para onde correr e nenhum lugar em que se esconder. Vincent Price, um ícone dos filmes de terror (por exemplo, *A mosca da cabeça branca* [1958], *O poço e o pêndulo* [1961] e *O abominável dr. Phibes* [1971]), também participa da canção com um "rap" acompanhado de efeitos sonoros comuns no terror, como rangidos e uivos: "Darkness falls across the land/ The midnight hour is close at hand/ Creatures crawl in search of blood/ To terrorize y'awl's neighborhood".* A letra de "Thriller", observa Mercer (31), "evoca alusões e referências à cultura cinematográfica do 'terror' e 'horror' [...]. A composição tece uma historinha".[34]

Numa tentativa de alinhar ainda mais *Thriller* com o gênero do terror, Jackson contratou o diretor de cinema John Landis para dirigir o clipe e o técnico de efeitos especiais Rick Baker para criar o terror. Landis e Baker também fizeram o clássico cult de terror *Um lobisomem americano em Londres* (1981), com a história previsível do "homem que se torna monstro", a qual pode ser perdoada graças aos seus efeitos especiais. A maneira como Landis filmou a

---

* Em tradução livre: A escuridão cai sobre a terra/ A meia-noite se aproxima/ Criaturas rastejam à procura de sangue/ Para aterrorizar a vizinhança [NT]

transformação do homem em lobo forneceu ao público uma revelação gráfica, em plena luz, e não no escuro, de como o delicado corpo humano deve passar por uma alteração extremamente dolorosa para se tornar uma criatura diferente e biologicamente distinta. Por causa do trabalho de Landis e Baker, *Um lobisomem americano em Londres* ganhou um Oscar e dois prêmios Saturn, de melhor maquiagem e melhor filme de terror.[35]

Jackson queria que Landis e Baker produzissem um vídeo de terror de qualidade similarmente alta. "Jackson disse a Landis que tinha assistido *Lobisomem* 'centenas de vezes' e queria que ele o transformasse em um monstro. 'Foi o que ele disse', Landis se lembra. 'Era o que ele queria. Ele era claramente fascinado pela metamorfose.'"[36] O resultado foi um vídeo musical de quatorze minutos — o primeiro do tipo — ao custo de quase 1 milhão de dólares.

No vídeo, Jackson interpreta um adolescente chamado Michael que está em um encontro com a sua "garota" (Ola Ray). Ele usa roupas dos anos 1950 e dirige um conversível da época, saudando um período presumidamente mais inocente na história (branca) americana.[37] A gasolina de Jackson acaba em uma área florestal remota. O público tem um vislumbre da lua cheia no momento em que Jackson se vira para sua acompanhante e, timidamente, revela que é "diferente", mostrando o quão distinto ele é dos "outros caras" ao se transformar em um lobisomem, numa referência óbvia ao filme de terror *O lobisomem adolescente* (1957). Evidentemente, o aviso de Jackson sobre ser "diferente" também pode conter um triplo sentido, fazendo referência ao corpo transgressor de Jackson e a sua sexualidade, às histórias estranhas que rondavam a estrela do pop (como uma tentativa de comprar os ossos do "Homem Elefante") e ao seu então estado monstruoso.[38]

Conforme o videoclipe prossegue, o público fica sabendo que estava assistindo a um filme dentro do filme, já que a cena é transposta para a época moderna e mostra Jackson e seu par em um cinema assistindo ao casal dos anos 1950 em um filme. Jackson e a garota saem do cinema e tomam o caminho de casa; de repente, sozinhos, eles estão passando na frente de um cemitério, onde, em determinado momento, Jackson se transforma em um zumbi ao estilo de *A noite dos mortos-vivos* (1968). *Thriller* apresenta mortos-vivos mutilados e ensanguentados se erguendo das tumbas. Esses monstros se juntam ao Jackson zumbi (com toques de *Frankenstein*) para fazer uma das sequências de dança mais icônicas na história da mídia moderna. O vídeo termina com Jackson fazendo uma pose lupina e com um sorriso carinhoso, deixando o final em aberto como muitos filmes de terror populares dos anos 1980.

Landis esperava que o vídeo musical trouxesse o curta cinematográfico de volta; contudo, a gravadora CBS, o selo de Jackson, não respondeu bem: "'A CBS mandou a gente ir se foder,' relembra Landis. 'Walter Yetnikoff, essas foram as palavras exatas dele: *Vai se foder*; foi o que ele me disse ao telefone'."[39] Embora o clipe não tenha ressuscitado os curtas, o vídeo rendeu a Jackson três prêmios concedidos pela MTV: melhor vídeo, escolha do público e coreografia.[40] A produção também inaugurou o mercado direto para VHS ou as "vendas diretas", nas quais as locadoras eram cortadas da cadeia com as vendas sendo realizadas diretamente para o consumidor — o *Thriller* de Michael Jackson, juntamente com o documentário dos bastidores *Making Michael Jackson's Thriller*, venderam milhões de cópias, embora ambos pudessem ser vistos de graça, e regularmente, na televisão.

O sucesso e o lucro do vídeo domiciliar "pavimentaram o caminho para a venda direta de VHSs e DVDs, uma pedra fundamental no modelo de negócios de Hollywood nas últimas duas décadas"[41] que beneficiou enormemente o terror, em especial. Ironicamente, o êxodo branco também afetou os locais urbanos de exibição da indústria cinematográfica, e o mercado de vídeos caseiros se esforçou para aliviar o trauma à medida que a "suburbanização realocou a localização da cultura popular americana durante o pós-guerra e esvaziou os cinemas urbanos nas cidades do país".[42] Jackson, Landis e Baker efetivamente tiraram o filme de terror do multiplex, e até mesmo das exibições televisivas durante a madrugada e de cinemas que ainda tinham as sessões da meia-noite, e o colocaram na TV a cabo no meio do dia (e, mais tarde, na reprodução doméstica). *Thriller* também cortejou um público demográfico a partir dos doze anos de idade.[43]

Em 1997 Jackson revisitaria o filme de terror, mas dessa vez sob a direção do mago da maquiagem e dos efeitos visuais Stan Winston, que trabalhou com o cantor pela primeira vez em *O mágico inesquecível* (1978) e cujos méritos famosos incluem os filmes de terror: *Monstro sem alma* (1976), *O enigma de outro mundo* (1982), *Aliens, o resgate* (1986), *O predador* (1987), *O predador 2: a caçada continua* (1990) e *O exterminador do futuro 2: o julgamento final* (1991). Com uma história concebida pelo escritor e roteirista de terror Stephen King, o filme de terror/videoclipe musical *Ghosts*, de quarenta minutos, se concentra no estranho "Maestro", que é adorado pelas crianças, mas incompreendido pelos adultos, que querem vê-lo expulso da comunidade. Em uma cena em preto e branco (antes do filme ganhar cor), os adultos, com crianças em seu encalço, marcham até o castelo do Maestro com tochas acessas ao estilo de *Frankenstein*. Em um relato aparentemente autobiográfico, o Maestro, em seguida, se transforma em várias figuras demoníacas para amedrontar os adultos e fazê-los ir embora, deixando-o sozinho com as crianças, que passam a brincar em seu castelo. Jackson usou de maquiagem e efeitos visuais para explorar o seu rosto — que já estava dramaticamente alterado pelas cirurgias plásticas e, a essa altura, já lembrava um esqueleto — ao se mostrar como um demônio esquelético descarnado. Jackson, em um papel duplo, também usaria de efeitos especiais para se transformar no "Prefeito", um homem branco intolerante e gordo que é especialmente contra a presença do Maestro na comunidade.

Embora *Thriller* e *Ghosts* pegassem mais leve em seu objetivo de assustar o público, os videoclipes mostraram de relance algo muito mais insidioso do que acontecia no íntimo do próprio cantor, especificamente seu desejo de uma transformação corporal na vida real que tornaria o próprio Jackson uma figura monstruosa. Os temas do terror e das alterações corporais (monstruosas) apareceriam repetidamente para Jackson em seus clipes/filmes *Captain EO* (1986), *Moonwalker* (1988) e *Black and White* (1991).

Contudo, a metamorfose da vida real de Jackson era mais alarmante. Embora ele sempre negasse a extensão de suas cirurgias, as evidências físicas eram óbvias: Jackson fez uma reconstrução obsessiva dos seus traços faciais (queixo, nariz, olhos etc.). Ele se comparava a Peter Pan, um personagem fantástico associado ao rejuvenescimento e à fantasia da juventude eterna;[44] contudo, a busca de Jackson para tornar essa fantasia realidade por meio de alterações estéticas era mais chocante e provocadora do que qualquer transformação vista em *Thriller* ou *Ghosts*. Skal, em seu livro *The Monster Show*, resume o "horroroso" caso de Jackson, conectando seu corpo real e material ao gênero do terror:

> Talvez não seja de surpreender que a estrela de "Thriller" tenha a intenção de transformar o seu rosto em algo parecido com uma caveira viva. De alguns ângulos, a pele branca como osso, o nariz aquilino e o cabelo cacheado remetiam a Lon Chaney em *O fantasma da ópera*. A comparação é válida, pois sublinha as funções culturais paralelas de Jackson e Chaney: a personificação de uma poderosa metáfora de transformação para um público basicamente incerto e temeroso em relação às reais possibilidades de mudança numa sociedade supostamente sem classes e passível de mobilidade.[45]

Dessa forma, os filmes de Jackson, ao apresentarem temas raciais para o público mainstream, são frequentemente complicados e matizados. Às vezes, monstros negros são estranhamente adoráveis (*Thriller*) ou servem para desafiar "a exclusão do Outro" (*Ghosts*). As contribuições de Jackson para os discursos da negritude no terror se confundem com sua aparente busca pela brancura fenotípica e com o desejo conservador do público mainstream dos anos 1980 de ter uma imagem da cultura pop que não suscitasse comentários (raciais) de qualquer tipo. Kobena Mercer, em "Monster Metaphors: Notes on Michael Jackson's Thriller", descreve a indeterminação racial e sexual de Jackson como um hieróglifo social — alguém que "exige, mas que desafia a decodificação".[46]

NEGROS TAGARELAS E NEGRAS MUDAS

Como o pôster no cinema anunciava, o "filme mais controverso do ano!", *Cão branco* (1982), conta a história de uma jovem atriz solteira, Julie Sawyer (Kristy McNichol), que vive nas colinas de Hollywood. Ela encontra um grande pastor-alemão na rua e decide adotá-lo para ter segurança e companhia. Contudo, logo se descobre que o cão tem um lado sombrio: ele gosta de fugir da casa de Julie para matar qualquer pessoa negra que encontre pela rua; brancos não são incomodados. Ele assassina a mordidas um trabalhador negro da prefeitura e quase mata uma atriz negra no local onde Julie trabalha. Acreditando que o animal havia apenas sido treinado como um cão de ataque, Julie o leva até um local de adestramento de animais — Noah's Ark. Lá, o cão ataca um cuidador negro. O branco idoso que é dono do lugar, o sr. Carruthers (Burl Ives), revela a Julie que ela não tem apenas um cão de ataque, mas um "cão branco".[47] É explicado que "cão branco" é um coloquialismo usado para se referir a cães treinados para matar pessoas negras. O filme afirma que os "cães brancos" possuem uma história: originalmente, eles eram usados para caçar escravizados fugitivos, e, mais tarde, negros condenados.[48] Mais recentemente, "cães brancos" são usados para atacar qualquer pessoa negra que apareça. Carruthers recomenda a eutanásia imediata do cão de Julie. Contudo, um adestrador de animais negro, Keys (Paul Winfield), intervém, voluntariando-se para fazer da reabilitação do cachorro a sua missão pessoal: "Eu vou fazer você aprender que é inútil atacar pele negra".

FIGURA 6.2 *CÃO BRANCO.*
Paramount Pictures/Photofest

Contudo, em uma cena particularmente violenta, o cão foge dos cuidados de Keys e acaba perseguindo um negro. Seguindo o homem até o interior de uma igreja, o cachorro o abocanha até a morte, deixando seu corpo no altar. Estranhamente, Keys pega o cachorro para continuar a adestrá-lo em vez de matar o animal, apesar dos pedidos de Julie e Carruthers para que ele coloque o cachorro para dormir antes que ele mate novamente.

Julie, em certo momento, encontra o primeiro dono do cachorro, um (estereotípico) branco pobre e racista que "mora em um estacionamento de trailers". O dono confirma que treinou o cachorro para ser "o melhor" cão branco de todos. *Cão branco* incentiva o seu público a desprezar, assim como considerar anômalo, o antigo dono do cachorro, que parece ter saído do interior do Mississippi dos anos 1930, tendo até mesmo um sotaque sulista. O filme tenta apresentar debates provocantes sobre o racismo: seria algo natural ou uma criação? Até mesmo os racistas poderiam ser vistos como membros da sociedade passíveis de redenção? Contudo, essas discussões não conseguem ficar à altura de um grande embate discursivo — questionar os dilemas raciais mais sutis, surgidos após a era das leis Jim Crow, que infestam a sociedade estadunidense. Como Keys continua a insistir na tentativa de reabilitar o cão, tentando fazer com que ele voltasse a ser o "dr. Jekyll", sua ideologia de assimilação é codificada como heroica enquanto continua a tentar se reconciliar com o cachorro. Dessa forma, o cão e seu apoiador negro servem como metáforas de esperança na melhora das relações raciais, mas essa esperança tem seus custos para a negritude. De certa forma, Keys se une a Dick Hallorran e Jezelle, sacrificando a sua segurança (e a de outros) em nome da branquitude.

O filme termina de forma perturbadora. Embora o cão tenha feito o seu melhor para acabar com os negros da Califórnia sozinho, Keys forçou o animal a tolerá-los. Nas cenas finais do filme, o cachorro se volta contra o branco sr. Carruthers. Apenas então Keys conclui que não é possível salvar o cachorro e atira nele.

Cão branco, desde o início, foi envolto de controvérsias. A NAACP se opôs ao filme antes mesmo do início das filmagens,[49] e durante as filmagens a organização pediu mudanças no roteiro.[50] O jornal *Village Voice* relatou:

na época em que o filme estava sendo feito, em meio à conscientização acerca da necessidade de imagens negras fortes, as atividades da Ku Klux Klan aumentavam. Nesse clima, a NAACP alertou a Paramount de que o filme, em que três negros são terrivelmente atacados pelo "cão branco", poderia ser uma incitação perigosa ao racismo.⁵¹

Assim que o filme ficou pronto, o Paramount Pictures, estúdio que produziu o filme, engavetou *Cão branco*, optando por não lançá-lo nos Estados Unidos. A Paramount declarou que *Cão branco* não teve uma boa resposta nos testes em Detroit.⁵² Por outro lado, seus realizadores afirmaram que o estúdio queria um filme mais parecido com *Tubarão*, mas com patas — coisa que o mais cerebral *Cão branco* não era.⁵³ Foi apenas em 1991 que o filme teve um lançamento limitado nos Estados Unidos, principalmente em pequenos festivais de cinema.⁵⁴

O enigma de outro mundo (1982), de John Carpenter, deu ao público um anti-herói de terror inesperado — um homem negro aguerrido e ferozmente independente que (presumidamente) sobrevive ao monstro. Nesse filme de terror "com negros", um grupo de pesquisadores alocados em uma estação científica remota na Antártica recebe por engano um alienígena recém-descongelado dentro do acampamento. O alienígena tem o único objetivo de sobreviver à custa de outros seres vivos. "A coisa" não apenas tem a habilidade de assumir a aparência de qualquer espécie viva (humano, cão, outras formas alienígenas etc.), mas também pode assimilar completamente aquilo que consumiu, apropriando-se de seu comportamento e memória. O filme funciona, observa Guerrero, por causa da sua "habilidade tecnológica em construir o monstro não como um vegetal humanoide ao estilo dos anos 1950, mas como um xenomorfo muito mais potente e patológico, um ser alienígena que tem o poder de invadir, absorver e imitar nos mínimos detalhes qualquer criatura com a qual tenha contato".⁵⁵

À medida que o grupo começa a perecer nas mãos do monstro doppelgänger, os homens vão ficando mais consumidos pela paranoia e medo (uns dos outros). Contudo, dois homens se mantêm firmes sob pressão. O primeiro é MacReady (Kurt Russell), um branco piloto de helicóptero cujas ações e pensamentos rápidos o colocam em um papel de liderança. O segundo homem é o corajoso e focado Childs (Keith David), um mecânico e um dos dois negros do grupo. Diferente de MacReady, que é cerebral e firme, Childs parece ser um esquentado que não confia em ninguém. Conforme a contagem de corpos aumenta e a tensão sobe, o grupo decide que precisa de um líder para organizá-los durante a luta pela vida. Childs se voluntaria como líder e automaticamente busca os armamentos que vêm junto com o posto. Contudo, a tentativa de Childs de assumir o poder é rejeitada sumariamente por MacReady — "Precisa ser alguém com o temperamento mais ameno, Childs" —, e o grupo concorda.

Doherty enxerga os membros do grupo isolado como homens "irritados, desagradáveis e egoístas, tão frios quanto a dura paisagem antártica que habitam. O fato de esses homens viverem de tal forma em um lugar apertado — em isolamento total, dependendo um do outro para a sobrevivência e auxílio — e ainda assim não desenvolverem um laço fraternal desafia a realidade social e a lógica dramática".[56] Contudo, existe uma outra leitura que pode explicar o motivo de eles serem "desagradáveis", e não fraternos. É uma interpretação que leva em conta relações de poder, assim como classes, educação e diferença racial. O acampamento é majoritariamente branco. Entre o grupo, há hierarquias sociais óbvias. A maior parte do grupo é composta por homens educados, habilidosos e treinados — médicos, cientistas pesquisadores (biólogos, geólogos, meteorologistas) e técnicos, como pilotos, todos eles brancos. Uma minoria de brancos possui status mais "baixo", trabalhando em funções como operadores de rádio, cuidadores de cães e mecânicos. Dois negros, Nauls (T.K. Carter), um cozinheiro, e Childs, um mecânico, não possuem uma "patente", por assim dizer. Em uma cena, um membro branco da equipe, que está machucado e tentando descansar, pede a Nauls que ele abaixe o volume de sua música. Nauls, que trabalha na cozinha, tenta encenar um pequeno ato de retribuição ao ignorar a ordem de maneira desafiadora. Igualmente, Childs se esforça para exercer algum poder ao desafiar a liderança de MacReady, e também questionando se MacReady pode ser uma "coisa". De maneira alguma Childs exibe a performance do negro assustado ou do sacrifício voluntário.

O clímax da narrativa se constrói quando Childs deixa o acampamento, desaparecendo no ambiente hostil. MacReady, que também estava fora de vista durante determinado momento, e possivelmente incorporado, explode o acampamento. Tal ato de destruição se torna um clássico do terror quando os personagens concluem que "a casa ou túnel poderia parecer um local seguro no início, mas as paredes que prometiam manter o assassino para fora rapidamente se transformaram nas paredes que prendem as vítimas no momento em que o assassino invade".[57]

O enigma de outro mundo conta com um final surpreendente. MacReady se prepara para morrer no frio congelante como o único sobrevivente. Se o alienígena não estiver em seu corpo, sem o acampamento para providenciar abrigo, ele seria congelado novamente. Se o alienígena estiver em seu corpo, MacReady será congelado até a morte juntamente com a criatura dentro dele. Contudo, no momento que MacReady está aceitando o seu destino, Childs reaparece de repente. MacReady e Childs não sabem com certeza se um ou o outro é o alienígena. O filme termina com os dois se encarando com ceticismo, mas também estabelecendo uma amizade — já que são iguais agora. Eles compartilham uma garrafa de bebida enquanto esperam para ver o que acontece em seguida. *O enigma de outro mundo*, então, apresenta um final bem aberto em que o destino do monstro e dos homens não fica explícito. E essa abertura narrativa, escreve Hutchings, pode ser vista como "uma expressão da ambivalência, ou até mesmo uma crítica, em relação aos valores sociais dominantes".[58] Poderia tal final, em que o monstro, o negro e o branco sobrevivem, ser uma crítica dos valores dominantes no que diz respeito ao poder ou apresentar uma ambivalência racial? Guerrero, de forma pessimista, acha que não:

> à medida que a câmera enquadra os sobreviventes em planos médios reversos de suspeita mútua, é possível discernir que a respiração do branco é pesadamente enevoada no ar antártico, enquanto a do homem negro, não. A implicação é sutil, mas clara: a Coisa vive e, de maneira significativa, seu portador é outra forma socialmente marginalizada, o homem negro.[59]

Se Guerrero está ou não perto de uma conclusão acerca de quem é a coisa não é tão importante quanto o fato de que Childs faz parte desta discussão desde o início. Ele desafia o estereótipo do parceiro que se sacrifica e papéis em que negros morrem primeiro. O personagem de Childs — que encara MacReady como Ben em *A noite dos mortos-vivos* olha para Harry — pode ser lido como o triunfo de sobrevivência que Ben não teve em *Noite*. Mais do que isso, Childs não trabalha para ajudar a branquitude, como vemos em *A maldição dos mortos-vivos*. Childs pode ser visto como uma pessoa cabeça-dura e até mesmo desagradável — qualquer uma dessas coisas representa uma sentença de morte para negros em filmes de terror. Seu heroísmo e suas falhas são o que são: "reais". Ele também não precisa carregar as pesadas expectativas das hierarquias sozinho.

Na verdade, a "dimensão apocalíptica"[60] de *O enigma de outro mundo* permite que o monstro assuma parte do fardo, uma vez que ele representava um novo Outro adentrando na sociedade.

As mulheres negras não tiveram muita inclusão no gênero durante esse ciclo dos filmes de terror. Uma exceção notável foi o filme de terror "com negros" *Vamp: a noite dos vampiros* (1986), estrelado pela artista/modelo/cantora Grace Jones. O filme se aproveita ao máximo da aparência chamativa de Jones — uma figura ligeira e andrógina de 1,8 m de altura com roupas de alta costura —, colocando-a no papel da vampira Katrina, dona de um clube de striptease. O clube Afterdark, localizado no centro da cidade, fica numa região desolada e imunda de Los Angeles, longe da vida agitada da cidade ao redor. O clube serve como disfarce para as caçadas vampíricas de Katrina. Seus servos trazem homens para Katrina se alimentar (embora ela seja uma "bi-vampira" e aceite mulheres com prazer). O problema começa quando três estudantes universitários, Keith (Chris Makepeace), A.J. (Robert Rusler) e Duncan (Gedde Watanabe), alunos de um campus fora da cidade, a "300 km da civilização", vão até o Afterdark com o objetivo de levar algumas strippers para uma festa na universidade. A.J. vira alimento para Katrina. Keith (que é branco), Duncan (que é amarelo) e "Amaretto" (Dedee Pfeiffer), uma jovem branca que eles resgatam do clube, lutam para sobreviver até o nascer do dia. Notavelmente, entre os heróis, apenas Duncan, o asiático amarelo, morre, sendo transformado em vampiro e então destruído pelo fogo. Até mesmo A.J., vítima de Katrina, sobrevive inesperadamente, mas como um vampiro que se resigna alegremente à vida como uma criatura noturna. Keith e Amaretto matam Katrina e caminham na direção do sol, aproveitando o dia.

Katrina é, ao mesmo tempo, bela e horrivelmente grotesca, cruelmente mortal e sexy. Seu exotismo se evidencia quando a vemos cercada de símbolos que lhe dão uma conotação de alteridade estrangeira — suas roupas, a cripta e outros apetrechos são oriundos do continente africano. Seu corpo é pintado com emblemas que parecem hieróglifos. Katrina se conforma ao exótico, literalmente; embora ela seja a dona do clube, e uma líder vampira, ela também atua como uma dançarina exótica, fazendo uma número altamente sexualizado, no qual simula uma relação sexual com uma cadeira. Katrina, na verdade, é mais obcecada por sexo do que por sangue. De maneira notável, há pouco mais para se dizer sobre Katrina, pois ela quase não tem falas no filme. Katrina é silenciosa, com exceção dos barulhos de sucção e

FIGURA 6.3 A SILENCIOSA E MORTAL KATRINA EM *VAMP*.
New World Pictures/Photofest

gemidos, grunhidos e silvos. Hudson resume sucintamente a função de Katrina: "Ela é associada à hipersexualidade e violência. Seu comportamento é retratado como animalesco: ela rosna e uiva ao lamber o corpo de A.J. [...] Porque os protagonistas de *Vamp* são brancos, Jones se destaca como o outro (mudo ou silenciado) cultural".[61]

A ausência de falas de Katrina talvez acrescente algo ao apelo de sua monstruosidade, mas também a limita. Essa falta de diálogos, juntamente com o foco em seu corpo, significa que o papel dela é única e exclusivamente ser um colírio para os olhos. Há pouco mais do que isso em relação a Katrina.

CONCLUSÃO

Os monstros dos anos 1980 geralmente desafiavam os modelos estabelecidos. Eles não eram racializados como negros, como em *King Kong* ou *O monstro da lagoa negra*. Ao contrário, os monstros dos anos 1980 eram brancos, masculinos e suburbanos. Dessa forma, em filmes brancos e suburbanos de terror, a "raça [se tornou] uma ausência estruturante nos arredores do terror contemporâneo, em que monstros, vítimas e heróis são predominantemente brancos, uma categoria não marcada racialmente".[62] Os monstros dos anos 1980 tinham acesso a recursos como fantasias de Papai Noel ou equipamentos de mineração, dirigiam carros e fabricavam as suas próprias armas. Esses "monstros brancos cujas faces emergem de um agrupamento aleatório de anuários escolares, carteiras de motoristas e espelhos de banheiros" podiam passar despercebidos, pois a maldade deles não era imediatamente identificável por causa da ausência de codificação de cor.[63] Se eles não chamassem suas vítimas, entrando nos sonhos delas, por exemplo, os monstros poderiam ser amplamente invisíveis, porque se encaixavam muito bem.

Os negros não tinham tanta sorte. Eles ficavam presos em ilhas ou eram deixados para trás em cidades moribundas. Personagens negros só enxergavam algum tipo de reparação imagética quando se tornavam o símbolo de uma devoção inter-racial unilateral. Embora não recebessem nenhum gesto de bondade por parte dos brancos, eles queriam ajudar, e sua recompensa era encontrar a morte enquanto contribuíam com a continuidade da branquitude. Obviamente, isso era o suficiente para que eles fossem para o céu, e não para o inferno. Esse tipo de sacrifício voluntário teria que servir para os negros (ou para os negros supimpas mágicos e místicos, como o cineasta Spike Lee os apelidou),[64] já que nem a própria magia podia ser usada para sua salvação.

Alguns acadêmicos refletiram que o terror desse período parecia entender "o Outro como um bode expiatório", recusando-se a "ver o monstro como uma aberração que precisa ser abatida para assegurar a normalidade da burguesia".[65] No entanto, tal conclusão não pode ser alcançada no contexto de análise da presença dos negros no terror ou da ausência de um "terror negro". James Snead argumenta que a omissão, ou exclusão, é a forma mais comum de estereotipação, mas também é a mais difícil de identificar porque sua manifestação é a própria ausência.[66] Na verdade, o Outro Nativo Americano se tornou o bode expiatório do mal, e a década como um todo foi um comentário sobre como reassegurar a normalidade da burguesia branca. Uma maneira, de fato, era ficar longe de cemitérios e das áreas urbanas centrais.

Se Michael Jackson não tivesse inserido uma tirada autodepreciativa acerca da sua identidade em *Thriller*, a heterossexualidade masculina não teria sido examinada e seria considerada a norma. As mulheres, como a sexy e silenciosa Katrina, que deveriam ser vistas, mas não ouvidas, é que eram consideradas "um problema, uma fonte de ansiedade, de questionamentos obsessivos", ao contrário dos homens.[67]

Contudo, enquanto as comunidades brancas e negras ocupavam uma existência "onde nunca haveriam de se encontrar" nos anos 1980, as coisas começaram a mudar dramaticamente na década seguinte — os anos 1990 —, quando a condição do mundo urbano tomaria o palco central. Os negros que foram deixados para trás finalmente seriam inseridos em histórias sérias de redenção moral — com mulheres negras, em alguns casos, atuando como salvadoras vocais e poderosas.

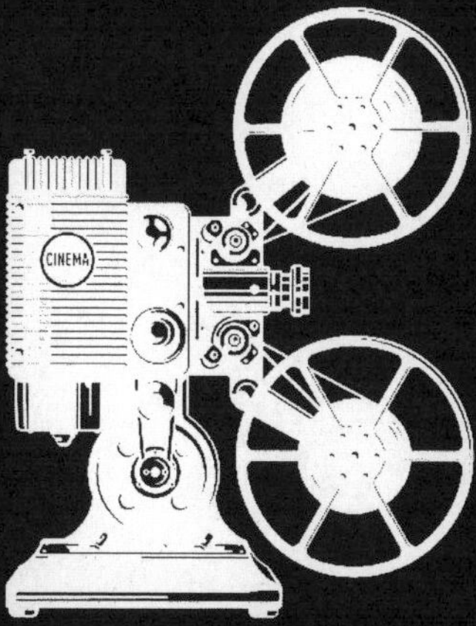
CINEMA

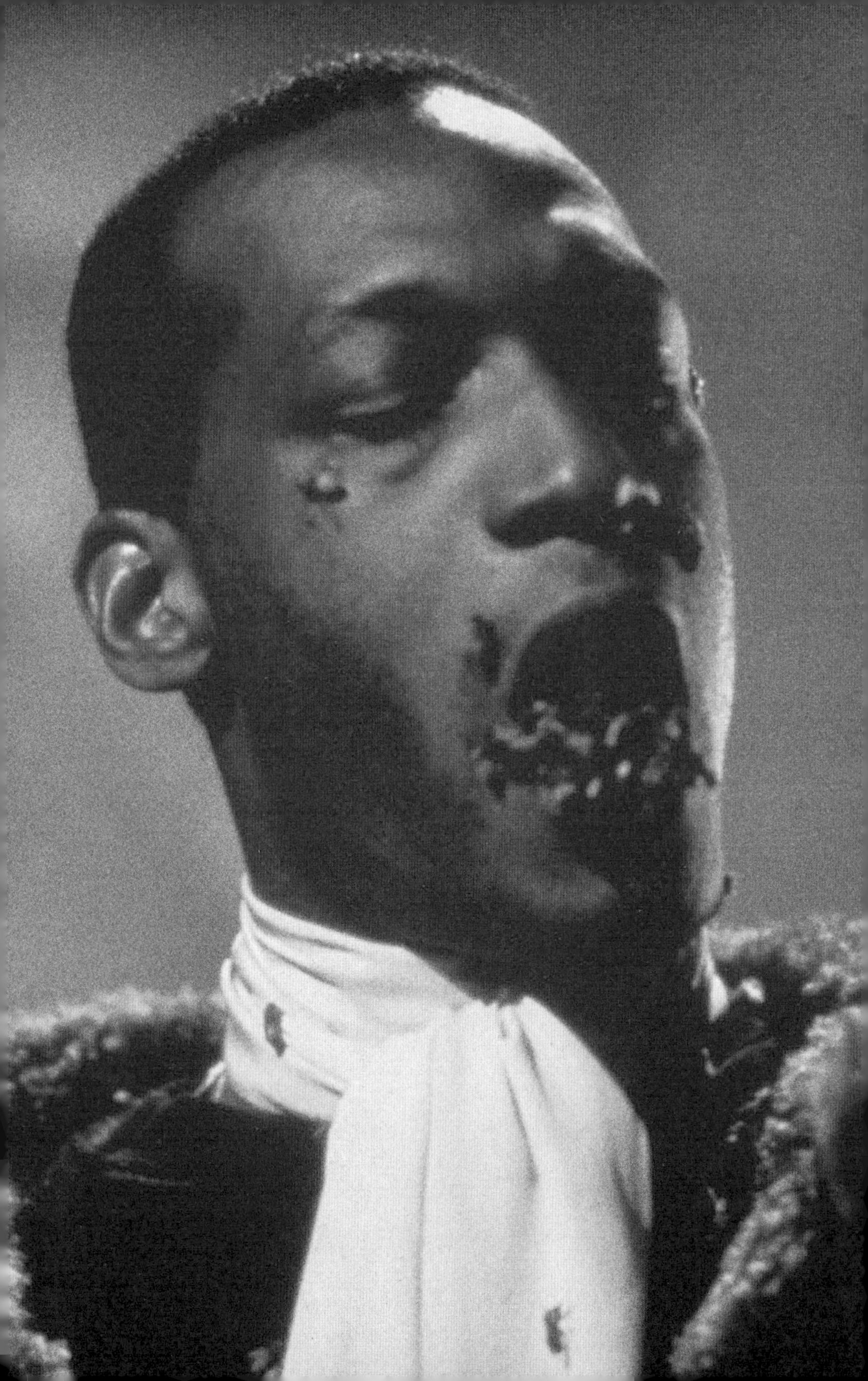

Horror Noire

1990

ESTAMOS DE VOLTA! A VINGANÇA E O TERRENO URBANO

Mas não seria cada centímetro de nossas cidades uma cena de crime? Cada transeunte, um culpado?— **BENJAMIN** (256)[1]

O gênero do filme de terror celebrou o seu primeiro século em estilo altamente cinematográfico com a chegada daqueles que podem ser chamados de filmes de terror de "prestígio".[1] *O silêncio dos inocentes* (1991), dirigido por Jonathan Demme, levou o seu terror a sério, escalando Jodie Foster, vencedora do Oscar, e Anthony Hopkins, indicado ao Oscar, para oferecer calafrios psicológicos nauseantes. Respeitar o gênero deu resultados, com *O silêncio dos inocentes* recebendo surpreendentes cinco Oscars — melhor ator, melhor atriz, melhor diretor, melhor filme e melhor roteiro. O filme abre uma década excitante e cheia de terror. *Entrevista com o vampiro* (1994), de Neil Jordan, devolveu o apelo sexy ao gênero, com três ídolos das matinês, Antonio Banderas, Tom Cruise e Brad Pitt. Essa estratégia funcionou bem, rendendo ao filme duas indicações ao Oscar e vários outros prêmios. Como Abbot nota, os anos 1990 representaram o amor dos Estados Unidos pelo terror, com Hollywood investindo forte em estrelas notáveis e grandes orçamentos para os filmes do gênero.[2] Francis Ford Coppola, vencedor do Oscar e famoso pela trilogia *O poderoso chefão*

(1972, 1974, 1990), assumiu a tarefa de dirigir *Drácula* (1992). O ator Jack Nicholson, vencedor de dois Oscars e estrela do filme *O iluminado* (1980), voltou ao terror em *Lobo* (1994). Assim como Robert De Niro, também vencedor de dois Oscars (*O poderoso chefão* II [1974]; *Touro indomável* [1980]) e estrela do filme de terror *Coração satânico* (1987), revisita o gênero como a Criatura em *Frankenstein de Mary Shelley* (1994). Mas tivemos outros — muitos, muitos outros — filmes nos anos 1990, como o sucesso de bilheteria *A múmia* (1999), que unia ação e monstros, e o aterrorizante e melancólico *O sexto sentido* (1999). E também os sucessos inesperados da década, como *A bruxa de Blair* (1999), produzido com menos de 100 mil dólares, mas que foi um estouro de bilheteria (faturando mais de 130 milhões de dólares em suas primeiras semanas de lançamento) ao fazer barulho na internet. O terror havia se tornado tão movimentado que, em 2004, aproveitando a popularidade gerada por *A múmia* e *O retorno da múmia* (2001), o parque de diversões Universal Studios Hollywood inaugurou uma montanha-russa com a temática do filme, a "Revenge of the Mummy".[3]

A participação negra nesses filmes de terror de prestígio foi notadamente limitada, o que nos leva à pergunta: o que o gênero do terror significou para os negros na década de 1990? A boa notícia é que o "terror negro" estava de volta nessa década e com sede de vingança, chegando com uma força que não era vista desde o ciclo de terror dos anos 1970 da era blaxploitation. Um filme em particular, *Def by Temptation* (1990), foi uma reminiscência dos filmes de terror religiosos de Spencer Williams dos anos 1940, como *O sangue de Jesus* (1941) e *Go Down, Death* (1944), dando um novo — e assustador — sopro de vida às histórias moralizantes. Da mesma forma, "filmes negros" de terror como *Contos macabros* (1995) modernizaram a mensagem Black Power presente em filmes como *A vingança dos mortos* (1974), tratando sobre a onda de gangues e violência oriunda das drogas que assolavam algumas comunidades negras. E finalmente o mais importante: nos anos de 1990, foram produzidos "filmes negros" de monstros, como *The Embalmer* (1996), em que os negros retalham e gritam, vivem e morrem, assim como as demais pessoas nos filmes do gênero.

Também tivemos alguns dos chamados filmes de prestígio no "terror negro", e se houve alguém por trás de um projeto desse tipo esse alguém só poderia ter sido Oprah Winfrey, com *Bem-amada* (1998). De outra maneira, os "filmes negros" de terror teriam sorte se conseguissem qualquer financiamento (como *Bugged* [1997]). Felizmente, ou talvez não, dada a qualidade oscilante, vários "filmes negros" de terror foram feitos, alimentando a explosão do mercado de vídeos caseiros. Resumindo, embora o "terror negro" não estivesse acumulando prêmios ou quebrando recordes de bilheteria, o gênero estava abrindo caminho ao colocar negros em papéis substanciais, e não apenas em pontas, como em *Um vampiro no Brooklyn* (1995).

Da mesma forma, os filmes de terror "com negros" foram abundantes. *O mistério de Candyman* (1992) brincou com velhos estereótipos, colocando novamente uma bela loira em perigo nas mãos de um bicho-papão negro. Notavelmente, os filmes de terror "com negros" também apresentaram super-heróis negro, como Blade e Spawn, homens em busca de vingança contra os vilões brancos que destruíram suas vidas.

Havia uma linha que atravessava muitos dos "filmes negros" de terror e dos filmes de terror "com negros". Os anos 1990 foram unidos pela temática da área urbana, especificamente as áreas majoritariamente negras nos guetos, investimentos imobiliários mortais. Em vários "filmes negros" de terror, a área urbana era retratada como um lugar perigoso e problemático, mas que valia o esforço e mesmo uma tentativa de limpeza (como em *Ameaça urbana* [1999]). Ao contrário, o filme de terror "com negros" *O predador 2: a caçada continua* (1990) retratou a área urbana como os filmes das décadas de 1920 e 1930 mostravam as florestas da África — sedenta por sangue. As únicas diferenças entre as selvas e as cidades eram que os negros norte-americanos apareciam um pouco mais vestidos que os nativos africanos e que suas armas preferidas eram pistolas em vez de lanças. Ainda assim, o negro estava de volta, e voltou arrebentando as portas do terror moderno.

CEDENDO À TENTAÇÃO

Os anos 1990 começaram com *Def by Temptation* (1990), um "filme negro" sério e independente que lembra muito o trabalho de Spencer Williams em *O sangue de Jesus* (1941). Distribuído pela Troma Entertainment, uma empresa infame por causa de seu extenso catálogo de filmes bregas e apelativos, além de filmes de terror como *O vingador tóxico* (1984) e *A camisinha assassina* (1996), *Temptation* acabou se destacando por sua qualidade e foi saudado pelo presidente da Troma, Lloyd Kaufman, como o "melhor" filme do catálogo da empresa.[4] Assim como *O sangue*, *Temptation* era limitado pelo orçamento, mas, assim como *O sangue*, *Temptation* compensava as dificuldades por meio da imaginação e de sequências altamente estilizadas.

Temptation foi escrito, dirigido e produzido pelo ator negro James Bond III, diretor estreante que também atua no filme. O filme apresenta um talentoso elenco negro, com Samuel L. Jackson, Kadeem Hardison, Bill Nunn e Bond (todos tinham aparecido juntos no filme *Lute pela coisa certa* [1988], de Spike Lee), e conta com uma pequena participação da cantora/atriz de teatro e TV Melba Moore e o saxofonista de jazz Najee. O filme foi o primeiro trabalho de produção do renomado produtor de televisão e cinema, autor, ator e diretor Nelson George. Além disso, o premiado diretor de fotografia e diretor Ernest K. Dickerson (*Dexter*, temporadas 2008 e 2009; *Dia dos mortos*, 1985; *Malcolm X*, 1992; *A escuta*, temporadas 2004-2006) é o diretor de fotografia do filme.

O filme se concentra em Joel (Bond III), um seminarista de vinte anos que está visitando o irmão mais velho "K" (Kadeem Hardison), um ator que mora no Brooklyn. É a primeira viagem de Joel para Nova York, que vive em uma cidadezinha na Carolina do Norte. Ele deixa para trás a sua "Vovó" (Minnie Gentry), que o criou após a morte dos pais, falecidos em um acidente de carro. A história gira em torno da busca de Joel, que deseja ter certeza a respeito de sua decisão de seguir os passos do pai e se tornar pastor. O Brooklyn, como uma grande cidade do norte, é apresentado como o lar de influências corruptoras — escapadas sexuais, infidelidade, bebidas, e em uma cena dramática até mesmo a TV se mostra literalmente mortal. Ao contrário, a cidadezinha do sul é mostrada como um lugar que irradia retidão. O sul é "lá em casa", a utopia negra fantástica da boa criação, piedade e história. Os sulistas se encontram em igrejas, e não em bares. As mulheres sulistas usam cruzes, e não maquiagem pesada. *Temptation* apresenta aquilo que Reid chama de "dualismo moralista regional", em que a cultura sulista é associada às responsividades decentes e honestas, em oposição direta ao norte.[5]

No filme, um espírito demoníaco chamado Temptation (Cynthia Bond) é, de acordo com o enredo, uma "coisa" que usa da sexualidade para tornar a moralidade sua refém. O espírito, ao longo dos séculos, ganhou forma carnal e passou a seduzir os pecadores, considerando uma vitória particular quando um verdadeiro inocente — como um pastor temente a Deus — sucumbe à tentação. Temptation assume uma forma feminina no filme e, de modo similar a *Abby* (1974), preda os homens que apanha, ou que a apanham, para matá-los durante o sexo. As vítimas da viúva negra representam pecados bem específicos e significativos, e assim temos uma visão social bem conservadora. Há um homem que encoraja uma de suas namoradas a fazer um aborto. E também há um que tira a sua aliança antes de se relacionar com Temptation. Aqui, depois do sexo, Temptation provoca o homem: "Querido, eu te passei uma coisa que não tem cura. Vai crescer e crescer até te consumir". A resposta do homem sobre a aparência saudável de Temptation — "Você não parece ter nada" — configura um sermão óbvio a respeito do sexo sem proteção. O homem, presumidamente infectado com uma doença sexualmente transmissível, começa a se deteriorar imediatamente, tornando o seu pecado visível para a esposa, que, por causa da infidelidade do marido, atira nele. Contudo, o filme reserva sua violência mais gráfica (punição) a um homem gay. Ele é atraído por Temptation, e ela o encoraja a experimentá-la só uma vez porque "uma mulher é muito melhor". No quarto de Temptation, à medida que o homem se prepara para o que acredita ser sexo consensual, ela parece mais maliciosa do que sedutora, como foi com suas outras vítimas masculinas. Quando o homem pergunta se fez alguma coisa errada, ela responde "sim" de maneira desdenhosa antes de estuprá-lo violentamente. Aqui, Temptation se torna uma "coisa", inserindo um objeto não mostrado, ou parte do corpo, no reto do homem, enquanto ele pergunta "De onde você tirou *isso*?" antes de implorar a Temptation que pare e retire aquilo. Ele recebe toda a fúria dela, com os rosnados de Temptation abafando os gritos do homem enquanto ela o penetra e o retalha, para então sair do quarto ensopada com o sangue dele. A cena mais feroz do filme é uma representação alarmante da violência homofóbica, alinhando-se com — e aprovando de maneira velada — a violência real que a comunidade LGBTQI+ experimenta. Por exemplo, um relatório de 1989, divulgado um ano antes do lançamento *Temptation*, revelou que 5% dos gays e 10% das lésbicas entrevistados afirmaram ter sido vítimas de algum tipo de violência homofóbica, enquanto 47% de todos os entrevistados afirmaram já ter sido vítimas de algum tipo de discriminação baseada em sua orientação sexual.[6]

Temptation mira em Joel, que é mostrado como uma figura claramente destoante em Nova York, tanto nas roupas quanto em seus maneirismos. K, que é "afiado como uma lâmina", usa as roupas urbanas da moda — moletons caros e tênis. Sua fala é moderna e pincelada com gírias e palavrões. Contudo, Joel chega usando roupas cáqui, uma camisa abotoada e sapatos marrons "feios". Ele tem a fala refinada e não conhece coloquialismos, respondendo "Fornicar é pecado" quando K pergunta se ele "cairia de boca" se conhecesse uma mulher atraente. Joel, da "cidadezinha", onde ele provavelmente "espantava mosquitos,

FIGURA 7.1 JOEL E K EM *DEF BY TEMPTATION*.
Troma Films/Photofest

tirava leite de vaca e merdas do tipo", precisa ter uma aula sobre como se vestir e sobre o dialeto urbano.[7] K começa a suspeitar de Temptation e, com a ajuda de um agente federal à paisana, Dougy (Bill Nunn), que também investiga crimes paranormais, tenta matar Temptation.

A história de *Temptation* se volta para o heroísmo de uma mulher. K e Dougy são mortos, deixando Joel vulnerável. De repente, Vovó aparece em cena para salvar o neto. Armada com a bíblia de Joel (que ele deixou em casa) e uma cruz de madeira, Vovó chuta a porta de Temptation, pronta para travar uma batalha espiritual ao apoiar Joel com algumas palavras de pregação. Juntos, Vovó e Joel lutam contra Temptation. Vovó personifica certo tipo de teologia mulherista — uma preocupação com a comunidade negra e sua salvação como um todo — enquanto mostra a "resiliência das famílias centradas em uma mulher e seu desejo de cuidar das crianças negras".[8] *Temptation* celebra e se agarra a uma noção de uma avó ou parente que assume tal posição, ainda que essa conexão comunitária seja cada vez mais elusiva.

A representação desse tipo de figura materna evidencia um rompimento importante com os filmes não negros de terror. A "mãe como figura devoradora e venenosa" é estranha ao "terror negro", onde as mulheres negras, quando mostradas, são reverenciadas.[9] No "terror negro", a narrativa central geralmente não se foca em mães negras produzindo "sementes do mal", ou "psicopatas", e nem deforma a religião com crueldade abusiva para criar uma criança sobrenatural e monstruosa (como em *Carrie, a estranha* [1976]).

No clímax do filme Joel escolhe Deus, proclamando: "Demônio, eu te esconjuro!". Graças ao poder da cruz que Vovó trouxe com ela, Joel destrói Temptation ao erguer o objeto diante dela, fazendo-a revelar sua verdadeira forma demoníaca e grotesca antes de explodir. Joel e Vovó, então, representam a família e a fé restauradas. O filme termina com um aviso de perigo, pois K e Dougy foram ressuscitados como criaturas do mal e andam atraindo mulheres. Contudo, de volta ao caminho direito, Joel afirma ao público que está pronto para lutar pelas coisas certas. Dessa forma, o filme afirma, "a única resposta para o sofrimento e a decadência urbana é Jesus".[10]

Temptation foi saudado pelo jornal *Washington Post* como um filme "anos luz à frente de *Blácula*", tendo "profundidade e detalhamento emocional que geralmente faltam em filmes do tipo", e evitando alguns do estereótipos geralmente oferecidos pelo "sistema de filmes brancos".[11] O filme foi citado como uma produção de baixo orçamento. Contudo, se o filme for avaliado fora dos padrões hollywoodianos (como fez o presidente da Troma), ele não pode ser simplesmente ignorado como um filme B. Em vez disso, como revela a crítica do *Post*, trata-se de um filme negro com convenções narrativas únicas, que não deveriam ser "ignoradas como defeitos artísticos ou técnicos".[12] Pelo contrário, o filme contribui para a tradição cinematográfica negra que não trabalha para replicar as sensibilidades ou inclinações estéticas, ou, no caso do terror, a obsessão pelos efeitos especiais, de Hollywood.

Temptation se juntou a outros dois filmes negros dramáticos e misteriosos, *Não durma nervoso* (1990) e *Amores divididos* (1997), logo, marcando os anos 1990 como uma década focada na cultura e famílias negras, especialmente aquelas fora do gueto. *Nervoso*, dirigido pelo aclamado diretor negro Charles Burnett, é inspirado no terror e se concentra em um vigarista malvado, Harry (Danny Glover), que entrou na casa de uma família temente a Deus num bairro negro de classe média em Los Angeles. Harry traz consigo uma gama de rituais supersticiosos (jogar sal para afastar o azar) e folclóricos (medicina popular, encantamentos) da sua "casa" — o sul — e que aparentemente não se enquadram mais em um lar cristão nortenho, criando, dessa forma, "tensões entre os valores latentes do sul rural e aqueles expressados pela cultura negra urbana e contemporânea".[13] Depois que Harry se torna vítima de uma das suas superstições e morre, a família se vê livre do seu mal, evitando que matem uns aos outros. O igualmente enigmático *Amores divididos* (1997), dirigido pela premiada diretora negra Kasi Lemmons, coloca a religião do povo negro como peça central de sua narrativa. O filme, situado em uma cidadezinha da Louisiana nos anos 1960, conta a história da família Baptiste, descendente de um escravagista branco e uma escravizada negra. A família lida com uma série de traumas. A jovem Eve (Jurnee Smollett) compõe esse núcleo familiar, e, assim como sua tia Mozelle (Debbie Morgan), ela possui o dom da "visão". Sendo uma "conselheira psíquica", Mozelle reza para Jesus antes de "ver" algo para seus clientes. Contudo, não se trata de vodu, e Mozelle nega saber como praticar vodu, isto é, até que uma mulher desesperada por ajuda não deixa outra opção para Mozelle, e ela acaba precisando usar o seu poder. Da mesma forma, há uma bruxa, Elzora (Diahann Carroll), cujo poder é ambíguo, mas alimentado por sistemas tradicionais de crença e conhecimentos de antigas práticas religiosas negras. *Amores* se torna um "bom filme negro" à medida que demonstra "conhecimento íntimo e especializado da experiência negra".[14]

REINVENTANDO A IMAGEM NEGRA URBANA

> Brancos dizem, fuja!
> Ainda — cá estou
> Brancos dizem, voe!
> Cá estou!
>
> — Langston Hughes[15]

Filmes de terror e ficção científica como *A guerra dos mundos* (1953) e *O mundo em perigo* (1954) asseguraram aos brancos suburbanos que eles haviam feito a escolha certa ao rejeitar a vida urbana, já que marcianos e formigas gigantes — "representações espetaculares do Outro e da sua violência" — destruíam cidades.[16] Mas o horror tinha tudo a ver com o medo e o caos causados pela perturbação, e ao longo dos anos o gênero levou o terror para esses enclaves supostamente idílicos ao mostrar que monstros brancos (não é permitida a presença de negros!) poderiam se mudar para esses lugares também.

Com monstros como Freddy Krueger e Michael Myers ocupados em transformar brancos suburbanos em purê, os "filmes negros" de terror se aproveitaram do vazio representacional que restou quando o terror branco também se mudou para os subúrbios. Esses filmes de terror em cenários urbanos apresentavam narrativas centradas em negros, isto é, se utilizavam das crenças, da história e da cultura negra. A estética era negra, com expressões de estilo, música, linguagem e cadência em geral — referências culturalmente específicas e informações que vinham de dentro —, e também conversava com a negritude. Os filmes trouxeram um realismo social, revelando o que havia de mais ameaçador para os negros urbanos, aquilo que mais os assombrava enquanto estavam despertos ou em seus sonhos, o racismo contínuo, a disparidade econômica, crises de saúde e formas específicas de criminalidade, como armas, violência de gangues e corrupção policial.

Os negros foram mostrados não apenas como figuras urbanas, mas também como moradores dos guetos, que não devem ser confundidos com os centros das cidades, os quais ainda estavam abertos para negócios. Em vez disso, os negros ficavam em regiões desoladas da cidade, no centro dos guetos, o oposto dos subúrbios e outros locais não urbanos (como a área rural). Os guetos ficaram associados a uma imagem racializada e de classe baixa, onde os negros eram retratados como pessoas pobres ou tomando parte em economias ilegais do submundo, como a venda de drogas. Apenas os violentos, perigosos e depravados sobreviviam nas áreas urbanas, enquanto os inocentes, aqueles que não conseguiam sair, eram transformados em reféns.

Também ocorreram movimentos nos filmes de terror cujo objetivo era refazer a imagem apresentada dos bairros negros. Esses lugares nem sempre eram apenas comunidades urbanas empobrecidas ou, como foram descritos nos anos 1970, "o gueto". Agora, "a quebrada" era o apelido da vez, e a quebrada por vezes acomodava a imagem espacial do gueto, mas ao mesmo tempo permitia "maior flexibilidade [...] para descrever e delinear localidade — literalmente, o bairro de alguém e o espaço que esse alguém relaciona a um ambiente familiar".[17] A quebrada, então, também era um lugar que possuía um significado real, pois pertencia a uma construção identitária e de entendimento da comunidade. Por exemplo, na quebrada os negros eram "reais", autenticamente negros. Enquanto alguns negros "caíam fora" por alguma oportunidade de trabalho ou educação, os negros "vendidos" eram aqueles que viravam as costas para sua relação com a quebrada e para as memórias relacionadas ao lugar. Embora tendo uma reputação difícil, a quebrada ainda era o lar e tinha muito a oferecer, incluindo contribuições seminais para todas as facetas da cultura negra. Por causa dessa liberdade cultural e retórica, a geração do hip-hop pode ser especificamente agradecida por ter lembrado aos negros que o relacionamento de uma pessoa com a sua comunidade é algo profundo e complexo, e não pode ser reduzido a convenções banais.

LUTANDO PELA QUEBRADA

O "filme negro" de terror *Contos macabros* (1995), do diretor negro Rusty Cundieff, não era muito hollywoodiano, mas teve um grande apoio da produtora de Spike Lee, a 40 Acres and a Mule. O filme tomou emprestado das revistas em quadrinhos *Contos da cripta* da década de 1950, do filme (1972) e do seriado da HBO (1989-1996), em que são apresentadas vinhetas cômicas de terror que mostram como alguém encontrou o seu fim prematuro. *Contos macabros* se esforçava para mostrar que era diferente de *Contos da cripta* ao focar em histórias negras e apresentar sua própria versão do Guardião da

Cripta, mascote e narrador de *Contos da cripta* (um esqueleto em decomposição). *Contos macabros* apresentou um esqueleto negro com uma bandana amarrada na cabeça ao estilo dos gângsteres, de óculos escuros e que levava uma arma na mão. *Contos macabros* apresenta quatro vinhetas introduzidas por um diretor de funerária assustador, Mr. Simms (Clarence Williams III), que também revela a história por trás da morte daqueles que repousam em seu estabelecimento. No filme, seu público é composto por três jovens vendedores de drogas que fazem parte de uma gangue.

Na primeira história, um distinto ativista negro, Martin Moorehouse (Tom Wright), que está tentando se livrar dos policiais brancos corruptos e racistas no gueto, é assassinado por três policiais. Entre o trio está um racista virulento chamado "Strom", uma provável referência ao segregacionista Strom Thurmond, governador da Carolina do Sul (1947-1951) e senador (1954-2003), que, de maneira infame, proclamou em 1948: "E eu quero dizer a vocês, senhoras e senhores, que não há tropas suficientes no exército para forçar os sulistas a acabarem com a segregação e permitir a entrada da raça crioula em nossos teatros, em nossas piscinas, em nossas casas e igrejas".[18] Thurmond também foi contra o Ato dos Direitos Civis de 1957. Os policiais matam Moorehouse e plantam drogas nele, arruinando também sua reputação. O caso inteiro é testemunhado por um policial negro novato, Clarence (Anthony Griffith), que não intervém. Enlouquecido pela culpa, Clarence larga a polícia e se torna um beberrão. No aniversário de um ano do assassinato, o fantasma de Moorehouse executa uma série de atos brutais de vingança contra os policiais. Contudo, Moorehouse reserva o seu maior desdém para Clarence, perguntando: "Onde estava você quando eu precisei, *irmão*?".

Na segunda vinheta, uma criança chamada Walter (Brandon Hammond) é vítima de abusos físicos por parte do namorado da mãe, que ele chama de Monstro (David Alan Grier). A surpresa aterrorizante é que, quando Walter desenha o Monstro (como uma besta verde) em pedaços de papel, ele pode rasgar os desenhos e machucar o homem. Walter queima o desenho de Monstro, queimando também o abusador. A história apresenta um professor carinhoso e dedicado, Richard (Rusty Cundieff), que se esforça para ajudar o garoto. Richard é saudado como o tipo de pessoa de que as comunidades negras precisam.

A terceira história é centrada em um político sulista branco, Duke Metger (Corbin Bernsen), um nome que lembra Tom Metzger, o fundador da Resistência Ariana Branca, e David Duke,* um político membro da Ku Klux Klan. Metger é mostrado como um candidato às eleições com uma plataforma contra ações afirmativas e reparações, apoiado por um comercial que mostra "mãos brancas" amassando uma carta de rejeição após a perda de uma oportunidade de emprego por causa das cotas raciais. Aqui, o filme reproduz uma propaganda política verdadeira de 1990 chamada "Mãos", que apoiava a candidatura de Jesse Helms, senador da Carolina do Norte.[19] No filme, Metger contrata um gerenciador de imagens negro que contra piadas racistas e é prontamente assassinado numa queda aparentemente acidental nas escadas da casa de Metger. Metger adquiriu sua casa de fazenda onde um massacre de escravizados aconteceu quase duzentos anos atrás. Pouco depois dos assassinatos, uma negra praticante de vodu, Miss Cobb (Christina Cundieff), compra a propriedade, desejando prover descanso aos espíritos dos escravizados ao colocar suas almas em bonecos. A casa se torna um tributo aos escravizados, e depois da morte de Miss Cobb, o local permanece intocada até que Metger compra a propriedade, contrariando os desejos da comunidade negra. Os bonecos e Metger lutam, com Metger morrendo nas mãos dos bonecos enquanto questiona por que ele deve morrer, uma vez que não foi o responsável pela escravização e a morte de nenhum deles. A falha em compreender os efeitos duradouros da escravidão sofridos pela comunidade negra é um tema que será explorado de maneira mais profunda em *Bem-amada* (discutido nas páginas 301-305), em que o público é levado a se perguntar se os negros realmente conseguiram se libertar psicologicamente e se aqueles que não participaram diretamente da venda de pessoas escravizadas, mas que se beneficiaram de seu legado, ainda são culpados.

A vinheta final fecha o círculo do filme, quando os jovens, com quem o diretor da funerária está conversando, escutam a história de alguém que eles mataram. Eles ficam sabendo que depois do tiroteio com um rival chamado Jerome (Lamont Bentley), Jerome entrou em um estágio limítrofe entre a vida e a morte, recebendo a oportunidade de modificar seu comportamento criminoso sob a supervisão da cientista dra. Cushing (Rosalind Cash). Jerome é entregue acorrentado

---

* Em 2018, Spike Lee escreveu, produziu e dirigiu o filme *Infiltrado na Klan*, baseado na vida de Ron Stallworth, um policial negro do Colorado que conseguiu se infiltrar na Ku Klux Klan na década de 1970 para se aproximar do líder da seita, David Duke (interpretado por Topher Grace) e investigar os movimentos do grupo. O filme ganhou o Oscar de melhor roteiro adaptado e foi indicado também às categorias de melhor filme, melhor diretor, ator coadjuvante, trilha sonora original e montagem. [NE]

e engaiolado ao lado de um supremacista branco, que o agradece por matar "crioulos", dizendo a Jerome: "Você tá de boa comigo". Eles mostram a Jerome uma série de imagens que alinham a violência das gangues com o terrorismo da Klan. O filme também evoca metáforas religiosas ao ligar Jerome a Caim, um homem que matou seu irmão, ao perguntar a ele: "Quantos irmãos você matou?". De maneira interessante, Jerome é atendido por mulheres vestidas de enfermeiras ao estilo dominatrix, as quais ele devora com os olhos. Presumidamente, as mulheres servem para dissipar qualquer noção de que a masculinidade heterossexual de Jerome esteja sendo comprometida nas mãos de uma cientista que o despe tanto de roupas quanto de emoções. Por fim, Cushing exige que Jerome assuma a responsabilidade por suas ações, explicando que ele não pode culpar seus pais, professores ou o mundo por seu comportamento aberrante. Jerome não consegue aceitar a mudança e morre. É revelado aos três jovens na funerária que eles também morreram em uma vingança por parte de um amigo de Jerome, Crazy K. Todos eles estão no inferno com o diabo, que se revela como o diretor da funerária.

O filme estava longe de ser um comentário sutil acerca da união e do comprometimento negro. Enquanto *Temptation* identificava uma gama de pecados, em *Contos macabros* só havia um pecado capital — se vender —, que tinha a morte como punição. Aqueles que vendiam os negros eram representados como um triunvirato de monstros em *Contos*: o racista branco, o negro que permitia o racismo dos brancos e o vendido, que de uma forma ou de outra abusava dos negros e da comunidade. Em contrapartida, notavelmente, é a mulher vodu que se levanta como uma agente heroica da justiça.[20] *Contos macabros*, então, também tinha uma mensagem para o gênero do terror — vender a religião negra não seria mais algo tolerado.

Temptation e *Contos macabros* são filmes sobre problemas sociais pós-Direitos Civis, que mostravam, de maneira simultânea, as comunidades negras como lugares repletos de armadilhas perigosas, mas também cheios de orgulho e talento. Para Denzin, filmes do tipo alocavam a responsabilidade pelos problemas do gueto "na mídia, na polícia e em outros aparatos do estado. Esses filmes tornam tais estruturas parcialmente responsáveis".[21] Na verdade, filmes do tipo afirmam que os problemas dos negros vêm de fora, como as drogas e armas que são entregues nas comunidades negras ou a pobreza como resultado de políticas econômicas equivocadas. Os filmes alertam que, embora as comunidades negras sejam vitimadas por esses fenômenos, elas não precisam sucumbir.

Os filmes dessa década também apresentam a ideia de que aqueles mais suscetíveis aos perigos encontrados no gueto são os jovens negros, especialmente os investidos na cultura do gangsta rap. Os filmes evidenciam uma preocupação com a glamorização do estilo de vida "gangsta" enquanto a violência real e imaginária associada dominava as manchetes nos anos 1990. Por exemplo, os membros do fenomenalmente popular e explosivo grupo NWA, ou Niggaz With Attitude, se apresentavam como uma "gangue", e não um "grupo", vestidos com cores de "gangues", como preto e prateado, e falando sobre iniciar a violência na quebrada, tudo parte de uma construção de imagem.[22] Os filmes revelaram a preocupação profunda de alguns negros em relação ao embotamento das violências míticas e reais, com negros mirando uns nos outros. Por exemplo, em 1991, o rapper Dr. Dre atirou em um outro rapper, Dee Barnes, através de uma porta. Entre 1992 e 1995, o rapper "vida louca" Tupac foi associado a uma série de crimes, incluindo o abuso sexual de uma mulher, e foi preso em 1995. Suge Knight, cofundador da gravadora Death Row, foi preso e, mais tarde, estaria presente na morte por tiros de Tupac em 1996. Em 1997, Biggie Smalls, um rapper gangsta de Nova York, também foi morto a tiros. A década terminou com Puff Daddy, da gravadora Bad Body, sendo preso duas vezes, uma por agressão e a outra por efetuar disparos em um clube noturno.

Contos macabros tenta reagir contra a cultura gangsta com formas mais tradicionais de narrativas folclóricas, enquanto reescrevia as histórias mais comuns dos filmes de terror, conectando-as com a desigualdade e o preconceito: "filmes de zumbis e brutalidade policial; filmes de monstros e violência doméstica; filmes de maldições antigas e supremacia branca acompanhada de cooptação; filmes de cientistas loucos e violência de gangue como resultado de um ódio a si mesmo" — foi uma forma inovadora de atrair a atenção dos jovens.[23] Além disso, *Contos* popularizou a tendência de apresentar narrativas morais focadas na negritude, no estilo das antologias de contos curtos. Por exemplo, *Street Tales of Terror* (2004) apresenta três histórias sanguinolentas que alertam sobre a violência contra mulheres ou exercida por mulheres, enquanto *Urban Evil: A Trilogy of Fear* (2005) mostra como a quebrada "tinha ido para o inferno", e *Hood of Horror* (2006) também se esforçou para explicar por que "*não* está tudo bem no gueto".

A franquia da *Cripta*, que serviu de inspiração para os *Contos macabros*, também apresentou negros em *Os demônios da noite* (1995), dirigido por Ernest Dickerson. No filme, uma mulher negra, Jeryline

(Jada Pinkett), é elevada ao status de heroína para manter longe das mãos do diabo uma antiga e poderosa relíquia que contém o sangue de Jesus. Jeryline, uma ladra de Wormwood, Novo México, sobrevive a uma noite de ataques demoníacos, em grande parte por causa da ajuda de Irene (C.C.H. Pounder), uma mulher negra que se sacrifica. Jeryline é escolhida para continuar como anjo da guarda porque é muito parecida com Sirach, um ladrão que estava presente na noite da crucificação de Jesus e que foi o primeiro a roubar a relíquia, mas ao descobrir o seu poder (manter o diabo longe), acabou por protegê-la. No filme, um dos demônios que está atrás do artefato muda de aparência para se encaixar no ambiente da caça. Por exemplo, quando o demônio chega no Novo México, ele aparece como um homem branco vestido de caubói. Assim que Jeryline sai do Novo México de ônibus, dando início à sua jornada de fuga dos demônios, o demônio aparece como um jovem negro. O filme deixa o público adivinhar até onde os dois guerreiros negros irão para tentar se encaixar.

VOCÊ NEM SEMPRE LEVA AQUILO PELO QUE PAGA

O dinheiro certamente não é tudo, mas, no cinema, a bilheteria é extremamente importante, e os filmes de terror com elenco negro atraíam o público. *Os demônios da noite* estreou em 1.729 salas e lucrou 10.019.555 milhões de dólares no seu primeiro fim de semana.[24] Embora o orçamento exato de *Temptation* seja desconhecido, e tenha lucrado apenas 54.582 mil dólares em lançamentos limitados a onze cinemas, o filme recebeu um respaldo crítico importante, lucrando 2.218.579 milhões de dólares (nada mal para um filme independente que não foi exibido continuamente nos cinemas), e é uma obra popular para a Troma.[25] Por outro lado, *Um vampiro no Brooklyn* (1995), um "filme negro" de terror com pinceladas de comédia, teve um orçamento de 14 milhões de dólares, foi lançado em mais de 2 mil salas, lucrando 7.045.379 milhões em seu primeiro fim de semana, e foi extremamente criticado, com Roger Ebert do *Chicago Sun-Times* resumindo de forma sucinta as resenhas ao descrever o filme como uma "bagunça caótica".[26] Isso tudo apesar de Wes Craven, o veterano (branco) dos filmes de terror, que fez vários filmes focados em personagens negros. Por exemplo, Craven dirigiu *O monstro do pântano* (1982), que apresentava um garoto negro, Jude (Reggie Batts), como um ajudante relutante (com uma esperteza sutil e desapegada) de uma outra personagem, Alice (Adrienne Barbeau), depois que ela se envolve por engano em um caso de assassinato. O diretor iria apresentar um garoto negro novamente, "Fool" (Brandon Adams), como um salvador no filme de terror "com negros" *As criaturas atrás das paredes* (1991, que será discutido nas páginas 311-314). Craven também dirigiu o filme de terror "com negros" *A maldição dos mortos-vivos* (1988, discutido nas páginas 256-262), sobre haitianos negros, vodu e pessoas brancas que desejam se apropriar do poder de zumbificação.

Um vampiro no Brooklyn foi um negócio amplamente negro, estrelando o comediante/ator negro Eddie Murphy, escrito por membros do clã Murphy — Eddie, Charles Murphy e Vernon Lynch — e coproduzido por Ray Murphy Jr. O filme tinha um elenco amplamente negro, com Eddie Murphy usando até mesmo um pouco de pintura whiteface para representar um personagem branco. O filme modernizou *Blácula: o vampiro negro* (1972), compartilhando temas de amor perdido e mostrando um vampiro negro que leva o caos a uma comunidade urbana negra. Enquanto *Blácula* era inspirado pela onda de interesse no nacionalismo negro e na conexão com a "pátria mãe" africana, *Vampiro* não tomava parte de movimentos políticos negros, preferindo sinalizar sua conexão com a cultura negra por meio de sua locação urbana.

Vampiro estrela Eddie Murphy como Maximillian, ou "Max", um "nosferatu" em busca pela "última do seu tipo", uma vampira e policial, Rita (Angela Bassett), que não sabe que é oriunda "de raças misturadas", meio humana, meio vampira. Max viaja pelo mundo inteiro procurando Rita, encontrando-a no Brooklyn, onde espera atraí-la para o vampirismo e, por fim, para si.

Vampiro fez pouca coisa para desafiar a noção de que a vizinhança urbana, especificamente a vizinhança negra do Brooklyn, é um lugar horrível. O Brooklyn negro é nojento, coberto de pichações e de lixo. É uma favela em que apostas (jogos de azar) e assassinatos executados por gangues italianas não são incomuns. A polícia tem a sua própria cota de crimes e demora vários dias para encontrar uma das vítimas de Max, pendurada no alto de uma ponte numa pose parecida com a de Cristo na cruz. Na verdade, o Brooklyn é mostrado como um lugar tão deplorável que Max é forçado a usar feitiços para criar a ilusão de um espaço habitável para ele, camuflando, assim, a triste e sombria condição dos cortiços.

Como em muitos "filmes negros" de terror, a história de *Vampiro* depende das ações de uma negra, que dessa vez é Rita. No filme, Rita é uma policial durona e esperta, cuja vulnerabilidade é representada por meio de uma nova reviravolta no estereótipo da mulata trágica. Rita é uma alma irritada e cheia de tristeza, dividida entre dois mundos raciais — a raça humana e a "raça" vampírica. Já descompassada emocionalmente, Rita é enlouquecida ainda mais por um triângulo amoroso que a força a escolher entre seu parceiro de trabalho humano, nomeado de forma pouco sutil, Justice (Allen Payne), e Max. Presa entre os limites abjetos da insanidade e da possessão (amorosa e vampírica), Rita precisa descobrir como se purificar e se restaurar. Para lutar contra a sua miséria, ela escolhe primeiramente apenas o mundo vampiresco, esperando se livrar do lado humano com o fim de encontrar estabilidade.

Quando o dilema racial de Rita é resolvido momentaneamente, o filme se volta contra uma mulher branca. Em uma cena breve, uma mulher rica e egoísta (Jerry Hall), durante um passeio no parque, reclama que o filho doente de sua empregada cubana é um incômodo. Em uma cena cômica, quando Rita e Max aparecem prontos para se alimentar, a mulher em pânico tenta explicar que tem empatia pelo sofrimento dos negros vítimas de um sistema racista. A cena, embora seja pouco mais do que uma repreensão cômica, é importante quando consideramos a história da dinâmica do Negro/Monstro e da Branca/Vítima na história do terror. Hutchings nota que, embora a vítima seja uma caricatura, o ataque é violento do mesmo jeito.[27] Para Hutchings, embora se trate de um filme de terror, o ataque é ainda mais perturbador porque parte de um homem negro. A ironia e as inflexões cômicas não são suficientes. Contudo, a cena também apoia uma outra função importante: assegurar alguma reparação por todos os filmes de terror que vieram antes (e depois), nos quais a mulher branca é tão valorizada. O ataque violento de Max (contra a mulher branca sem nome) é um momento de réplica altamente político, por exemplo, para o cocheiro sem nome em *A morta-viva* (1943), que aguenta em silêncio o pouco caso de uma mulher branca em relação às brutalidades da escravidão. Realmente, Max é um monstro, mas com Rita, sua verdadeira dama em um pedestal, presenciando o ataque, ele lembra ao público que mulheres brancas não são tão especiais (para os negros) quanto os filmes de terror dizem. Na verdade, a maioria das vítimas de Max no filme são, em uma inversão racial interessante, pessoas brancas (que não possuem nome nem são creditadas), e suas mortes não têm grandes consequências.

No fim, Justice chega para bancar o salvador e, assim como Joel em *Temptation*, é repelido pelo monstro. Rita rejeita o vampirismo e, ao usar um colar com um crucifixo, abraça a religiosidade cristã. Ela destrói Max, salvando tanto Justice quanto ela mesma. Juntos, como um casal e parceiros na polícia, Rita e Justice são os vivos de que o Brooklyn precisa quando um novo vampiro é criado para aterrorizar o gueto.

TERROR DE VERDADE, SEM FIRULAS

S. Torriano Berry é um professor de estudos do cinema na Universidade Howard, em Washington, D.C. Seus trabalhos publicados focam em filmes negros de todos os gêneros. Ele tem um relacionamento especial com o terror, já que passou a última década pesquisando e restaurando os filmes dos anos 1930 de James e Eloyce Gist, o que inclui o "filme negro" de terror *Trem para o inferno*. Ele também trabalhou como diretor de fotografia no filme *Bugged* (1997) da Troma. No filme, cientistas negros (raramente vistos desde a dra. Jackson em *Son of Ingagi* [1940] e o dr. Pryde em *Monstro sem alma* [1976]) inventam uma fórmula para criar um super-humano, a qual acidentalmente cai em uma provisão de inseticidas. A fórmula transforma os insetos e uma equipe de dedetizadores negros, que usam uniformes com pedaços costurados de tecido kente, em monstros. De maneira notável (para o propósito necessário aqui), Berry escreveu, dirigiu e produziu o "filme negro" de terror independente *The Embalmer* (1996). *Embalmer* é um terror sanguinolento sem firulas em que Zach (Dexter Tennie), um agente funerário, em um acesso de fúria, mata a sua amorosa esposa e os filhos. Enlouquecido pela culpa, Zach persegue e preda sua comunidade para conseguir as partes de corpos de que ele precisa para reconstruir sua família e reanimá-la (o que ele faz com sucesso). O agente recebe uma ajuda inesperada de seu último alvo, Chiffon (Jennifer Kelly), que, em um pacto com esse diabo, entrega duas vítimas ao homem — um casal — para que, em troca, ela possa viver.

The Embalmer, embora seja de baixo orçamento e direcionado ao mercado de vídeos caseiros, não é muito diferente das franquias de terror como *Halloween*, com Michael Myers, ou *A hora do pesadelo*, com seu Freddy Krueger, em que o monstro ataca uma vizinhança em busca da próxima vítima. *Embalmer* está longe de ser um filme A, e não tem a mesma qualidade de elenco que *Temptation*, mas é importante por colocar negros no centro de uma história comum de terror. A estrela do filme, Chiffon, é um pouco parecida com a Laurie Strode de *Halloween*, pois aprecia a companhia dos amigos, que gostam dela, é uma órfã e há um louco que a persegue. Além disso, assim como Laurie, Chiffon é uma Garota Final habilidosa e de pensamento ágil, que enfrenta o monstro usando a cabeça em lugar de facas, assegurando a própria sobrevivência. Ela permite que o cientista acabe com a sua busca ao entregar os últimos dois corpos de que ele precisa: seus pais adotivos abusivos. Além disso, com a tentativa dos pais de adotar uma nova criança de quem possam abusar, Chiffon é uma heroína, protegendo a sua comunidade de predadores. Dessa forma, ela também se torna uma Mulher Durona; compreendendo que os monstros podem ter qualquer forma, ela se torna resiliente, ajudando um monstro a eliminar dois. A comunidade que Chiffon protege por fim, Washington, D.C., é apresentada de maneira bem diferente das outras representações de bairros negros da capital. Essa capital negra é o lar de uma arquitetura maravilhosa, ruas limpas e proprietários de casas. A funerária, que não se encontra em boas condições, chama a atenção por seu estado. A casa é tão anômala que no filme é explicado explicitamente por que o imóvel ainda não havia sido demolido, restaurando, assim, a união da vizinhança — a propriedade fazia parte da rota secreta de fuga das pessoas escravizadas e, por isso, tem valor histórico. De maneira significativa, a funerária é digna de nota pela ausência de desabrigados, bandidos, lixo ou grafites em seu interior, uma representação dramaticamente diferente de propriedades abandonadas apresentadas em filmes como *Um vampiro no Brooklyn* e *Candyman*, que mostram estruturas do tipo como lugares imundos e esquálidos, culpando a vizinhança ao redor por permitir a decadência urbana.

O LAR É ONDE O CORAÇÃO ESTÁ: FORA DO ESPAÇO URBANO

Spirit Lost (1997), assim como *Embalmer*, não foi nenhum sucesso de bilheteria. Contudo, é o tipo raro de filme de terror em que as mulheres cuidam de tudo. *Spirit Lost* é baseado em um livro homônimo de Nancy Thayer. No livro, um casal, Willy e John, larga a vida agitada em Chicago para viver em paz numa casa em Nantucket. Sua paz é perturbada quando uma fantasma sexy seduz John. O roteiro foi escrito por Joyce Lewis, que trocou a locação em New England por Catch Hook Island, presumidamente muito mais ao sul. O "filme negro" de terror independente foi dirigido por Neema Barnette, uma das poucas diretoras (negras) de terror, que tem um extenso currículo de direção na televisão. *Spirit* é interessante porque tira o "terror negro" da área urbana e o leva para a beira do mar, enquanto recupera os mitos do vodu caribenho. No filme, Willy (Regina Taylor) deseja um bebê desesperadamente, mas não consegue engravidar até que ela e o marido, John (Leon), chegam na pacífica e racialmente diversa Catch Hook Island. Lá, Willy encontra uma gama de mulheres prestativas — uma branca dona de uma loja de antiguidades, suas freguesas negras, uma médica branca, e Vera (Juanita Jennings), uma jamaicana negra que percebe imediatamente que a casa de Willy e John é assombrada e fala com os fantasmas que lá residem. *Spirit* é uma história de amor sobre uma escravizada, Arabella (Cynda Williams), que, duzentos anos antes, foi levada como prêmio de um jogo de pôquer por um mercador de escravos e capitão marítimo, John Wright (Christopher Northrup). Wright promete se casar com Arabella, e chega a construir uma casa para ela, onde Willy e John morariam gerações mais tarde. Contudo, Wright abandona Arabella para poder se casar com uma "inglesa digna". De coração partido, Arabella assombra a casa, à espera do retorno de John. Ela aterroriza Willy, fazendo com que perca o bebê, e confunde o John de Willy com o próprio, seduzindo-o ao mesmo tempo que o enlouquece. O mais interessante é que Arabella é despachada para sua morte (pacífica) por Vera e duas ajudantes que realizam uma cerimônia religiosa negra. Vera entra na casa com duas sacerdotisas[28] que desejam dar um jeito na "alma perdida". As mulheres se apresentam como puras em suas motivações e religiosidade, e até mesmo aparecem vestidas de branco com a cabeça coberta por um lenço branco. As três realizam um ritual (ao som de uma batida ritmada de tambor), purificando John ao passar sal em suas mãos e aspergindo água benta nele; elas jogam fumaça de tabaco no ar para que possam ver Arabella. Por fim, montam um altar com água limpa e velas brancas no centro, rezando em cima delas. Arabella desaparece. É a religião negra que salva o casal negro.

O TOQUE DE MIDAS

O "terror negro" ganhou proporções épicas quando, em 1998, o gênero foi tocado por Oprah Winfrey e seu filme *Bem-amada*. Um dos poucos "filmes negros" de terror com uma origem literária negra, *Bem-amada* foi baseado em um romance de Toni Morrison, vencedora do Prêmio Nobel e do Prêmio Pulitzer. O roteiro do filme foi escrito pela atriz negra Akosua Busia, e coproduzido pela Harpo Films, de Winfrey. O filme apresentou um elenco predominantemente negro, premiado e cheio de estrelas, liderado pela própria Oprah. A direção ficou por conta de Jonathan Demme, um diretor branco que recebeu um Oscar pelo filme de terror *O silêncio dos inocentes* (1991). Juntos, *Um vampiro no Brooklyn* e *Bem-amada* serviram para lembrar uma das maiores contribuições que um filme pode fazer para as discussões a respeito da negritude, ainda que não seja totalmente feito por negros. Os dois filmes têm diretores brancos, mas são "filmes negros" de terror pela atenção que dedicam à negritude. Como observa Yearwood, não existem regras definitivas sobre o que é um filme negro, apenas o fato de que o público negro é capaz de enxergar a diferença.[29] Em *Bem-amada*, a fantasma cruel acaba se revelando uma vítima. O assassino acaba se mostrando um protetor. O pedófilo acaba se mostrando uma vítima da fantasma e o amante da assassina. E o verdadeiro mal acaba por ser a escravidão. Scott escreve: "a narrativa da história (com suas assombrações, mortos-vivos, ar de mistério, violência nauseante e exorcismos) é horrenda o bastante para substanciar sua conexão com o gênero do terror".[30] Tudo acontece em uma casa em que as coisas (até mesmo um cão) voam, batem e se quebram. Mas, como Anissa J. Wardi nota, *Bem-amada* não tinha a intenção de ser um *Poltergeist* do século XIX. Na verdade, a tradução do romance para a tela grande, nas mãos de um diretor de filmes de terror, "reduziu a complexidade do texto, criando nada além de um espetáculo".[31]

O filme começa em 1865 — o ano em que a escravidão é abolida por meio da 13ª emenda incluída na Constituição dos Estados Unidos —, na modesta casa de Sethe (Oprah Winfrey), localizada nos arredores de Cincinnati, Ohio. Na casa vivem Sethe, sua sogra, Baby Suggs/Vovó Baby (Beah Richards), e uma velha acamada, que era a dona da casa e a entregou para Sethe. Sethe tem três filhos, uma menina, Denver (Kimberly Elise), e dois meninos adolescentes, Howard (Emil Pinnock) e Buglar (Calen Johnson). Uma fantasma está destruindo tudo em que consegue encostar. Howard e Buglar fogem de casa e nunca voltam. O filme dá um salto de oito anos, com Baby Suggs já morta e Denver já uma jovem mulher. Um velho amigo, Paul D (Danny Glover) chega para se reconectar com Sethe e os dois se tornam amantes. Os dois compartilham uma história trágica de escravidão numa plantação no Kentucky chamada Doce Lar, guardada por um dono sádico conhecido como Professor (Jude Ciccolella).

Em resposta à chegada de Paul D (que imediatamente compreende que a casa é assombrada), a aparição invisível ganha uma forma humana física, surgindo como Amada (Thandi Newton) para competir pela atenção e afeição de Sethe. Amada é uma criança no corpo de uma mulher jovem. Amada mal consegue falar, preferindo grunhir até ser ensinada como balbuciar algumas palavras. Ela baba, sacode a cabeça e se desequilibra nas pernas que acabou de descobrir. Sua novidade é marcada pela pele macia e delicada de seus pés (nunca usados). Ela não conhece a decência. Quanto maior o tempo de permanência de Amada, mais Sethe enlouquece com sua preocupação alucinada em relação a Amada, e nem Paul D nem sua filha, Denver, conseguem ajudá-la. A fantasma é igualmente obcecada por Sethe e se esforça para aliená-la das pessoas que a amam. Amada atenta Paul D, e ele sucumbe, transando com ela. Pouco depois, Paul D sai da casa de Sethe. À medida que Amada consome todo o amor e os recursos de Sethe, a jovem Denver precisa se virar para sustentar a si mesma e a família, e então sai de casa para arrumar emprego na cidade.

A história é centrada na identidade de Amada e nas razões pelas quais ela assombra Sethe. A conexão delas é revelada em um flashback. Em sua época de escravizada e com uma gravidez muito adiantada, Sethe foi estuprada pelo escravizador e seus filhos. Ela e o marido, Halle (Hill Harper), planejam fugir de Doce Lar, e pensam na casa da mãe dele, Baby Suggs, uma velha escravizada liberta. Eles mandam as crianças na frente, mas Halle não consegue fugir, deixando Sethe para encontrar a liberdade sozinha. Pouco depois de chegar na casa de Baby Suggs, os caçadores de escravos vão até lá para reclamar Sethe e os filhos dela. Não suportando vê-los a caminho de tamanha brutalidade, ela decide matar as crianças. Sethe consegue cortar a garganta do bebê, Amada, antes de ser impedida. Ao vê-la com a criança e uma serra velha, os caçadores a abandonam, acreditando que Sethe é louca demais para ser levada de volta. Amada, então, é a manifestação física de várias crueldades: a primeira é o ato de Sethe, o motivo pelo qual Amada volta para representar a culpa de Sethe; a segunda é a crueldade da escravidão que levou ao infanticídio em primeiro lugar. *Bem-amada* nos pergunta quem deve carregar a responsabilidade e a memória dessa instituição cruel.

Ellen Scott, em seu ensaio *The Horrors of Remembrance*, observa que o filme recupera a narrativa de uma dor emocional, física e política, que é efetivamente apagada em grande parte dos demais tratamentos populares acerca da escravidão:

> *Bem-amada* começa a enunciar uma pergunta difícil e profunda, reprimida pelas representações tradicionais da escravidão, uma pergunta particularmente importante para os afro-americanos depois dos movimentos pelos Direitos Civis e da era Black Power: o que (momento, lugar, sentimento) define a liberdade para os afro-americanos?[32]

O filme desafia o público a ponderar o que significa declarar que o legado da escravidão acabou, e especialmente se é possível alegar uma distância histórica dessa época. *Bem-amada* mostra que a destruição (fim) do monstro que foi a escravidão não significa liberdade, ou, como argumenta Scott, cura. A verdadeira contribuição de *Bem-amada*, dada a história do gênero de terror, é sua tocante atenção aos efeitos da escravidão. O terror, durante muito tempo, foi construído em cima de fantasias coloniais de servidão negra, em que os brancos simplesmente, e de forma heroica, lidavam com o fardo do homem branco, arrastando os negros para a civilidade. Como o terror se focou de maneira obsessiva no vodu e em outros rituais "selvagens" da África/Caribe que ameaçavam os brancos norte-americanos e europeus, os filmes invocavam uma história distorcida da escravidão ao mesmo tempo que encobriam seus efeitos. Além disso, ao acrescentar o mito dos zumbis, a escravidão foi negada, substituída por desejos de autômatos descerebrados, silenciosos e obedientes que trabalhavam incansavelmente. *Bem-amada* freou essas ilusões, forçando o público de terror a julgar se poderia suportar as atrocidades reais ao mesmo tempo que a história negra era restaurada.

O filme chega ao clímax quando, à medida que Sethe entra em um estágio mais profundo de desarranjo mental, um grande grupo de mulheres — "as Trinta Mulheres", como são chamadas nos créditos dos filmes — chega na casa dela, com bíblias e cruzes nas mãos, para rezar em seu nome. Elas estão ali por causa de Denver, que está cedendo sob o peso de sua vida doméstica. As mulheres se tornam a família estendida de Denver, alimentando-a e lhe ajudando a encontrar

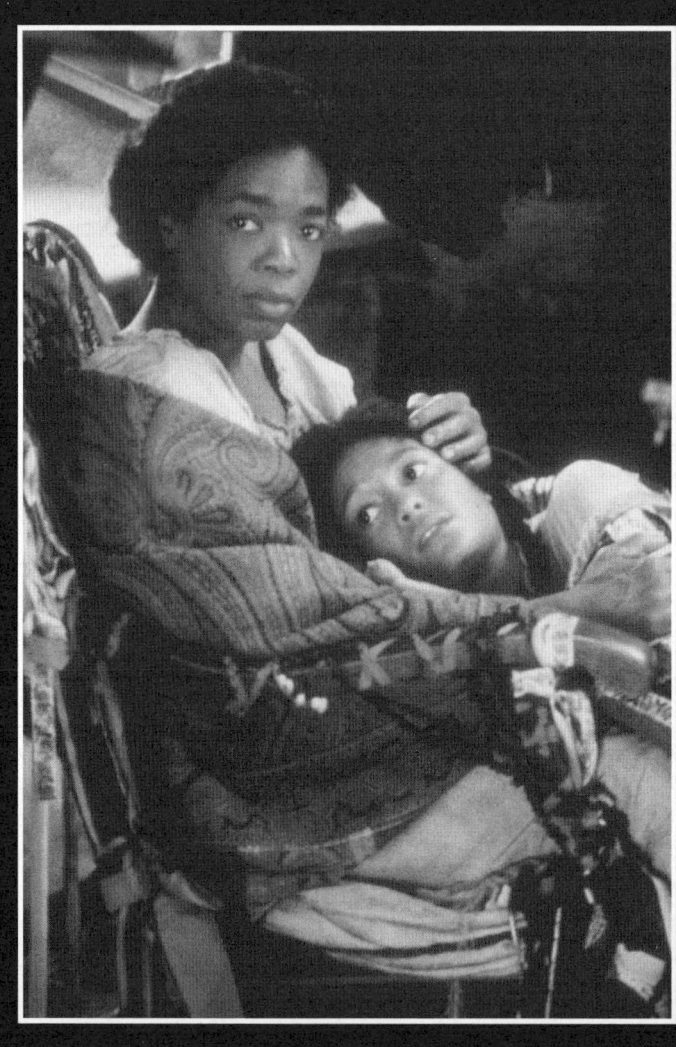

FIGURA 7.2 SETHE E AMADA EM *BEM-AMADA*.

trabalho, uma comunidade de parentes que chega para ajudar. O filme invoca o poder da união e do círculo de oração liderado por mulheres de maneira notável. Em *Temptation* havia apenas Joel e Vovó unidos em oração, e *Spirit* trouxe três sacerdotisas. *Bem-amada* chamou trinta. Orando e cantando, as mulheres permaneceram firmes até mesmo quando Amada surge de dentro da casa, em plena luz do dia e na frente de toda a multidão, completamente nua e grávida. A falta de vergonha e sua chocante aparência (ela está suando por causa do calor e babando) são recebidas com espanto, fazendo com que as mulheres rezem com mais força. Amada desaparece sob o poder da oração e Sethe conclui que usou a serra na pessoa errada — ela deveria ter tentado lutar contra os caçadores de escravos, e não com a criança.

Essa visão final de Amada, que revela o seu corpo e exibe seus pelos pubianos, juntamente com as imagens anteriores em que ela vomita e molha a cama, além de sua fome animal, transformam Amada não apenas em uma figura monstruosa, mas em uma criatura bizarra, exótica e grotesca.[33] O problema aqui é que, no livro de Morrison, Amada não é descrita como uma figura monstruosa ou bizarra, mas como uma metáfora para a história, memória e trauma. A história de Morrison não é terror nem espetáculo.

ELES VOLTAAAARAM! MONSTROS NA QUEBRADA

O predador 2: a caçada continua (1990), um filme de terror "com negros", causou danos em dobro, mostrando a área urbana como um lugar desprezível, repleta de crimes e hiperviolento, enquanto ressuscitava o estereótipo de terras negras como locais selvagens, para onde uma pessoa se dirige a fim de caçar, matar e conquistar. Nessa sangrenta "história de formação", o monstro Predador é enviado pelos seus anciões para se provar como um guerreiro intergaláctico invencível ao destruir a criatura mais durona e malvada do cosmos.[34] No filme, o Predador localiza seu desafio na Terra em um "bando" de traficantes jamaicanos hiperviolentos que emergem dos becos do gueto para agir de maneira selvagem na movimentada Los Angeles. É explicado no filme que o Predador realmente está em um safári; suas presas são descritas em termos animais: "Leões e tigres e ursos, uau!". A estratégia do filme é primeiro revelar quão brutal é o bando para então mostrar que seus membros representam o tipo certo de desafio para o Predador. No primeiro vislumbre do bando, os jamaicanos levam vantagem em cima de seus rivais, os colombianos. O líder colombiano é visto pendurado pelo calcanhar em seu apartamento. Depois de tirar as roupas dele, o bando jamaicano se preparar para esfolá-lo vivo. Embora o bando pareça ser a coisa mais barra-pesada, o filme aumenta sua aura assustadora quando é revelado que eles também praticam uma forma maligna de vodu, o que os deixa ainda mais distantes dos limites civilizados. Essa cena explora o estrangeirismo, já que os homens possuem sotaques pesados, como se tivessem acabado de chegar de seus países para causar destruição nos Estados Unidos. O confronto se torna sanguinolento quando um terceiro imigrante (alienígena) ilegal entra em cena; seu sotaque é um rosnado. Os jamaicanos e o Predador são mostrados como imagens espelhadas um do outro. Ambos estão armados com facas e armas de fogo, ambos penduram suas presas para esfolá-las vivas, e ambos têm a mesma aparência, com longos dreadlocks. Claramente, eles foram feitos para lutar.

O Predador começa uma batalha com o assustador líder da gangue, King Willie (Calvin Lockhart), e os dois aparecem novamente alinhados imageticamente nos cabelos, lanças e acessórios feitos de ossos. Os dois monstros se encontram na parte mais profunda e isolada do gueto, em um beco fétido, escuro e cheio de lixo. Embora o Predador mate ao longo do filme, a morte do líder jamaicano, em seu próprio território, é que serviria para evidenciar seu poder. Em um único movimento rápido, o Predador alcança o interior do corpo do chefe, arrancando a sua espinha e decepando sua cabeça. O resultado é um troféu brutal — a cabeça do líder, com sua face congelada em um grito de horror, pendurada em sua espinha à mostra. Logo, o Predador conquistou o gueto de Willie.

Notavelmente, *O predador 2* estrela um ator negro, Danny Glover, como o habilidoso, ainda que cabeça quente, tenente Mike Harrigan. Harrigan é apresentado por meio de seu arquivo pessoal, que lista dezenas de reclamações por brutalidade policial. Ele é o policial corrupto que, em outros filmes, representa um terror para o gueto. Nesse filme, ele é heroico por causa de suas táticas policiais. O filme, então, se torna uma batalha de três vias entre os traficantes negros, um policial negro e um alienígena que parece negro. Harrigan persegue o monstro implacavelmente, e, uma vez que o perímetro urbano é (de fato) seu território, ele consegue se movimento de maneira eficiente pelo terreno. Harrigan prova que é o maior desafio do Predador, e o filme termina com o monstro sendo destruído nas mãos dele. As cenas finais do filme eram para ser consideradas moderadamente cômicas, mas acabam se mostrando dolorosamente racistas. Assim que os aliens vão embora em suas naves, Harrigan é coberto pela poeira de seus exaustores, embranquecendo-o. Sua pele branca/olhos arregalados lembram Ernest "Sammy Sunshine" Morrison em *Haunted Spooks* (1920), com a criança assustada mergulhada em farinha.

CANDYMAN, CANDYMAN, CANDYMAN, CANDYMAN, CANDYMAN

> O que significa quando o gênero viola as convenções ao localizar a violência na cidade, onde é mais esperada, e, além disso, brinca abertamente com as ansiedades culturais ao marcar o monstro como um Outro racial?
>
> — Pinedo (112-113)[35]

O mistério de Candyman (1992), um filme de terror "com negros" de Bernard Rose, adaptação de uma história de Clive Barker, continua a explorar os medos do gueto ao fazer de um conjunto habitacional o lar da violência entre gangues e da imundície, abrigando também um monstro mais violento.[36] O filme é centrado em Daniel "Candyman" Robitaille, o filho de um antigo escravizado. O pai de Robitaille fez dinheiro depois de criar um equipamento que permitia a produção em massa de calçados. Como resultado, Robitaille frequentou as melhores escolas, onde se tornou um artista de talento. Robittaile é sofisticado, elegante, educado e culto. Em 1890, ele é contratado por um branco rico dono de terras no Illinois para pintar um retrato da filha dele. Os dois se apaixonam, e ela engravida. Enfurecido com o relacionamento inter-racial, o pai da mulher junta um grupo de linchamento, cujos membros perseguem Robitaille. Depois que o capturam, eles executam a mais cruel das torturas. Eles decepam a sua mão direita com uma serra enferrujada. Eles o despem, cobrindo seu corpo com o mel de uma colmeia próxima, e Robitaille é ferroado até a morte por centenas de abelhas enfurecidas. Então ele é queimado e suas cinzas são espalhadas em cima daquilo que nos tempos modernos é o conjunto habitacional

Cabrini-Green. Um século mais tarde, a história de Candyman ganha proporções místicas, especialmente entre os negros, e gera uma lenda urbana: olhar para um espelho e chamar o nome de Candyman cinco vezes irá conjurar Robitaille como o monstro vingador Candyman, que irá te rasgar com seu gancho desde os testículos até a garganta. As universitárias Helen (Virginia Madsen), uma branca, e sua amiga Bernadette (Kasi Lemmons), uma negra, estão pesquisando lendas urbanas e decidem fazer uma visita (ou um safári) ao conjunto Cabrini-Green para investigar os rumores de que um monstro habita o lugar. Cabrini é um local repleto de violência de gangues. Bernadette fica petrificada quando elas adentram o gigantesco complexo de apartamentos, que é controlado por gângsteres e imundo — de lixo até fezes, além de pichações em todos os cantos. Helen está confiante, guiando Bernadette de mão dadas por aquele labirinto em busca da informação que procuram. Elas encontram uma das poucas negras no prédio, Anne-Marie (Vanessa Williams), uma jovem mãe solo que tem um bebê pequeno e um cão de guarda enorme. Anne-Marie se refere várias vezes a Helen e Bernadette, que é negra, como "brancas" enquanto as acusa de xeretar em um espaço negro que consideram ruim e que merece mais uma história sensacionalista. As duas mulheres são embranquecidas pela classe e nível educacional por Anne-Marie, que enxerga esse tipo de status como a raiz da exploração negra.

Aqui, o filme lida com os tipos de racismo que os negros enfrentam de cabeça erguida. A narrativa deixa claro que Robitaille foi linchado por causa do racismo. Embora os moradores de Cabrini peçam proteção policial, o filme deixa explícito que, quando Helen volta sozinha ao conjunto e é (obviamente) atacada, a polícia corre para socorrê-la porque ela é branca. É até mesmo mostrado que Helen vive em um prédio parecido com Cabrini, mas na parte rica da cidade, e o condomínio de apartamentos de luxo contou inclusive com a construção de uma rodovia que o separaria de Cabrini. Para associar os dois lugares, a cidade de Helen e o gueto de Anne-Marie, *Candyman* se volta para o "paradigma sempre elástico da história de detetive, com seu investigador à espreita, desvendando as pistas contidas no folclore da cidade".[37] O problema, no entanto, é que as duas localidades são vistas e comentadas através da lente da branquitude.

Embora a dúvida de Helen em relação à existência de Candyman desafie o mito, e, dessa forma, seu controle por meio do medo, ele não a mata (ainda que ela chame o seu nome cinco vezes, conjurando-o). Em vez disso, ele pune os negros primeiro, decapitando o cachorro de Anne-Marie e então sequestrando seu filho, Anthony (Lanesha Martin/Latesha Martin). Em relação à Helen, ele a corteja, a hipnotiza e pede que se junte a ele — "seja minha vítima"; ele a ama. À medida que Helen continua a perturbar o mundo de Candyman, ele continua a dar novas chances a ela. Existem muitos outros brancos a quem Candyman também dá outras chances. Ele não entra no prédio de Helen, por exemplo, para acabar com o marido infiel de sua amada, Trevor (Xander Berkeley). Em vez disso, ele vai até lá para matar Bernadette, que estava de visita, e vai embora. Até mesmo o local de seu assassinato (diferente do lugar onde suas cinzas foram espalhadas) está ao alcance. Ainda assim, Candyman não busca vingança de verdade, ele quer amor... mas não o amor de mulheres negras. Ele só quer matá-las.

Candyman é retratado como uma figura trágica, um monstro ferido, talvez como *Frankenstein*, pelo fato de ter sido criado por pessoas muito piores do que ele. Contudo, o filme foge do tema do monstro--com-coração-de-ouro ao brincar com o medo do bicho-papão negro que chega para levar as mulheres brancas embora. O produtor do filme, Alan Poul, reconhece que os realizadores de filmes "estavam usando uma imagem muito carregada", como aquela vista em *O nascimento de uma nação*, ao mostrar um monstro negro tentando seduzir uma mulher branca, ainda que tivessem se esforçado para não "explorar o mesmo tipo de visão estereotipada".[38] Candyman não é um monstro pelo qual se deve apaixonar. Ele não é um vampiro charmoso. Na verdade, quando Candyman e Helen (que está apenas parcialmente consciente) finalmente consumam um beijo, o momento de miscigenação é punido com "abelhas saindo de sua boca. Logo [...] o terror opera aqui para negar a aceitabilidade de um romance inter-racial".[39]

No fim, trata-se de um filme que celebra a feminilidade branca. Helen rejeita o amor de Candyman, e o monstro vingativo se prepara para acrescentar outra vítima negra em sua cota — o infante Anthony, que é queimado vivo em uma caçamba de lixo. Mas Helen salva o garoto, sacrificando-se ao fazê-lo. Embora Helen seja culpada pelas mortes, a comunidade negra é mostrada como se soubesse que não era bem assim. No funeral de Helen, presenciado por cinco brancos, incluindo Trevor, sua nova namorada e um professor que antagonizava Helen, há um pequeno velório até que uma grande procissão de pessoas negras, liderada por Anne-Marie, chegue de Cabrini. Eles encontraram o gancho de Candyman e o enterram com Helen, enquanto lamentam sua morte. No fim, Candyman desaparece junto com a história de racismo que ele trouxe. Tudo passa a ser apenas sobre Helen quando ela se torna monstruosa. Por ser uma mulher branca, ela pode fazer aquilo que Candyman não pôde: aterrorizar as pessoas que moram no outro lado da estrada. Ela é uma mulher desprezada e exige se vingar de Trevor.[40]

FIGURA 7.3 CANDYMAN CONVIDA "SEJA MINHA VÍTIMA", EM *O MISTÉRIO DE CANDYMAN*.
Tri-Star/Photofest

O GUETO CHEGA NO SUBÚRBIO

As criaturas atrás das paredes (1991) foi um dos poucos filmes da época em que o gueto e o subúrbio se confrontaram... com o gueto saindo vitorioso — apesar de um grande custo. Nesse filme de terror "com negros" de Wes Craven, "Mamãe" e "Papai" (Wendi Robie e Everett McGill), um casal rico e suburbano de senhorios exploradores, vivem em uma mansão cavernosa lotada de dinheiro e bens preciosos (baús cheios de moedas de ouro e prata). Três ladrões invadem a casa suburbana de Mamãe e Papai, localizada "perto o suficiente do gueto, mas não o bastante para ofender as vistas": Spenser (Jeremy Roberts), um ladrão branco profissional; Leroy (Ving Rhames), um negro ladrão e cafetão; e um garoto negro que, infelizmente, foi batizado de "Fool" (Brandon Adams), cuja irmã, uma leitora de cartas de tarô e prostituta, está sendo explorada por Leroy. Para os homens, o objetivo é meramente o roubo. A motivação de Fool, no entanto, é o altruísmo de Robin Hood. Ele espera roubar dos ricos e ajudar sua pobre irmã, os bebês dela e sua mãe com câncer que não pode bancar o tratamento e, *ainda por cima*, encara uma ordem de despejo do seu decrépito apartamento no gueto (propriedade de Mamãe e Papai). Fool e sua família estão no caminho de Mamãe e Papai, atrapalhando os planos deles de transformar o prédio em um condomínio de luxo.

Mamãe e Papai, vivendo como marido e mulher, estão, na verdade, em um relacionamento incestuoso; eles são irmãos. Enquanto o gueto é mostrado como o lar de elementos criminosos e pobres, o subúrbio é representado como um lugar ideal para acobertar o mal verdadeiramente grotesco. Além do desvio sexual, o par é sadomasoquista e é sugerido que Papai molesta garotinhas. E, mais do que isso, o casal raptou dezenas de crianças brancas em busca do filho perfeito. Quando uma criança decepciona o casal, eles invocam a regra "não ouça, não veja, não fale" e cortam fora a língua, as orelhas ou os olhos da criança e dão as partes para o cachorro comer. Eles então descartam a criança, suja e faminta, no porão — daí o título "as criaturas atrás das paredes". O casal representa uma porção de tabus horríveis: (1) comida (canibalismo forçado); (2) morte (eles assassinam os dois ladrões); e (3) incesto (entre eles e com suas "filhas").[41] Algo central na narrativa de seus tabus é que tais horrores podem ser facilmente escondidos atrás da riqueza e da branquitude; duas posições de poder que, juntas, significam que ninguém desconfiaria deles ou que eles teriam passabilidade para cometer o mal.

Depois que os homens são mortos em armadilhas ao tentar roubar a casa, Fool acaba ficando preso lá dentro. Ele descobre uma garota branca sequestrada, Alice (A. J. Langer), que o ajuda a se esconder do casal, e, em troca, ele assume a missão de salvá-la. A preocupação de Mamãe e Papai é a de que um homem negro entrou no lar deles — um garoto "imundo" que pode corromper a garota branca. Ele não faz isso, mas é culpado de entrar no quarto feminino e, por isso, Papai anuncia: "Não será a orelha dele que vou cortar fora!". Depois de vários encontros dramáticos com a morte, Fool consegue escapar da casa, mas é forçado a deixar Alice para trás. Fool liga para a polícia numa tentativa de salvar a garota, mas os policiais apenas olham em volta, julgando a vizinhança e a casa de Mamãe e Papai como símbolos de normalidade. Dessa forma, o filme destaca que a maldade do branco, jamais esperada, é difícil de ser vista e nunca é presumida.

JEFFREY DAHMER: ASSASSINO EM SÉRIE, CRIADOR DE ZUMBIS, UM HOMEM BRANCO SUPOSTAMENTE INOFENSIVO

As criaturas atrás das paredes foi lançado nos cinemas quatro meses depois da prisão do assassino em série Jeffrey Dahmer, em julho de 1991, antecipando todos os tipos de passes sociais que os brancos recebem. Dahmer viveu e caçou suas vítimas em um bairro pobre de Milwaukee, Wisconsin, lar de uma comunidade não branca (negros e laocianos) diversa e de baixo poder socioeconômico. Duas mulheres negras viram seu vizinho de quatorze anos, Konerak Sinthasomphone, drogado, espancado e nu cambaleando pelas ruas. As mulheres ligaram para a polícia, que chegou na cena na mesma hora em que Dahmer, que já era um criminoso sexual condenado, chegava no local para pegar o garoto de volta. Foi relatado que Dahmer, um homem branco, se apresentou de forma calma e racional para os policiais brancos. Ele explicou que Konerak era, na verdade, seu jovem amante e que eles haviam brigado, mas que Dahmer estava lá para levar seu namorado de volta para casa. As mulheres protestaram e tentaram impedir Dahmer de pegar o garoto. Os policiais relataram que as mulheres, de alguma forma, simplesmente não pareciam críveis e escoltaram Sinthasomphone pessoalmente até a casa de Dahmer. Eles nem mesmo conferiram os documentos de Dahmer, o que teria revelado seu passado violento, e ignoraram o cheiro de corpos em decomposição que vinha da propriedade. Mas, afinal, Dahmer parecia tão respeitável... Depois que a polícia foi embora, Dahmer matou, desmembrou e comeu parcialmente o corpo do garoto — fazendo dele uma de suas dezessete vítimas conhecidas. As ligações seguintes que as mulheres fizeram para a polícia com o objetivo de falar sobre o garoto, depois que ele foi reportado como desaparecido pela família, foram bruscamente descartadas, e suas ligações para o FBI, ignoradas. Após esse acontecimento, o cenário se repetiu quando um homem negro, Tracy Edwards, lutou e conseguiu escapar de Dahmer enquanto o assassino tentava prendê-lo com algemas. Agredido e com algemas penduradas em um dos punhos, Edwards chamou a atenção das autoridades, levando-os para a residência de Dahmer. Novamente, Dahmer se mostrou respeitável, e a polícia já estava de partida quando Edwards apontou aos policiais algumas fotos de corpos reais e mutilados que estavam espalhadas pela casa, assim como a faca que Dahmer usou para ameaçá-lo. Além de tudo, ainda havia partes de corpos à vista e na geladeira... e, claro, o cheiro.[42] O processo aberto pela família de Sinthasomphone contra a cidade argumenta que a polícia deveria ser extremamente homofóbica e racista por falhar em enxergar Dahmer como o monstro que era. Quanto a Dahmer, ele explicou que pegava homens, os drogava e estuprava antes de abrir buracos em seus lobos frontais e despejar ácidos para criar zumbis escravos (sexuais). Quando suas vítimas morriam, ele deixava partes variadas dos corpos espalhadas pela casa, praticava necrofilia ou as comia. Suas "aventuras" foram transformadas em um livro chamado *Zombie*, escrito por Joyce Oates.[43]

As criaturas atrás das paredes fez uma conexão com o caso real de Dahmer, expondo o privilégio branco, a opressão dos negros e uma porção de tabus. O filme também lembra que crianças podem ser vitimadas e que nem sempre podem ser protegidas. "Nunca mais", Crane escreve, "os jovens seriam tratados com delicadeza, postos em segurança por braços amorosos antes que algo horrível acontecesse [...]. A criança inocente em perigo oferecia uma lição sombria: a inocência relativa não é uma benção. Os puros irão sofrer inadvertidamente junto com aqueles que parecem merecer maior punição".[44] Enquanto as más influências, adolescentes sexualizadas e garotas possuídas por demônios passaram por maus bocados no terror não negro, os "filmes negros" de terror tendiam a evitar a destruição frequente de sua juventude inocente. *As criaturas* segue o caminho do meio; quando a polícia falha em agir, Fool se torna o salvador heroico, invadindo a casa novamente, dessa vez sozinho, para lutar contra Mamãe e Papai e salvar Alice. Ele também acaba libertando as outras crianças sobreviventes e coloca a riqueza escondida que pegou do casal nas mãos de sua comunidade.

SUPER-HERÓIS NEGROS URBANOS: DESASTRES EMOCIONAIS

Al Simmons (Michael Jai White), um militar assassino negro em *Spawn, o soldado do inferno* (1997), procuraria proteção na área pobre da cidade depois de ser morto e ressuscitado como Hell Spawn, ou apenas Spawn, para abreviar. Baseado na famosa história em quadrinhos homônima de Todd McFarlane, *Spawn* conta a história de Simmons, um fuzileiro naval e mercenário mortal que trabalha para uma agência governamental secreta. Jason Wynn (Martin Sheen), o chefe de Simmons, fez um pacto com o Diabo e, obedecendo as ordens do demônio, mata Simmons, queimando-o vivo. O Diabo quer que Simmons lidere um exército de almas malvadas para conquistar o céu e começar o Armagedom. Enviado ao inferno imediatamente, Simmons se transforma em Spawn e é convidado a fazer seu próprio pacto faustiano: ele pode retornar para a Terra, e até mesmo ver sua esposa e filha, se liderar o exército infernal.

Spawn tem muito em comum com Candyman, voltando à Terra desesperado para ver aqueles que amava e que um dia o amaram. No entanto, ele descobre que uma reunião verdadeira com sua família suburbana é impossível. Em uma primeira tentativa de conexão, ele aparece do outro lado da alegre cerca branca da casa. Mas agora Spawn tem um corpo enegrecido e sua aparência queimada e monstruosa o impede de andar pela vizinhança. Observando sua antiga casa escondido atrás de arbustos no quintal, Spawn descobre que cinco anos se passaram e que sua esposa negra, Wanda (Theresa Randle), se casou novamente, com o melhor amigo branco dele, Terry (D.B. Sweeney). Essa família suburbana passa a representar a felicidade, inexistência de classes e divisões raciais e ausência de hostilidade. Claro, Terry não é um soldado, mas um conselheiro. Spawn é infeliz, indigente e uma figura envolvida em maldade e violência. Logo, Spawn sai do subúrbio, procurando refúgio em becos sujos e esquecidos de bairros mais pobres — "A Cidade dos Ratos". Ele vive de forma miserável, assim como Candyman, junto de mendigos bêbados, pessoas sofrendo de problemas mentais, roedores e lixo. No final, Spawn consegue salvar sua família, seu velho amigo Terry e a Terra ao afastar o Diabo. Embora sua verdadeira identidade tenha sido revelada para os seus entes queridos, e apesar de ter salvado o mundo, Spawn não pode conviver no mundo daqueles que ama. O gueto é onde seu tipo é segregado e invisível.[45]

MEIO-HUMANO, MEIO-VAMPIRO

Blade: o caçador de vampiros (1998), um filme de terror "com negros" baseado no personagem da Marvel Comics de mesmo nome, assim como *Um vampiro no Brooklyn,* faz uso do estereotipo do mulato trágico, mas triplica o problema, apresentando uma figura meio-humana, meio-vampira e não exatamente negra. O vampiro negro, Blade (Wesley Snipes), é atormentado e vingativo, buscando retaliação contra a raça de monstros que o criou. O filme mostra, com o uso de flashbacks, que a mãe de Blade, Vanessa (Sanaa Lathan), foi atacada e mordida por um vampiro quando estava grávida de Blade. Apesar de não ter sido mordido diretamente, ele foi infectado com vampirismo ainda no útero. Ele saiu de sua mãe quando ela estava morrendo, fazendo dele um espécime único, meio-humano, meio-vampiro. Ele é um "caminhante diurno", imune ao poder destrutivo do sol, e não é afetado pelo alho. Blade também é extremamente forte, cheio de ódio pelos vampiros e se vê numa guerra constante com sua sede por sangue.

No filme, já no presente, cerca de trinta anos depois, no que parece ser uma cena muito dolorosa para Blade, ele descobre que sua vida de órfão — ao que tudo indica, Vanessa seria uma mãe solo — era uma mentira. Vanessa não morreu completamente durante o nascimento dele e retornou como vampira, escolhendo seguir a vida junto com os vampiros, e não com o filho. Para piorar, o homem com quem ela forma par, Deacon Frost (Stephen Dorff), não é apenas (muito) branco e o principal adversário de Blade, mas também é revelado por Frost, de maneira cruel e zombeteira, o segredo por trás da identidade de Blade — Frost é, em essência, seu pai branco, pois foi ele quem o transformou em vampiro, substituindo o pai negro e desconhecido de Blade.

Embora Blade seja um adulto, o filme pede que o público lamente por essa criança órfã de mãe, uma criança não natural, que se torna uma vítima por causa da ausência de amor e autoridade parental, cujos "poderes especiais são justificadamente provocados", ao mesmo tempo que sua raiva se faz entendida.[46] De assassino Blade rapidamente se transforma em anti-herói e então em um super-herói, quando sua história se torna parte de sua motivação. Vanessa, não Blade, é representada como aquela que é verdadeiramente impura e monstruosa. Uma mulher bonita que nunca envelhece e que aparenta ter a idade de Blade, ela o acaricia de forma sedutora, os lábios dela roçando nos dele enquanto o prepara para a morte. Ela, novamente, sacrifica o filho para Frost. Quando Blade sobrevive e mata a própria mãe, ela sofre por sua monstruosidade e pelas tragédias raciais do filho.

Ao longo do filme, surge a rara representação da mãe negra tóxica e destrutiva. No entanto, Blade encontra em Whistler (Kris Kristofferson) um pai branco substituto, com quem luta lado a lado em uma guerra contra os vampiros. Talvez o relacionamento de Blade e Whistler "sugira uma relação servil ao paternalismo branco", mas o filme não explora essa conexão da forma como o gênero fez no passado, por exemplo, com o estereotipo do ajudante/servo leal.[47] Em vez disso, *Blade* mostra uma relação complexa de amizade e amor, primeiro nascida da tragédia e de objetivos comuns de vingança (a família de Whistler foi morta por vampiros), e, então, evoluindo durante os anos da vida isolada que eles compartilharam.

Blade acaba não explorando os anos de parceria profissional e doméstica dos homens, optando por colorir o filme com estereótipos de hipermasculinidade e hipersexualidade tradicionais. Por exemplo, Blade, à beira da morte, é trazido de volta pela dra. Karen Jenson (N'Bushe Wright) — uma hematologista negra que deixa Blade beber seu sangue para que sobreviva. A cena em que Blade chupa o sangue dela é uma exibição violenta e extraordinariamente erótica, já que Blade se sacia e, quando satisfeito, solta um grito orgástico que reverbera.

Blade, assim como Max de *Um vampiro no Brooklyn*, não tem nenhum encontro desse tipo com um homem. Max transforma homens ao gotejar um pouco de sangue na língua deles, com o filme dizendo explicitamente que ele "não precisa fazer aquela merda que o Blácula faz". Apesar de Max transformar suas vítimas em vampiros, ele não o faz no estilo de Blácula, mordendo o pescoço delas ou outra parte do corpo. Max reserva esse tipo de encontro apenas para as mulheres, assim como Blade. Blade e Max servem para lembrar ao público da "lascívia, do desejo sexual feminino", assim como a habilidade deles — da qual, supostamente, apenas homens são capazes — de satisfazer esse desejo enquanto unem "sexualidade e apocalipse".[48] No entanto, esse tipo de junção não fica confinada aos vampiros, afinal, monstros masculinos (como Candyman) são masculinizados quando prometem experiências sexuais tão fora deste mundo às mulheres que elas morrem — a mais derradeira fantasia de sadomasoquismo e sexo brutal/estupro.

No final, Blade, assim como Spawn, decide manter um olhar atento sobre a raça humana, mantendo-a a salvo dos monstros. Juntos, eles são a "super-polícia"; o tipo de reguladores sociais que se esperaria encontrar patrulhando ambientes hostis. Demônios infernais e vampiros não são desafios para qualquer tipo de salvador. Eles são um trabalho para monstros dispostos a policiar suas próprias espécies. Os dois super-heróis deram um novo significado para a violência cruel de negros contra negros. No caso de *Blade*, a representação foi extraordinariamente popular. O filme ficou em primeiro lugar em sua semana de lançamento, angariando 17.073.856 milhões de dólares e lucrando mais de 70 milhões com exibições caseiras. Esse filme daria origem a mais dois outros.[49]

CONCLUSÃO: O TERROR É O NOVO PRETO

Depois de cem anos de participação desigual no gênero de terror, o negro estava de volta nos anos 1990, desempenhando um papel central no despertar de "calafrios e sustos". O negro estava em todos os lugares — em "filmes negros" de terror e em filmes de terror "com negros", filmes independentes e filmes hollywoodianos, em sucessos de bilheteria de alto orçamento e até em esforçados filmes de baixo orçamento que não passariam nos cinemas. Personagens negros como Blade e Spawn eram monstros "super-heróis", retirados das páginas de gibis e transformados em franquias lucrativas. O mal negro que corrompe as mulheres brancas já havia sido visto, mas em *Candyman* o público fica do lado do monstro, torcendo para que a besta entrasse no quarto e convencesse a mulher branca a ser sua vítima. Não parecia importar que o sofrimento de Candyman fosse resultado de dormir com uma branca, para começo de conversa.[50] De maneira significativa, os negros não apenas deixaram de ser os primeiros a morrer nos filmes de terror: com frequência, eles sequer morriam ou eram aqueles que matavam.

Negros invadiram os subúrbios e os monstros (brancos) se encaminharam de volta para a área urbana. Em 1995, a franquia *Colheita maldita* saiu das fazendas rurais do Nebraska e passou a residir em Chicago. Em *Colheita maldita 3: a colheita urbana*, as crianças e suas foices acabaram com as pessoas que perambulavam em volta de um parque industrial no gueto. As crianças adoradoras de milho não devem ser confundidas com aqueles brancos que saíram dos subúrbios. Em vez disso, essas crianças são os brancos da zona rural, as "classes menosprezadas"[51] ou mais baixas, representando um monstruoso clã, ou família, alocado em um campo bem longe dos negros.

Da mesma maneira, os bairros pobres das cidades ressuscitariam a série de filmes *O duende*, com o monstro mítico irlandês em *O duende 5* (2000) à procura de sua flauta encantada no gueto, em meio a rappers pretensiosos armados que ele destrói da forma mais grotesca possível. A coisa toda foi tão bem que o Duende retornou em *O duende perverso* (2003) para fumar maconha e roubar dentes de ouro.

Como um todo, a participação dos negros em filmes de terror no ciclo de 1990 se tornou cada vez mais onipresente. O próprio gênero de terror estava começando a mofar, como pode ser observado com a moda de relançar filmes (por exemplo, *A noite dos mortos-vivos* [1968], *A noite dos mortos-vivos* [1990], *A noite dos mortos-vivos 3D* [2006]). Para os negros, o terror ainda estava fresco. Mudanças no mercado e na tecnologia abriram espaço para intervenções representativas. O mercado direto-para-vídeo deu origem ao espectador habitual — alguém que alugaria um monte de filmes de uma vez só, alguns específicos, mas a maioria escolhida aleatoriamente. O terror foi novamente confrontado com a proposta de atender a uma necessidade, e, em uma repetição das décadas de 1940 e 1970, todos os tipos de "filmes negros" de terror entraram num sistema de produção rápido e barato. Os filmes não eram todos novos, já que a indústria saqueava catálogos inteiros, forçando centenas de filmes para dentro de um mercado prestes a estourar.[52] O público teria muito a escolher, pois o acesso às tecnologias digitais (de câmeras a softwares) tornou o cinema — apesar de apresentar uma ampla gama de habilidades e qualidades — acessível de uma maneira nunca antes imaginada.

O excesso de filmes, oferecidos por profissionais e amadores, significou que, com a entrada do século XXI, já não seria mais possível simplesmente listar os filmes em que os negros apareciam. Ainda assim, divisões raciais e espaciais permaneciam. Manter os negros, em grande parte, confinados aos guetos fez com que o terror apresentasse uma estética negra para combinar. O terror e o hip-hop se uniram de maneira intrínseca, e graças a rappers como Snoop Dogg e suas várias contribuições aos filmes do terror, o gênero acabou refletindo essas influências culturais. Hoje, filmes de terror dão o seu melhor para sinalizar sua relação com o hip-hop, frequentemente modificando a escrita tradicional das palavras para refletir o estilo desconstruído da linguagem hip-hop: *Zombiez* (2005), *Vampiyaz* (2004), *Bloodz vs. Wolvez* (2006), *Kracker Jack'd* (2003).

O "terror negro" tão em evidência mais atualmente também possui seus pontos fracos. Há muito lixo apelativo, e filmes como *Chop Shop* (2007), com meia dúzia de cenas vis de estupro em que a mesma mulher é violentada (e sem propósito algum para a narrativa), mostram que filmes negros nem sempre serão revolucionários e estão suscetíveis aos mesmo problemas que flagelam os demais gêneros.

Podemos apenas esperar para ver se a participação dos negros no terror continuará a prosperar e evoluir, ou decair e possivelmente se autodestruir.

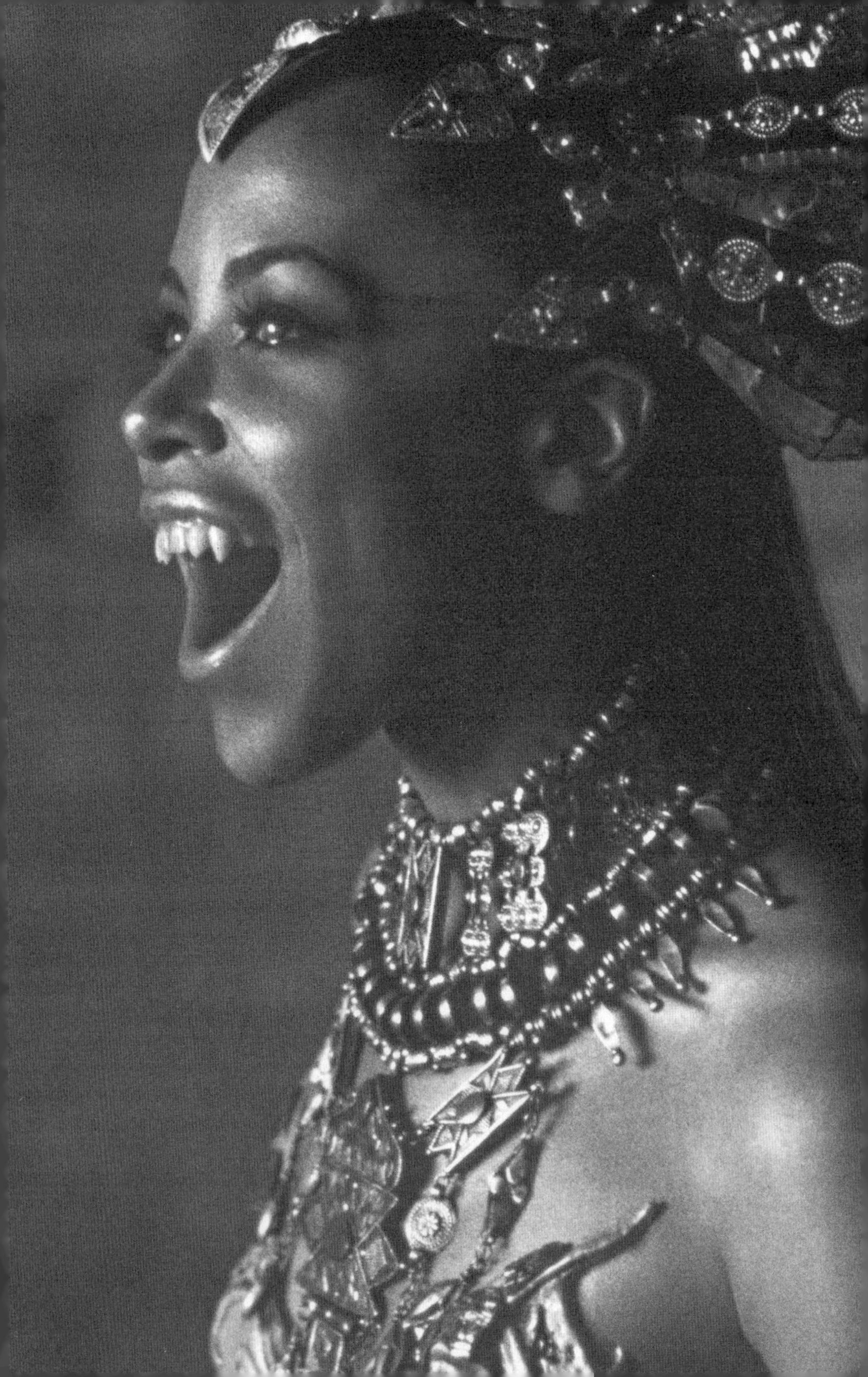

HORROR NOIRE

CONCLUSÃO
CAPTURANDO ALGUNS ZZZZZS – OS NEGROZ E O TERROR NO SÉCULO XXI

> Eles dizem que somos produtos das profundezas do inferno porque o preto voltou e está pronto pra vender.— **PUBLIC ENEMY**[1]

O século XX terminou bem para o terror. O Oscar, que geralmente não reconhece a importância do gênero, acabou dando atenção ao terror quando filmes como *O sexto sentido* (1999) recebeu seis indicações e quando *O silêncio dos inocentes* (1991) conquistou as estatuetas mais importantes, incluindo o prêmio de melhor filme. Todos estavam de olho no gênero e, logo, uma pergunta surgiu: que novas voos o terror alçaria? Por exemplo, poderia a vencedora do Oscar, Halle Berry, contribuir com o seu potencial de estrela para o filme de terror "com negros" *Na companhia do medo* (2003), que conta a história de uma mulher e um fantasma que se unem para expor sadistas sexuais que assassinavam garotas? Ou, seguindo a tradição de *A bruxa de Blair* (1999), poderia o filme de terror "com negros" *Serpentes a bordo* (2006), estrelando Samuel L. Jackson, fazer barulho o suficiente na internet para transformá-lo em um hit?[1] Até agora, o século XXI tem dado uma resposta clara para a pergunta: o gênero de terror não está tentando inovar; em vez disso, está requentando terrores antigos de seu catálogo para reapresentá-los ao público. Em lugar de seguir a tendência da inovação, cineastas millennials estão preferindo fazer remakes. Por exemplo, o clássico de terror de John Carpenter, *Halloween: a noite do terror* (1978), foi "reimaginado" no filme de Rob Zombie, *Halloween: o início* (2007). Alguns filmes de terror sequer receberam esse tratamento de repaginação, sendo meramente refeitos: *Aniversário macabro*, de 1972, foi refeito em 2009; *O massacre da serra elétrica*, de 1974, foi refeito em 2003; *A profecia*, de 1976, foi refeito em 2006; *Madrugada dos mortos*, de 1978, foi refeito em 2004; e *Quadrilha de sádicos*, de 1977, refeito em 2006.[2] Críticos reclamaram de um excesso de filmes de terror (por exemplo, 39 filmes estavam em produção em 2007), pois os estúdios estavam fazendo remakes de terror um atrás do outro.[3]

Embora todos os gêneros cinematográficos estejam propensos a algum tipo de duplicação, no terror a prática parece ser "mais nítida e extrema do que em outros lugares".[4] Os estúdios já perceberam há muito tempo que existe um método por trás da loucura. Aqueles que tinham idade o bastante para assistir os filmes originais estão agora com seus quarenta, cinquenta anos, maduros demais para novos sustos. De acordo com Fischoff et al., o público de 25 anos de idade para baixo gosta de violência, efeitos especiais e histórias simples. Já o público de idade mais avançada permanece em uma "cápsula do tempo estética", evidenciando uma preferência por suas antigas experiências cinematográficas.[5] Resumindo, os remakes são feitos para a nova geração de frequentadores de cinema. Simplesmente relançar filmes clássicos de terror não é o bastante, já que esta nova geração cresceu com uma saudável dieta de violência midiática.[6] O próximo ciclo de filmes de terror precisará pensar a respeito de três problemas — como visar o público jovem, como fazer parte de um mercado onde a violência é onipresente na mídia e de que forma competir com a popularidade dos jogos eletrônicos violentos. Cineastas de terror reagiram a essa tendência testando em pré-adolescentes trechos de seus filmes a serem lançados. Por exemplo, partes do filme de terror *Eu sei o que vocês fizeram no verão passado* (1997) foram exibidas para crianças de apenas nove anos de idade.[7] Entretanto, dessa pesquisa feita pelos cineastas, surge uma compreensão importante: o terror precisa evoluir se quiser competir com jogos eletrônicos de terror com "violência hiper-realista",[8] como *Resident Evil* (1996) e *Bioshock* (2007), oferecidos ao público jovem (embora supostamente não sejam recomendados para as crianças). O gênero do terror tem respondido: (1) inclinando-se na direção dos jovens; (2) adotando a estética dos videogames (pontos de vista em primeira pessoa, efeitos criados em computador e uma ambientação frenética); e (3) além de reformatar o velho, a nova safra de terror explora os videogames (por exemplo, *House of the Dead: o filme* [2003]; *BloodRayne* [2006]).

UMA LIÇÃO FINAL SOBRE NEGROS E FILMES DE TERROR

Este resumo do último século do terror serviu para mapear a contribuição dos negros no gênero. Ele demonstra a grande resiliência dos negros em reivindicar uma participação, tanto na frente quanto atrás das câmeras. A participação dos negros nos filmes sempre foi e sempre irá além da comercialização cultural; ao contrário, foi postulado aqui que o envolvimento dos negros no gênero configura um interessante estudo a respeito de ideias sociais e valores culturais, reinserção nas — ou resistência contra as — ideologias dominantes e negociações de representatividade, por exemplo, exibir corpos e culturas negras, com algum realismo ou na forma de espetáculo.

No século XXI, os negros também tiveram de aceitar a mudança no mercado. Assim como o gênero de terror como um todo, filmes que estrelavam negros (não necessariamente escritos, dirigidos ou produzidos por negros) têm se inclinado na direção dos jovens, saudando propositalmente a juventude de todas as faixas da geração hip-hop ao saturar o terror com rappers e música rap em "filmes negros" de terror. Por exemplo, *Ameaça urbana* (1999), com fantasmas que matam os criminosos que predam as áreas urbanas da cidade, estrela os rappers Snoop Dogg, Big Pun, Ice-T e Fat Joe. Numa espécie de autocrítica, admitindo a própria falta de qualidade, o DVD permite que o público pule o filme inteiro e apenas ouça o rap de Ice-T. *Da Hip Hop Witch* (2000) — uma versão de *A bruxa de Blair* (1999) do gueto — eleva o quociente rapper ao apresentar a absurda quantidade de 24 rappers, incluindo Eminem, Charli Baltimore, Professor X, Ja Rule, Pras, Vanilla Ice, Rah Digga, e Mobb Deep. Mais de cem "filmes negros" de terror foram lançados só na primeira década do século XXI.[9] Para deixar óbvia a conexão com o hip-hop, os filmes rompem com a linguagem tradicional, adotando o jargão quebrado e pós-moderno do hip-hop, com frequência acrescentando um "z" nos títulos de filmes: *Cryptz* (2002), *Vampz* (2004), *Vampiyaz* (2004), *Zombiez* (2005), *Bloodz v. Wolvez* (2006). Graças, em grande parte, ao mercado direto-para-DVD, que torna a produção e distribuição de filmes acessíveis para praticamente qualquer um com acesso a equipamento digital, estreantes, como H.M. Coakley com *Holla* (2006), e os já bem estabelecidos, como Eriq La Salle com *Crazy as Hell* (2002), estão fazendo "filmes negros" de terror. De uma maneira simples, o "terror negro" aprendeu lições importantes de sobrevivência, esculpindo um nicho rentável e popular, misturando juventude, hip-hop e o mercado de filmes caseiros.

CONTOS DO HIP-HOP

Os anos 1980 marcaram uma explosão no desenvolvimento do rap. Os estilos de rap se tornavam cada vez mais diversos, desde o som fácil do grupo Sugar Hill Gang, influenciado pela música *disco*, e as letras machistas de LL Cool J, até os pronunciamentos políticos de Grandmaster Flash and The Furious Five e os sermões da bandidagem de Ice-T. Em meio a essa enxurrada de atividade musical, o terror está presente, e as duas formas de cultura popular se sincronizam facilmente. Em 1988, o duo de rap DJ Jazzy Jeff (Jeff Townes) e Fresh Prince (Will Smith) lançou o álbum *He's the DJ, I'm the Rapper*, com a música "Nightmare on My Street". O lançamento do álbum coincidiu com o lançamento de *A hora do pesadelo 4: o mestre dos sonhos*, com a música de Fresh Prince servindo como um tributo não oficial à popularidade da franquia de filmes:[10]

> I walked in the house, the Big Bad Fresh Prince/ But Freddy killed all that noise real quick/ He grabbed me by my neck and said: "Here's what we'll do. We gotta lotta work here, me and you. The souls of your friends you and I will claim. You've got the body and I've got the brain."*

A música, escrita em parceria com Will Smith, antecipou a eventual aproximação de Smith do terror, como um novo (super-)herói negro para o século XXI. A chegada de Smith marca a dramática despedida dos trágicos e desafeiçoados super-heróis negros de terror, como Spawn e Blade, em batalhas com criaturas de outros mundos e outras raças.[11] Spawn e Blade são, eles mesmos, monstruosos, anti-heróis guerreando com seus iguais, também aberrantes. Smith foi para um lado totalmente diferente, atuando como um salvador negro, livrando o mundo de todos os tipos de invasões alienígenas. Nos filmes de ficção científica *Independence Day* (1996) e MIB: *homens de preto* I e II (1997, 2002), o status icônico de Smith fica em evidência enquanto ele se apresenta impecavelmente bem-vestido (apesar de sua noiva stripper em *Independence Day*), bonito, afável e como um perspicaz assassino de monstros. A presença de Smith

---

* Em tradução livre: Entrei na casa, o Fresh Prince malvadão/ Mas o Freddy acabou com a bagunça bem rápido/ Ele me agarrou pelo pescoço e falou: "Olha só o que a gente vai fazer. Temos muito trabalho aqui, eu e você. Eu e você vamos chamar as almas dos seus amigos. Você pega o corpo e eu pego o cérebro" [NT]

serve para perturbar (mas não expelir totalmente) a insistência obsessiva do terror em conectar a ameaça alienígena à negritude, real ou metafórica, como visto de O *monstro da lagoa negra* (1954) e em *O predador 2: a caçada continua* (1990). Seu fantástico estrelato e raça "funcionam muito bem juntos", levando a alegações de que Smith transcende raça.[12] Presumidamente, seus monstros — polvos fedorentos e insetos gigantes — transcendem raça também.

A atuação de Smith no filme de terror "com negros" *Eu sou a lenda* (2007) representa, de certa forma, absolutamente nada, nem progresso e nem regresso para os negros no terror. O filme é baseado no livro homônimo de 1954, de Richard Matheson, que conta a história do último humano vivo em um mundo de vampiros. O livro serviu de base para diversos filmes.[13] Por exemplo, *Mortos que matam* (1964) estrela Vincent Price como o dr. Robert Morgan, que é imune à praga vampira. O filme retrata uma solidão cinzenta e dolorosa enquanto Morgan assiste sua família e o mundo a sua volta morrerem. Embora ele tenha a cura em seu próprio sangue, no final trágico do filme, Morgan representa uma minoria em um mundo dominado por vampiros, resultando em sua exterminação — ele é morto no altar de uma igreja, na posição de Jesus Cristo na cruz. Em *A última esperança da terra* (1971), Charlton Heston retrata Robert Neville, cuja solidão enlouquecedora é interrompida de repente quando ele descobre que existem alguns outros sobreviventes de uma praga que transformou a população da Terra em mutantes avessos ao sol. Neville se envolve romanticamente com uma mulher negra, Lisa (Rosalind Cash), que sucumbe à praga e o trai em prol dos mutantes. Neville é morto, e seu corpo também aparece numa pose de Cristo crucificado. Assim como Morgan, o sangue de Neville também é um antídoto para a praga. Logo antes de sua execução, Neville salva o dia, já que ele conseguiu extrair seu sangue e entregar nas mãos de humanos que começarão o processo de restaurar a humanidade.

No *Eu sou a lenda* de Smith, ele também retrata o dr. Robert Neville, um sobrevivente solitário de uma praga que desenvolveu monstros sedentos de sangue. Sua solidão é interrompida por um monstro fêmea que ele capturou para estudar, além de uma mulher e uma criança não infectadas que estão em busca de outros sobreviventes. Entretanto, ao Neville de Smith, é recusado o comentário racial dispensado ao Morgan de Price e ao Neville de Heston, assim como a iconografia de salvação por meio do "sangue de Jesus" que eles compartilharam. O Neville de Smith, notavelmente, não tira a cura para a humanidade de suas veias — de seu sangue negro. Em vez disso, a cura vem do sangue do monstro, quando o doutor injeta nela um soro composto pelo sangue dele e algumas substâncias químicas. A ele, que morre numa explosão, é negada até mesmo a pose de Jesus.

Aqui, o estrelato, a persona de filmes de ação e a raça de Smith são tornados mais palatáveis à custa dos significados mais profundos que as representações anteriores e o romance original forneciam. Embora o público saiba um pouco sobre o Neville de Smith — os espectadores veem sua esposa e filha antes da tragédia, ficam sabendo que ele gosta de bacon e ama a música de Bob Marley —, ele é social e culturalmente neutro. Isto é, não há muita complexidade nele. Ele pode ser apropriadamente comparado ao Ben (Duane Jones) de *A noite dos mortos-vivos* (1968), sobre o qual não é dada praticamente nenhuma informação. Apesar de a cor de Ben nunca ser mencionada, ele ainda é complexo, um símbolo da história racial e da relação entre raças, já que ele, o único homem negro, luta para sobreviver aos ataques dos zumbis e dos brancos — igualmente sedentos de sangue. A comparação entre as duas representações — Neville e Ben — não é forçada. O próprio George Romero, diretor de *A noite dos mortos-vivos*, foi inspirado pelo livro de Matheson, de onde pegou emprestados os mortos cambaleantes que enfiam as mãos por entre as tábuas de janelas fechadas para agarrar o último humano, assim como a criança moribunda, a queima de vítimas em uma pira e a morte do protagonista da história.[14] Da mesma forma, em uma cópia de *A noite dos mortos-vivos* (1968) e *Dia dos mortos* (1985), *Day X* (2006), que foi lançado em DVD, coloca Frank (Ken Edwards) em uma siderúrgica abandonada quando um vírus de zumbificação é liberado por acidente. Ele é o único negro e assume o controle de dez brancos (alguns deles, hostis) que foram até lá em busca de proteção. A tensão do filme carrega um sobretom racial, que é abordado de forma cômica nessa produção tão séria: "Você já viu aquele filme com o cara negro naquela casa?". Acrescente a isso a evidente racialização do personagem Riddick em *Eclipse mortal* (2000), que é tirado do armário, racialmente falando, com a fala sarcástica de que ele seria levado como um prisioneiro "no fundão do ônibus". Contudo, ao Neville de Smith não é concedido um comentário desse tipo, ainda que esteja envolvido em um trauma nacional, senão global, como um oficial militar, mudando sua atenção, presumivelmente, da guerra (do Afeganistão, por exemplo) para a praga, precisando lidar com a sua América, simbolizada por uma Nova York pós-11 de setembro, sem sistemas políticos, culturais ou sistema de valores (por exemplo, seria assassinato matar os monstros?).

O LADO MAIS ESCURO DO HIP-HOP

Para cada metrópole, há uma necrópole.
— Adam Simon, produtor, *Bones*[15]

Se alguém estiver procurando por uma reflexão sociopolítica, o terror infundido de hip-hop raramente desaponta, dando marretadas na cabeça do público com contos de moralidade e responsabilidade social. O rapper Snoop Dogg tomou a dianteira com, até esta data, três filmes de terror-moral. O direto-para-DVD *Ameaça urbana* (1999), mostra Snoop estrelando no papel de alguém que lamenta a violência que permeia sua comunidade e, ironicamente, mata o maior número possível de gângsteres. O próximo filme de Snoop, *Bones, o anjo das trevas* (2001), ostentou um moderado orçamento de 16 milhões de dólares, o apoio da New Line Cinema e o talentoso diretor Ernest Dickerson.[16] No filme, Jimmy Bones (Snoop Dogg) é uma lenda vida dos anos 1970, um "cavalheiro gângster" que trabalha com apostas e é bem respeitado pelos membros da sua comunidade negra.[17] Seu bairro prospera até as drogas pesadas serem introduzidas por lá. Quando recusa a se juntar aos outros traficantes, Jimmy é morto. Os traficantes enfiam facas em seu corpo, lembrando Cristo ao ser pregado na cruz. Jimmy se torna uma lenda popular, sendo lembrado ao longo dos anos, apenas para retornar duas décadas mais tarde como um fantasma violento em busca de retaliação. Ele reivindica uma vingança sangrenta contra seus assassinos, que também contribuíram para a morte do bairro, e aqueles que continuam a impedir a vizinhança de prosperar, mantendo-a vítima da praga das drogas. Até o retorno de Jimmy, as drogas se tornaram um "capitalismo incontrolável", intocadas pela polícia corrupta, líderes invisíveis e ativistas da comunidade. Apenas algo vindo diretamente da cultura gângster, transformado em um espírito raivoso, poderia refrear o terror.[18]

Em um movimento intertextual, *Bones* estrela Pam Grier como Pearl, a namorada de Jimmy, mostrando-os como um casal no auge do poder dele em 1979. Aqui, Grier deve ser imaginada como uma de suas personagens icônicas do blaxploitation da década de 1970, Coffy, Foxy ou Sheba, a vadia malvada e gostosa que fornecia cenas apelativas para pessoas como o rapper Snoop Dogg, que afirma ter crescido assistindo aos filmes dela. Sua presença aqui não pode ser separada das frequentes aparições de Snoop, seja em seus clipes ou em cerimônias de prêmios, vestido como um cafetão dos anos 1970, contando até mesmo com um "cálice de cafetão" e com a companhia de Don "Magic" Juan, um cafetão de Chicago que aparece nos documentários *Pimps Up, Hos Down* (1999) e *Cafetão americano* (1999). A inclusão de Grier é uma fantasia misógina de prostituição e estupro. Denzin afirma que seria inapropriado interpretar tal machismo como um traço marcante apenas da cultura jovem negra. Em vez disso, essas práticas preocupantes de gênero estão implicadas em uma supremacia branca que escala atores negros como traficantes e cafetões e mulheres como prostitutas.[19] A Pearl dos dias modernos, vinte anos após a morte de Jimmy, é desenvolvida. Ela é agora uma vidente e se conecta com Jimmy no mundo espiritual. No entanto, o filme não conecta essa Pearl mais velha com uma pessoa tipo a personagem Lisa, de *Os gritos de Blácula* (1973), que se esquiva do erotismo com o vampiro Blácula e usa seus poderes de vidente/vodu como uma super-heroína para salvar sua comunidade negra. Como um todo, o conto de terror de Snoop revela uma nostalgia da vida antes dos tiroteios e do crack, quando os gângsteres eram tranquilos e seu negócio era o tráfico de mulheres.

Apesar de seu orçamento e poder de estrelato, incluindo um CD com uma trilha sonora de Snoop Dogg que alcançou a posição 39 na Billboard 200 em outubro de 2001, *Bones: o anjo das trevas* é um exemplo primário de como "filmes negros" de terror ainda lutam para conquistar um lugar em Hollywood. Arrecadando pouco mais de 7 milhões de dólares, o diretor Ernest Dickerson é cético em relação ao comprometimento da indústria com o cinema negro:

> Então, sim, e às vezes eu realmente acho que existe uma força que não quer que afro-americanos ganhem um local de reconhecimento na arte de fazer filmes, decidindo quais filmes serão feitos, delimitando o gênero e colocando limites naquilo que filmes negros podem fazer. [...] *Bones* conseguiu ótimas resenhas no *The New York Times, The L. A. Times* e *Variety*, mas o estúdio se recusou a capitalizar com essas boas resenhas. Uma prática comum na indústria é colocar citações de boas resenhas em anúncios, mas eles se recusaram a fazer isso e gastaram só um terço do que todos estavam gastando com divulgação. Então, o filme saiu e teve uma ótima trilha sonora que nunca chegou nas rádios. Como você recusa um álbum do Snoop Dogg?[20]

Snoop continuaria sua pregação, apropriando-se de *Contos do além* (1972) e do "filme negro" de terror *Contos macabros* (1995), de Rusty Condieff, para lançar *Snoop Dogg's Hood of Horror* (2006), em que Snoop aparece como o "Guardião do Berço", enviando almas para o inferno.[21] *Hood* é uma antologia, apresentando três vinhetas sobre limpar os grafites de gangues da comunidade e livrá-la de senhorios inescrupulosos e rappers assassinos que esqueceram suas origens.

O link entre terror e hip-hop continua com o horrorcore, um subgênero do rap fortemente influenciado pelo terror, utilizando-se de histórias de zumbis e canibalismo, com os artistas, algumas vezes, se apresentando com fantasias grotescas. As raízes do horrorcore são debatidas, e alguns consideram o grupo de rap Geto Boys como a inspiração para o gênero, com seu álbum de 1991, *We Can't Be Stopped*, que contém duas músicas inspiradas no terror: "My Mind Is Playing Tricks on Me", sobre um pesadelo baseado no halloween, e "Chuckie", uma música que apresenta um personagem que conta ter comido o "cérebro de um cachorro", inspirada na franquia de filmes *Brinquedo assassino*. Já outros apontam os rappers Prince Paul, do grupo Stetsasonic, e RZA, do conjunto Wu-Tang Clan, como os inovadores, com a formação do grupo Gravediggaz e o lançamento de seu primeiro álbum, *6 Feet Deep*. O álbum foi descrito como "um fracasso comercial mórbido e brega".[22] No entanto, o objetivo do horrorcore não é alcançar uma recepção comercial e mainstream, mas o underground e o periférico. Desde o início dos esforços do Gravediggaz, artistas como Insane Clown Posse, D12 e Eminem — todos de Detroit — foram creditados por manter o horrorcore (ocasionalmente) longe da mídia tradicional. Esse trabalho inclui o festival anual do Insane Clown Posse, Gathering of the Juggalos, assim como as ocasionais letras de terror de D12 e Eminem. Brotha Lynch Hung, um rapper de Sacramento, que afirma ser o fundador do horrorcore, foi o primeiro rapper a estrelar seu próprio "filme negro" de terror horrorcore, *Now Eat: The Movie* (2000). O filme apresenta a letra medonha de Lynch: "I don't wanna brag/ Fuck Jeffery Dahmer he's a mothafuck'n fag/ I got nigga nuts and guts in a bag, draggin them to the pad".[23]* O enredo do filme se concentra no costume que ele e seus amigos rappers têm de jantar seus rivais depois de salpicar amaciante de carne sobre eles. O horrorcore, que não consegue muito

---

* Em tradução livre: Eu não quero contar vantagem/ Foda-se Jeffery Dahmer, ele é um veadinho/ Eu carrego as bolas e os intestinos de crioulos numa bolsa e arrasto até a quebrada [NT]

FIGURA C1 SNOOP EM
HOOD OF HORROR.
Arclight Films/Photofest

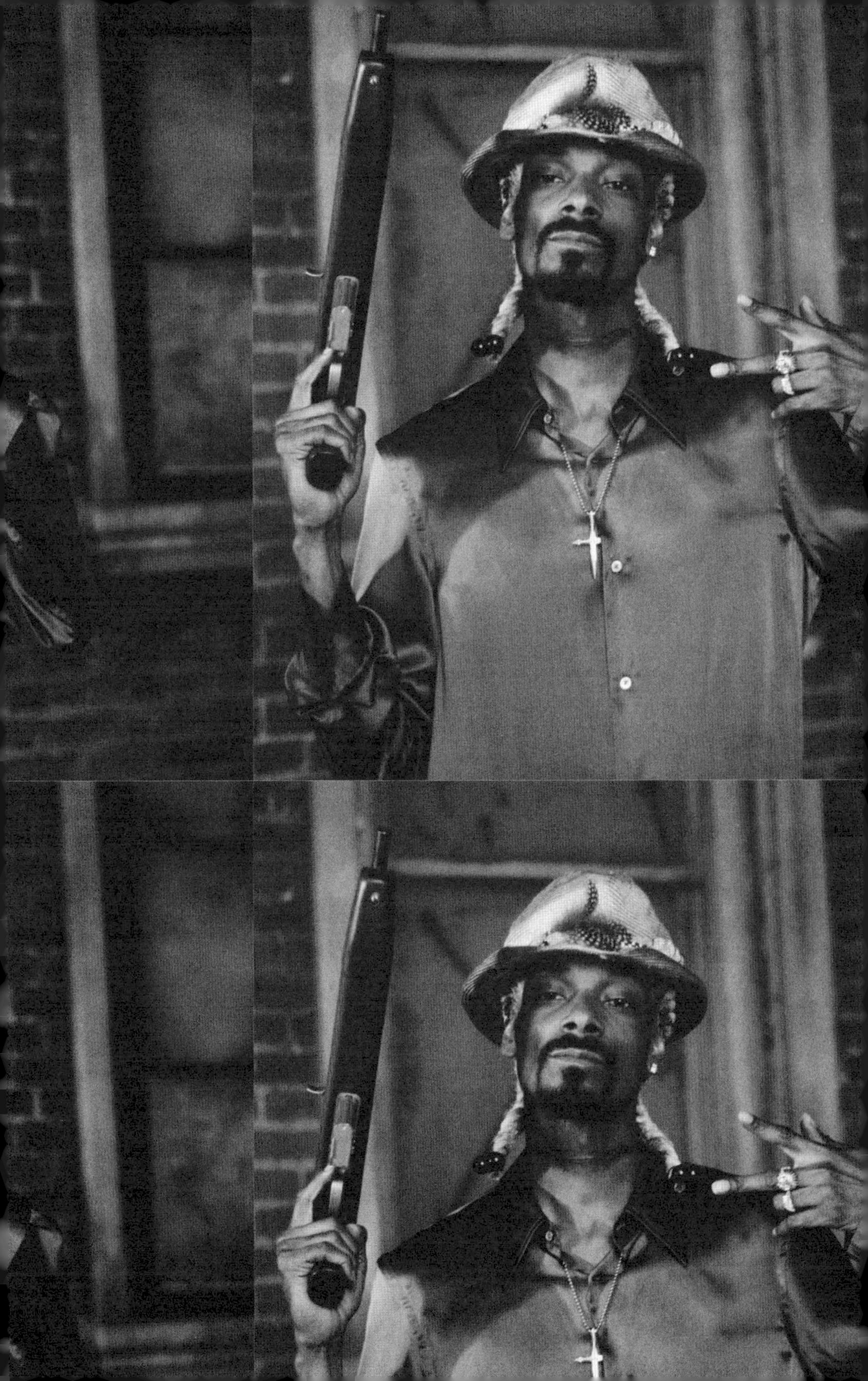

espaço na rádio por causa de seu conteúdo profundamente violento, machista, homofóbico e pró-suicídio, continua a ter seguidores undergrounds, com a área metropolitana de Detroit hospedando a subcultura. Por exemplo, em 12 de setembro de 2009, o festival de música horrorcore Strictly for the Wicked, foi realizado em Southgate, Michigan, com organização da Serial Killin Records. Promovido em grande parte na internet, o festival "para todas as idades" apresentou cerca de 25 artistas e atraiu uma média de 250 pessoas. O horrorcore recebeu atenção inesperada da imprensa mainstream quando um rapper do horrorcore, Richard "Syko Sam" McCroskey, de vinte anos de idade, espancou quatro pessoas até a morte em suas casas depois de participar do festival Strictly for the Wicked. A conexão entre a violência do horrorcore e os assassinatos foi explicitada pelo rapper horrorcore Mario "Mars" Delgado:

> o ponto é ir cada vez mais longe e chocar e ofender pessoas [...].
> É marketing — é tão chocante e tão na cara que os garotos querem isso, eles precisam disso. [...] Se seus filhos curtem esse tipo de coisa, você precisa sentar e conversar com eles e perguntar: "Você está bem?". [...] É um pedido de ajuda que muitos pais não percebem.[24]

"FILME NEGROS" DE TERROR NÃO SERVEM MAIS PARA OS CINEMAS

Houve um tempo na história do gênero de terror quando uma contagem dos "filmes negros" de terror poderia ser feita facilmente. Em algumas décadas, seja em filmes de terror "com negros" ou em "filmes negros" de terror, a imagem dos negros foi escassa e espaçada. Contudo, a presença de negros no gênero experimentou uma explosão, grande parte em virtude do mercado direto-para-DVD, uma forma de distribuir os filmes com ou sem a ajuda de um estúdio, oferecendo possibilidades de compra ou locação aos consumidores. Nos anos 1980 o mercado audiovisual emergente foi marcado com a reputação de ser um local de despejo para filmes inferiores. Então, uma rota viável era produzir filmes que custavam significativamente menos do que uma produção feita para o cinema, permitindo que a obra fosse gravada com um orçamento baixo, porém com um potencial para lucros altos. Até mesmo os grandes estúdios perceberam rapidamente que há um enorme potencial de lucro no mercado de vídeos, lançando franquias direto-para-DVD, como a Lions Gate fez com seus filmes da franquia "Barbie", que já tem mais de quinze títulos em sua série, sem previsão de acabar. Não foi apenas o mercado de filmes infantis que se aproveitou do mercado direto-para-DVD. Sequências de terror também encontraram um cantinho no nicho dos vídeos. Por exemplo, *Candyman: dia dos mortos* (1999) foi lançado em vídeo. *Candyman: dia dos mortos* é um daqueles filmes que não merecem o investimento de um filme de cinema, que pode custar mais de 35 milhões em propaganda e mídia impressa para divulgação.[25] Lançar uma franquia de filmes em vídeo se provou um ótimo negócio:

> O [distribuidor de filmes] Mike Elliott viu o desastre em celulose [*Turbulência*, 1997] e pensou em uma coisa: *Turbulência 2* (1999). Uma sequência de baixo orçamento em que uma classe "com medo de voar" faz o passeio de suas vidas. E, então, de forma improvável e inevitável, *Turbulência 3* (2001) apresentou uma banda de heavy-metal tocando ao vivo num 747. E, no final de tudo, aqui está a surpresa: as sequências fizeram dinheiro. Muito dinheiro, na verdade. [...] e *Turbulência 2* acabou angariando 10 milhões em aluguéis com um investimento de 4 milhões.[26]

Até a TV a cabo quis participar desse mercado. A Showtime Entertainment, por exemplo, levou seus curtas de terror de baixo orçamento, dirigidos por alguns dos maiores nomes do gênero — John Carpenter, Tobe Hooper, John Landis e Ernest Dickerson — ao mercado de DVD. Da mesma forma, o canal de televisão SyFy com frequência lança em vídeo os filmes de terror produzidos pela própria empresa. Netflix e RedBox estão expandido e distribuindo filmes independentes. E, além disso, alguns cineastas têm vendido DVDs diretamente pela internet, fornecendo teasers por meio de uma variedade de formatos on-line (por exemplo, páginas pessoais de vídeos no estilo do YouTube).[27] Doug Schwab, um ex-comprador da Blockbuster, além de fundador e presidente da Maverick Entertainment Group, relata que pressionou os grandes estúdios no início dos anos 1990 para que oferecessem mais "produtos urbanos", do terror ao gospel, porque esse tipo de filmes tinha grande demanda. Hoje, por meio da Maverick, Schwab vasculha "escolas de cinema, pequenas produtoras e cineastas independentes" atrás de filmes.[28] Um dos seus achados foi Amir Valinia, diretor de *Dream House* (2006), que conta a história de um casal de negros que descobre um mistério por trás da nova casa que compraram, a qual se revela inesperadamente assombrada. Valinia continua a pressionar os limites da produção de filmes de baixo orçamento e alta qualidade, sendo o primeiro a gravar um clipe musical com iPhones para o rapper Paul Wall.[29]

O TERROR NEGRO SE TORNA ECOLÓGICO: RECICLANDO VÁRIAS HISTÓRIAS DE TERROR

Schwab, da Maverick Entertainment, está certo ao dizer que o mercado de vídeo "urbano" — filmes com temáticas de dança até peças religiosas e rappers caçadores de zumbis (por exemplo, o rapper Big Daddy Kane em *Noite infernal* [2007]) — está prosperando. "Filmes negros" de terror, em particular, estão fornecendo centenas de títulos, entregando algo para todo mundo, ainda que não sejam imunes a reciclagens de temas populares do terror. As comunidades, locais que deveriam ser protegidos da exploração, são constantes nos "filmes negros" de terror. Por exemplo, *Ratos assassinos* (2001) faz uso do tema, apresentando os residentes de um cortiço em uma batalha contra o senhorio inescrupuloso. Esse filme-de-rato, uma espécie de Willard-do-gueto, é uma lição sobre a limpeza social da comunidade e advoga pelos menos privilegiados. Dois filmes de terror "com negros", *O duende 5* (2000) e *O duende perverso* (2003), não ajudaram em nada a imagem da periferia. Esses filmes de *Duendes* se unem a outros, como *O predador 2: a caçada continua* (1990), em que monstros invadem o espaço urbano para atacar negros, ao mesmo tempo que exploram as periferias como locais em que até o mal olha duas vezes para o estado de negligência do lugar. Os dois filmes enviam a mensagem danosa de que a única coisa a se fazer com os habitantes do gueto é matá-los, pois eles já estão destruindo suas casas, fumando maconha, vendendo drogas e esperando ser, no máximo, rappers bandidos armados, e desse modo prejudicando ainda mais suas próprias comunidades. Os filmes tiveram a capacidade de fazer os duendes parecerem os sensatos entre os tolos. O cenário, unido aos temas do hip-hop, serviu para reviver a série *Duendes* por meio do mercado direto-para-DVD.

O filme *This Evil One* (2005) segue a linha de *Candyman* (1992), revisitando "o bairro mais perigoso de Chicago" com um monstro que rapta crianças para se vingar de uma comunidade. No filme, uma comunidade negra que está cansada de "pervertidos predando nosso povo" é aterrorizada por um bicho-papão branco do ano de 1896 que tem uma paixão — digna de Candyman — por sequestrar crianças negras para reafirmar seu status mítico. *Bloodz vs. Wolvez* (2006) pega emprestada a guerra entre monstros de *Anjos da noite* (2003), reformulando o conflito como uma batalha de negros contra negros, uma guerra de territórios entre os vampiros sofisticados, Bloodz, donos das instituições financeiras e imobiliárias do centro da cidade, e os rudes lobisomens, ou Wolvez, que controlam e aterrorizam os guetos com assaltos. O filme *Killjoy* (2000), apresentando um palhaço parecido com Michael Jackson, se apropria do brega *Palhaços assassinos do espaço sideral* (1988), no qual palhaços assassinos e caminhões de sorvete tomam conta da tela.

Há também uma porção de filmes de narrativas simples e de baixo orçamento em que monstros negros atacam o bairro, sem uma mensagem significativa sobre a violência que está sendo travada em suas ruas e armazéns abandonados e negligenciados. O "filme negro" de terror *Holla* é inovador, rejeitando o gueto como cenário em favor de uma cabana rural. Aqui, habitantes desafortunados se tornam vítimas de uma mulher com uma faca de açougueiro que escapou de um hospital psiquiátrico. O filme quase fracassou em se concretizar, já que, como seu escritor e diretor, H.M. Coakley, explica, "ninguém entendia o que estávamos tentando fazer". Como resultado disso, o orçamento do filme, que já eram modestos 3 milhões, despencaram para 10 mil antes que investidores aparecessem no último minuto com um adicional de 140 mil — um valor ainda escasso, levando em conta os padrões de produção cinematográficos.[30]

AS DAMAS PRIMEIRO

"Filmes negros" de terror com frequência trazem consigo mensagens sociopolíticas poderosas para comunidades negras. *Street Tales of Terror* (2004) é uma antologia premiada de terror que segue a linha de *Contos macabros* (1995) ou *Snoop Dogg's Hood of Horror* (1995), porém sem o humor.[31] Ele apresenta uma trilogia de contos morais centrados em mulheres, como "A clínica", em que Jalissa (Nicole Ford) está contemplando o seu segundo aborto. Ela é aterrorizada por uma criatura sangrenta em seus sonhos, que, obviamente, acaba se revelando como o seu primeiro feto abortado (na idade que teria se estivesse vivo). Aqui, o filme termina com Jalissa fazendo pré-natal, e seu feto está intacto. Talvez "A clínica" seja uma mensagem pró-vida e fundamentalista, ou talvez uma mensagem sobre manter a comunidade negra intacta ao comparar crianças negras com pureza, esperança e promessas para comunidades e culturas negras. Sobchack elabora: "o bebê é culturalmente visto como uma figura de doçura pungente, desamparado, vulnerável e dependente", ainda não foi corrompido e ao mesmo tempo afirma a criação de novas experiências sociais, encenando histórias novas e promissoras.[32] Fica evidente que "A clínica", como muito dos "filmes negros" de terror, resiste ao impulso *O bebê de Rosemary* (1968), em que "o útero [é] o novo cemitério", já que a gravidez não é tipicamente associada a algo monstruoso ou o demoníaco.[33] A antologia também conta com "A vingança", a história de uma mocinha bem-comportada, Jessica (Tenia Yarbrough), que é provocada e sofre bullying antes de ser afogada em uma piscina por três de seus colegas de sala. No seu vigésimo aniversário, o fantasma de Jessica retorna, então, ela e sua mãe, Mama (Shirley Whitmore), conseguem se vingar dos jovens que a mataram. No conto, temos a mãe negra monstruosa retratada, mas o público é convidado a entender sua loucura, transformada em maldade, pois ela é consumida por uma dor insuportável. É explicado que Jessica foi morta no mesmo dia em que Mama enterrou seu jovem sobrinho. Por isso, Mama luta contra a inocência e a possibilidade de futuro perdidas. Por fim, em "Noite de formatura", Bernice (Mykei Gray), uma estudante universitária puritana, é estuprada por um atleta popular em uma festa, e nenhum de seus colegas universitários intervêm. No fim das contas, ela descobre que está grávida e é expulsa da escola por causa da quebra de conduta (culpabilização da vítima). Bernice então se enforca e, como fantasma, executa sua vingança sangrenta. Aqui se apresenta a dificuldade que vítimas de estupro enfrentam quando tentam denunciar o crime, bem como o que acontece quando uma vítima "menos importante" luta contra um criminoso "famoso".

Em "filmes negros" de terror, mulheres não são meras vítimas. Em vez disso, continuam a prosperar como heroínas conquistadoras, capazes de batalhar contra zumbis, ou melhor: "zumbiz", como Josephine (Jenicia Garcia) faz em *Zombiez* (2005), lutando contra monstros canibais e colegas de trabalho machistas. Josephine nos faz lembrar da força de Sugar em *A vingança dos mortos* (1974), da engenhosidade de Lisa em *Os gritos de Blácula* (1973) e de Vovó em *Def by Temptation* (1990) enquanto ela luta contra o mal. De forma louvável, filmes de terror "com negros" também incluem mulheres negras. *Alien vs. predador* (2004) apresenta um dramático afastamento de antigos filmes da série *Predador*, que punham a violência nas selvas da África do Sul ou nos guetos de Los Angeles, com homens brancos salvadores. Em *Alien vs. predador*, a batalha é transportada para o Oceano Antártico, dando a Alexa Woods (Sanaa Lathan), uma arqueóloga/cientista habilmente treinada e intelectualmente sofisticada, a oportunidade de salvar o mundo da ameaça alienígena. De forma notável, Alexa se junta a um predador ("o inimigo do meu inimigo é meu amigo"). Os dois formam uma equipe impressionante, com Alexa até mesmo permitindo que o predador a marque.[34] A vampira Akasha, do filme de terror "com negros" *A rainha dos condenados* (2002), retratada pela cantora de hip-hop Aaliyah, não é a heroína, mas o interesse amoroso do vampiro branco Lestat (que, estranhamente, é o vocalista de uma banda de rock).

Por contraste, os "filmes negros" de terror praticamente idênticos *Cryptz* (2002) e *Vampz* (2004) chegam a compartilhar o ator Rick Irvin como uma vítima de ataque vampiro, providenciando, infelizmente, imagens misóginas de abusos contra mulheres. Certamente o terror não é o gênero certo para carregar a bandeira do chamado politicamente correto; entretanto, esses filmes prejudicam bastante a compreensão da feminilidade negra. Ambos os filmes convidam, primariamente, olhares masculinos objetificantes na direção de — no caso de *Criptz* — vampiras strippers que fazem *pole dance* com os seios à mostra por um tempo excessivamente longo antes de darem seguimento ao que interessa, que é sugar o sangue das vítimas. A sedução de Drácula é negada às vampiras, pois suas vítimas menosprezam mulheres e fazem comentários machistas até mesmo enquanto elas os enviam para a (des)morte.

No fim, as mulheres são derrotadas, com suas roupas de stripper providenciando uma bela visão das estacas, por um grupo de homens que empalaram seus seios para atingir os corações. *Vampz* trabalha ainda mais essa visão de mulheres como objetos sexuais, com cenas das vampiras se beijando e transando umas com as outras. Entretanto, o objetivo não foi providenciar um momento feminista, mas apenas exibir uma lésbica com uma performance estereotípica de feminilidade para apimentar o filme. Nas suas produções, os homens se gabam de suas proezas sexuais, ainda mais nas cenas de beijo em que as mulheres os encaram de maneira provocativa enquanto se agarram. Não há dúvidas de que essas mulheres vão morrer, já que usurpam e atacam o poder masculino ao se envolverem em conquistas sexuais com outras mulheres.[35] Essas cenas falham ao representar a lesbianidade como uma performance feita para o público masculino — tanto para aqueles que assistem à ação dentro dos covis vampirescos quanto para aqueles que assistem na tela.

FIGURA C2 ALEXA WOODS E O MONSTRO
ALIEN EM *ALIEN VS. PREDADOR*

ALGO NOVO

O gênero de terror não é inteiramente derivativo. *Kracker Jack'd* (2003) é um filme cômico de assassino em que estudantes negros e grosseiros agridem de forma selvagem um estudante branco que se apropriou completamente da cultura negra do hip-hop, ao ponto de chamar os negros de *nigger*.* Esse "filme negro" de terror deixa claro que apenas negros podem usar a palavra *nigger*, o que eles fazem com frequência. No filme, quando os estudantes começam a morrer, o "branquelo" vira um suspeito. Entretanto, há uma reviravolta no filme, e descobrimos que o assassino é, na verdade, LaShawn (Mark Anthony Riveria), um estudante negro inteligente que recebeu de forma pejorativa o apelido de Carlton (o personagem nerd Carlton, da série *Um maluco no pedaço*).[36] LaShawn, ao explicar o motivo de ter cometido os assassinatos, responde de forma agressiva: "Um irmão não pode ter a pele mais clara e ser educado sem que um filho da puta cheio de joias brilhantes, saído do gueto de West Side, que fica agarrando o pinto enquanto fala aquelas merdas sobre pretos com dinheiro".

Três filmes de terror igualmente inovadores compartilham o tema médico. No "filme negro" de terror *Crazy as Hell* (2002), Man (Eriq LaSalle), um misterioso paciente de hospital psiquiátrico seguro de si e charmoso, acredita ser Satã, e, com a chegada de um médico metido, o dr. Ty Adams (Michael Beach), Man começa a ensiná-lo uma coisa ou outra sobre humildade. Porém, Man é um trapaceiro, um demônio da vida real, forçando o dr. Adams a confrontar seus fracassos, ou o que Fulmer descreve como "os limites da moralidade".[37] Uma dessas falhas inclui a insistência obstinada de que ele é um médico infalível.[38] Pouco disposto a ouvir, o dr. Adams se envolve com o suicídio de um paciente e fracassa em aceitar a morte de sua jovem filha, que ele poderia ter impedido. O dr. Adams é confrontado por seus demônios, incluindo Satã, que assume sua forma verdadeira: um homem

---

* Muitos termos que são atualmente usados por grupos minorizados foram reivindicações que buscam ressignificar termos ofensivos. Os exemplos mais conhecidos estão ligados aos LGBTQIA+ como "viado" ou "sapatão" que devem ser usados apenas por quem é gay ou lésbica, se assim quiserem. O termo *nigger* é pensado por uma parcela negra estadunidense neste sentido, o que é bastante perceptível no rap e hip-hop. Outra forma de analisar o uso desta palavra é olhando a raiz colonial pejorativa que se estendeu pelo século XX cada vez mais marcada, a ponto de ser amenizada como um termo interditado, "a palavra com n" ("the n word"), em especial, para pessoas não-negras; por remeter a uma história de violência (sempre presente nas experiências de racismo diário). Para muitas pessoas, o termo deveria ser retirado do léxico definitivamente. [NE]

branco, Delazo (Ronny Cox), que se apresenta como o bondoso administrador do hospital. É Delazo quem dá as boas-vindas ao dr. Adams no inferno. O filme de terror "com negros", *Sublime* (2007), apresenta um homem branco, George (Tom Cavanaugh), que vai ao hospital para um procedimento de rotina, mas sai da anestesia semicomatoso, tendo sofrido várias amputações. A enfermeira, uma mulher branca, o seduz, testando a fidelidade dele para com a esposa. Seu cuidador, Mandingo (Lawrence Hilton-Jacobs), é um homem negro que figura proeminentemente na vida de George no hospital. Mandingo é um sádico que atormenta George, sobe em cima dele na cama, o provoca e xinga antes de usar tesouras de poda para cortar o corpo já danificado de George. *Sublime* fala sobre estereótipos e medos, e o homem descobre que está preso em sua mente inconsciente, que manifestou seus machismos e racismos latentes na forma de figuras estereotipadas que o atormentam. Finalmente, o premiado *O último paciente* (2005) apresenta um elenco inovador, com o ator septuagenário Bill Cobbs no papel de dr. Green, um médico/pesquisador aposentado do interior que encontrou a fonte da juventude no veneno da cobra cascavel e ervas chinesas.[39] Exposto como extraordinariamente poderoso depois de tirar um trator de cima de uma criança que se envolveu em um acidente, o segredo de Green se torna alvo de ladrões. Os bandidos morrem na fazenda de Green por meio das mãos ocultas, porém igualmente poderosas, da esposa de Green, que é parcialmente transfigurada em um monstro assassino por causa do veneno da cobra.

ZUMBIS PARA OBAMA: TERROR NEGRO PARA SEMPRE

> Eu nunca poderia ser Barackula.
> — *Barackula: The Musical*[40]

Um homem saído de uma terra "exótica" é em parte encantador e em parte misteriosamente poderoso. Ele é um hipnotizador que transforma pessoas em autômatos — enganando até mesmo os mais espertos e fortes para que façam as vontades dele. Em *Zumbi branco* (1932), a ameaça foi Murder Legendre, que, contaminado pelo Haiti, explorou seus poderes vodu ao criar uma legião de trabalhadores descerebrados que nunca se cansam para que labutem por ele. Hoje, parece que é Barack Obama, oriundo do exótico Havaí, ou da Indonésia, ou, genericamente, da África, quem, de acordo com Klen e Elliott em *The Manchurian President: Barack Obama's Ties to Communists, Socialists and Other Anti-American Extremists*, é "eloquente, cativante e carismático", "o homem mais poderoso do mundo", e o mais importante: "ELE NÃO É O QUE PARECE".[41] Supostamente, Obama possui um poder sedutor sobre o produto mais precioso dos Estados Unidos, a geração iPod. Jason Mattera, em seu livro *Obama Zombies: How the Liberal Machine Brainwashed My Generation*, retrata jovens adultos abaixo dos trinta anos como decepções monstruosas — zumbis — para a causa da liberdade norte-americana, pois eles se esforçam para propagar a mensagem de esperança e mudança de Obama como se isso fosse fazer iPods caírem do céu.[42] Obama e seus gerentes de campanha, principalmente sua equipe de coordenação digital (por exemplo, aqueles que providenciam materiais para o Facebook, MySpace, Twitter e YouTube), são, em essência, os equivalentes do século XXI de Murder Legendre, pois continuam a enganar a massa da juventude, fazendo com que os jovens se concentrem apenas no brilho de tudo, como se Obama fosse um hipnotizador. Klein, Elliot e Mattera estão longe de ser os primeiros a criar uma conexão entre Obama e o terror. Há, inclusive, uma assustadora máscara de halloween de Obama versão vampiro.[43] Adicione isso à imagem manipulada digitalmente de Firas Alkhateeb, uma foto de Obama como o Coringa de *Batman: o cavaleiro das trevas* (2008) que foi amplamente distribuída. O cartunista do *New York Post*, Sean Delonas, criou até mesmo uma ligação entre Obama e um chimpanzé furioso que foi morto a tiros, estilo King Kong, pela polícia de Connecticut. Os policiais pairam sobre o corpo ensanguentado do macaco com duas balas no peito e concluem: "Eles terão de encontrar outra pessoa para escrever o próximo plano de estímulo econômico".[44] O tema seguinte do terror, que já foi apresentado ao público graças aos gêneros de ficção científica e ação, é o do presidente negro na liderança,* enquanto os Estados Unidos (e, portanto, o mundo) enfrentam a aniquilação, como os seguintes filmes já fizeram: *O quinto elemento* (1997), *Impacto profundo* (1998), o seriado *24 horas* (Fox, 2001-2010) e *2012* (2009). Felizmente, sempre há um herói branco (com Bruce Willis salvando o mundo duas vezes para o seu presidente) vindo para o resgate. Apenas o John F. Kennedy de *Bubba Ho-Tep* (2002), no corpo de um homem negro (Ossie Davis), não permitiu que alienígenas, meteoros, terroristas ou um apocalipse Maia prejudicassem a estabilidade do mundo.

VETERANOS DO TERROR FALAM! MIGUEL NUNEZ, TERRY ALEXANDER, KEN FOREE

Três estrelas do terror, Miguel Nunez (*A volta dos mortos-vivos* [1985]), Terry Alexander (*Dia dos mortos* [1985]), e Ken Foree (*Despertar dos mortos* [1978]) (de forma independente) usaram Obama como inspiração até mesmo no gênero de terror.[45] Nunez acredita que o terror, especificamente os "filmes negros" de terror, está apenas começando a se destacar entre o público negro. O desafio do terror está em competir de forma competente com filmes de comédia e seriados de humor (mais amigáveis para o público em geral), que, ele acredita, são mais populares entre o público negro em particular. Entretanto, Nunez vê as oportunidades para o gênero se diversificando, principalmente agora que o público jovem está mais acostumado a "ver uns aos outros", por exemplo, misturando-se em eventos de terror predominantemente (por enquanto) brancos, como festivais

---

* Em 1926, Monteiro Lobato publicou *O Presidente Negro*, uma ficção científica que pretendia usar como cartão de visitas no mercado literário estadunidense. Através das lentes do 'porviroscópio', aparelho capaz de prever o futuro, Lobato leva os leitores para 2228, ano em que a divisão do eleitorado branco entre homens e mulheres faz Jim Roy, um homem negro, se eleger presidente dos Estados Unidos. Insatisfeitos com o rumo dos acontecimentos, no entanto, os brancos, agora unidos, elaboram um plano definitivo para não serem governados por Roy. [NE]

de filmes e convenções. Essa possibilidade de uma melhor comunicação entre raças é inspirada, em grande parte, pela eleição de Obama, que deu esperança a Nunez e revelou que "tudo é possível" para a participação negra em áreas que parecem limitadas ou fora dos limites. De forma similar, Alexander identificou que o terror e a comédia competem pela atenção da audiência negra. No entanto, argumenta que George Romero nivelou o meio de campo do terror entre o público negro — sobre o qual pouco se sabe — ao "abrir as portas para personagens negros". Alexander está ciente de quem veio primeiro, como a novela *As the World Turns*, que apresentou a primeira família negra do gênero. Desde Romero, o gênero tem estado aberto para a participação de negros, com rappers-atores liderando o caminho ao aumentar o alcance do gênero. Para Alexander, a evolução do terror trouxe mudanças significativas, superando o antigo "melhor amigo negro", em que um personagem secundário negro é morto e seus colegas brancos buscam vingança enquanto salvam o mundo. Novamente, aqui Obama se torna importante, já que sua presença representa esperança — lembrando a atores e cineastas que "qualquer um de nós pode ser presidente", tanto metaforicamente quanto, como a eleição provou, na vida real. De acordo com S. Craig Watkins, em seu livro *Representing: Hip Hop Culture and the Production of Black Cinema*, "grupos dominantes lutam vigorosamente para manter o controle das mesmas esferas políticas e ideológicas pelas quais as populações menos privilegiadas lutam"; dessa forma, a eleição de Obama deve desafiar criadores de imagens a confrontar as realidades do século XXI, em que negros podem ser vistos habitando uma variedade de posições sociais e ideológicas.[46] Assim como Alexander, Foree considera que os filmes de Romero "pavimentaram a estrada para mais atores negros no terror", e, como Nunez, vê o universo dos fãs negros de terror — participação em convenções de terror, por exemplo — como um lugar onde a inclusão e a participação podem melhorar. Entretanto, embora os negros ainda não tenham abraçado completamente as comunidades de fãs do terror, de acordo com Foree eles entraram de cabeça na contribuição para o gênero, encontrando oportunidades, "inspiração e dinheiro por meio do mercado de vídeos caseiros". Aqui, novamente, de acordo com Foree, Obama é um símbolo, oferecendo a mensagem de que Hollywood... ou qualquer um... pode aprender com "Inclusão! INCLUSÃO!!!".[47]

CONTOS NEGROS DE TERROR: O FIM

O terror continua sendo um estudo sobre racismo, exoticismo e neocolonialismo para as pessoas negras, que são excluídas das imagens ocidentais de iluminação e ao mesmo tempo subordinadas a um sistema primitivo de imagens — políticas, econômicas, culturais, religiosas e sociais. Filmes de terror saíram da imaginação de um quadro diversificado de criadores de imagens. E evidentemente é difícil criar representações que se libertem da dieta constante de representações limitadas com as quais os criadores de imagem foram alimentados. O terror continua a propagar um entendimento das relações raciais entre "nós" e "eles", bem como "nós contra eles", em que a comunicação intercultural é exibida como algo difícil de se negociar. Como resultado, o terror é, muitas vezes, excessivamente segregado ou fala apenas de "nós". O terror não negro tem sido muito difícil nesse ponto, excluindo negros de forma desconfortável, assim como todo tipo de diversidade de gênero, sexual e racial. A resposta para essa exclusão tem sido a produção de ainda mais filmes de terror sobre "nós". O terror negro, por exemplo, nasceu, em parte, por causa da exclusão. O terror também adotou a tática de escalar atores sem levar (muito) a cor em consideração, reunindo uma equipe multicultural de jovens vítimas do terror, "um de cada cor". *Abismo do medo* (2005) e *Drácula 2000* (2000) pediram que a audiência contemplasse, embora sem se importar muito com isso, raça ou investimentos raciais culturais. Tal apagamento também é uma abordagem não satisfatória, pelo menos para aqueles que não enxergam invisibilidade cultural e identitária como uma solução viável para a inclusão. Ainda assim, a atual narrativa sobre raça gira em torno da insustentabilidade de raça e de uma era "pós-racial". Declarações de que "não existe raça" (Gilroy) são reforçadas por reinvindicações da mesmice interna, diferenças externas superficiais, e o árduo trabalho de tentar manter o que Louis chama de "raciologia" em um mundo que também abraça o antirracismo.[48] De qualquer forma, "filmes negros" de terror e terror sem cor não estão empatados. É válido dar continuidade a uma cuidadosa consideração a respeito das identidades raciais privilegiadas e práticas culturais, estilos e estéticas codificados racialmente enquanto desmanchamos as hierarquias raciais. De forma significativa, produções racialmente codificadas podem servir a um público-alvo sem impedir outro público de compartilhar a experiência.[49]

É defendido aqui que o "terror negro" (ou "terror gay", "terror latino", "terror religioso", "terror urbano" etc.) tem um papel importante no gênero. Fora daquilo que é especificamente cultural, surgem algumas das visões mais interessantes a respeito de temas comuns, além de inovações — os cineastas Oscar Micheaux e Eloyce Gist são ótimos exemplos desse tipo de contribuição. Contos morais são comuns no terror; as viradas espirituais de alguns contos, como vemos em *Go Down, Death* (1944) e *Def by Temptation* (1990), são inovadoras. Nollywood (A "Hollywood nigeriana"), com seus filmes de terror baseados nos aspectos ocultos e sobrenaturais da religião (exemplo, possessão demoníaca) misturados com doses saudáveis de práticas religiosas palpáveis, cantorias, efeitos especiais incríveis e mensagens a respeito de ser uma pessoa alienada de sua própria comunidade, está começando a se unir ao terror norte-americano negro — provavelmente, uma interessante explosão de contos morais está no horizonte. Negros trazem interpretações únicas de vampiros e bichos-papões como símbolos do racismo (como o *Blácula* e *Candyman*), e atrelaram o lobisomem, controlando seus ciclos de lua e de mudança, enquanto transformam a criatura em um guerreiro engajado com a luta de classe (como em *Bloodz vs. Wolvez*). A Garota Final, aniquilando seu irmão mais velho e insano ou acabando com aliens de sangue ácido, revolucionou o terror. Entretanto, a Mulher Durona negra, cuja luta não termina com a morte do monstro, permanece como um importante símbolo feminista e político. Negros até mesmo se provam zumbis únicos, recusando-se a servir a uma fantasia de neo-escravidão. Em quase todos os filmes de terror, o zumbi pega um policial, como se estivesse se vingando da morte de Ben (*A noite dos mortos-vivos*).

No passado, os negros foram a fonte de humor em comédias de terror, colocando em exibição seus incríveis talentos de serem ao mesmo tempo hilários e assustados. Infelizmente, essas performances se deram em detrimento da humanidade de pessoas negras. Hoje, "filmes negros" de terror garantem que negros não precisam mais ser agraciados com uma "bondade divina para combater o racismo [...] automaticamente direcionado a um personagem negro em tela". O negro fiel, santo ou comicamente inofensivo não precisa ser o equivalente de um personagem branco "normal".[50] *Todo mundo em pânico* (2001), de Wayans, que arrecadou incríveis 157.019.771 milhões de dólares em vídeos caseiros e 278.019.771 milhões mundialmente, trouxe o humor de volta para o terror.[51] O filme e suas sequências incluem paródias do tratamento clichê dado aos negros no terror, expondo essas práticas. Ao voltar a atenção para si mesmos, os negros se esforçaram para subverter tratamentos do tipo por meio de suas próprias comédias.[52]

Reunida, a história dos negros no terror é uma história convincente e um exame contemporâneo do entendimento a respeito das pessoas negras, mostrada por meio de uma forma de cultura popular ao longo do último século. Há várias lições sobre estereótipo e opressão aqui — particularmente no que diz respeito ao continente africano, nativos e vodu. No entanto, trata-se também de uma aula de subversão — sim, os servos ridicularizaram seu mestre branco (e daí se ele era alemão?) em *A vingança dos zumbis* (1943). Essa história também revela uma consciência e resistência crescentes, com os atores Clarence Muse e Spencer Williams dizendo "Chega" para os estereótipos hollywoodianos.[53] Filmes como *A chave mestra* (2005) e até mesmo *A princesa e o sapo* (2009) da Disney continuam a associar o vodu (e outras religiões negras) com maldade. Desde 1934, com *Drums o' Voodoo*, e ao longo das décadas com *Os gritos de Blácula* (1973) e *Contos macabros* (1995), a luta para recuperar o vodu esteve sempre presente. Os guetos ou quebradas permanecem como uma presença contraditória no terror, ambos celebrados e insultados; apesar disso, no entanto, pessoas negras estão sendo cada vez mais representadas fora de seus confins. Embora os negros tenham conseguido sair dos guetos, indo para o subúrbio ou para a área rural, por exemplo, seus encontros com lugares do além, como realidades e espaços alternativos, têm sido menos frequentes e, como Janell Hobson descreveria, "digitalmente primitivos". Esses novos primitivos ainda não são totalmente capazes — ou não estão dispostos — a explorar a tecnologia de Parker (Yaphet Kotto) de *Alien: o oitavo passageiro* (1979) ou Humvee (Tiny Lister) de *Drácula 3000: escuridão infinita* (2004), viajantes espaciais que simplesmente desejam bater em algo, até Lornette de *Estranhos prazeres* (1995), um piloto de nave espacial tecnófobo.[54]

E trata-se também de uma consideração a respeito das dificuldades financeiras que continuam atormentando os cineastas negros. Charles Burnett lamenta as práticas da indústria que falham em promover filmes de negros, como estúdios que compram um filme da Sundance apenas para engavetá-lo, ou que não cumprem suas promessas falsas de divulgação, falhando até mesmo em pagar cinquenta dólares em publicidade nos jornais.[55] De fato, o diretor H.M. Coakley exibiu seu filme *Holla* (2006) de graça por oito semanas até que a produção fosse alocada em dois cinemas em Atlanta e Houston por uma noite no dia 1º de dezembro de 2006. Depois disso, a distribuidora do filme, Lions Gate, divulgou *Holla* como um filme em DVD.[56] Por fim, uma grande parte da história do terror teve a ver com a exclusão dos negros do gênero. A negritude foi invisibilizada com brancos usando pintura blackface, por meio de uma desvalorização cultural (sem resposta contrária) e uma exclusão total. Apesar disso, o ponto a se levar em conta é que "filmes negros" de terror hoje em dia são muito progressistas, enchendo o gênero com tudo, desde exterminadores intelectuais e (úteis) feiticeiras até rappers canibais. Já foi dito antes e é digno dizer isso novamente: estamos de volta.

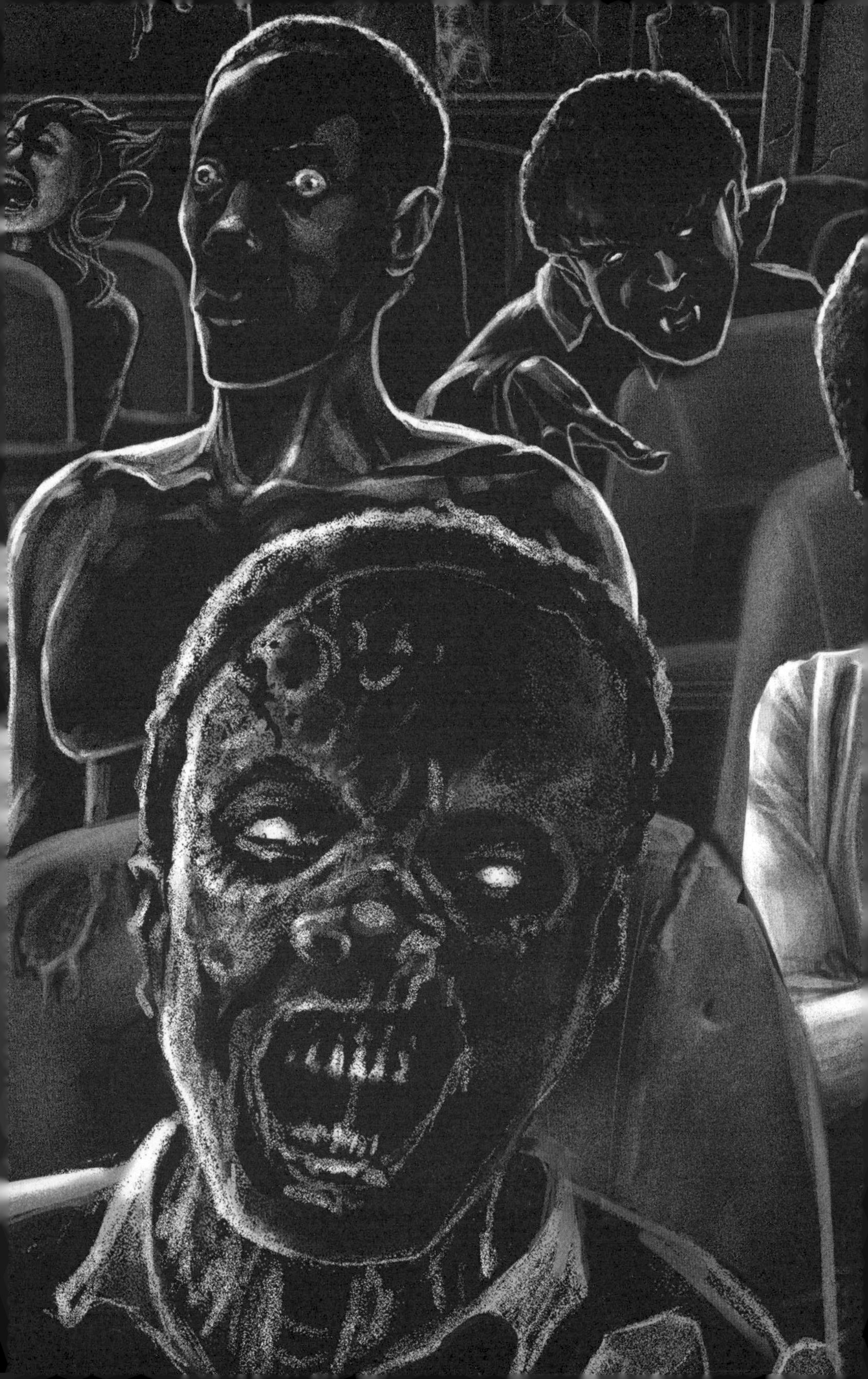

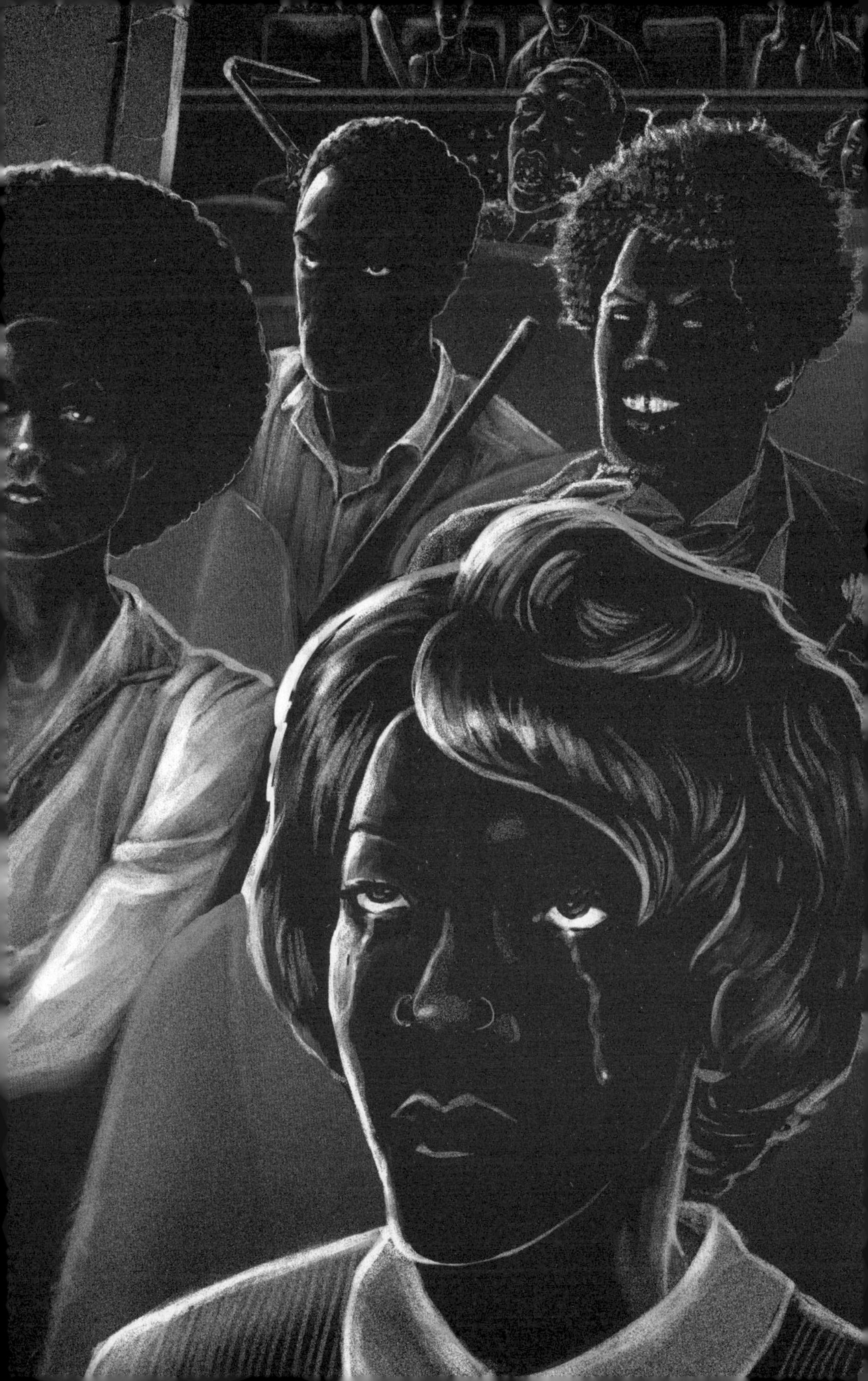

HORROR NOIRE

NOTAS

PREFÁCIO
1. Worland, Rick. *The Horror Film: An Introduction*. Malden, MA: Blackwell, 2007. xi. Impresso.
2. Wordland (xi).
3. Ele gerencia um curso de efeitos visuais, "Tom Savini's Special Make-up Effects Program", e um de cinema digital, "Tom Savini's Digital Film Production Program".
4. *White Boyz*. Dir.: Marc Levin. Atuação: Danny Hoch. Fox Search Light, 2004. DVD.
5. Heffernan, Kevin. *Ghouls, Gimmicks, and Gold: Horror Films and the American Movie Business, 1953-1968*. Durham, NC: Duke University Press, 2004. 204. Impresso.
6. Johnson, Ben. "Some Say Police Dog Is Racist". *New Pittsburgh Courier*, 14 maio 2003: A1. Impresso.
7. Machosky, Michael. "Seeking the Paranormal". *Pittsburgh Tribune Review*, 18 out. 2005. *Pittsburgh Tribune*. Web. 2 ago. 2010. https://archive.triblive.com/news/seeking-the-paranormal-2/.
8. Crane, Jonathan. *Terror and Everyday Life*. Thousand Oaks, CA: Sage Publications, 1994. Impresso.
9. Hutchings, Peter. *The Horror Film*. Londres: Pearson, 2004. 83. Impresso.

INTRODUÇÃO
1. Kozol, Wendy. "Relocating Citzenship in Photographs of Japanese Americans during World War II". *Haunting Violations: Feminist Criticism and the Crisis of the 'Real'*. Eds. Wendy Hesford e Wendy Kozol. Champaign: University of Illinois Press, 2001. 235. Impresso.
2. Retirado do artigo *Window Dressing on the Set: Women and Minorities*. Comissão dos Direitos Civis, Washington, D.C.
3. www.noiredigerati.com.
4. Penzler, Otto. *Black Noir: Mystery, Crime, and Suspense Fiction by African-American Writers*. Nova York: Pegasus, 2009. Impresso.
5. www.noiredigerati.com.
6. Reid, Mark A. *Black Lenses, Black Voices: African American Film Now*. Lanham, MD: Rowman & Littlefield, 2005. 61. Impresso.
7. King, Stephen. "Acceptance Speech: The 2003 National Book Award for Distinguished Contribution to American Letters". *On Writing*

Horror. Ed. Mort Castle. Edição Revisada. Cincinnati, OH: Writer's Digest Books, 2007. 10. Impresso.
8. Hutchings, Peter. *The Horror Film*. Londres: Pearson, 2004. 115. Impresso.
9. Clover, Carol J. *Men, Women, and Chainsaws: Gender in the Modern Horror Film*. Princeton, NJ: Princeton University Press, 1992. 229. Impresso.
10. Crane, Jonathan. *Terror and Everyday Life*. Thousand Oaks, CA: Sage Publications, 1994. 23. Impresso.
11. Brown, Sterling A. *The Negro in American Fiction*. Nova York: Atheneum, 1933/1972. Impresso.
12. Clark, Cedric. "Television and Social Controls: Some Observations on the Portrayals of Ethnic Minorities". *Television Quarterly* 8 (1969): 18-22. Impresso.
13. Nelson, Angela. "From Beulah to the Fresh Prince of Bel-Air: A Brief History of Black Stereotypes in Television Comedy". Manuscrito não publicado, 1991.
14. Coleman, Robin Means. *African American Viewers and the Black Situation Comedy: Situating Racial Humor*. Nova York: Garland, 2000. Impresso.
15. Hutchings (7, 9).
16. Vares, Tina. "Framing 'Killer Women' in Films: Audience Use of Genre". *Feminist Media Studies* 2.2 (2002): 213. Impresso.
17. Aristóteles (350 BCE). [Trad. S. H. Butcher.] *Poetics*.
18. Gateward, Frances. "Daywalkin' Night Stalkin' Bloodsuckas: Black Vampires in Contemporary Film". *Genders OnLine Journal* 40 (2004): 3. Web. 20 jun. 2005. www.genders.org/g40/g40_gateward.html.
19. Ver: Cripps, Thomas. *Black Film as Genre*. Bloomington: Indiana University Press, 1978. Impresso.
20. Leonard, David J. *Screens Fade to Black: Contemporary African American Cinema*. Westport, CT: Praeger, 2006. 3. Impresso.
21. Phillips, Kendall R. *Projected Fears: Horror Films and American Culture*. Westport, CT: Praeger, 2005. Impresso.
22. Pinedo, Isabel Cristina. *Recreational Terror: Women and the Pleasure of Horror Film Viewing*. Albany, NY: SUNY Press, 1997. Impresso.
23. Hutchings (76).
24. Crane (VI).
25. Crane (4).
26. Pinedo (7).
27. Grant, Barry Keith. "Introduction". *The Dread of Difference: Gender and the Horror Film*. Ed. Barry Keith Grant. Austin: University of Texas Press, 1996. 2. Impresso.
28. Pinedo (111).
29. Ver: Gonder, Patrick. "Race, Gender and Terror: The Primitive in 1950s Horror Films". *Genders On-Line Journal* 40 (2004): n.p. Web. 19 jan. 2006. www.genders.org/g40/g40_gondor.html.
30. Cripps (*Genre* 11).
31. Yearwood, Gladstone L. *Black Film as a Signifying Practice: Cinema, Narration and the African-American Aesthetic Tradition*. Trenton, NJ: Africa World Press, Inc., 2000. 119, 121. Impresso.
32. Williams, Tony. "Trying to Survive on the Darker Side: 1980s Family Horror". *The Dread of Difference: Gender and the Horror Film*. Ed. Barry Keith Grant. Austin: University of Texas Press, 1996. 173. Impresso.

33. Guerrero, Edward. *Framing Blackness: The African American Image in Film.* Filadélfia, PA: Temple University Press, 1993. Impresso.
34. Grant (8).
35. Du Bois, W. E. B. *Darkwater: Voices From Within the Veil.* Nova York: Harcourt, Brace, and Howe, 1920. VII. Impresso.
36. Du Bois, W. E. B. *The Souls of Black Folks.* Nova York: NAL Penguin, 1903/1969. 45. Impresso.
37. Cripps, Thomas. *Slow Fade to Black: The Negro in American Film, 1900-1942.* Nova York: Oxford University Press, 1993. Impresso.
38. Ver: Hill Collins, Patricia. *Black Feminist Thought.* Nova York: Routledge, 2009. Impresso; hooks, bell. *Reel to Real: Race, Sex, and Class at the Movies.* Nova York: Routledge, 1996. Impresso.
39. Clover, Carol J. "Her Body, Himself: Gender in the Slasher Film". *The Dread of Difference: Gender and the Horror Film.* Ed. Barry Keith Grant. Austin: University of Texas Press, 1996. Impresso.
40. Pinedo.
41. Zimmerman, Bonnie. "*Daughters of Darkness:* The Lesbian Vampire on Film". *The Dread of Difference: Gender and the Horror Film.* Ed. Barry Keith Grant. Austin: University of Texas Press, 1996. 382. Impresso.
42. Ver: Winokur, Mark. "Technologies of Race: Special Effects, Fetish, Film and the Fifteenth Century". *Genders OnLine Journal* 40 (2004). Web. 20 jan. 2006. www.genders.org/g40/g40_winokur.html.

1 O NASCIMENTO DO BICHO-PAPÃO NEGRO: PRÉ-1930

1. Lively, Adam. *Masks: Blackness, Race, and the Imagination.* Nova York: Oxford University Press, 1998. 14. Impresso.
2. Negros e mulheres têm sido amplamente excluídos da história da invenção do cinema e seu desenvolvimento.
3. Jones, Alan. *The Rough Guide to Horror Movies.* Londres: Rough Guides, 2005. 13. Impresso.
4. A tecnologia do zootropo movia imagens estáticas de uma ação, organizadas sequencialmente, a uma velocidade tão rápida que as imagens pareciam se mover. Por exemplo, fotos de um cavalo galopante poderiam ser giradas a tal velocidade que o cavalo nas imagens pareceria estar se movendo. Uma "lanterna mágica" foi a antecessora do projetor moderno.
5. A Warner Bros. Lançou o filme *Don Juan* com uma trilha sonora musical. No entanto, em 1894, A WKL Dickson, com a Edison Manufacturing Company, tentou sincronizar o som. Em um filme experimental e não comercial, Dickson é visto e ouvido tocando violino durante alguns segundos enquanto dois homens dançam ao som de sua música. *Edison: The Invention of the Movies.* Disco 2. Prod.: Brent Wood. Kino on Video, 2005. DVD.
6. *O cantor de jazz* (1928) foi o grande avanço dos filmes "falados" nos Estados Unidos. Era um filme mudo, mas também incluía alguns cantos e diálogos. Também contou com brancos usando pintura blackface.

7. A linguagem do "filme de terror" ainda não fazia parte do léxico norte-americano. Isso não aconteceria até a década de 1930, com os filmes da Universal Studios, como *Drácula*. Em vez disso, os filmes de terror eram descritos como "arrepiantes", "chocantes", "misteriosos" e "assustadores". Mas esses adjetivos anunciavam uma resposta emocional, não criavam uma associação de gênero.
8. Noble, Peter. *The Negro in Films*. Nova York: Arno Press & The New York Times, 1970. 27. Impresso.
9. Butters, Jr., Gerald R. *Black Manhood on the Silent Screen*. Lawrence: University of Kansas Press, 2002. 34. Impresso.
10. Butters (20).
11. Butters (20).
12. Jones, G. William. *Black Cinema Treasures: Lost and Found*. Denton: University of North Texas Press, 1991. 14-15. Impresso.
13. Butters (32).
14. Musser, Charles. *Before the Nickelodeon: Edwin S. Porter and the Edison Manufacturing Company*. Berkeley: University of California Press, 1991. 530. Impresso.
15. Butters (22).
16. Richards, Larry. *African American Films through 1959: A Comprehensive, Illustrated Filmography*. Jefferson, NC: McFarland & Company, Inc. Publishers, 1998. 90. Impresso.
17. Cripps, Thomas. *Slow Fade to Black: The Negro in American Film, 1900-1942*. Nova York: Oxford University Press, 1993. 135. Impresso.
18. Butters (31).
19. Stewart, Jacqueline Najuma. *Migrating to the Movies: Cinema and Black Urban Modernity*. Berkeley: University of California Press, 2005. Ver 4-43. Impresso.
20. Citado por Richards, Larry (177).
21. Leab, Daniel J. *From Sambo to Superspade: The Black Experience in Motion Pictures*. Boston, MA: Houghton Mifflin Company, 1975. 13. Impresso.
22. Fanon, Frantz. *Black Skin, White Masks*. Londres: Pluto Press, 1986. 93. Impresso.
23. Leab (*From Sambo* 26).
24. Robinson, Cedric J. *Forgeries of Memory & Meaning: Blacks & the Regimes of Race in American Theater & Film before World War II*. Chapel Hill: University of North Carolina Press, 2007. 108. Impresso.
25. Snead, James. *White Screens, Black Images: Hollywood from the Dark Side*. Nova York: Routledge, 1994. 39. Impresso.
26. Guerrero, Edward. *Framing Blackness: The African American Image in Film*. Filadélfia, PA: Temple University Press, 1993. 17. Impresso.
27. Butters (71, ênfase nossa).
28. Carter, Everett. "Cultural History Written with Lightening: The Significance of the Birth of a Nation (1915)". *Hollywood as Historian: American Film in a Cultural Context*. Ed. Peter C. Rollins. Lexington: University of Kentucky Press, 1998. 304. Impresso.
29. Bogle, Donald. *Toms, Coons, Mulattoes, Mammies, & Bucks*. Nova York: The Continuum Publishing Company, 1993. 13-14. Impresso.
30. Bogle (*Toms, Coons* 13-14).
31. Guerrero (*Framing Blackness* 13).
32. Snead (41).
33. Carter (vii).
34. Cripps, Thomas. *Black Film as Genre*. Bloomington: Indiana University Press, 1978. 22. Impresso.

35. Noble (43).
36. Cripps (*Slow Fade* 64).
37. Clover, Carol J. *Men, Women, and Chainsaws: Gender in the Modern Horror Film*. Princeton, NJ: Princeton University Press, 1992. 34. Impresso.
38. O *Frankenstein* de 1931 do estúdio Universal é considerado um clássico seminal. Um curta mais antigo, de 1910, com duração de dezesseis minutos e dirigido por J. Searle Dawley para os Edison Studios, precede esse trabalho e pode ser a primeira adaptação cinematográfica do romance *Frankenstein*, de Mary Shelley (1818).
39. Crane, Jonathan. *Terror and Everyday Life*. Thousand Oaks, CA: Sage Publications, 1994. 91. Impresso.
40. Crane (72-73).
41. Pinedo, Isabel Cristina. *Recreational Terror: Women and the Pleasure of Horror Film Viewing*. Albany, Nova York: SUNY Press, 1997. 54. Impresso.
42. Pinedo (55).
43. Butters (73).
44. Williams, Linda. "When the Woman Looks". *The Dread of Difference: Gender and the Horror Film*. Ed. Barry Keith Grant. Austin: University of Texas Press, 1996. 20. Impresso.
45. Goldberg, D. J. *Discontented America: The United States in the 1920s*. Baltimore, MD: Johns Hopkins University Press, 1999. 117. Impresso.
46. Southern Poverty Law Center. 2010. Southern Poverty Law Center. Web. 8 jun. 2009. www.splcenter.org. Ver também: Stokes, M. *D. W. Griffith's the Birth of a Nation: A History of the most Controversial Film of All Time*. Nova York: Oxford University Press, 2007. 9. Impresso.
47. Bogle (*Toms, Coons* 13-14).
48. Cripps (*Genre* 15).
49. No filme, a mulher, Sylvia, é birracial (negra e branca), adotada e criada por uma família negra. Neste interim, é considerada negra.
50. Richards (152).
51. Butters (105).
52. Butters (105).
53. Butters (xvi).
54. Bowser, P. e L. Spence. *Writing Himself into History: Oscar Micheaux, His Silent Films, and His Audiences*. New Brunswick, NJ: Rutgers University Press, 2000. 115. Impresso.
55. "Carey Theater, *The Crimson Skull*". *Afro-American*, 19 maio 1922: 4. Impresso.
56. Muitos dos filmes da Ebony, como a maioria dos filmes dos anos 1800 e 1900, estão perdidos.
57. Bowser e Spence (92).
58. "Ebony Films" [Carta ao editor]. *Chicago Defender*, 1 jul. 1916 (4).
59. Bowser e Spence (92).
60. Bowser e Spence (10).
61. Bowser e Spence (10).
62. Davis, T. "Foreword". *Writing Himself into History: Oscar Micheaux, His Silent Films, and His Audiences*. Eds. Pearl Bowser e Louise Spence. New Brunswick, NJ: Rutgers University Press, 2000. lx. Impresso.
63. Bowser e Spence (16).
64. Bowser e Spence (16).
65. Bowser e Spence (17).
66. Bowser e Spence (17, 144).
67. Alguns pôsteres de divulgação de *A Son of Satan* escreveram o título da história erroneamente, usando "Tolson" em vez de "Tolston".

Também houve ocasiões em que *A omple Satan* foi vendido com o título de *The Ghost of Tolston's Manor*, logo, causando confusão no público, que não sabia se eram dois filmes diferentes. Estudos confiáveis, como aqueles de Pearl Bowser, Louise Spence, Jane Gaines e Charles Musser, levam a crer que *A omple Satan* é o filme e *The Ghost of Tolston's Manor* é a história.

68. omplex, Charlene. "The African-American Press and Race Movies, 1909-1929". *Oscar Micheaux & His Circle: African-American Filmmaking and Race Cinema of the Silent Era.* Eds. Pearl Bowser, Jane Gaines e Charles Musser. Bloomington and Indianápolis: Indiana University Press, 2001. 47. Impresso.
69. Musser, Charles, Corey K. Creekmur, Pearl Bowser, J. Ronald Green, Charlene omplex e Louise Spence. "Appendix B: An Oscar Micheaux Filmography: From the Silents Through His Transition to Sound, 1919-1931". *Oscar Micheaux & His Circle: African-American Filmmaking and Race Cinema of the Silent Era.* Eds. Pearl Bowser, Jane Gaines e Charles Musser. Bloomington e Indianápolis: Indiana University Press, 2001. 252. Impresso.
70. Butters (139).
71. Musser, Creekmur, Bowser, Green, omplex e Spence (251).
72. Musser, Creekmur, Bowser, Green, omplex e Spence (256).
73. De acordo com Zora Hurston, o "hoodoo" é um afro-americanismo para o termo "juju" da África Ocidental. Conjurar, uma espécie de magia popular, através do uso de raízes e/ou a mistura de ervas faz parte da tradição, assim como a oração associada. Ver: Hurston, Zora. "Hoodoo in America". *Journal of American Folklore* 44 (out.-dez., 1931): 174. 317-417. Impresso.
74. Musser, Creekmur, Bowser, Green, omplex e Spence (260-261).
75. Musser, Creekmur, Bowser, Green, omplex e Spence (261).
76. Du Bois, W. E. B. *The Souls of Black Folks.* Nova York: NAL Penguin, 1903/1969. 45. Impresso.
77. Nesteby, James R. *Black Images in American Films, 1896-1954.* Lanham, MD: University Press of America, 1982. 79. Impresso.

2 FEBRE DA SELVA – UM ROMANCE DE HORROR: OS ANOS 1930

1. Golden, Nathan D. *Brief History and Statistics of the American Motion Picture Industry.* Washington, DC: GPO, 14 ago. 1936. Impresso.
2. Hutchings, Peter. *The Horror Film.* Londres: Pearson, 2004. P. vi, 3. Impresso.
3. Quando *Drácula* (1931) se mostrou popular, é relatado que o Universal Studios anunciou que faria "outro filme de terror", marcando o primeiro uso do termo "filme de terror". Ver: Jones, Alan. *The Rough Guide to Horror Movies.* Nova York: Rough Guides, 2005. P. 21. Impresso.
4. De acordo com um artigo do *Pittsburgh Courier* de 1934, quando o Universal Studios estreou o drama sobre relações inter-raciais *Imitação da vida*, estrelando a atriz Louise Beavers, o estúdio se recusou a fornecer passes para os repórteres negros, uma

prática comum no caso de filmes raciais. O jornal proclamava que a mensagem da Universal era "a imprensa negra não significa nada para nós". Ver: "Race Press Ignored by Big Film Interests: Louise Beavers 'On Spot'". *Pittsburgh Courier*, 15 dez. 1934: A9. Impresso.
5. Roosevelt, Theodore. *African Game Trails: An Account of the African Wanderings of an American Hunter-Naturalist.* Nova York: Charles Schribner's Sons, 1910. 280. Impresso.
6. Hendricks, Bill e Howard Waugh. *The Encyclopedia of Exploitation.* Nova York: Showmen's Trade Review, 1937. 138. Impresso.
7. Hill Collins, Patricia. *Black Sexual Politics: African Americans, Gender, and the New Racism.* Nova York: Routledge, 2004. 27, 29. Impresso.
8. Erish, Andrew. "Illegitimate Dad of 'Kong'". *Los Angeles Times*, 8 jan. 2006. Web. 20 jun. 2010. http://articles.latimes.com/2006/jan/08/entertainment/ca-ingagi8. Uma das maiores bilheterias da era da Grande Depressão, o épico sobre gorilas era uma fabricação escandalosa, abjeta e sugestiva que fez barulho em cinemas pelo país inteiro.
9. Berenstein, Rhona J. "White Heroines and Hearts of Darkness: Race, Gender and Disguise in 1930s Jungle Films". *Film History* 6 (1994): 316. Impresso.
10. Berenstein (317).
11. Berenstein (318).
12. *Ingagi* foi apenas mais um trote feito para os frequentadores do cinema e à custa dos negros da época. Um ator negro, Firpo Jacko, em março de 1930, processou o "doutor" Daniel Davenport, um cineasta branco e supostamente explorador da África, por salários não pagos. No caso, Jacko afirmou que o "documentário" *Jango* (1929), ambientado no Congo, era uma farsa, e que os "canibais reais", capturados e levados aos Estados Unidos para promover o filme eram, na verdade, do Harlem. O processo revelou que Jango não foi filmado no Congo, mas no Bronx, Nova York, e que Jacko, o canibal — que gritava "uga-buga" para o público, era realmente Jacko, um zelador do Harlem. O processo também desafiava a afirmação de que Davenport já havia estado na África. A principal testemunha de Jacko era sua senhoria, a sra. Montgomery, que foi chamada para oferecer provas de que Jacko *não poderia ser canibal, po*is frequentava a "igreja todos os domingos". Jacko recebeu seu pagamento de setecentos dólares. Ver: "'Jango' Filmed in Wilds' of Bronx, 'Cannibal' Says". *Pittsburgh Press*, 9 mar. 1930: 15 News-Section-Editorial. Impresso. "Wild Cannibal Turns Out to Be Ex-Janitor: Salary Suit Reveals Harlem as Scene of Fake Movie". *Chicago Defender*, 15 mar. 1930: 3. Impresso.
13. Erish.
14. Everett, Anna. *Returning the Gaze: A Genealogy of Black Film Criticism, 1909-1949.* Durham, NC: Duke University Press, 2001. 243-244. Impresso.
15. "Ingagi Review Summary". *New York Times.* NYTimes.com. Web. 18 jun. 2010. Esta era a única fotografia do Congo.
16. Erish; Erb, Cynthia. *Tracking King*

17. *Kong: A Hollywood Icon in World Cinema.* 2. ed. Detroit, MI: Wayne State University Press, 2009, para discussões sobre a violação de direitos autorais em torno dos filmes de símios.
17. Snead, James. *White Screens, Black Images: Hollywood from the Dark Side.* Nova York: Routledge: 1994. 8. Impresso.
18. Tambores nativos, da selva ou de vodu, não eram pequenos, mas altamente ressoantes. Era o som grave e "assustador" associado à negritude. O atabaque e os negros na cultura popular têm uma tradição longa, datando desde, pelo menos, 1887, em *Othello* de Verdi, quando o maestro especifica nas partituras que apenas as cordas baixas em mi sejam ouvidas na cena com o Mouro. Ver: Andre, Naomi. "Race and Opera". University of Michigan. Março, 2009. Apresentação.
19. Snead (17).
20. Bogle, Donald. *Bright Boulevards, Bold Dreams: The Story of Black Hollywood.* Nova York: Ballantine One World, 2005. 62. Impresso.
21. Rony, Fatimah Tobing. *The Third Eye: Race, Cinema, and Ethnographic Spectacle.* Durham, NC: Duke University Press, 1996. 177. Impresso.
22. Etta McDaniel faz o papel da silenciosa e desleixada noiva do macaco. Ela é uma de uma fila de muitas das que serão necessárias para aplacar Kong. Ver: *King Kong.* Dir.: Doran Cox. Atuação: Fay Wray, Robert Armstrong, Bruce Cabot. RKO Radio Pictures Inc., 1933. Filme.
23. Greenberg, Harvey Roy. "*King Kong*: The Beast in the Boudoir — Or, 'You Can't Marry that Girl, You're a Gorilla!'". *The Dread of Difference: Gender and the Horror Film.* Ed. Barry Keith Grant. Austin: University of Texas Press, 1996. 344. Impresso.
24. Greenberg (340).
25. Humphries nota que existem paralelos entre o (não visto) falo de Kong e a imagem muito fálica do grande e preto ferrolho que prende a porta do símio. Ver: Humphries, Reynold. *The Hollywood Horror Film 1931-1941: Madness in a Social Landscape.* Lanham, MD: The Scarecrow Press, 2006. 82. Impresso.
26. Sontag, Susan. "The Imagination of Disaster". *Commentary* (out., 1965): 44. Impresso.
27. Greenberg (338).
28. Skal, David J. *The Monster Show: A Cultural History of Horror.* Ed. revisada. Nova York: Faber and Faber, Inc., 2001. 175. Impresso.
29. Young, Elizabeth. "Here Comes the Bride: Wedding Gender and Race in *Bride of Frankenstein*". *The Dread of Difference: Gender and the Horror Film.* Barry Keith Grant. Austin: University of Texas Press: 1996. 325. Impresso.
30. Tyler, Bruce M. "Racial Imagery in *King Kong*". *King Kong Cometh!: The Evolution of the Great Ape.* Ed. Paula A. Woods. Londres: Plexus Publishing, 2005. 175. Impresso.
31. *Behind the Planet of the Apes.* Dirs.: David Comtois e Kevin Burns. Atuação: Roddy McDowell. Image Entertainment, 1998. Filme.
32. *Behind the Planet of the Apes.* Dir.: David Comtois e Kevin Burns. Atuação: Roddy McDowell. Image Entertainment, 1998. Filme.
33. Greene, Eric. *Planet of the Apes as*

American Myth: Race and Politics in the Films and Television Series. Jefferson, NC: McFarland & Co., Inc., 1996. 84. Impresso.
34. Hurston, Zora Neale. *Tell My Horse*. Nova York: Harper Perennial, 1938/1990. 179. Impresso.
35. "Haiti Country Profile". BBC, 2010. Web. 11 ago. 11 2010. http://news.bbc.co.uk/2/hi/americas/country_profiles/1202772.stm.
36. "Living Vodou". *Speaking of Faith with Krista Tippett*. American Public Media, 28 jun. 2007. Rádio.
37. Thomson, Ian. "The Black Spartacus". *Guardian News and Media*, 31 jan. 2004. Web. 23 jun. 2010. Thomson acrescenta: "A maioria dos historiadores concorda que os escravos do Haiti primeiro se rebelaram com a ajuda de um sacerdote vodu jamaicano chamado Boukman. Na noite de 15 de agosto de 1791, Boukman convocou os espíritos da África ancestral para punir escravocratas. Acredita-se que L'Ouverture tenha participado dessa cerimônia e que dentro de seis semanas os exércitos de escravos rebeldes da ilha começaram uma luta de doze anos pela liberdade; naquela noite, mil franceses brancos teriam sido massacrados e suas plantações, incendiadas". Ver também: Steward, Theophilus Gould. *The Haitian Revolution, 1791 to 1804: Or, Side Lights on the French Revolution*. 2. ed. Nova York: Thomas Y. Crowell Publishers, 1914. Impresso. Steward, um historiador, ministro da AME e capelão do exército dos Estados Unidos, escreve sobre Boukman, L'Ouverture e outros reunidos sob o "véu das pretensas cerimônias de vodu" para organizar a revolução. O papel do Voodoo na rebelião pode ter adquirido ares míticos ao longo dos anos; no entanto, acredita-se que Boukman, nascido na Jamaica, era um sacerdote vodu.
38. Gelder, Ken. "Postcolonial Voodoo". *Postcolonial Studies* 3 (2000): 95-96. Impresso.
39. Lawless Robert. *Haiti's Bad Press*. Rochester, VT: Schenkman Books, 1992. 73. Impresso. Mostra que vodu, também escrito como vaudou, vaudoun, vudu, vodun, vodoun, na verdade descreve um tipo de dança oriunda da África. Mais ainda, o nome e a descrição dessa dança, de Daomé (Benin), foram registrados por um estrangeiro branco. Por isso, a origem do termo pode ser uma construção não nativa desde o princípio.
40. Lawless (56).
41. Lawless (109).
42. Eu uso a escrita "vodu" assim como os filmes discutidos neste livro, de forma a distinguir os rituais macabros na ficção e entretenimento da discução sobre a religião do Haiti, vodou, ou a religião vodun da África Ocidental. Filmes de terror americanos já aplamente demonstraram a versão da religião na Louisiana, "vodu".
43. Rhodes, Gary D. *White Zombie: Anatomy of a Horror Film*. Jefferson, NC: McFarland & Company, Inc., 2001. 78. Impresso.
44. Seabrook, W. B. *The Magic Island*. Nova York: Harcourt, Brace and Company, 1929. 42. Impresso.
45. Seabrook (310).
46. Seabrook (324).
47. Seabrook (93).
48. Rhodes (15-16).
49. L. N. "The Screen. Beyond the Pale".

New York Times, 29 jul. 1932: 8. Impresso.
50. Citado em Rhodes (46). Mais tarde, a fala foi alterada para "zumbis roubaram uma garota branca [...] a fúria do inferno está à solta".
51. Em outra cena, perto do final do filme, Neil visita um doutor/ministro branco, dr. Bruner (Joseph Cawthorn), a fim de conseguir ajuda para Madeline, que está em transe. O dr. Bruner recomenda que visitem um amigo dele, um curandeiro e "velho companheiro" chamado Pierre (Dan Crimmins), para conseguir ajuda. A introdução de Pierre ao público o estabelece como um homem bom, em vez do (estereotípico) curandeiro perverso. Ele é visto viajando pela estrada montado numa mula, aproximando-se de um negro arrebanhando um boi. Pierre sente um perigo ao redor da área (devido aos recentes delitos de Murder) e detém o homem para dar a ele um amuleto de proteção. Pierre então lhe dá outro amuleto para proteger o boi. O curandeiro, infelizmente, é representado por um branco, Dan Crimmins, que é maquiado para parecer haitiano. Tal apagamento racista é devastador para as possibilidades do personagem. Ver: *Zumbi branco*. Dir.: Victor Halperin. Atuação: Bela Lugosi. United Artists Corp., 1932. Filme.
52. Seabrook (94).
53. Tony Williams vê a performance de Muse como estereotípica do negro medroso. Ver: Williams, Tony. "White Zombie Haitian Horror". *Jump Cut* 28 (abr., 1983): 18-20. Impresso. Rhodes (321) foi alvo de críticas de Johanne Tournier nas notas que acompanharam o lançamento do LD de *Zumbi branco*, por ser muito veemente em relação à atuação de Muse. O personagem de Muse é medroso e negro, e juntos os dois carregam uma bagagem estereotipada. Entretanto, nessa representação em particular, ele representa o medo de forma bastante honesta e bem distante das populares performances do negro medroso que dominaram o cinema anteriormente e que receberão atenção no capítulo 3, com a performance de Stepin Fetchit e Sleep 'n' Eat.
54. Como citado em: Noble, Peter. *The Negro in Films*. Nova York: Arno Press & the New York Times, 1970. 8. Impresso.
55. Rhodes (178).
56. Dayan, Joan. *Haiti, History, and the Gods.* Berkeley: University of California Press, 1988. 175, 178. Impresso.
57. Soister, John T. *Up From the Vault: Rare Thrillers of the 1920s and 1930s.* Jefferson, NC: McFarland and Company, 2004. 183. Impresso.
58. Muse, Clarence. "When a Negro Sings a Song". *Celebrity Articles from the Screen Guild Magazine.* Ed. Anna Kate Sterling. Lanham, MD: Rowman & Littlefield, 1987. 13. Impresso.
59. Bogle, Donald. *Toms, Coons, Mulattoes, Mammies, & Bucks: An Interpretative History of Blacks in American Films.* Nova York: Continuum, 1993. 54. Impresso. A astúcia de Muse foi frequentemente atribuída a sua inteligência. Ele graduou-se na Dickinson School of Law (PA).
60. Bogle (*Toons Coons* 54).
61. Schroeder, Caroline T. "Ancient

Egyptian Religion on the Silver Screen: Modern Anxieties about Race, Ethnicity, and Religion". *Journal of Religion and Film* 2.3 (out., 2003). Web. 8 nov. 2009. https://digitalcommons.unomaha.edu/jrf/vol7/iss2/1/.

62. O filme foi lançado com uma série de títulos diferentes nos Estados Unidos e no exterior: *Drums of the Jungle, Love Wanga, The Love Wanga* e *Ouanga*. A versão Canadense, *The Love Wanga*, está disponível para compra hoje em dia e tem a mesma duração que a versão dos Estados Unidos. Logo, há poucas diferenças entre os dois filmes. Assisti a ambas as versões, mas num intervalo de algun anos, e não consegui a versão norte-americana para comparar com a canadense. Minhas notas e memórias tomam as duas versões como apenas uma. Os créditos iniciais do filme dizem que *The Love Wanga* foi gravado inteiramente nas Índias Ocidentais.

63. Orbe, Mark E Karen Strother. "Signifying the Tragic Mulatto: A Semiotic Analysis of Alex Haley's Queen". *Howard Journal of Communications* 7 (abr., 1996): 113-126. Impresso.

64. *The Love Wanga* foi o segundo filme de zumbi no que rapidamente se tranformou em um montão deles.

65. Dayan (37-38).

66. O conteúdo da indústria cinematográfica era regulado pelo Hay's Office, que esbelecia "o Código", ou regras para Hollywood em questões de moralidade em filmes. Proibidos pelo Código em 1930: "Miscigenação (relações sexuais entre brancos e negros)". Perversão sexual, seminudez, danças que representavam atos sexuais e "preconceitos raciais e religiosos" também eram "imorais", mas nenhum desses problemas parecia se aplicar no caso da representação de negros. Ver: Hays, Will H. *Annual Report of the President*. Nova York: Motion Picture Producers and Distributors of America, 1936. Impresso.

67. Dayan (174).

68. Guerrero, Edward. *Framing Blackness: The African American Image in Film*. Filadélfia, PA: Temple University Press, 1993. 23. Impresso. Guerrero também observa que a Casa Grande forneceu ao público da era da Depressão uma visão privilegiada da aristocracia.

69. Conforme citado em: Everett (246).

70. Bishop, Kyle William. *American Zombie Gothic: The Rise and Fall (and Rise) of the Walking Dead in Popular Culture*. Jefferson, NC: McFarland & Co, 2010. 60. Impresso.

71. Lawless (10).

1. O'Reilly, Bill. "Inside Edition". *Haiti's Bad Press*. Ed. Robert Lawless. Rochester, VT: Schenkman Books, 1992. 20. Impresso.

3 BANDIDOS ATERRORIZANTES E MISERÁVEIS MENESTRÉIS: OS ANOS 1940

1. Jones, Alan. *The Rough Guide to Horror Movies*. Nova York: Rough Guides/Penguin, 2005. 24. Impresso.

2. De acordo com Jones (24). O terror recebeu um golpe particularmente devastador na Grã-Bretanha, com apenas quatro filmes

chegando nas telas entre 1940 e 1945.
3. O filme é ligeiramente baseado em *Jane Eyre* (1847), de Charlotte Brontë, e enquanto filme de terror com uma herança literária que não era do terror (por exemplo, comparado ao *Frankenstein* de Shelley), atraiu uma boa dose de atenção da crítica.
4. Humphries, Reynold. *The American Horror Film*. Edimburgo: Edinburgh University Press, 2002. 48-49. Impresso. Mais tarde, em 2009, Humphries saudaria *A morta-viva* como uma das contribuições mais significativas ao gênero do terror. O filme é considerado denso, complexo e com várias camadas graças a um "roteiro brilhante" que também oferece uma "análise excepcionalmente sutil da repressão em todos os sentidos". Ver: Humphries, Reynold. "I Walked With a Zombie". *101 Horror Movies You Must See Before You Die*. Ed. Steven Jay Schneider. Londres: Quintessence, 2009. 85-86. Impresso.
5. Hutchings, Peter. *The Horror Film*. Harlow, Inglaterra: Pearson, 2004. 111. Impresso.
6. No vodu, o espírito Carrefour controla a "encruzilhada", ou caminho para a morte.
7. Frequentemente, há pouco aprofundamento nas histórias dos negros. Eles costumam ser apenas nativos ou serventes e com frequência sequer recebem nomes nos filmes. Ou, ainda pior, os atores que os representam nem são creditados. Até 1968, com Ben de *A noite dos mortos-vivos*, pouco se sabia sobre as vidas dos negros estrelados nos filmes. Isso mudaria com *Blácula,* *o vampiro negro* (1972), em que a história de vida do personagem negro Mamuwalde é cuidadosamente contada. Mais tarde, ao longo de dois filmes *O mistério de Candyman* (1992) e *Candyman 2: a vingança* (1995), a história de Candyman/Daniel Robitaille emerge.
8. Hutchings (111).
9. Crowther, Bosley. "Old Black Magic". *New York Times*, 13 jun. 1943: seção X3. Impresso.
10. Nos últimos minutos de filme, quando Mumbo Jumbo precisa explicar ao homem branco que ele viu Pongo levar uma mulher branca embora, seu personagem fica instantaneamente fluente em inglês e perde o sotaque (nada de "Eu garoto, você Bwana"). Em referência ao símio, Mumbo Jumbo observa de forma séria: "Eu certamente espero que sua disposição melhore". É uma boa espiadela no que Fluellen poderia ter feito com seu personagem. Entretanto, nesse filme de baixo orçamento, a inexplicável fluência de Mumbo Jumbo parece ser devida ao diretor, Sam Newfield, que simplesmente esqueceu que Mumbo Jumbo iniciou o filme falando um inglês muito quebrado e limitado.
11. O filme estrelou o famoso ator homem-com-roupa-de-macaco Ray Corrigan, dos filmes de terror *Pongo, o gorila branco* e *Nabonga, o gorila*, como o gorila branco.
12. "Uma batalha pela supremacia da selva" foi o mote do trailer do filme. Ver: "The White Gorilla". *YouTube*. YouTube, LLC. 2010. Web. 26 jul. 2010. www.youtube.com/watch?v=n_c47ZGZ5l8.
13. Cripps, Thomas. *Slow Fade to Black: The Negro in American*

Film, 1900-1942. Nova York: Oxford University Press, 1993. 374. Impresso.
14. Cripps (*Slow Fade* 374).
15. Bogle, Donald. *Bright Boulevards, Bold Dream: The Story of Black Hollywood*. Nova York: Ballantine One World, 2005. 126. Impresso.
16. Muse, Clarence. "What's Going on in Hollywood". *Chicago Defender*, 28 dez. 28 1940: 21. Impresso.
17. Cripps (*Slow Fade* 376-378).
18. Leab, Daniel J. *From Sambo to Superspade: The Black Experience in Motion Pictures*. Boston, MA: Houghton Mifflin Company, 1973. 130. Impresso.
19. Cripps (*Slow Fade* 376).
20. Em relação ao tratamento, Reddick identificou dezenove estereótipos que queria enterrar: o africano selvagem, o escravo feliz, o empregado devotado, o político corrupto, o ladrãozinho, o delinquente social, o criminoso cruel, o super-homem sexual, o atleta superior, o infeliz não branco, o cozinheiro nato, o musicista nato, o artista perfeito, o frequentador supersticioso da igreja, o comedor de frango e melancia, o "carregador" de facas e navalhas, o expressionista desinibido e a mente inferior.
21. Reddick, Lawrence D. "Educational Programs for the Improvement of Race Relations: Motion Pictures, Radio, the Press, and Libraries". *Journal of Negro Education* 13.3 (1944): 369, 382. Impresso.
22. Cinquenta anos depois de *Son of Ingagi*, os filmes que enfocam casamento de pessoas negras permanecem novidade e são frequentemente aclamados como positivos, como as comédias românticas *Noivo em pânico* (1999) e *Amigos indiscretos* (1999).
23. hooks, bell. *Reel to Real: Race, Sex, and Class at the Movies*. Nova York: Routledge, 1996. 167. Impresso.
24. Cripps, Thomas. *Making Movies Black: The Hollywood Message Movie from World War II to the Civil Rights Era*. Nova York: Oxford University Press, 1993. 133. Impresso.
25. Sobchack, Vivian. *Screening Space: The American Science Fiction Film*. New Brunswick, NJ: Rutgers University Press, 2001. 30. Impresso.
26. Cripps, Thomas. *Black Film as Genre*. Bloomington: Indiana University Press, 1978. 90. Impresso.
27. Cripps (*Genre* 90).
28. Manatu, Norma. *African American Women and Sexuality in the Cinema*. Jefferson, NC: McFarland & Company, Inc., 2003. 53. Impresso.
29. Cripps, Thomas. "The Films of Spencer Williams". *Black American Literature Forum* 12 (1978): 131. Impresso.
30. Creed, Barbara. *The Monstrous-Feminine: Film, Feminism, Psychoanalysis*. Londres: Routledge, 1993. 37. Impresso.
31. Ver: Gibson, Gloria J. "Cinematic Foremothers: Zora Neale Hurston and Eloyce King Patrick Gist". *Oscar Micheaux & His Circle: African-American Filmmaking and Race Cinema of the Silent Era*. Eds. Pearl Bowser, Jane Gaines e Charles Musser. Bloomington: Indiana University Press, 2001. 195-209. Impresso. Ver também: Gibson-Hudson, Gloria. "Recall and Recollect: Excavating the Life History of Eloyce King Patrick Gist". *Black Film Review* 8 (1994): 20-21. Impresso.

32. Gibson-Hudson (20-21).
33. Gibson (200).
34. Gibson-Hudson (20-21).
35. Gibson (203).
36. Gibson (203).
37. Gibson (203-204).
38. Gibson-Hudson (20-21).
39. The Library of Congress: American Memory, Library of Congress. 2010. Web. 26 jul. 2010. Fragmentos fora de sequência de *Trem para o inferno* estão com a Biblioteca do Congresso; um incêndio destruiu o restante dos materiais e documentos relacionados à vida e carreira de Gists. Gloria J. Gibson (Hudson) se esforçou para decifrar a ordem dos fragmentos, como ela descreve em detalhes. Ver: Gibson (195—209).
40. O resumo desse filme vem em grande parte de: Senn, Bryan. *Golden Horrors: An Illustrated Critical Filmography 1931-1939*. Jefferson, NC: McFarland & Company, Inc., 1996. Impresso.
41. Cripps (Films of Spencer Williams 132).
42. Holland, Sharon Patricia. *Raising the Dead: Readings of Death and (Black) Subjectivity*. Durham, NC: Duke University Press, 2000. 33. Impresso.
43. O cineasta negro Charles Burnett construiria um filme inteiro em torno dos rituais modernos de vigiar os moribundos em seus leitos no seu assombroso filme de bem e mal *Não durma nervoso* (1990). No filme, o quase morto Gideon (Paul Butler) luta para retornar aos vivos enquanto um mal prospera, distraindo e causando caos entre aqueles que deveriam estar reunidos em oração em sua cabeceira.
44. Clover, Carol. "Her Body, Himself: Gender in the Slasher Film". *The Dread of Difference: Gender and the Horror Film*. Ed. Barry Keith Grant. Austin: University of Texas Press, 1996. 78. Impresso.
45. Cripps (*Making* 141).
46. Cripps (*Making* 134, 330).
47. Razaf, Andy. "A Colored Movie Fan". *New York Amsterdam News*, 6 jan. 1940: 16. Impresso.
48. Coleman, Robin Means. *African American Viewers and the Black Situation Comedy: Situating Racial Humor*. Nova York: Garland, 2000. 35. Impresso.
49. Coleman (45).
50. McCaffrey, Donald W. "The Golden Age of Sound Comedy". *Screen* 11 (1970): 27-40. 33. Impresso.
51. Reid, Mark A. *Redefining Black Film*. Berkeley: University of California Press, 1993. 23, 25. Impresso.
52. Denzin, Norman K. *Reading Race*. Londres: Sage, 2002. 18. Impresso.
53. Koppes, Clayton R. and Gregory D. Blacks. "What to Show the World: The Office of War Information and Hollywood, 1942-1945". *Journal of American History* (1977): 87-105. Impresso.
54. Cripps, Thomas R. "The Death of Rastus: Negroes in American Films since 1945". *Phylon* 28 (1967): 269. Impresso.
55. Nesteby, James R. *Black Images in American Films, 1896-1954: The Interplay Between Civil Rights and Film Culture*. Lanham, MD: University Press of America, 1982. 222. Impresso.
56. Noble, Peter. *The Negro in Film*. Nova York: Arno Press & the New York Times, 1970. 181-182. Impresso.
57. Bogle, Donald. *Toms, Coon, Mulattoes, Mammies, and Bucks: An*

Interpretive History of Blacks in American Films. Nova York: Continuum, 1993. 74. Impresso.
58. Guerrero, Ed. *Framing Blackness: The African American Image in Film*. Filadélfia, PA: University of Temple Press, 1993. 123. Impresso.
59. *Revolta dos Zumbis* (1936), por exemplo, reformulou a mitologia zumbi ao afastá-la do vodu negro, colocando-a mais perto de um sacerdote "oriental" fanático de Angkor Wat, no Camboja, cujo poder poderia ser usado para levantar um exército de zumbis, desequilibrando o poderio militar e assim causando "a destruição da raça branca".
60. Leab, Daniel J. "The Gamut from A to B: The Image of the Black in Pre-1915 Movies". *Political Science Quarterly* 88 (1973): 63. Impresso.
61. Nesteby (222).
62. *The Scarlet Clue* (1945).
63. Robinson, Cedric J. *Forgeries of Memory & Meaning: Blacks & the Regimes of Race in American Theater & Film before World War II*. Chapel Hill: University of North Carolina Press, 2007. 376-378. Impresso.
64. Robinson (376-378).
65. Kliman, Bernice W. "The Biscuit Eater: Racial Stereotypes: 1939-1972". *Phylon* 39 (1978): 92. Impresso.
66. Noble (181).
67. Bogle (*Toms, Coons* 72); Bogle (*Bright* 118).
68. *Spooks on the Loose* apresenta um dos finais mais estranhos de um filme. O personagem Glimpy (Huntz Hall), após lutar com nazistas, pega um tipo de sarampo alemão, que é representado, de forma cômica, como dezenas de pequenas suásticas por todo seu rosto.
69. Neuert, Richard. "Trouble in Watermelon Land: George Pal and the Little Jasper Cartoons". *Film Quarterly* 55 (2001): 18. Impresso.
70. Neuert (18).
71. A cena lembra muito o curta de 1929 com Mickey Mouse, *Haunted House*, em que Mickey chama por sua "mammy", com pintura blackface, num tributo à performance de 1927 de Al Jolson em *O cantor de jazz*. Mickey, então, é forçado a tocar piano enquanto esqueletos dançam.
72. Neuert (16, 21).
73. Neuert (16, 21).
74. "Little Jasper Series Draws Protest from Negro Groups". *Ebony*, jan. 1947: 27. Impresso.
75. Neuert (23).
76. Cripps (Films of Spencer Williams 133).
77. "Oregon Station Drops 'Little Jasper' Series". *Los Angeles Sentinel*, 4 jun. 1959: C1. impresso.
78. Bogle (*Bright* 278).
79. "Boris Karloff Joins Fight For Race Equality". *Atlanta Daily World*, 30 set. 1947: 1. Impresso.
80. Coleman (81).

1. O'Reilly, Bill. "Inside Edition". *Haiti's Bad Press*. Ed. Robert Lawless. Rochester, VT: Schenkman Books, 1992. 20. Impresso.

4 INVISIBILIDADE NEGRA, CIÊNCIA BRANCA E UMA NOITE COM BEN: OS ANOS 1950-1960

1. *Homem invisível* foi publicado integralmente em 1952 e já foi reimpresso diversas vezes. Aqui eu cito a edição de março de 1995: Ellison, Ralph. *Invisible Man*.

Nova York: Vintage International, 1995. 3. Impresso.
2. Metress, Christopher. *The Lynching of Emmett Till: A Documentary Narrative*. Charlottesville: University of Virginia Press, 2002. 227. Impresso.
3. Ellison, Ralph. 1952. *Invisible Man*. Nova York: Vintage International, 1995. 94. Impresso.
4. Phillips, Kendall R. *Projected Fears: Horror Films and American Culture*. Westport, CT: Praeger, 2005. 7. Impresso.
5. Por sua inovação cinematográfica, *Vampiros de almas* foi incluído no Registro Nacional de Filmes dos Estados Unidos pela National Film Preservation Board. Biblioteca do Congresso, 25 jan. 2010. Web. 17 jun. 2010. Ficou no 47º lugar de 100 na lista de filmes mais assustadores do American Film Institute (AFI).
6. O termo vagem é usado para descrever os enclaves suburbanos habitados por indivíduos entediados. (Ver: Duany, Andres, Elizabeth Plater-Zyberk e Jeff Speck. *Suburban Nation: The Rise of Sprawl and the Decline of the American Dream*. Nova York: North Point Press, 2000. Impresso.)
7. Wood, Robin. "An Introduction to the American Horror Film". *Movies and Methods: Volume II*. Ed. Bill Nichols. Berkeley: University of California Press, 1985. 195-220, 198-199. Impresso.
8. Cripps, Thomas. *Making Movies Black: The Hollywood Message Movie from World War II to the Civil Rights Era*. Nova York: Oxford University Press, 1993. 257. Impresso.
9. Roth também retrata os gorilas no filme. Presume-se que Taro é outro troféu exótico de Dan.
10. Sontag, Susan. "The Imagination of Disaster". *Commentary* (out., 1965): 45. Impresso.
11. Na paródia de filmes policiais *The Gristle* (2001), o personagem negro "Tar" (Michael Dorn) zomba da preocupação contínua e obsessiva em relação a ameaças à feminilidade branca por parte de negros (sexualmente atraentes) ao dizer essa frase, em um falso tom racista, a um grupo de homens brancos.
12. Gonder, Patrick. "Like a Monstrous Jigsaw Puzzle: Genetics and Race in Horror Films of the 1950s". *The Velvet Light Trap* 52 (2003): 39. Impresso.
13. Humphries, Reynold. *The American Horror Film: An Introduction*. Edimburgo, UK: Edinburgh University Press, 2002. 63. Impresso.
14. Gonder (*Monstrous* 39).
15. Gonder, Patrick. "Race, Gender and Terror: The Primitive in 1950s Horror Films". *Genders* 40 (2004). Web. June 18, 2010. www.genders/org/.
16. Goldsby, Jacqueline. "The High and Low Tech of It: The Meaning of Lynching and the Death of Emmett Till". *Yale Journal of Criticism* 9 (1996): 250. Impresso.
17. Butters, Jr., Gerald R. *Black Manhood on the Silent Screen*. Lawrence: University of Kansas Press, 2002. xvii. Impresso.
18. Schneider, Steven Jay. "Mixed Blood Couples: Monsters and Miscegenation in U.S. Horror Cinema". *The Gothic Other: Racial and Social Constructions in the Literary Imagination*. Ed. R. Bienstock

Anolik e D. L. Howard. Jefferson, NC: McFarland & Company, Inc., 2004. 78. Impresso.
19. Romero dirigiu *A noite dos mortos-vivos* e escreveu o roteiro ao lado de John Russo. O filme foi produzido pela Image Ten, um grupo de cineastas que incluía Romero e Russo, que, além de contribuir para o roteiro, atuaram no filme e trabalharam na iluminação e na maquiagem.
20. Hervey, Ben. *Night of the Living Dead*. Nova York: Palgrave Macmillan, 2008. 63. Impresso.
21. Stein, Elliott. "Night of the Living Dead". *Sight and Sound* 39 (1970): 105. Impresso.
22. Wood, Robin. *Hollywood from Vietnam to Reagan*. Nova York: Columbia University Press, 1986. 114. Impresso.
23. Becker, Matt. "A Point of Little Hope: Hippie Horror Films and the Politics of Ambivalence". *The Velvet Light Trap* 57 (2006): 58. Impresso.
24. Becker (42, 51, 58).
25. Stein (105).
26. Hervey (110). De acordo com Hervey, essas cenas fizeram Romero e seu filme parecerem ainda mais radicais e rebeldes, já que ele usou a própria polícia para denunciar o sistema.
27. Becker, Michael e Mike Carbone. "Tony Todd". *Reel Horror*. Episódio 25, 2. jun. 2010. http://legacy-content.libsyn.com/vidhack/reel_horror-ep25-070306.mp3. Rádio.
28. Hervey (112).
29. Hervey (113-114).
30. Hervey (118).
31. Dyer, Richard. "White". *Screen* 29 (1988): 45. Impresso.
32. Heffernan, Kevin. "Inner-City Exhibition and the Genre Film: Distributing Night of the Living Dead". *Cinema Journal* 41 (2002): 59-77. 59. Impresso.
33. Humphries (*The American Horror Film* 115).
34. Como *Noite*, devido a um erro no copyright, está em domínio público, é difícil de mensurar seu lucro. Apesar disso, de acordo com o IMDb.com e BoxOfficeMojo.com, os lucros que chegaram a ser registrados ultrapassaram a margem de 30 milhões.
35. Heffernan (Inner-City 59); Heffernan, Kevin. *Ghouls, Gimmicks, and Gold: Horror Films and the American Movie Business 1953-1968*. Durham, NC: Duke University Press. 2004. 207. Impresso.
36. "Horror Films Debut Soon". *Daily Defender*, 12 nov. 1957: B10. Col. 5. Impresso.
37. "Triple Horror Films Electrify Fans at Regal". *Daily Defender*, 4 maio 1960: 16. 5. Impresso.
38. "'Paranoia' Horror Film Debuts at the Oriental". *Chicago Daily Defender*, 16-22 ago. 1960: 1+. Impresso.
39. "Two Horror Films Bow at Drive-Ins". *Chicago Defender*, 18 abr. 1970: 28. 6. Impresso.
40. Heffernan (Inner-City 60).
41. Heffernan (Inner-City 74).
42. Hervey (7).
43. Dyer (62).
44. Heffernan (Inner-City 9).
45. Ernest Dickerson foi o segundo operador de câmera nesse filme, de acordo com Mark Reid em *Black Lenses, Black Voices: African American Film Now*. Lanham, MD: Rowman & Littlefield, 2005. 76. Impresso. Dickerson,

um afro-estadunidense iria ser aclamado como cinematógrafo e/ou diretor de fotografia e diretor pelos filmes *O irmão que veio de outro planeta, Contos da escuridão, Contos do além, Def by Temptation, Bones* e *Mestres do terror*, para nomear alguns.

46. Horror Hound Weekend, 26-28 mar. 2010. 7202 East 21st Street, Indianápolis, IN, 46219.
47. Dyer (62-63).
48. Não encontrei nenhuma indicação de que as escalações de Eugene Clark eram feitas sem considerar as cores dos atores.
49. Dyer (59, 62-63). Em *Terra dos mortos*, o elenco é particularmente diverso. Embora existam negros vivendo na restrita comunidade de condomínios fechados, uma comunidade em que "latinos" não são permitidos, o investimento em classismo e em branquitude com afetação e iluminação é deixado bem claro.
50. Winokur, Mark. "Technologies of Race: Special Effects, Fetish, Film and the Fifteenth Century". *Genders OnLine Journal* 40 (2004): 6. Web. 20 jan. 2006. www. genders.org/g40/g40_winokur.html.
51. Mailer, Norman. "The White Negro" (outono, 1957). *LearnToQuestion.com: Resource Base* 2008, n.p. Web. 20 jun. 2010. www.learntoquestion.com/resources/database/archives/0.
52. Goldsby (247).
53. Heffernan (Inner-City 75).

5 GRITE, BRANQUELO, GRITE — RETRIBUIÇÃO, MULHERES DURONAS E CARNALIDADE: OS ANOS 1970

1. Holly, Ellen. "Where Are the Films about Real Black Men and Women?". *New York Times*, 2 jun. 1974: 127. Impresso.
2. Site da Motion Picture Association of America. Motion Picture Association, 2005. Web. 2 abr. 2010. O Código Hays (1930-66), que apresentava princípios organizativos para cineastas dos Estados Unidos associados a grandes estúdios, advertia contra coisas como: criticar religiões, exibir partos, exibir beijos "lascivos" ou dança "sugestiva". Esses princípios foram substituídos por um sistema de classificação voluntário em 1968, que mudou três vezes entre o ano de sua implementação e 1983: G, M, R, X; G, GP, R, X; E G, PG, R, X. Houve ainda mais revisões desde o início dos anos 1980.
3. Young, Elizabeth. *Black Frankenstein: The Making of an American Metaphor.* Nova York: Routledge, 2008. 219. Impresso. Em 1977, uma história em quadrinhos chamada *Blackenstein* "apresentou um branco dono de escravos do Kentucky, o coronel Victah Black'nstein, que monta um escravo-negro-monstro"; o livro de 1976, *The Slave of Frankenstein*, "apresenta o filho de Victor Frankenstein como um abolicionista branco que desafia um monstro perverso pró-escravidão"; George Clinton/Parliament lançou,

em 1977, "The Clones of Dr. Funkenstein," com foco na criação de um doutor negro do funk.
4. Denzin, Norman K. *Reading Race.* Londres: Sage, 2002. 27. Impresso.
5. Bogle, Donald. *Toms, Coons, Mulattoes, Mammies, & Bucks.* Nova York: The Continuum Publishing Company, 1993. 232. Impresso.
6. Crane, Jonathan. *Terror and Everyday Life.* Thousand Oaks, CA: Sage Publications, 1994. 48. Impresso.
7. Benshoff, Harry M. "Blaxploitation Horror Films: Generic Reappropriation or Reinscription?". *Cinema Journal* 39(2) (2000): 34. Jstor. Web. 20 jan. 2005. http://www.jstor.org/pss/1225551.
8. Null, Gary. *Black Hollywood: The Negro in Motion Pictures.* Secaucus, NJ: Citadel Press, 1975. 209. Impresso.
9. Leab, Daniel J. *From Sambo to Superspade: The Black Experience in Motion Pictures.* Boston, MA: Houghton Mifflin Company, 1975. 254. Impresso.
10. Null (209).
11. Holly (127).
12. De acordo com Eric Shaefer em sua dissertação *Bold! Daring! Shocking! True!: A History of Exploitation Films, 1919-1959*, os filmes apelativos surgiram durante a "era clássica", 1919 a 1959, em paralelo ao cinema de Hollywood, mas também eram feitos por fora, por produtores independentes. Os filmes, escreve Schaefer, estavam "enraizados em 'atrações de cinema' exibicionistas e dependiam do espetáculo proibido à custa do sistema mais caro de continuidade narrativa e coerência favorecido pelos filmes mainstream". Shaefer, Eric. *Bold! Daring! Shocking! True!: A History of Exploitation Films, 1919-1959.* Austin: University of Texas, 1995. Dissertação. Impresso.
13. Benshoff (37).
14. Rhines, Jesse Algeron. *Black Film/White Money.* New Brunswick, NJ: Rutgers University Press, 1996. 46. Impresso.
15. Worland, Rick. *The Horror Film: An Introduction.* Malden, MA: Blackwell, 2007. 97. Impresso.
16. Benshoff (34).
17. No filme, Luva é sepultada com seu príncipe. Sua morte não é mostrada.
18. No filme, é explicado que Drácula foi morto por seu nêmesis, dr. Van Helsing.
19. Sharrett, C. "The Horror Film in Neoconservative Culture". *Journal of Popular Film and Television* 21:3 (outono, 1993): 107. Impresso.
20. Sharrett ("Neoconservative" 107).
21. Sharrett ("Neoconservative" 100-110).
22. Wlodarz, Joe. "Beyond the Black Macho: Queer blaxploitation". *The Velvet Light Trap* 53 (primavera, 2004): 11. Web. 20 jan. 2006. http://muse.jhu.edu/login?uri=/journals/the_velvet_light_trap/v053/53.1wlodarz.html.
23. Gateward, Frances. "Daywalkin' Night Stalkin' Bloodsuckas: Black Vampires in Contemporary Film". *Genders OnLine Journal* 40 (2004): 10. Web. 20 jun. 2005. www.genders.org/g40/g40_gateward.html.
24. Medovoi, L. "Theorizing Historicity, or the Many Meanings of Blacula". *Screen* 39 (1998): 14. Impresso.
25. Baldwin, J. *Notes of a Native Son.* Boston: Beacon Press, 1955/1984. 115, 122. Impresso.

26. Young (*Black Frankenstein* 189).
27. Medovoi (14).
28. Benshoff (36).
29. Lawrence, N. "Fear of a blaxploitation Monster: Blackness as Generic Revision in AIP's *Blacula*". *Film International* 39 (2009): 24. Impresso.
30. Lawrence (18).
31. Stenger, Josh. "Mapping the Beach: Beach Movies, Exploitation Film and Geographies of Whiteness". *Classic Hollywood, Classic Whiteness*. Ed. Daniel Bernardi. Mineápolis: University of Minnesota Press, 1996. 31. Impresso.
32. Gent, G. "Black Films Are In, So Are Profits". *New York Times*, 28 jul. 1972: 22. Impresso.
33. Gent (22).
34. Stenger (31). A AIP também é responsável pela distribuição de muitos outros filmes da "era blaxploitation", como *Black Mama, White Mama* (1973), *The Mack* (1973), *Coffy: em busca de vingança* (1973), *Inferno no Harlem* (1973), *Foxy Brown* (1974), *Truck Turner* (1974), *Sheba, Baby* (1975), *Cornbread, Earl, and Me* (1975), *Cooley High* (1975) e *Friday Foster* (1975).
35. Stenger (46).
36. Lawrence (18).
37. Young (*Black Frankenstein* 190).
38. Young (*Black Frankenstein* 191).
39. Young (*Black Frankenstein* 196).
40. O documentário *The 50 Worst Movies Ever Made* (2004) cita *O monstro de duas cabeças*. O documentário em DVD foi produzido por Dante Pugliese para o estúdio Passport Video. O filme é frequentemente incluído em várias listas feitas por fãs do terror, como visto em Blackhorrormovies.com.
41. Worland (97).
42. No filme, não fica explícito que a casa é localizada numa vizinhança branca, nem que as limpezas que sua mãe faz são para prostitutas brancas. Em vez disso, o dr. Pryde faz alusão às cores das prostitutas ao chamá-las ironicamente de "damas da noite", enquanto prostitutas negras que trabalham na rua são "putas" e "vadias". Elas não trabalham em bordéis. Além disso, o filme se esforça em mostrar uma grande diferença socioeconômica entre Watts e o local em que o dr. Pryde mora, mostrando sequências que intercalam as vizinhanças. As casas ficam maiores, os carros, melhores, as ruas, mais limpas, e os rostos negros desaparecem.
43. "Domestic Violence: Domestic Violence in the African American Community". Nabsw.org. National Association of Black Social Workers, 2002. Web. 9 abr. 2010.
44. Cleaver, Eldridge. *Soul on Ice*. Nova York: Dell Publishing, 1968. 191. Impresso.
45. Cleaver (28).
46. Pinedo, Isabel Cristina. *Recreational Terror: Women and the Pleasure of Horror Film Viewing*. Albany, NY: SUNY Press, 1997. 53. Impresso.
47. Wallace, Michele. *Black Macho and the Myth of the Superwoman*, Nova York: Verso Classics, 1999. 66. Impresso.
48. Wallace (67).
49. Bogle (*Toms, Coons* 240).
50. Esta cena é uma precursora da decisão vida-por-meio-da-morte feita pelas personagens Thelma e Louise no filme de mesmo nome.
51. Clover, Carol. *Men, Women, and Chainsaws: Gender in the Modern*

Horror Film. Princeton, NJ: Princeton University Press, 1992. 35. Impresso.
52. Clover (*Chainsaws* 37).
53. Clover (*Chainsaws* 39).
54. Claro, quando esses filmes se tornaram franquias, não houve mais paz.
55. Diawara, Manthia e Phyllis Klotman. "*Ganja and Hess*: Vampires, Sex, and Addictions". *Black American Literature Forum* 25.2 (1991): 299. Jstor. N.p. Web. 21 jun. 21 2005. http://jstor.org/. Diawara e Klotman citam outros elogios ao filme. De acordo com os autores, a produção foi saudada no *Amsterdam News* como "o filme mais importante produzido por negros desde *Sweet Sweetback's Baadasssss Song*", e também é descrito como "um grande filme negro underground [...]. Se *Sweet Sweetback* é *Native Son*, *Ganja and Hess* é o *Homem invisível*".
56. Diawara e Klotman (300).
57. Hasan, Mark. "Ganja & Hess [Review]". *Rue Morgue* (2007): 47. Impresso.
58. Sharrett ("Neoconservative Culture" 100).
59. Diawara e Klotman (299).
60. *Black Mama, White Mama* (1973); *Coffy* (1973); *Os gritos de Blácula* (1973); *Foxy Brown* (1974); *Sheba, Baby* (1975); *Bucktown* (1975); *Friday Foster* (1975).
61. Dunn, S. *'Baad Bitches' and Sassy Supermamas: Black Power Action Films*. Urbana and Chicago: University of Illinois Press, 2008. 109. Impresso.
62. Hill Collins, Patricia. *Black Feminist Thought*. Nova York: Routledge, 2009. 91. Impresso.
63. Hill Collins (89).
64. Dunn (111).
65. Dunn (113).
66. Lawrence (18).
67. Clover (*Chainsaws* 65).
68. Bogle (*Toms, Coons* 252-253).
69. Clover (*Chainsaws* 35, 36).
70. Em relação a *O exorcista*, a Warner Bros. achou que o filme serviu mais do que apenas um molde para o filme de terror negro *Abby*, e a corte concordou.
71. Benshoff (40).
72. Weiler, A.H. (1974). "'Abby', About a Black Family and Exorcism". *New York Times*, 26 dez. 1974: 53. Impresso.
73. Sharrett, Christopher. *Mythologies of Violence in Postmodern Media*. Detroit, MI: Wayne State University Press, 1999. 103. Impresso.
74. "Black-oriented Films Produced since Mid-1970s". *Jet* 42 (1972): 58-59. 58. Impresso.
75. Guerrero, E. *Framing Blackness: The African American Image in Film*. Filadélfia, PA: Temple University Press, 1993. 86. Impresso.
76. Dunn.
77. Semedi é um guardião dos mortos, um "grande amante" e um espírito avarento que valoriza o dinheiro, presentes e mulheres. No filme, seu nome é pronunciado como Barão Samdi.
78. Benshoff (32).
79. Murray, J. "Now a Boom in Black Directors". *The New York Times*, 8 jun. 1972: D11. Impresso.
80. Harris, M. "Scary Sistas: A Brief History of Black Women in Horror Films". *Prettyscary. net*. Pretty Scary: For Women in Horror By Women in Horror, 4 jun. 2006. Web. 17 mar. 2010.
81. Yearwood, Gladstone L. *Black Film as a Signifying Practice: Cinema,*

Narration and the African-American Aesthetic Tradition. Trenton, NJ: Africa World Press, Inc., 2000. 44. Impresso.
82. Null (219).
83. Marlene Clark se tornou um ícone do terror, aparecendo em *Ganja & Hess* e *A fera deve morrer*, assim como em outros dois filmes filipinos de língua inglesa, *A mulher cobra* (1972) e *Black Mamba* (1974).
84. Benshoff (39).
85. Rudy Ray Moore. "Petey Wheatstraw, the Devil's Son-in-Law". *The Cockpit*. Kent Comedy Series, 1973. CD.
86. O seriado *Kung Fu* (1972-1975) apresenta um jovem estudante de artes marciais chamado "Gafanhoto", que é treinado por seu Mestre Shaolin, Po.
87. Rudy Ray Moore, no documentário *Macked, Hammered, Slaughtered, and Shafted* (2004).
88. Cripps, Thomas. *Black Film as Genre*. Bloomington: Indiana University Press, 1978. 129. Impresso.
89. Cripps (*Genre* 129).
90. George, N. *Blackface: Reflections on African Americans in the Movies*. Nova York: Harper Collins, 1994. 87. Impresso.
91. West, Hollie I. "Black Films: Crossovers and Beyond blaxploitation". *Washington Post*, 8 fev. 1976: 119. Impresso.
92. West (119).
93. West (119).
94. West (119).

6 NÓS SEMPRE MORREMOS PRIMEIRO — INVISIBILIDADE, SEGREGAÇÃO RACIAL ECONÔMICA E O SACRIFÍCIO VOLUNTÁRIO: OS ANOS 1980

1. Nama, Adilifu. *Black Space: Imagining Race in Science Fiction Film*. Austin: University of Texas Press, 2008. 137. Impresso.
2. Sobchack, Vivian. "Cities on the Edge of Time: The Urban Science Fiction Film". *East-West Film Journal* (dez., 1988): 4-19. Impresso.
3. Avila, Eric. "Dark City: White Flight and the Urban Science Fiction Film in Postwar America". *Classic Hollywood, Classic Whiteness*. Ed. Daniel Bernardi. Mineápolis: University of Minnesota Press, 2001. 68. Impresso.
4. Avila (53).
5. Venkatest, Sudhir Alladi. *American Project: The Rise and Fall of a Modern Ghetto*. Cambridge, MA: Harvard University Press, 2000. 7. Impresso.
6. Até mesmo a música pop explorou a moda, com Paul McCartney e Stevie Wonder se unindo para cantar "Ebony and Ivory" (1982), uma ode ao trabalho em conjunto entre raças.
7. Guerrero, E. "The Black Images in Protective Hollywood's Biracial Buddy Films of the Eighties". *Black American Cinema*. Ed. M. Diawara. Nova York: Routledge, 1993. 237. Impresso.
8. Avila (65).
9. Jamieson, Kathleen Hall. "Context and the Creation of Meaning in Advertising of the 1988 Presidential Campaign". *American*

Behavioral Scientist 32 (1989): 416, 417. Impresso.
10. Crane, Jonathan. *Terror and Everyday Life: Singular Moments in the History of the Horror Film*. Thousand Oaks, CA: Sage, 1996. 8. Impresso.
11. Benjamin, Rich. *Searching for Whitopia: An Improbable Journey to the Heart of White America*. Nova York: Hyperion, 2009. 1. Impresso.
12. Clover, Carol. *Men, Women e Chainsaws: Gender in the Modern Horror Film*. Princeton, NJ: Princeton University Press, 1992. 222. Impresso.
13. Mathijs, Ernest. "Threat or Treat: Film, Television, and the Ritual of Halloween". *Flow TV, University of Texas at Austin*, 30 out. 2009. Web. 6 mar. 2010.
14. Crane, Jonathan. *Terror and Everyday Life*. Thousand Oaks, CA: Sage Publications, 1994. 8. Impresso.
15. Rathgeb, Douglas L. "Bogeyman from the Id: Nightmare and Reality in Halloween and A Nightmare on Elm Street". *Journal of Popular Film and Television* (primavera, 1991): 36-43. Impresso.
16. Riley, Michael J. "Trapped in the History of Film: Racial Conflict and Allure in *The Vanishing American*". *Hollywood's Indian: The Portrayal of the Native American in Film*. Eds. Peter C. Rollins e John E. O'Connor. Lexington: The University of Kentucky Press, 1998. 64. Print.
17. Maddery, Joseph. *Nightmares in Red, White, and Blue: The Evolution of the American Horror Film*. Jefferson, NC: McFarland & Company, Inc., 2004. 71. Impresso. Isso pontua que o filme falava mais mais sobre a situação financeira complicada da família do que sobre fantasmas. Ou seja, suas vidas já eram perturbadas muito antes dos horrores aparecerem, já que eles haviam investido tudo o que tinham na casa. O estresse os deixa nervosos e vulneráveis.
18. Maddery (73).
19. Freeman, Lance. *There Goes the 'Hood: Views of Gentrification from the Ground Up*. Filadélfia, PA: Temple University Press, 2004. 51. Impresso.
20. Em 1975, a banda de funk e soul Parliament lançou o álbum *Chocolate City*. A faixa-título fala sobre Washington, D.C., como uma "cidade de chocolate", isto é, com uma população predominantemente negra, e não apenas a população, mas sua cultura, política e recursos. Também reconhece o aumento dos subúrbios "de baunilha".
21. Williams, Tony. "Trying to Survive on the Darker Side: 1980s Family Horror". *The Dread of Difference: Gender and the Horror Film*. Ed. Barry Keith Grant. Austin: University of Texas Press, 1996. 164. Impresso.
22. Nas sequências de filmes de terror com negros no final da década, muito criticados pela crítica, há personagens negros de menor importância que chegam vivos até o fim do filme, como em *A hora do pesadelo 3: os guerreiros dos sonhos* (1987) ou *Tubarão 4: a vingança* (1987).
23. As imagens são estranhamente incongruentes para o personagem de Dick; entretanto, elas funcionam para reafirmar que seu interesse em Danny é "seguro" e assexuado.

24. Pinedo, Isabel Cristina. *Recreational Terror: Women and the Pleasure of Horror Film Viewing*. Albany, NY: SUNY Press, 1997. 53. Impresso.
25. Hughey, Matthew. "Cinethetic Racism: White Redemption and Black Stereotypes in 'Magic Negro' Films". *Social Problems* 56 (2009): 544. Impresso.
26. Hicks, Heather J. "Hoodoo Economics: White Men's Work and Black Men's Magic in Contemporary American Film". *Camera Obscura* 53 (18) (2003): 18. Impresso.
27. Hicks, Heather J. (28).
28. Clover (*Chainsaws* 86).
29. Heffernan, Kevin. *Ghouls, Gimmicks, and Gold: Horror Films and the American Movie Business, 1953-1968*. Durham, NC: Duke University Press, 2004. 225. Impresso.
30. Heffernan (*Ghouls* 225).
31. Mesbur + Smith Architects. *Multiplex Cinema and Theater Architecture*. Web. 29 maio 2008.
32. Harris, Martin. "You Can't Kill the Boogeyman: Halloween III and the Modern Horror Franchise". *Journal of Popular Film and Television* 32(3) (outono, 2004): 98. Impresso.
33. Crane (3).
34. Mercer, Kobena. "Monster Metaphors: Notes on Michael Jackson's 'Thriller'". *Screen* 27 (1986): 31. Impresso.
35. "The Academy of Science Fiction Fantasy & Horror Films". *Saturn Awards*. Web. 26 jan. 2010. saturnawards.org.
36. Lapeyre, Jason. "The Transformation: Filmmaker John Landis Created a Monster with Michael Jackson's *Thriller*". *Wax Poetics* 37 (out.-nov. 2009). 77. Impresso.
37. Certamente os anos 1950 não eram apenas sobre bailes para afro-estadunidenses, que estavam lutando por seus direitos civis.
38. Jones, Steve. "Michael King of Pop dies; Music icon, 50, helped shape a generation". *USA Today*, 26 jun. 2009. Web. 6 mar. 2010. usatoday.com.
39. Lapeyre (77).
40. "MTV Video Music Awards". MTV.com. Web. 26 jan. 2010. mtv.com.
41. Lapeyre (78).
42. Avila, Eric. "Dark City: White Flight and the Urban Science Fiction Film in Postwar America". *Classic Hollywood Classic Whiteness*. Ed. Daniel Bernardi. Mineápolis: University of Minnesota Press, 2001. 59. Impresso.
43. "MTV Music Television Profile". Web. 26 jan. 2010. cabletvadbureau.com.
44. Skal, David J. *The Monster Show: A Cultural History of Horror*. Ed. revisada. Nova York: Faber and Faber, Inc., 2001. 230. Impresso.
45. Skal (318). Mercer (40) também faz uma analogia desse tipo a Chaney.
46. Mercer (29).
47. O jardineiro imediatamente reconhece que o cachorro é um "cão branco", um cachorro treinado para atacar negros. Ele revela que tais cães são comuns, mostrando cicatrizes de um ataque de anos atrás.
48. O filme na ficção *Chien Blanc* (1970), escrita por Romain Gary. O livro, escrito em francês, é uma acusação aos liberais brancos (especialmente celebridades de Hollywood) que participaram do Movimento pelos Direitos Civis nos anos 1960.
49. Scott, Vernon. "Minority Group Wins Cancellation of Television

Movie". UPI *Hollywood Reporter*, 12 jan. 1984: seção Domestic News. Impresso.
50. "NBC Drops Plan to Show Film 'White Dog'". *New York Times*, 20 jan. 1984: seção C23. Impresso.
51. Katzman, Lisa. "'White Dog' Is Set Loose at Last". *New York Times*, 7 jul. 1991: seção 2.17. Impresso.
52. Katzman (seção 2.17).
53. Hicks, Chris. "Wide Release of 'White Dog' Is Long Overdue". *Deseret News*, 23 jan. 2009. Web. www.deseretnews.com/article/705279597/Widerelease-of-White-Dog-is-long-overdue.html.
54. Em 2009, o filme foi lançado em DVD.
55. Guerrero, Edward. "AIDS as Monster in Science Fiction". *Journal of Popular Film & Television* 18.3 (outono, 1990): 88. Impresso.
56. Doherty, Thomas. "Genre, Gender, and the Aliens Trilogy". *The Dread of Difference: Gender and the Horror Film*. Ed. Barry Keith Grant. Austin: University of Texas Press, 1996. 181-199. Impresso.
57. Clover, Carol J. "Her Body, Himself: Gender in the Slasher Film". *The Dread of Difference: Gender and the Horror Film*. Ed. Barry Keith Grant. Austin: University of Texas Press, 1996. 79. Impresso.
58. Hutchings, Peter. *The Horror Film*. Londres: Pearson, 2004. 18. Impresso.
59. Guerrero ("AIDS").
60. Sharrett, Christopher. "The Horror Film in Neoconservative Culture". *Journal of Popular Film & Television* 21.3 (outono, 1993): 100-110, 108. Impresso.
61. Hudson, Dale. "Vampires of Color and the Performance of Multicultural Whiteness". *The Persistence of Whiteness: Race and Contemporary Hollywood Cinema*. Ed. Daniel Bernardi. Nova York: Routledge, 2008. 134. Impresso.
62. Pinedo (111).
63. Crane (9).
64. Foley, Kevin. "Spike Lee Speaks to Spring Fest". *The University of Vermont, University Communications* 24 (abr. 2002). Web. 5 jan. 2010. www.uvm.edu/~uvmpr/?Page=article.php&id=409.
65. Sharrett ("The Horror Film" 100).
66. Snead, James. *White Screens, Black Images: Hollywood from the Dark Side*. Nova York: Routledge, 1994. Impresso.
67. Neale, Steve. "Masculinity as Spectacle: Reflections on Men and Mainstream Cinema". *Screen* 24(6): 2-17. 19. Impresso.
1. Harris, Mark. "Yelling at the Screen: The Black Die Young". *PopMatters*, 6 set. 2005. 1999-2009 PopMatters.com. 13 ago. 2010.

7 ESTAMOS DE VOLTA! A VINGANÇA E O TERRENO URBANO: OS ANOS 1990

1. Abbott, Stacey. "High Concept Thrills and Chills: The Horror Blackbuster". *Horror Zone*. Ed. Ian Conrich. Londres: I. B. Tauris, 2010. 29. Impresso.
2. Abbott (29).
3. Ndalianis, Angela. "Dark Rides, Hybrid Machines and the Horror Experience". *Horror Zone*. Ed. Ian Conrich. Londres: I. B. Tauris, 2010. 1. Impresso.
4. Kaufmann faz esses comentários em uma mensagem do presidente (que são frequentes na Troma Entertainment) no início do

lançamento do VHS de *Temptation*. *Def by Temptation*. Dir.: James Bond III. Atuação: James Bond III, Cynthia Bond, Samuel L. Jackson. Bonded Filmworks, 1990. Filme. Como Jones explica de forma sucinta, "existem filmes ruins e existem filmes Troma". Não é difícil ser o melhor na Troma. Essa é a companhia que troca filmes "por amendoins" e já começa a "contar o dinheiro". Ver: Jones, Alan. *The Rough Guide to Horror Movies*. Londres: Penguin, 2005. 42. Impresso. Ainda assim, *Def By Temptation* é um filme benfeito, esperto e parece deslocado em meio aos filmes de terror apelativos da Troma.
5. Reid, Mark A. *Black Lenses, Black Voices: African American Film Now*. Lanham, MD: Rowman & Littlefield, 2005. 66. Impresso.
6. De acordo com Gregory M. Herek, "entre março e abril de 1989, o *San Francisco Examiner* encomendou, com os associados da Teichner, entrevistas por telefone para uma amostragem da população de gays e lésbicas ($n = 400$), assim como uma amostragem dos gays residentes na área da baía de São Francisco ($n = 400$). Aproximadamente 27 mil ligações foram feitas e obtidas oitocentas respostas; 6.2% dos entrevistados nacionais e 10% dos entrevistados na área da baía de São Francisco se identificaram como lésbicas, gays ou bissexuais (Herek). Embora a amostragem seja tendenciosa, pois nem todos os entrevistados se sentiram confortáveis em responder à pergunta por telefone, o resultado apresentou o primeiro estudo desse tipo publicado nos Estados Unidos". Ver: Herek, Gregory M. "Stigma, Prejudice, and Violence Against Lesbians and Gay Men". *Homosexuality: Research Implications for Public Policy*. Eds. John C. Gonsiorek e James D. Weinrich. Newbury Park, CA: Sage, 1991. 60-61. Impresso.
7. Em *O sangue de Jesus*, de Spencer Williams, Martha está igualmente deslocada, e sua tentação, Judas, precisa até mesmo prover trajes adequados para ela.
8. Hill Collins, Patricia. *Black Feminist Thought*. Nova York: Routledge, 2009. 197-198. Impresso.
9. Picart, Caroline Joan e Cecil E. Greek. "The Compulsions of Real/Reel Serial Killers and Vampires: Toward a Gothic Criminology". *Monsters in and Among Us: Toward a Gothic Criminology*. Eds. Caroline Joan Picart e Cecil E. Greek. Cranbury, NJ: Associated University Presses, 2007. 236. Impresso.
10. Gateward, Frances. "Daywalkin' Night Stalkin' Bloodsuckas: Black Vampires in Contemporary Film". *Genders Online Journal* 40 (2004): n.p. Web. 19 jul. 2010. www.genders.org/g40/g40_gateward.html.
11. Harrington, Richard. "Def by Temptation". *Washington Post*, 5 jun. 1990. Web. 20 jul. 2010. www.washingtonpost.com/wp-srv/style/longterm/movies/videos/defbytemptationrharrington_a0aae9.htm.
12. Harrington.
13. Guerrero, Ed. "Framing Blackness: The African American Image in Film". Filadélfia, PA: Temple University Press, 1993. 179. Impresso.
14. Yearwood, Gladstone L. *Black Film*

as a Signifying Practice: Cinema, Narration and the African-American Aesthetic Tradition. Trenton, NJ: Africa World Press, Inc., 2000. 135. Impresso.

15. Yearwood (113).
16. Avila, Eric. "Dark City: White Flight and the Urban Science Fiction Film in Postwar America". *Classic Hollywood, Classic Whiteness*. Ed. Daniel Bernardi. Mineápolis: University of Minnesota Press, 2001. 53. Impresso.
17. Forman, Murray. *The 'Hood Comes First: Race, Space, and Place in Rap and Hip-Hop*. Middletown, CT: Wesleyan University Press, 2002. 65. Impresso.
18. Welch, William M. "Former Senator Thurman Dies". *USA Today*, 26 jun. 2003. Web. 12 ago. 2010. www.usatoday.com/news/washington/2003-06-26-strom_x.htm.
19. Ver: "Jesse Helm's 'Hands' Ad". YouTube.com. YouTube, LLC, 2010. Web. 9 ago. 2010.
20. Pinedo, Isabel Christina. *Recreational Terror: Women and the Pleasures of Horror Film Viewing*. Albany, Nova York: SUNY Press, 1997. 128. Impresso.
21. Denzin, Norman K. *Reading Race*. Londres: Sage, 2002. 112. Impresso.
22. A NWA se descreve como uma "gangue" em sua música "Straight Outta Compton" (1988).
23. Fulmer, J. "Men Ain't All" — A Reworking of Masculinity in Tales from the Hood, or, Grandma Meets the Zombie". *Journal of American Folklore* 115(457/458) (2002): 423. Impresso.
24. "Demon Knight". IMDb.com. Box Office Mojo, s.d. Web. 23 jul. 2010. Ver também: Reid (*Black Lenses* 69).
25. "Def by Temptation". IMDb.com. Box Office Mojo, s.d. Web. 23 jul. 2010.
26. Para uma estimativa das finanças, ver: "Vampire in Brooklyn". IMDb.com. Box Office Mojo, s.d. Web. 23 jul. 2010. Ebert, Robert. "Vampire in Brooklyn". *Chicago Sun-Times*, 27 out. 1995. Web. 20 jul. 2010. Para uma compilação de resenhas do filme, ver: "Vampire in Brooklyn". Metacritic. CBS Interactive Inc., 2010. Web. 20 jul. 2010.
27. Hutchings, Peter. *The Horror Film*. Essex, Inglaterra: Pearson, 2004. 109. Impresso.
28. Com um furo significativo de roteiro, nunca é explicado quem são essas mulheres, ou o que elas são. Só ficamos sabendo que elas têm poderes em virtude de rituais religiosos e que podem falar com os mortos e expulsar espíritos maus. Nos créditos, uma dessas mulheres é listada como uma sacerdotisa iorubá, mas o filme não confirma essa informação.
29. Yearwood (95).
30. Scott, Ellen C. "The Horrors of Remembrance: The Altered Visual Aesthetic of Horror in Jonathan Demme's *Beloved*". *Genders On-Line Journal* 40 (2004): 6. Web. 8 ago. 2010.
31. Wardi, Anissa J. "Freak Shows, Spectacles, and Carnivals: Reading Jonathan Demme's Beloved". *African American Review* 39 (inverno, 2005): 513. Impresso.
32. Scott, Ellen.
33. Wardi (525).
34. Em *O predador* (1987), as vítimas são pessoas de pele escura — geralmente sul-americanas.
35. Pinedo (112-113).

36. Baseado na história de Clive Barker, "The Forbidden", presente na coletânea *Books of Blood*. Londres: Penguin Group, 1984. A história se passa na Inglaterra moderna e não tem um enfoque negro. Fazer de Candyman um homem negro foi ideia de Rose.
37. Lott, Eric. *Spirit of the Ghetto: Postindustrial City Space and the Specter of Race*. American Research Seminar, University of Leeds. Leeds, Reino Unido, 5 fev. 2007. Palestra.
38. *Candyman*. Dir.: Bernard Rose. Atuação: Tony Todd, Virginia Madsen, Xander Berkeley. Edição especial. Polygram, 1992. DVD.
39. Pinedo (131).
40. Contudo, era Candyman quem os fãs amavam, e ele retornou em três outros filmes. *Candyman: dia dos mortos* (1999) foi lançado diretamente em DVD. No momento em que escrevo este livro, há rumores sobre um quarto filme, com o título *Candyman: The Tribe*.
41. Creed, Barbara. *The Monstrous-Feminine: Film, Feminism, Psychoanalysis*. Londres: Routledge, 1993. 69. Impresso.
42. Helbig, Bob e Mark Edmund. "Family of Konerak Sues City". *Milwaukee Journal*, 20 jan. 1995. NEWS: 1. NewsBank. Web. 12 ago. 2010; Stanford, Gregory D. "A Paper Trail of Intolerance". *Milwaukee Journal*, 25 jan. 1995. OPED: 11. NewsBank. Web. 12 ago. 2010; Davis, Don. *The Milwaukee Murders: Nightmare in Apartment 213-The True Story*. Nova York: St. Martin, 1995. Impresso.
43. Oates, Joyce. *Zombie*. Nova York: Plume, 1996. Impresso.
44. Crane, Jonathan. *Terror and Everyday Life: Singular Moments in the History of the Horror Film*. Thousand Oaks, CA: Sage, 1994. 113. Impresso.
45. O herói negro Hancock (Will Smith) tem um destino parecido em *Hancock* (2008). No filme, o personagem dá adeus à ex-esposa e à vida suburbana. Ele poder viver em qualquer lugar, desde que não seja perto dela, pois seus poderes se anulam, e então ele acaba indo para as ruas mais sujas de Nova York.
46. Sobchack, V. "Bringing It All Back Home: Family Economy and Generic Exchange". *The Dread of Difference: Gender and the Horror Film*. Ed. B.K. Grant. Austin: University of Texas Press, 1996. 150. Impresso.
47. Hutchings (109).
48. Sharrett, Christopher. "The Horror Film in Neoconservative Culture". *Journal of Popular Film and Television* 21 (outono, 1993): 107. Impresso.
49. Abbott (39).
50. Schneider, Steven Jay. "Mixed Blood Couples: Monsters and Miscegenation in U.S. Horror Cinema". *The Gothic Other: Racial and Social Constructions in the Literary Imagination*. Eds. Ruth Bienstock Anolik e Douglas L. Howard. Jefferson, NC: McFarland & Co, Inc., 2004. 85. Impresso.
51. Sharrett (104).
52. Jones, Alan (46).

1. Benjamin, Walter. "A Small History of Photography". *One-Way Street and Other Writings*. Ed. Edmund Jephcott e Kingsley Shorter. Londres: NLB, 1979. 256. Impresso.

CONCLUSÃO

1. De acordo com o site Box Office Mojo.com, a bilheteria doméstica total de *A bruxa de Blair* (1999) foi de 140.539.009 milhões de dólares, enquanto *Serpentes a bordo* (2006) teve uma bilheteria doméstica total de 34.020.184 milhões. "A bruxa de Blair". "Serpentes a Bordo". Box Office Mojo.com. IMDb.com Inc., s.d. Web. 10 ago. 2010.
2. Esses remakes aconteceram junto do aumento da serialização. Por exemplo, oito filmes da franquia *Halloween* foram feitos antes que o diretor Rob Zombie recomeçasse seu *Halloween*. O efeito narrativo da serialização fez com que a audiência começasse a pensar que, independentemente do que acontecesse, o monstro nunca morreria realmente, uma ferramenta considerada um clichê, uma tapeação usada como desculpa para fazer mais filmes, além de uma inovação pós-moderna que prejudica a morte ou até mesmo o (anti)heroísmo.
3. Bowles, Scott. "Horror Glut Killing off Part of the Pack". *USA Today*, 30 abr. 2007: D1. Impresso.
4. Hutchings, Peter. *The Horror Film*. Essex, Inglaterra: Pearson, 2004. vii. Impresso.
5. Fischoff, Stuart, Joe Antonio e Diane Lewis. "Favorite Films and Film Genres as a Function of Race, Age, and Gender". *Journal of Media Psychology* 3.22 (inverno, 1998). Web. 10 ago. 2010.
6. Carvajal, Doreen. "How the Studios Used Children to Test-Market Violent Films". *New York Times*, 27 set. 2000: A1, A21. Impresso.
7. O teste foi recebido com protesto pela Federal Trade Commission e pelo estúdio, embora a Motion Picture Association of America tenha prometido repensar seus métodos. Ver: Carvajal, Doreen. "How the Studios Used Children to Test-Market Violent Films". *New York Times*, 27 set. 2000: A1, A21. Impresso.
8. Giroux, Henry A. *Fugitive Cultures: Race, Violence, and Youth*. Londres: Routledge, 1996. 55. Impresso.
9. Para uma extraordinária e compreensiva contabilidade de "filmes negros" de terror e filmes de terror "com negros", ver: Mark Harris. Web. 25 jul. 2010. Blackhorrormovies.com. 2005-2009.
10. "Are You Ready for Freddy?", do grupo de rap Fat Boys, tocada nos créditos finais. "A Nightmare on Elm Street 4: The Dream Master". IMDb.com, IMDb.com Inc., 1990-2010. Web. 12 ago. 2010.
11. É notável como atualmente o terror está repleto de todos os tipos de caçadores de monstros negros (na sua maioria, homens), especialmente em filmes lançados diretamente em DVD. Por exemplo, *Cidade dos vampiros* (2001), coestrelado por Bokeem Woodbine como um policial caçador de vampiros em um universo alternativo, que, ironicamente, possui um vampiro como parceiro na polícia. *Vegas Vampires* (2004) traz de volta ícones da era blaxploitation dos anos 1970, Fred Williamson, Richard Roundtree e Bernie Casey, que se juntam a estrelas conhecidas dos filmes negros urbanos como Tiny Lister e Glenn Plummer, além do rapper Kurupt, para atrair uma diversidade de público.

O filme *Vampiros assassinos* (2005) teve um orçamento bem apertado, mas conseguiu atenção com a participação do ícone da blaxploitation dos anos 1970 Rudy Ray Moore, e com uma arte de capa no DVD que apresentava um personagem parecido com Blade que sequer aparece no filme.

12. Jones, Eileen. "Will Smith's *Hancock* Fiasco". *Alternet*, 5 jul. 2008. Web. 25 jul. 2010. www.alternet.org/story/90473/will_smith/27s_%27hancock%27_fiasco.
13. Há também *Soy Leyenda* (1967) e o filme de ficção científica *A batalha dos mortos* (2007).
14. Harvey, Ben. *Night of the Living Dead*. Nova York: Palgrave Macmillan, 2008. 10. Impresso.
15. *Urban Gothic*. Dir.: Michelle Palmer. Atuação: Ernest Dickerson, Adam Simon. Automat Pictures, 2002. Filme.
16. "Bones". Box Office Mojo.com. IMDb.com Inc., s.d. Web. 26 jul. 2010; "Bones". IMDb.com, IMDb.com Inc., 1990-2010. Web. 26 jul. 2010.
17. *Urban Gothic*. Dir.: Michelle Palmer. Atuação: Ernest Dickerson, Adam Simon. Automat Pictures, 2002. Filme.
18. Reid, Mark A. *Black Lenses, Black Voices: African American Film Now*. Latham, MD: Rowman & Littlefield, 2005. 74. Impresso.
19. Denzin, Norman K. *Reading Race*. Londres: Sage, 2002. 113. Impresso.
20. Alexander, George. *Why We Make Movies: Black Filmmakers Talk about the Magic of Cinema*. Nova York: Harlem Moon, 2003. 114. Impresso.
21. As esperanças para o filme eram altas, com todos os envolvidos no projeto esperando que o filme se tornasse uma franquia como *Crypt* ou, mais recentemente, a série *Todo mundo em pânico*. O objetivo extra, de acordo com o coprodutor Christopher Tuffin, era "ousar com a combinação de humor e sanguinolência". "Snoop Scraps: Rapper to Produce/Star in Horror Pic". *Eurweb.com*, 20 abr. 2006. Web. 25 jul. 2010.
22. Richards, Chris. "Va. Slayings Spur Harder Look at Horrorcore". *Washington Post*, 25 set. 2009. Washington Post Company. Web. 25 jul. 2010.
23. Na verdade, a qualidade de *Now Eat* é bem pequena, e Lynch faz seu rap no quarto, num microfone de baixa qualidade. Logo, precisei pegar as letras das músicas do CD da trilha sonora de *Now Eat*. Ver: Brotha Lynch Hung. *Now Eat*. Siccmade Records, 2000. CD.
24. Bulwa, Demian. "Bay Area Suspect Allegedly Bludgeoned Victims". *San Francisco Chronicle*. Hearst Communications Inc., 23 set. 2009. Web. 25 jul. 2010.
25. Arnold, Thomas K. "Coming Back for Seconds, Thirds …". *USA Today*, 26 set. 2005. Web. 26 jul. 2010. Além dos lançamentos em todos os cinemas, há também os festivais de filmes e aluguéis sob demanda.
26. Bick, Julie. "Attack of the Sequel King!". *Fast Company* 77 (1 dez. 2003). 33. Impresso.
27. Goldstein, Gregg. "Filmmakers Take Direct Flight to DVD". *Hollywood Reporter* 393 (30 mar. 2006). 1, 10. Web. 26 jul. 2010.
28. Hoag, Christina. "Maverick Entertainment Reaches Direct-to-Video

Urban Movie Market". *Knight Ridder Tribune Business News*, 25 set. 2005. 1. Impresso.
29. Kurutz, Steven. "The Star Rapper Paul Wall's New Video: The iPhone 3GS". *Wall Street Journal*, 24 set. 2009. Web. 12 ago. 2010.
30. "Holla' for Halloween: Urban Horror Film Weaves in Comedy for a Scary Time". *Eurweb.com*, 29 out. 2007. Web. 29 out. 2007.
31. Horror Dance Film Festival: escolha do diretor; Denver International World Cinema Film Festival: melhor filme e melhor ator; Chicago Horror Film Festival: melhor diretor (segundo lugar), todos em 2006.
32. Sobchack, V. "Bringing It All Back Home: Family Economy and Generic Exchange". *The Dread of Difference: Gender and the Horror Film*. Ed. Barry Keith Grant. Austin: University of Texas Press, 1996. 148. Impresso.
33. Skal, David J. The Monster Show: A Cultural History of Horror. Ed. revisada. Nova York: Faber and Faber, Inc., 2001. 294. Impresso.
34. Em *Predador 2: a caçada continua*, a heroína recebe uma valiosa arma antiga. Alexa é marcada pelo predador como uma algo "dele" — do seu time, parte de seu clã — no rosto.
35. Zimmerman, B. "Daughters of Darkness: The Lesbian Vampire on Film". *The Dread of Difference: Gender and the Horror Film*. Ed. B.K. Grant. Austin: University of Texas Press, 1996. 385. Impresso.
36. No final do filme, o "branquelo" é mostrado com a máscara do assassino na mochila, fazendo uma alusão de que talvez ele tenha participado dos assassinatos ao lado de "Carlton".
37. Fulmer, J. "'Men Ain't All' — A Reworking of Masculinity in Tales from the Hood, or, Grandma Meets the Zombie". *Journal of American Folklore* 115(457/458): 433. Impresso.
38. Fulmer (433).
39. Vencedor do New York International Independent Film and Video Festival em 2006.
40. *Barackula: The Musical*. Dir.: Mike Lawson. *Barackula.com*, 2008. Web. 25 jul. 2010.
41. Klein, Aaron e Brenda J. Elliott. *The Manchurian President: Barack Obama's Ties to Communists, Socialists and Other Anti-American Extremists*. Washington, DC: WorldNetDaily Books, 2010. Impresso.
42. *Jason Mattera on Obama Zombies*. Simon and Schuster Videos. YouTube.com. YouTube LLC, 2010. Web. 27 jul. 2010.
43. "Barakula Full Latex Mask". *Halloween Express.com*, 1999-2010. Web. 27 jul. 2010.
44. Delonas, Sean. Cartoon. *New York Post*, 18 fev. 2009: 12. Impresso.
45. HorrorHound Weekend 2010, 26 mar. 2010. 11320 Chester Rd, Cincinnati, OH 45246.
46. Watkins, Craig S. *Representing: Hip Hop Culture and the Production of Black Cinema*. Chicago, IL: The University of Chicago Press, 1998. 24. Impresso.
47. HorrorHound Weekend 2010, 26 mar. 2010.
48. Gilroy, Paul. "Race Ends Here". *Ethnic and Racial Studies* 41 (1998): 838-847. Impresso. St. Louis, Brett. "Post-Race/Post-Politics? Activist-Intellectualism and the Reification of Race". *Ethnic and Racial*

49. Ver também: Gallagher, Charles. "Color-Blind Privilege: The Social and Political Functions of Erasing the Colorline in Post Race America". *Race, Gender, Class* 10 (31 out. 2003): 22. Web. 25 fev. 2008.
50. Hicks, Heather. "Hoodoo Economics: White Men's Work and Black Men's Magic in Contemporary American Film". *Camera Obscura 53* 18 (2003): 28. Impresso.
51. "Scary Movie". Box Office Mojo. com. IMDb.com Inc., s.d. Web. 10 ago. 2010.
52. Os Wayans não estão mais relacionados com a franquia *Todo mundo em pânico*.
53. Em 1º de junho de 2009, um incêndio atingiu os estúdios da Universal e consumiu o set de *King Kong*, destruindo um artefato histórico que era também um monumento ao tratamento racista dispensado aos negros.
54. Hobson, Janell. "Digital Whiteness, Primitive Blackness: Racializing the 'Digital Divide' in Film and New Media". *Feminist Media Studies* 8 (2008): 111-126. Impresso.
55. Burnett, Charles. Comunicação pessoal, 29 jan. 2009.
56. Coakley, H. M. Comunicação pessoal, 27 nov. 2006.
1. Public Enemy. "Louder Than a Bomb". *It Takes a Nation of Millions to Hold Us Back.* Def Jam, 1988. CD.

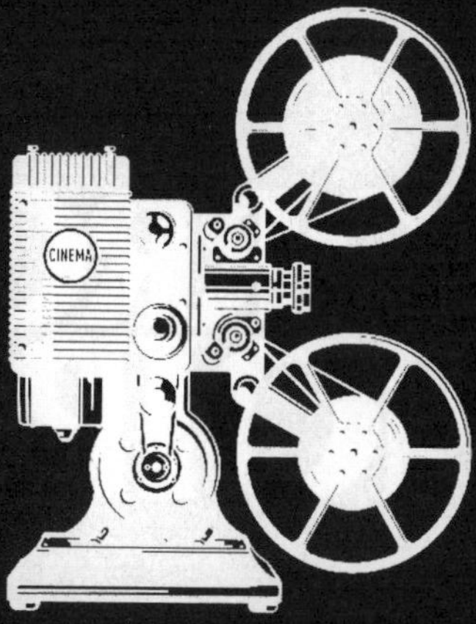
CINEMA

HORROR NOIRE

CINEMATECA

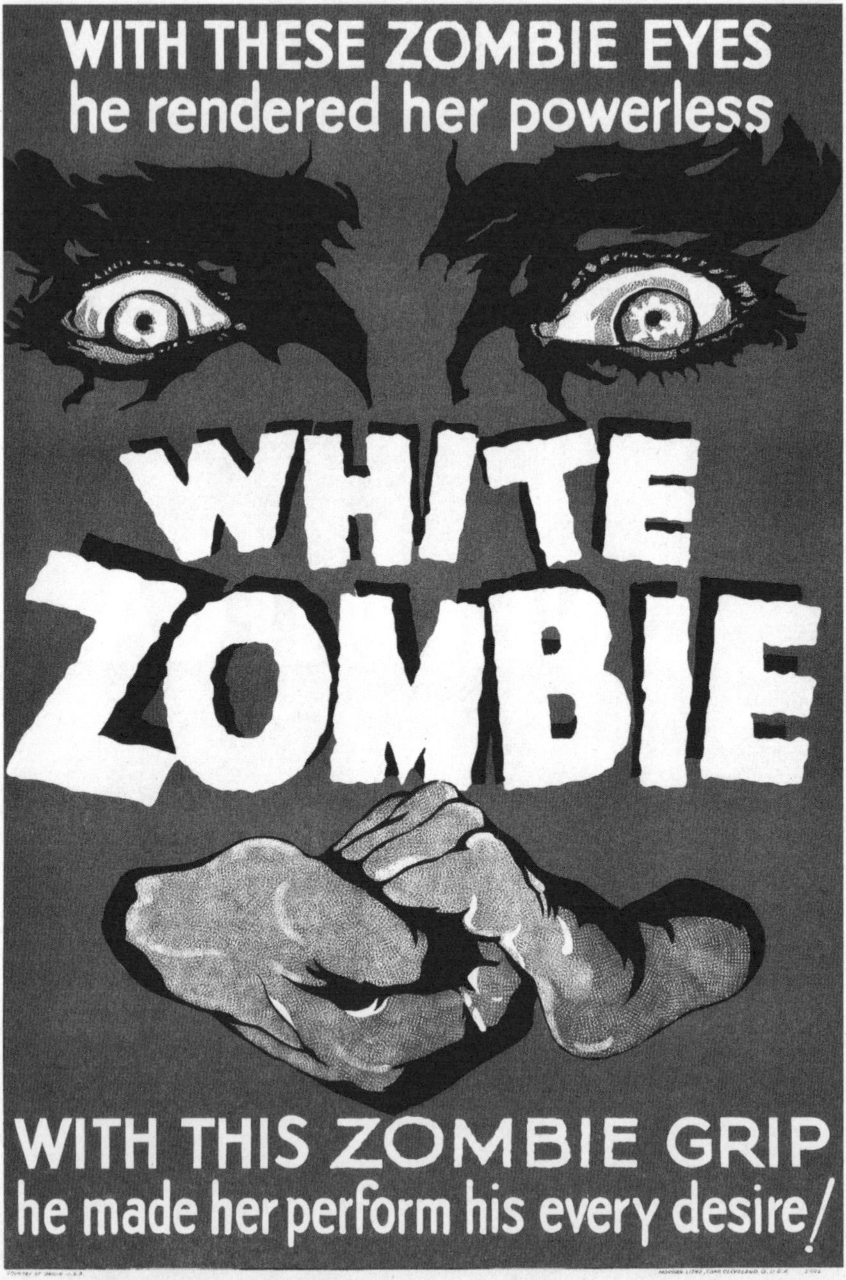

WITH THESE ZOMBIE EYES
he rendered her powerless
WHITE ZOMBIE
WITH THIS ZOMBIE GRIP
he made her perform his every desire!

KING KONG
with
FAY WRAY....
ROBERT ARMSTRONG
BRUCE CABOT
A COOPER-SCHOEDSACK
PRODUCTION
RKO
Radio
PICTURES
Reg. U.S. Pat. Off.
DAVID O. SELZNICK
Executive Producer
FROM AN IDEA CONCEIVED BY
EDGAR WALLACE
AND MERIAN C. COOPER

STRANGE LOVES OF QUEER PEOPLE!

"The LOVE WANGA"

DRAMATIC DYNAMITE FOR ADULTS ONLY

Meet CLELIE... NAIVE... YOUNG and BEAUTIFUL.. LITHE YIELDING and PRIMITIVE LOVE-HUNGRY CHILD OF THE TROPICS!

MORE RISQUE THAN STAGE VERSION of "WHITE CARGO"

Sister against Sister IN A BURNING DRAMA OF LOVE AND HATE IN THE TROPICS!

SACK AMUSEMENT ENTERPRISES PRESENTS

The Devil's Daughter

with
NINA MAE McKINNEY
HAMTREE HARRINGTON
IDA JAMES · JACK CARTER
EMMETT WALLACE
and an
ALL-STAR COLORED CAST

Directed by ARTHUR H. LEONARD

See the Sensational **BLOOD DANCE**

HALF MAN—HALF BEAST, ALL HELL BROKE LOOSE WHEN
THE MAD MONSTER ESCAPED!!
Hollywood Productions
Presents
"SON OF INGAGI"
WITH AN
ALL-STAR
ALL-COLORED
CAST
A RICHARD C. KAHN PRODUCTION
Distributed by . . . SACK AMUSEMENT ENTERPRISES

BOB HOPE
PAULETTE GODDARD
in
THE GHOST BREAKERS
with
RICHARD CARLSON
PAUL LUKAS
ANTHONY QUINN
WILLIE BEST
DIRECTED BY GEORGE MARSHALL
Screen Play by Walter DeLeon • Based on a Play by Paul Dickey and Charles W. Goddard
A PARAMOUNT PICTURE
05-407/278

MONOGRAM PICTURES presents
KING OF THE ZOMBIES
WITH
DICK PURCELL
JOAN WOODBURY
MANTAN MORELAND
HENRY VICTOR
PRODUCED BY
LINDSLEY PARSONS
DIRECTED BY
JEAN YARBROUGH
SCREENPLAY BY
EDMOND KELSO
MONOGRAM MPC PICTURES
MADE IN U.S.A.

AMEGRO FILMS Reverent presents

A MIGHTY EPIC OF MODERN MORALS!

"THE BLOOD of JESUS"

— WITH —
SPENCER WILLIAMS
CATHRYN CAVINESS — THE HEAVENLY CHOIR
and a
Magnificent Cast of Colored Artists

A SPENCER WILLIAMS PRODUCTION
Distributed by Sack Amusement Enterprises

You Can Bet Your Bottom Dollar
It's THRILLING - EXCITING - FUNNY!
Starring
MANTAN
MORELAND
And
F.E. MILLER
LUCKY GHOST
A JED BUELL
PRODUCTION
WITH AN
ALL STAR
COLORED CAST
DISTRIBUTED NATIONALLY BY
TODDY PICTURES CO.

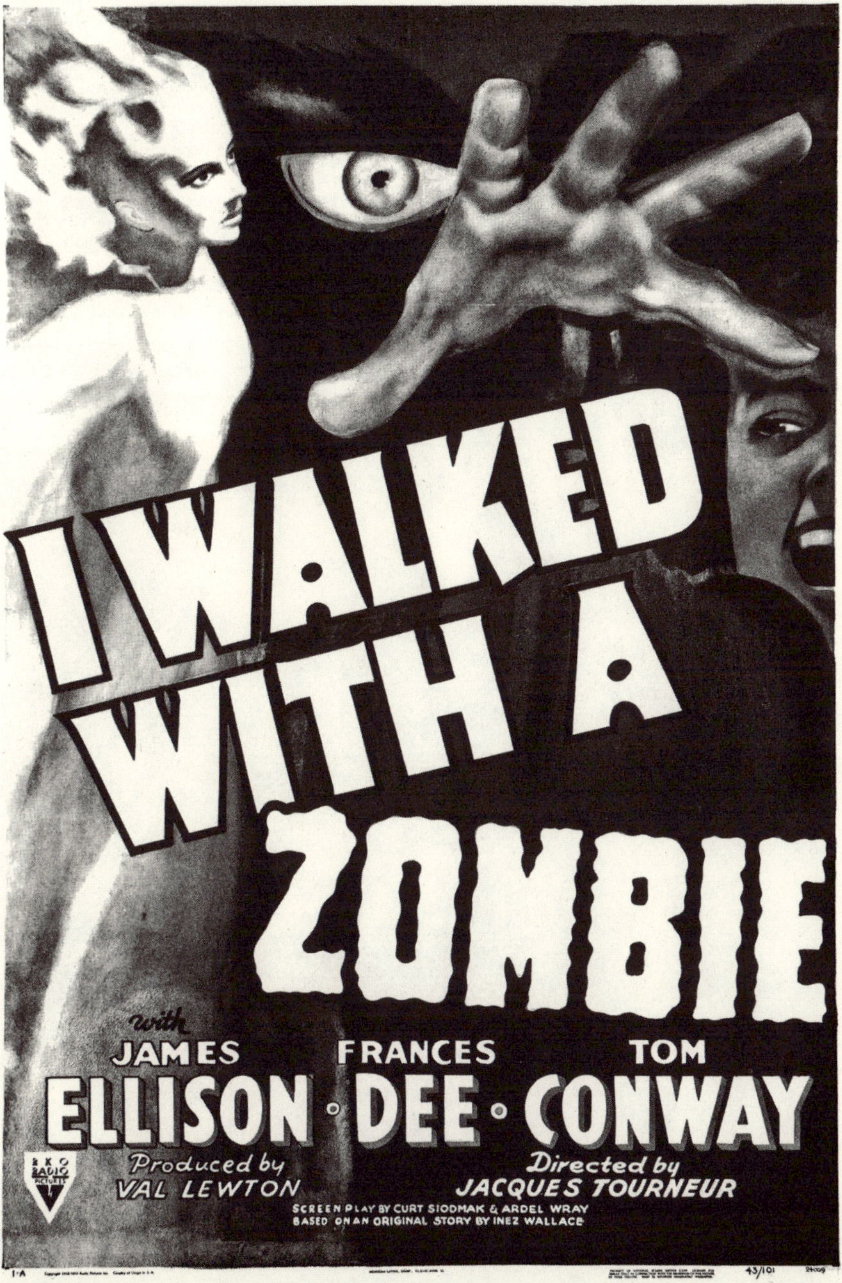
I WALKED WITH A ZOMBIE
with
JAMES ELLISON · FRANCES DEE · TOM CONWAY
Produced by VAL LEWTON
Directed by JACQUES TOURNEUR
SCREEN PLAY BY CURT SIODMAK & ARDEL WRAY
BASED ON AN ORIGINAL STORY BY INEZ WALLACE
RKO RADIO PICTURES
43/101

MONOGRAM PICTURES presents

"THE FACE OF MARBLE"

starring

JOHN CARRADINE

with

CLAUDIA DRAKE · ROBERT SHAYNE
MARIS WRIXON · WILLIE BEST

Directed by WILLIAM BEAUDINE
Screenplay by Michel Jacoby
Original story by William Thiele and Edmund Hartmann

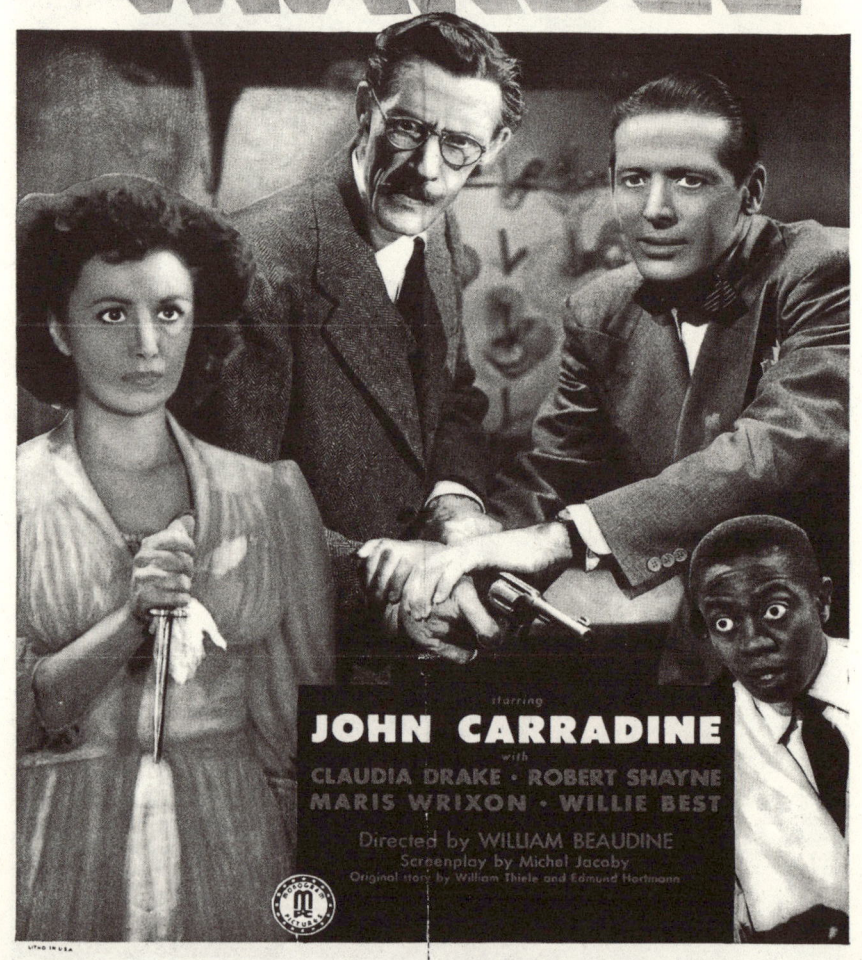

THEY WON'T STAY DEAD!
An IMAGE TEN Production
NIGHT OF THE LIVING DEAD
They keep coming back in a bloodthirsty lust for HUMAN FLESH!...
Pits the dead against the living in a struggle for survival!
Starring JUDITH O'DEA · DUANE JONES · MARILYN EASTMAN · KARL HARDMAN · JUDITH RIDLEY · KEITH WAYNE
Produced by Russel W. Streiner and Karl Hardman · Directed by George A. Romero · Screenplay by John A. Russo · A Walter Reade Organization Presentation — Released by Continental

The mob wanted Harlem back. They got Shaft... up to here.

SHAFT

SHAFT's his name. SHAFT's his game.

METRO-GOLDWYN-MAYER Presents "SHAFT" Starring RICHARD ROUNDTREE · Co-Starring MOSES GUNN
Screenplay by ERNEST TIDYMAN and JOHN D. F. BLACK · Based upon the novel by ERNEST TIDYMAN
Music by ISAAC HAYES · Produced by JOEL FREEMAN · Directed by GORDON PARKS · METROCOLOR

MGM

SWEET SWEETBACK

a film of
MELVIN VAN PEEBLES

YOU BLED MY MOMMA — YOU BLED MY POPPA — BUT YOU WONT BLEED ME

ORIGINAL SOUNDTRACK ALBUM AVAILABLE ON STAX RECORDS   ORIGINAL PAPERBACK SOON AVAILABLE AS A LANCER PUBLICATION

MELVIN VAN PEEBLES and JERRY GROSS present "SWEET SWEETBACK'S BAADASSSSS SONG"
a CINEMATION INDUSTRIES Release • COLOR

RATED BY AN ALL-WHITE JURY — X

Same dude with a different plan... in another country with a different man.

The **All NEW SIG SHORE** Production

Super Fly T.N.T.

ORIGINAL SOUNDTRACK ON BUDDAH RECORDS

Paramount Pictures Presents The SIG SHORE Production
Starring **RON O'NEAL** in "**SUPER FLY T.N.T.**" Co-starring **ROSCOE LEE BROWNE**
SHEILA FRAZIER · Robert Guillaume · Jacques Sernas · William Berger · Produced by SIG SHORE
Directed by RON O'NEAL · Original Story by RON O'NEAL and SIG SHORE · Screenplay by ALEX HALEY · Music composed and Performed by OSIBISA
R RESTRICTED Prints by MOVIELAB · In Color · A Paramount Release

Copyright © 1973 by Superfly Ltd. All Rights Reserved.

73/233

"SUPER FLY T.N.T."

They transplanted a WHITE BIGOT'S HEAD onto a SOUL BROTHER'S BODY!
The doctor blew it—the most fantastic medical experiment of the age. And now, with the fights, the Fuzz, the chicks and the choppers ...Man, they're really in deeeeep trouble!
SAMUEL Z. ARKOFF Presents
Ray Milland and "Rosey" Grier as...
THE THING WITH TWO HEADS
CO-STARRING
DON MARSHALL · ROGER PERRY · KATHY BAUMANN and CHELSEA BROWN as "Lila"
PRODUCED BY WES BISHOP · EXECUTIVE PRODUCER JOHN LAWRENCE · DIRECTED BY LEE FROST · SCREENPLAY BY LEE FROST & WES BISHOP and JAMES GORDON WHITE · STORY BY LEE FROST & WES BISHOP
A Saber Production An American International Release
COLOR by DE LUXE®
PG PARENTAL GUIDANCE May not be suitable for pre-teenagers
72/274
"THE THING WITH TWO HEADS"

BLOODSUCKER!
Deadlier than Dracula!
Warm young bodies will feed his hunger and hot, fresh blood his awful thirst!
"'BLACULA' IS THE MOST HORRIFYING FILM OF THE DECADE."
—Count Dracula Society
BLACULA
"BLACULA" STARRING WILLIAM MARSHALL · DENISE NICHOLAS · VONETTA McGEE
GORDON PINSENT AND THALMUS RASULALA AS 'GORDON' CO-STARRING EMILY YANCY · LANCE TAYLOR, Sr. AND CHARLES MACAULAY AS 'DRACULA'
PG PARENTAL GUIDANCE
COLOR by DeLuxe®
PRODUCED BY JOSEPH T. NAAR DIRECTED BY WILLIAM CRAIN WRITTEN BY JOAN TORRES AND RAYMOND KOENIG MUSIC COMPOSED and CONDUCTED BY GENE PAGE • An AMERICAN INTERNATIONAL Picture
72/258
BLACULA

THE BLACK PRINCE OF SHADOWS STALKS THE EARTH AGAIN!

SAMUEL Z. ARKOFF presents

SCREAM BLACULA SCREAM

AN AMERICAN INTERNATIONAL PICTURE starring **WILLIAM MARSHALL · DON MITCHELL · PAM GRIER** MICHAEL CONRAD · BERNIE HAMILTON introducing RICHARD LAWSON Color by MOVIELAB
EXECUTIVE PRODUCER SAMUEL Z. ARKOFF · SCREENPLAY BY JOAN TORRES & RAYMOND KOENIG and MAURICE JULES
STORY BY JOAN TORRES & RAYMOND KOENIG · PRODUCED BY JOSEPH T. NAAR · DIRECTED BY BOB KELLJAN

"SCREAM BLACULA SCREAM"

FRSCO PRESENTS...

NOT SINCE "FRANKENSTEIN" STALKED THE EARTH
HAS THE WORLD KNOWN SO TERRIFYING A DAY ... OR NIGHT

BLACK FRANKENSTEIN

BLACKENSTEIN

A FRSCO PRODUCTIONS LIMITED FILM

WARNING! TO PEOPLE WITH WEAK HEARTS. NO DOCTORS OR NURSES IN ATTENDANCE.

STARRING **JOHN HART, IVORY STONE.** FEATURING **ANDREA KING, LIZ RENAY, ROOSEVELT JACKSON, JOE DE SUE, NICK BOLIN, CARDELLA DI MILO, ANDY C.** AND INTRODUCING **JAMES COUSAR.**
ALSO INTRODUCING **MARVA FARMER**

RATED R BY MONSTERS MAG

WRITTEN AND PRODUCED BY **FRANK R. SALETRI**   EXECUTIVE PRODUCER—**TED TETRICK**   DIRECTED BY **WILLIAM A. LEVEY**

COLOR BY DE LUXE

The screen classic about street justice is back!

"The Mack" and his pack...
They've got the brains, the cool, and the muscle to take on the takers, to push out the pushers. They're doing the job the cops can't. Because, it takes a street fighter to clean up the streets!

**MAX JULIEN
RICHARD PRYOR
ROGER MOSLEY**

THE MACK
and his pack.

A HARVEY BERNHARD ENTERPRISES film

THE MACK starring MAX JULIEN · RICHARD PRYOR · ROGER MOSLEY · DON GORDON · CAROL SPEED
Music by ALAN SILVESTRI Written by ROBERT J. POOLE Produced by HARVEY BERNHARD
Soundtrack available on Posh Boy Records.
Directed by MICHAEL CAMPUS

R RESTRICTED
UNDER 17 REQUIRES ACCOMPANYING PARENT OR ADULT GUARDIAN

©1973 PRODUCERS DISTRIBUTING COMPANY

PDC
Producers Distributors Company
Released through BLOSSOM PICTURES

Abby doesn't need a man anymore...
The Devil is her Lover Now!
Her HUSBAND
Her BROTHER
Her FRIEND
The EXORCIST
Abby
...the story of a woman possessed!
R RESTRICTED
Under 17 Requires Accompanying Parent or Adult Guardian
starring
WILLIAM MARSHALL · TERRY CARTER · AUSTIN STOKER · CAROL SPEED as "ABBY" · co-starring JUANITA MOORE
Screenplay by G. CORNELL LAYNE · Story by WILLIAM GIRDLER & G. CORNELL LAYNE · Music Composed and Conducted by ROBERT O. RAGLAND
Produced by WILLIAM GIRDLER, MIKE HENRY & GORDON C. LAYNE · Directed by WILLIAM GIRDLER · COLOR BY MOVIELAB
A WILLIAM GIRDLER PRODUCTION · AN AMERICAN INTERNATIONAL RELEASE
74/378

Foxy's in town, so gather 'round and watch a real shake down. 'Cause she's got drive and that ain't jive. She don't bother to bring 'em back alive!

Foxy Brown

PAM GRIER as **FOXY BROWN**

Also starring
PETER BROWN · TERRY CARTER as Michael · Co-starring KATHRYN LODER · HARRY HOLCOMBE
Produced by BUZZ FEITSHANS · Written and Directed by JACK HILL · COLOR by Movielab · An AMERICAN INTERNATIONAL Picture

Original Music Score and Songs Performed by WILLIE HUTCH
Soundtrack Album available on Motown Records

Rudy Ray Moore is DOLEMITE

with his all girl army of Kung Fu killers!

Bone-crushing, skull-splitting, brain-blasting action!

STARRING D'URVILLE MARTIN · WITH JERRY JONES · INTRODUCING LADY REED as THE QUEEN BEE
Produced by RUDY RAY MOORE & T. TONEY · Directed by D'URVILLE MARTIN · Written by JERRY JONES
Martial Arts Champion HOWARD JACKSON · A DIMENSION PICTURES RELEASE · GENERATION INTERNATIONAL PICTURES
ORIGINAL MOTION PICTURE SOUNDTRACK AVAILABLE ON GENERATION INTERNATIONAL RECORDS · FEATURING SHINE AND THE GREAT TITANIC THE SIGNIFYING MONKEY · **RESTRICTED**

©1975. By Dimension Pictures, Inc.

75/150

"DOLEMITE"

A MONSTER HE CAN'T CONTROL... HAS TAKEN OVER HIS VERY SOUL!

THE FEAR OF THE YEAR IS HERE!

DR. BLACK MR. HYDE

DR. BLACK-MR. HYDE starring BERNIE CASEY and ROSALIND CASH
Co-starring MARIE O'HENRY, JI-TU CUMBUKA, MILT KOGAN And STU GILLIAM As "SILKY"
Executive Producer MANFRED BERNHARD • Produced By CHARLES WALKER • Screenplay By LARRY LeBRON
Directed By WILLIAM CRAIN • Music By JOHNNY PATE • A DIMENSION PICTURES RELEASE • METROCOLOR

©1976 by Dimension Pictures Inc.

RESTRICTED
Under 17 requires accompanying Parent or Adult Guardian

The REINCARNATION OF J.D. WALKER

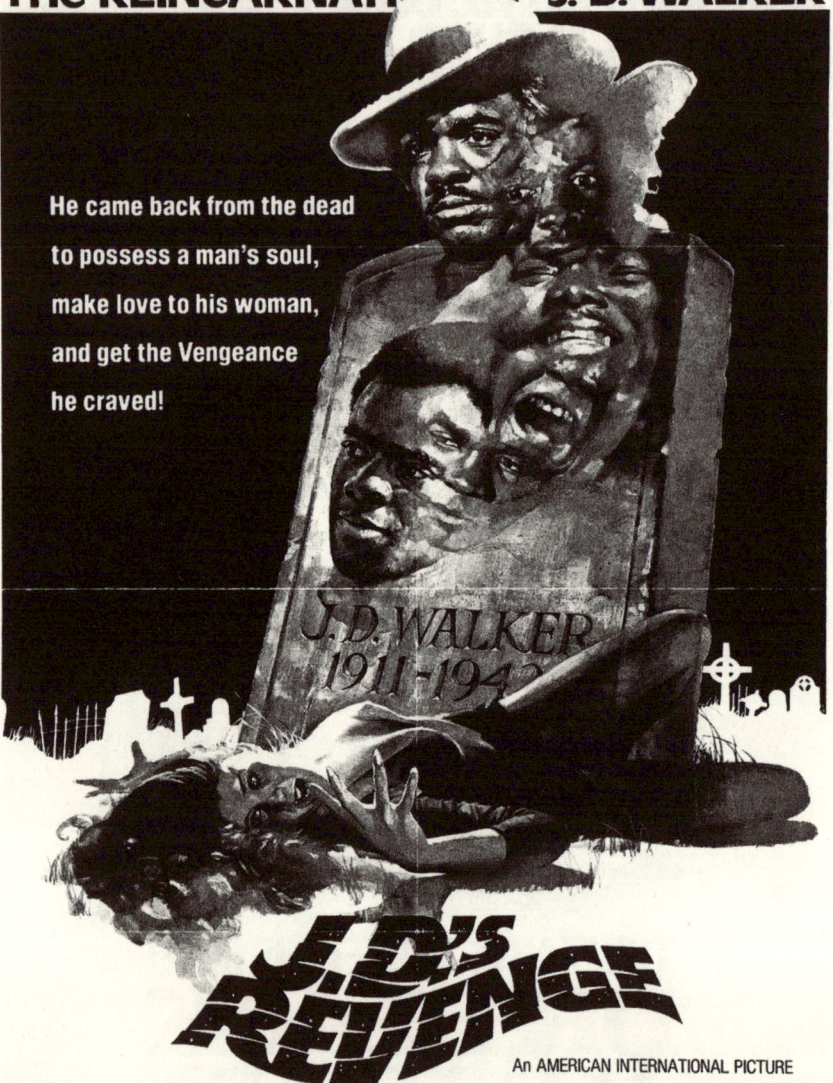

He came back from the dead to possess a man's soul, make love to his woman, and get the Vengeance he craved!

J.D.'s REVENGE

An AMERICAN INTERNATIONAL Picture

STARRING
Glynn Turman • Lou Gossett • Joan Pringle

WRITTEN BY JAISON STARKES
PRODUCED AND DIRECTED BY ARTHUR MARKS
Production Services by CoCaCo SERVICE COMPANY
Music by ROBERT PRINCE • COLOR by MOVIELAB

R RESTRICTED

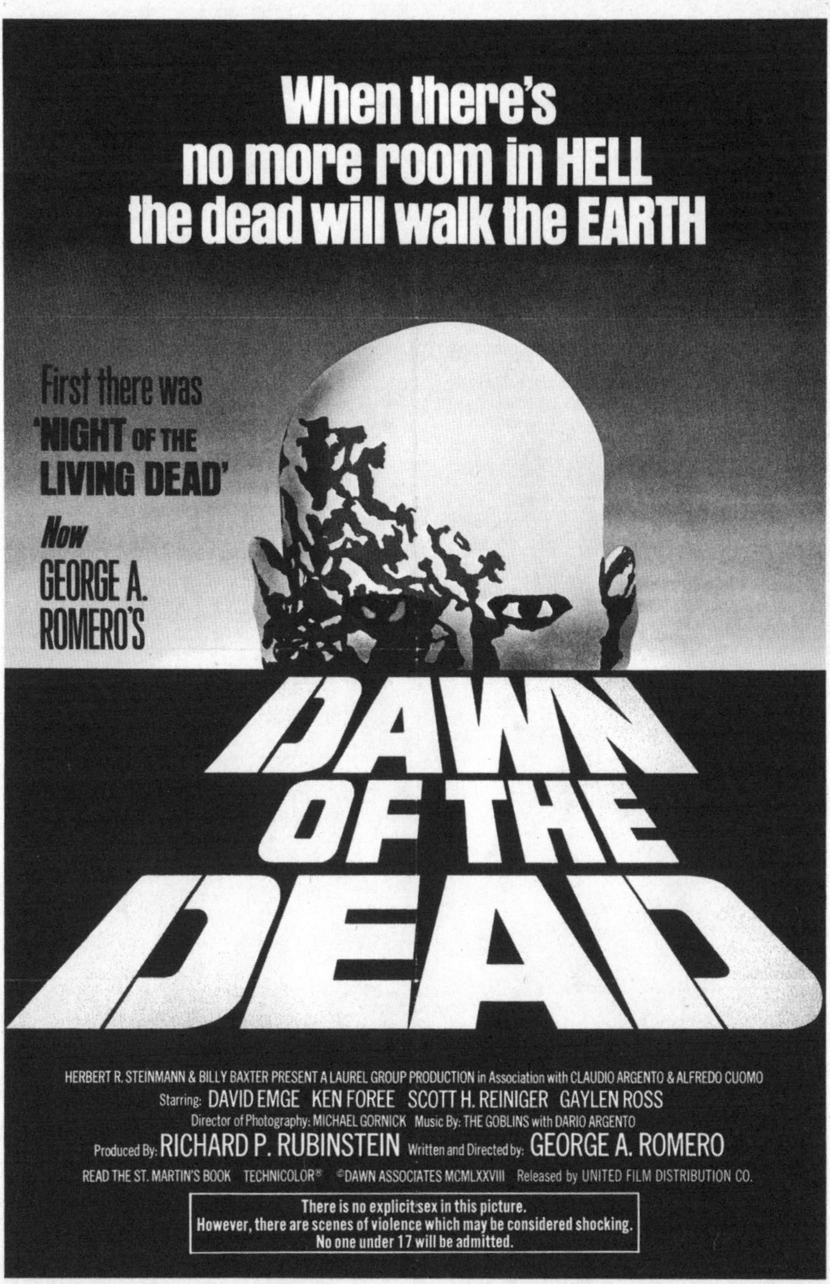

"DAWN OF THE DEAD"

SPECIAL APPEARANCE BY
MICKEY ROURKE ROBERT DE NIRO LISA BONET

— ANGEL HEART —

DEF by TEMPTATION

CYNTHIA BOND
KADEEM HARDISON
JAMES BOND III
AND BILL NUNN

A FILM BY JAMES BOND III

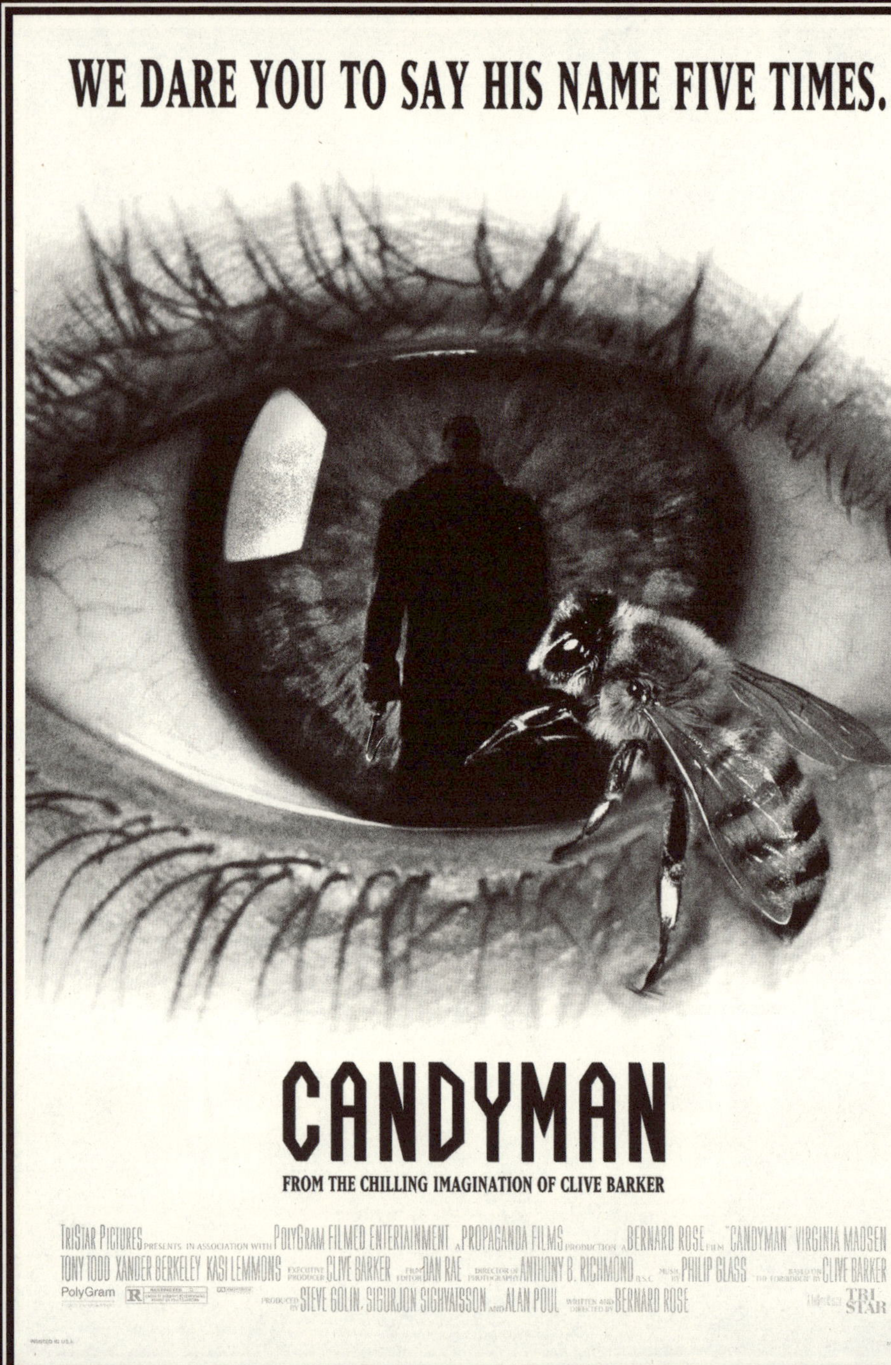
WE DARE YOU TO SAY HIS NAME FIVE TIMES.
CANDYMAN
FROM THE CHILLING IMAGINATION OF CLIVE BARKER
TRISTAR PICTURES PRESENTS IN ASSOCIATION WITH POLYGRAM FILMED ENTERTAINMENT A PROPAGANDA FILMS PRODUCTION A BERNARD ROSE FILM "CANDYMAN" VIRGINIA MADSEN
TONY TODD XANDER BERKELEY KASI LEMMONS EXECUTIVE PRODUCER CLIVE BARKER FILM EDITOR DAN RAE DIRECTOR OF PHOTOGRAPHY ANTHONY B. RICHMOND B.S.C. MUSIC BY PHILIP GLASS BASED ON "THE FORBIDDEN" BY CLIVE BARKER
PolyGram
R
PRODUCED BY STEVE GOLIN, SIGURJON SIGHVATSSON AND ALAN POUL WRITTEN AND DIRECTED BY BERNARD ROSE
TRI STAR

In every neighborhood there is one house
that adults whisper about and children cross the street to avoid.

Now Wes Craven, creator of "A Nightmare on Elm Street" takes you inside...

WES CRAVEN'S
THE PEOPLE UNDER THE STAIRS

ALIVE FILMS PRESENTS WES CRAVEN'S "THE PEOPLE UNDER THE STAIRS"
BRANDON ADAMS EVERETT McGILL WENDY ROBIE A.J. LANGER MUSIC BY DON PEAKE PRODUCTION DESIGNER BRYAN JONES
DIRECTOR OF PHOTOGRAPHY SANDI SISSEL EXECUTIVE PRODUCERS SHEP GORDON AND WES CRAVEN PRODUCED BY MARIANNE MADDALENA AND STUART M. BESSER
WRITTEN AND DIRECTED BY WES CRAVEN A UNIVERSAL RELEASE

EDDIE MURPHY ANGELA BASSETT
WES CRAVEN'S
Vampire in Brooklyn

The power of an immortal.
The soul of a human.
The heart of a hero.

WESLEY SNIPES
BLADE
STEPHEN DORFF

OPRAH WINFREY   DANNY GLOVER

The past

has a life of

its own.

A Jonathan Demme Picture

BELOVED

From The Pulitzer Prize Winning Novel By Toni Morrison

THANDIE NEWTON   KIMBERLY ELISE   BEAH RICHARDS   LISA GAY HAMILTON   ALBERT HALL

Touchstone Pictures Presents A Harpo Films/Clinica Estetico Production A Jonathan Demme Picture Oprah Winfrey Danny Glover "Beloved"
Thandie Newton Kimberly Elise Beah Richards Lisa Gay Hamilton Albert Hall Music Composed by Rachel Portman Costume Designer Colleen Atwood
Editor Carol Littleton, A.C.E. Andy Keir Production Designer Kristi Zea Director of Photography Tak Fujimoto, A.S.C. Executive Producer Ron Bozman Based On The Novel By Toni Morrison
Screenplay by Akosua Busia and Richard LaGravenese and Adam Brooks Produced by Edward Saxon Jonathan Demme Gary Goetzman Oprah Winfrey Kate Forte
Directed by Jonathan Demme

www.belovedthemovie.com

SNOOP DOGG
Bones
NEW LINE CINEMA A LLOYD SEGAN COMPANY HELLER HIGHWATER
AN ERNEST DICKERSON "BONES" SNOOP DOGG PAM GRIER KHALIL KAIN CLIFTON POWELL BIANCA LAWSON AND MICHAEL T. WEISS ANYA COLLOFF
JENNIFER FISHMAN AND AMY McINTYRE BRITT SUSAN TAYLOR BROUSE ELIA CMIRAL DANA CAMPBELL MICHAEL N. KNUE A.C.E. STEPHEN LOVEJOY A.C.E.
DOUGLAS HIGGINS FLAVIO LABIANO LEON DUDEVOIR STEPHEN HOLLOCKER CAROLYN MANETTI LLOYD SEGAN PETER HELLER RUPERT HARVEY
ADAM SIMON & TIM METCALFE ERNEST DICKERSON
NEW LINE CINEMA
THIS HALLOWEEN, UNLEASH THE DOGG

CRYPTZ

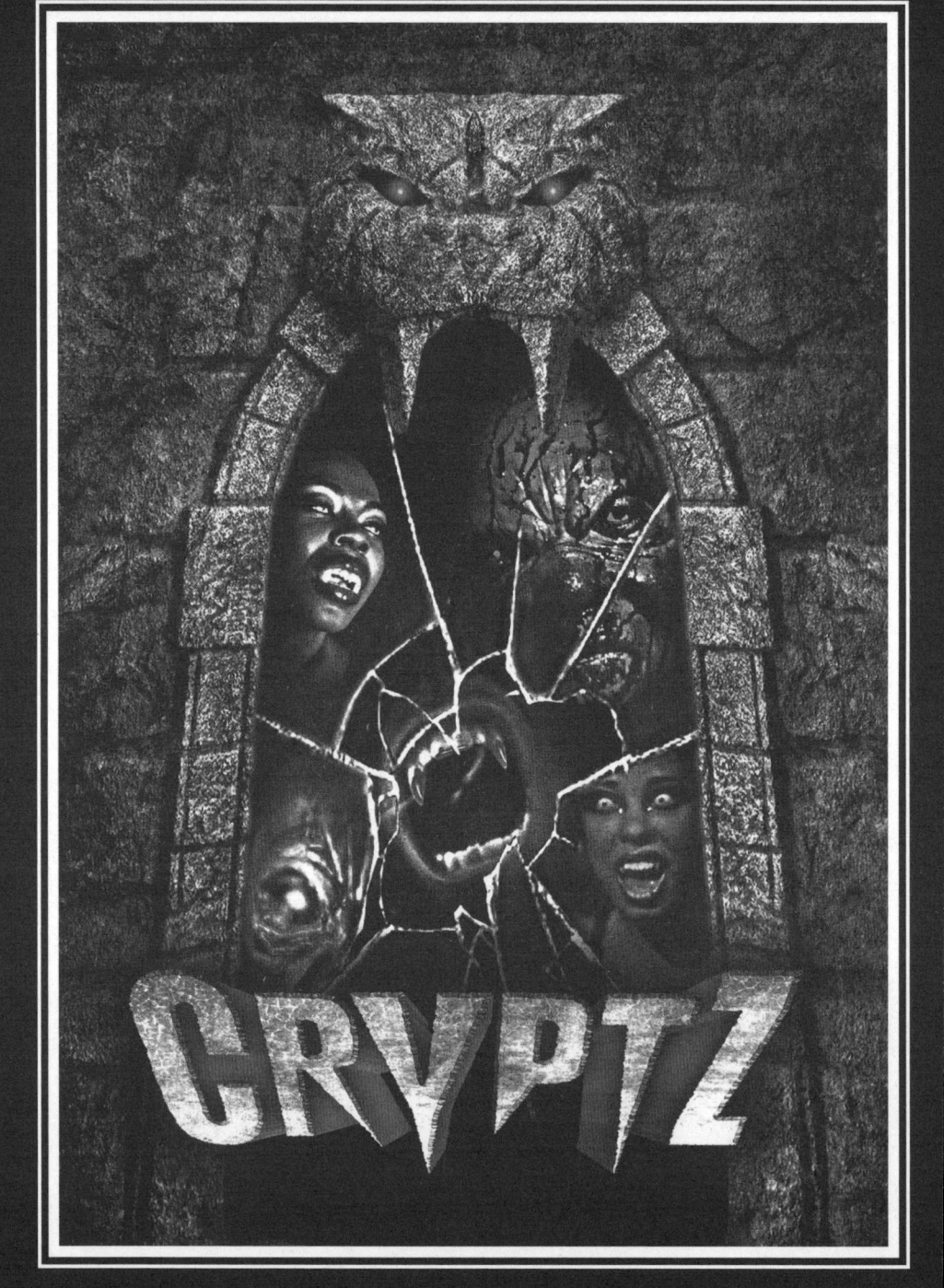

Sit back. Relax.
Enjoy the fright.
SAMUEL L. JACKSON
SNAKES ON A PLANE
NEW LINE CINEMA PRESENTS A MUTUAL FILM COMPANY PRODUCTION A DAVID R. ELLIS FILM
SAMUEL L. JACKSON "SNAKES ON A PLANE" JULIANNA MARGULIES NATHAN PHILLIPS BOBBY CANNAVALE FLEX ALEXANDER TODD LOUISO SUNNY MABREY
KENAN THOMPSON ELSA PATAKY DAVID KOECHNER MUSIC BY TREVOR RABIN ASSOCIATE PRODUCERS JEFF KATZ TAWNY ELLIS HEATHER MEEHAN EDITED BY HOWARD E. SMITH, A.C.E. PRODUCTION DESIGNER JAYMES HINKLE
DIRECTOR OF PHOTOGRAPHY ADAM GREENBERG, ASC EXECUTIVE PRODUCERS JUSTIS GREENE STOKELY CHAFFIN EXECUTIVE PRODUCERS TOBY EMMERICH GEORGE WAUD PRODUCED BY GARY LEVINSOHN AND DON GRANGER AND CRAIG BERENSON
STORY BY DAVID DALESSANDRO AND JOHN HEFFERNAN SCREENPLAY BY JOHN HEFFERNAN AND SEBASTIAN GUTIERREZ DIRECTED BY DAVID R. ELLIS
www.SnakesOnAPlane.com
08.18.06
SOUNDTRACK NEW LINE AVAILABLE ON RECORDS
Decaydance
NEW LINE CINEMA
©MMVI NEW LINE PRODUCTIONS, INC. ALL RIGHTS RESERVED.

FROM THE MIND OF JORDAN PEELE AND
BLUMHOUSE THE PRODUCER OF THE VISIT, INSIDIOUS & THE GIFT
GET OUT
JUST BECAUSE YOU'RE INVITED, DOESN'T MEAN YOU'RE WELCOME.
WRITTEN AND DIRECTED BY
JORDAN PEELE
IN CINEMAS MARCH 17
WWW.GETOUTFILM.CO.UK

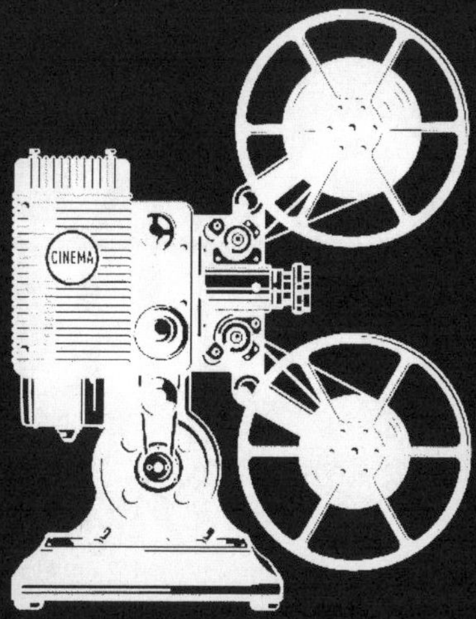
CINEMA

HORROR NOIRE

BIBLIOGRAFIA

Abbott, Stacey. "High Concept Thrills and Chills: The Horror Blockbuster". *Horror Zone*. Ed. Jan Conrich. Londres: I. B. Tauris, 2010. 27-44. Impresso.

Alexander, George. *Why We Make Movies: Black Filmmakers Talk about the Magic of Cinema*. Nova York: Harlem Moon, 2003. Impresso.

Allen, Kimberly. "Sony Wonder Bow 'Matinee' DTV Collection". *Video Store Magazine*, 16-22 jan., 2000: 11. Impresso.

Anderson, John. "Once It Was Direct to Video, Now It's Direct to the Web". *New York Times*, 23 out. 2005. Web. 23 out. 2006. nytimes.com/2005/10/23/movies/23ande.html?ex=1287720000&en=-f5e92e85677ade&ei=5090&partner=rssuserland&emc=rss.

Andre, Naomi. "Race and Opera". University of Michigan, 2009. Apresentação.

Ariola, Doy. "Weekender Lifestyle: Movies". *Business World*, 17 set. 2004: 1. Web. 18 jul. 2006. proquest.umi.com.proxy.lib.umich.edu/pqdweb?did=694668901&Fmt&clientId=17822&RQT=309&VName=PQD.

Aristóteles. *Poetics*. Trad. S. H. Butcher. 350 BCE, n.p. Web. 3 ago. 2010. http://classics.mit.edu/Aristotle/poetics.html.

Arnold, Thomas K. "Coming Back for Seconds, Thirds...". *USA Today*, 26 set. 2005. Web. 26 jul. 2010. usatoday.com.

_____. "DVD Release Pipeline Thins in First Quarter". *Home Media Retailing*, 26 mar. -1 abr. 2006: 1, 32. Web. 12 jun. 2006. proquest.umi.com.proxy.lib.umich.edu/pqdweb?did=1017921071&Fmt3&clientId=17822&RQT=309&VName=PQD.

_____. "Franchise Sequels Send DVD Biz Direct to Bank". *Hollywood Reporter*, 27 set. -3 out. 2005: 1, 66. Web. 12 jun. 2006. proquest.umi.com.proxy.lib.umich.edu/pqdweb?did=912595291&Fmt&clientId=17822&RQT=309&VName=PQD.

Avila, Eric. "Dark City: White Flight and the Urban Science Fiction Film in Postwar America". *Classic Hollywood Classic Whiteness*. Ed. Daniel Bernardi. Mineápolis: University of Minnesota Press, 2001. 53-71. Impresso.

Baldwin, J. *Notes of a Native Son*. Boston: Beacon Press, 1955/1984. Impresso.

Barker, Clive. *Books of Blood*. Londres: Penguin Group, 1984. Impresso.

Barton, Eric A. "Straight to Video, Deerfield Beach Studio Cranks Out Latin Themed Movies That'll Likely Bypass the Theaters". *Miami New Times*, 12 jun. 2003. Web. 19 jul. 2006. proquest.umi.com.proxy.lib.umich.edu/pqdweb?did=507536181&Fmt&clientId=17822&RQT=309&VName=PQD.

Becker, Matt. "A Point of Little Hope: Hippie Horror Films and the Politics of Ambivalence". *The Velvet Light Trap* 57 (2006): 42 -59. Impresso.

Becker, Michael; Carbone, Mike. "Tony Todd". Reel Horror. Episódio 25. 2 jun. 2010. Web. http://legacy-content.libsyn.com/vidhack/reel_horror-ep25-070306.mp3. Rádio.

Behind the Planet of the Apes. Dir.: David Comtois e Kevin Burns. Prod.: Kevin Burns. Atuação: Roddy McDowell. Image Entertainment, 1998. DVD.

Benjamin, Walter. "A Small History of Photography". *One-Way Street and Other Writings*. Eds. Edmund Jephcott e Kingsley Shorter. Londres: NLB, 1979. Impresso.

Benshoff, Harry M. "Blaxploitation Horror Films: Generic Reappropriation or Reinscription?". *Cinema Journal* 39.2 (2000): 31-50. Jstor. Web. 20 jan. 2005. http://www.jstor.org/pss/1225551.

Berenstein, Rhona J. "White Heroines and Hearts of Darkness: Race, Gender and Disguise in 1930s Jungle Films". *Film History* 6 (1994): 314-339. Impresso.

Bick, Julie. "Attack of the Sequel King!". *Fast Company*. 1 dez. 2003: 77. Impresso.

Bishop, Kyle William. *American Zombie Gothic: The Rise and Fall (and Rise) of the Walking Dead in Popular Culture*. Jefferson, NC: McFarland & Co., 2010. Impresso.

Bogle, Donald. *Bright Boulevards, Bold Dreams: The Story of Black Hollywood*. Nova York: Ballantine One World, 2005. Impresso.

Bogle, Donald. *Toms, Coons, Mulattoes, Mammies, & Bucks, An Interpretative History of Blacks in American Films*. Nova York: The Continuum Publishing Company, 1993. Impresso.

Booth, Michael. "Straight-to-Video Sales Grow as More Movies Bypass Theaters". *Knight Ridder Tribune Business News*, 26 set. 2003: 1, n.p. Web. 17 jul. 2006. proquest.umi.com.proxy.lib.umich.edu/pqdweb?did=412093691&Fmt&clientId=17822&RQT=309&VName=PQD.

"Boris Karloff Joins Fight For Race Equality". *Atlanta Daily World*, 30 set. 1947:1. Impresso.

Bowles, Scott. "Horror Glut Killing Off Part of the Pack". *USA Today*, 30 abr. 2007:D1. Impresso.

Bowser, P.; Spence, L. *Writing Himself into History: Oscar Micheaux, His Silent Films, and His Audiences*. New Brunswick, NJ: Rutgers University Press, 2000. Impresso.

Brass, Kevin. "Trimark to Refocus on Traditional Fare, Downsize Its Staff". *Video Store Magazine*, 11-17 out. 1998: 1. Impresso.

Brown, Sterling A. *The Negro in American Fiction*. Nova York: Atheneum, 1933/1972. Impresso.

Bulwa, Demian. "Bay Area Suspect Allegedly Bludgeoned Victims". *San Francisco Chronicle*, 23 set. 2009. Web. 25 jul. 2010. https://www.sfgate.com/crime/article/Bay-Area-suspect-allegedly-bludgeoned-victims-3217121.php.

Butters, Jr., Gerald R. *Black Manhood on the Silent Screen*. Lawrence:

University of Kansas Press, 2002. Impresso.

Candyman. Dir.: Bernard Rose. Atuação: Tony Todd, Virginia Madsen. Xander Berkeley. Edição Especial. Polygram, 1992. DVD.

"Carey Theater, *The Crimson Skull*". *Afro-American*, 19 maio 1922: 4. Impresso.

Carroll, Noel. *Theorizing the Moving Image*. Nova York: Cambridge University Press, 1996. Impresso.

Carter, Everett. "Cultural History Written with Lightening: The Significance of the Birth of a Nation (1915)". *Hollywood as Historian: American Film in a Cultural Context*. Ed. Peter C. Rollins. Lexington: University of Kentucky Press, 1998. 304+. Impresso.

Carvajal, Doreen. "How the Studios used Children to Test-Market Violent Films". *New York Times*, 27 set. 2000: A1+. Impresso.

Casetti, Francesco. *Theories of Cinema, 1945-1995*. Trad. Francesca Chiostri, Elizabeth Gard-Bartolini-Salimbeni e Thomas Kelso. Austin: University of Texas Press, 1999. Impresso.

Clark, Cedric. "Television and Social Controls: Some Observations on the Portrayals of Ethnic Minorities". *Television Quarterly* 8 (1969): 18-22. Impresso.

Cleaver, Eldridge. *Soul on Ice*. Nova York: Dell Publishing, 1968. Impresso.

Clover, Carol J. "Her Body, Himself: Gender in the Slasher Film". *The Dread of Difference: Gender and the Horror Film*. Ed. Barry Keith Grant. Austin: University of Texas Press, 1996. Impresso.

_____. *Men, Women, and Chainsaws: Gender in the Modern Horror Film*. Princeton, NJ: Princeton University Press, 1992. Impresso.

Colan, Gene. "#13-Gene Colan Interview". *Comic Book Artist Magazine*, 26 out. 2009, n.p. Web. 13 ago. 2010. Twomorrows.com/comicbookartist/articles/13colan.html.

Coleman, Robin Means. *African American Viewers and the Black Situation Comedy: Situating Racial Humor*. Nova York: Garland, 2000. Impresso.

Commission on Civil Rights. *Window Dressing on the Set: Women and Minorities*. Washington, DC: GPO, 1977. Impresso.

Crane, Jonathan. *Terror and Everyday Life*. Thousand Oaks, CA: Sage Publications, 1994. Impresso.

Creed, Barbara. *The Monstrous-Feminine: Film, Feminism, Psychoanalysis*. Londres: Routledge, 1993. Impresso.

Cripps, Thomas. *Black Film as Genre*. Bloomington: Indiana University Press, 1978. Impresso.

_____. "The Death of Rastus: Negroes in American Films since 1945". *Phylon* 28 (1967): 267-275. Impresso.

_____. "The Films of Spencer Williams". *Black American Literature Forum* 12 (1978): 128-134. Impresso.

_____. *Making Movies Black: The Hollywood Message Movie from World War II to the Civil Rights Era*. Nova York: Oxford University Press, 1993. Impresso.

_____. *Slow Fade to Black: The Negro in American Film, 1900-1942*. Nova York: Oxford University Press, 1993. Impresso.

Crowther, Bosley. "Old Black Magic". *New York Times*, 13 jun. 1943: seção X3. Impresso.

Davis, Don. *The Milwaukee Murders: Nightmare in Apartment 213 — The*

True Story. Nova York: St. Martin, 1995. Impresso.

Davis, T. "Foreword". *Writing Himself into History: Oscar Micheaux, His Silent Films, and His Audiences*. Eds. Pearl Bowser e Louise Spence. New Brunswick, NJ: Rutgers University Press, 2000. Impresso.

Dayan, Joan. *Haiti, History, and the Gods*. Berkeley: University of California Press, 1988. Impresso.

Deignan, Tom. "Townsend on a Bad Roll?". *Irish Voice*, 24 set. 2002, n.p. Web. 19 jul. 2006. proquest.umi.com.proxy.lib.umich.edu/pqdweb?did=469616811&Fmt=3&clientId=17822&RQT=309&VName=PQD.

Denzin, Norman K. *Reading Race*. Londres: Sage, 2002. Impresso.

Desjardins, Doug. "Direct-to-DVD Franchises Make Sales 'A' List". *DSN Retailing Today*, 27 mar. 2006: 24. Web. 12 jun. 2006. proquest.umi.com.proxy.lib.umich.edu/pqdweb?did=1019569221&Fmt=4&clientId=17822&RQT=309&VName=PQD.

Diawara, Manthia; Klotman, Phyllis. "*Ganja and Hess:* Vampires, Sex, and Addictions". *Black American Literature Forum* 25.2 (1991): 299-314. Jstor, n.p. Web. 21 jun. 2005. www.jstor.org.

Dismond, Geraldyn. "The Negro Actor and the American Movies". *Film Theory: Critical Concepts in Media and Cultural Studies*. Eds. Philip Simpson, Andrew Utterson e K. J. Sheperdson. Nova York: Routledge, 1929/2004. 167-170. Impresso.

Doherty, Thomas. "Genre, Gender, and the Aliens Trilogy". *The Dread of Difference: Gender and the Horror Film*. Ed. Barry Keith Grant. Austin: University of Texas Press, 1996. 181-199. Impresso.

Duany, Andres; Plater-Zyberk, Elizabeth. *Suburban Nation: The Rise of Sprawl and the Decline of the American Dream*. Nova York: North Point Press, 2000. Impresso.

Du Bois, W. E. B. *Darkwater: Voices From Within the Veil*. Nova York: Harcourt, Brace and Howe, 1920. Impresso.

———. *The Souls of Black Folks*. Nova York: NAL Penguin, 1903/1969. Impresso.

Dunn, Stephane. *'Baad Bitches' and Sassy Supermamas: Black Power Action Films*. Urbana e Chicago: University of Illinois Press, 2008. Impresso.

"DVD Boom Spawns Indie Theatricals Surge". *OnFilm*, abr. 2004: 21, n.p. Web. 13 jul. 2006. proquest.umi.com.proxy.lib.umich.edu/pqdweb?did=620541621&Fmt=3&clientId=17822&RQT=309&VName=PQD.

Dyer, Richard. "White". *Screen* 29 (1988): 44-64. Impresso.

Ebenkamp, Becky; Wasserman, Todd. "Wayans' Thugaboos Hit Streets; GM Getting a Lift at Sundance". *Brandweek*, 10 jan. 2005: 8. Impresso.

Ebert, Roger. "Vampire in Brooklyn". *Chicago Sun-Times*, 27 out. 1995. Impresso.

"Ebony Film". Carta ao editor. *Chicago Defender*, 1 jul. 1916: 4. Impresso.

Edison: The Invention of the Movies. Disc 2. Prod.: Brent Wood. Kino on Video, 2005. DVD.

Eller, Claudia. "Warner to Proceed Straight to Video". *Los Angeles Times*, 30 maio 2006. Web. 12 jun. 2006. www.latimes.com/archives/la-xpm-2006-may-30-fi-warner30-story.html.

Ellison, Ralph. *Invisible Man*. Nova York: Vintage International, 1952/1995. Impresso.

Erb, Cynthia. *Tracking King Kong: A Hollywood Icon in World Cinema*. 2. ed. Detroit, MI: Wayne State University Press, 2009. Impresso.

Erish, Andrew. "Illegitimate Dad of 'Kong'". *Los Angeles Times*, 8 jan. 2006. Web. 8 jun. http://articles.latimes.com/2006/jan/08/entertainment/ca-ingagi8.

Everett, Anna. *Returning the Gaze: A Genealogy of Black Film Criticism, 1909-1949*. Durham, NC: Duke University Press, 2001. Impresso.

The 50 Worst Movies Ever Made. Prod.: Dante Pugliese. Atuação: Carlos Larkin. Passport International Entertainment, 2004. DVD.

Fanon, Frantz. *Black Skin, White Masks*. Londres: Pluto Press, 1986. Impresso.

"Film/TV Bits: Denzel Taps Peter Jackson; Snoop's 'Horror' Picked Up; Depp May Join Smith's 'Legend'", 3 jul. 2006. Web. 3 jul. 2006. eurweb.com/story.cfm?id=27249.

Fischoff, Stuart;, Joe Antonio; Lewis, Diane. "Favorite Films and Film Genres as a Function of Race, Age, and Gender". *Journal of Media Psychology* 3.1 (inverno, 1998): n.p. Web. 20 jan. 2006. www.calstatela.edu/faculty/sfischo/media3.html.

_____ ; Dimopoulos, Alexandra; Nguyen, Francois. "The Psychological Appeal of Movie Monsters". *Journal of Media Psychology* 10.3 (verão, 2005): n.p. Web. 20 jan. 2006. www.calstatela.edu/faculty/sfischo/psychological_appeal_of_movie_monsters1.pdf.

Fisher, Celeste A. *Black on Black: Urban Youth Films and the Multicultural Audience*. Lanham, MD: The Scarecrow Press, Inc., 2006. Impresso.

Fisher, Tracy. "Warner Freebies and Promos Boost a Duo of DTV Sequels". *Video Store Magazine*, 19-25 jul. 1998: 10. Impresso.

Foley, Kevin. "Spike Lee Speaks to Spring Fest". University of Vermont, *University Communications* 24 (abr. 2002). Web. 5 jan. 2010. www.uvm.edu/~uvmpr/?Page=article.php&id=409.

Forman, Murray. *The 'Hood Comes First: Race, Space, and Place in Rap and Hip-Hop*. Middletown, CT: Wesleyan University Press, 2002. Impresso.

Freeman, Lance. *There Goes the 'Hood: Views of Gentrification from the Ground Up*. Filadélfia, PA: Temple University Press, 2004. Impresso.

Frye, Northrop. *Anatomy of Criticism: Four Essays*. Princeton, NJ: Princeton University Press, 1957/2000. Impresso.

Fulmer, Jacqueline. "'Men Ain't All' — A Reworking of Masculinity in *Tales from the Hood*, Or, *Grandma Meets the Zombie*". *Journal of American Folklore* 115.457/458 (2002): 422-442. Impresso.

Gallagher, Charles. "Color-Blind Privilege: The Social and Political Functions of Erasing the Colorline in Post Race America". *Race, Gender, Class* 10 (31 out. 2003): 1-17. Web. 29 fev. 2008. http://aca.lasalle.edu/schools/sas/sscdept/content/faculty/gallagher/Color_Blind_Privilege.pdf.

Gateward, Frances. "Daywalkin' Night Stalkin' Bloodsuckas: Black Vampires in Contemporary Film". *Genders OnLine Journal* 40 (2004). Web. 20 jun. 2005. www.genders.org/g40/g40_gateward.html.

Gelder, Ken. "Postcolonial Voodoo". *Postcolonial Studies* 3 (2000): 89-98. Impresso.

Gent, G. "Black Films Are In, So Are Profits". *New York Times*, 28 jul. 1972: 22. Impresso.

Gibson, Gloria. "Cinematic Foremothers: Zora Neale Hurston and Eloyce King Patrick Gist". *Oscar Micheaux & His Circle: African-American Filmmaking and Race Cinema of the Silent Era*. Eds. Pearl Bowser, Jane Gaines e Charles Musser. Bloomington: Indiana University Press, 2001. 195-209. Impresso.

Gibson-Hudson, Gloria. "Recall and Recollect: Excavating the Life History of Eloyce King Patrick Gist". *Black Film Review* 8 (1994): 20-21. Impresso.

Gilroy, Paul. "Race Ends Here". *Ethnic and Racial Studies* 41 (1998): 838-847. Impresso.

Giroux, Henry. *Fugitive Cultures: Race, Violence, and Youth*. Londres: Routledge, 1996. Impresso.

Goldberg, D.J. *Discontented America: The United States in the 1920s*. Baltimore, MD: Johns Hopkins University Press, 1999. Impresso.

Golden, Nathan D. *Brief History and Statistics of the American Motion Picture Industry*. Washington, DC: GPO, 14 ago. 1936. Impresso.

Goldman, Ari L. "Dissent Grows among Jehovah's Witnesses". *New York Times*, 29 ago. 1984: B1. Impresso.

Goldsby, Jacqueline. "The High and Low Tech of It: The Meaning of Lynching and the Death of Emmett Till". *Yale Journal of Criticism* 9 (1996): 245-282. Impresso.

Goldstein, Gregg. "Filmmakers Take Direct Flight to DVD". *Hollywood Reporter*, 30 mar. 2006: 1+. Web. 12 jun. 2006. proquest.umi.com.proxy.lib.umich.edu/pqdweb?did=1031249691&Fmt=4&clientId=17822&RQT=309&VName=PQD.

Goldstein, Seth. "Warner Family Label Set to Debut Titles on DVD". *Video Store Magazine*, 20-26 fev. 2000: 8. Impresso.

Gonder, Patrick. "Like a Monstrous Jigsaw Puzzle: Genetics and Race in Horror Films of the 1950s". *The Velvet Light Trap* 52 (2003): 33-44. Web. 20 jan. 2006. http://muse.jhu.edu/login?uri=/journals/the_velvet_light_trap/v052/52.1gonder.pdf.

_____. "Race, Gender and Terror: The Primitive in 1950s Horror Films". *Genders OnLine Journal* 40 (2004): n.p. Web. 19 jan. 2006. www.genders.org/g40/g40_gondor.html.

Grant, Barry Keith, ed. *The Dread of Difference Gender and the Horror Film*. Austin: University of Texas Press, 1996. Impresso.

_____. "Introduction". *The Dread of Difference: Gender and the Horror Film*. Ed. Barry Keith Grant. Austin: University of Texas Press, 1996. 1-12. Impresso.

_____. "Taking Back the *Night of the Living Dead*: George Romero, Feminism, and the Horror Film". *The Dread of Difference: Gender and the Horror Film*. Ed. Barry Keith Grant. Austin: University of Texas Press, 1996. 200-212. Impresso.

Greenberg, Harvey Roy. "*King Kong*: The Beast in the Boudoir — Or, 'You Can't Marry that Girl, You're a Gorilla!'". *The Dread of Difference: Gender and the Horror Film*. Ed. Barry Keith Grant. Austin: University of Texas Press, 1996. 338-351. Impresso.

Greene, Eric. *Planet of the Apes as American Myth: Race and Politics in the Films and Television Series*. Jefferson, NC: McFarland & Co., 1996. Impresso.

Gruenwedel, Erik. "Urban: Coming Up". *Video Store Magazine*, 19-25 dez. 2004: 13. Impresso.

Guerrero, Edward. "AIDS as Monster in Science Fiction". *Journal of Popular Film & Television* 18.3 (outono, 1990): 86-93. Impresso.

_____. "The Black Images in Protective Hollywood's Biracial Buddy Films of the Eighties". *Black American Cinema*. Ed. Manthia Diawara. Nova York: Routledge, 1993. 237-246. Impresso.

_____. *Framing Blackness: The African American Image in Film*. Filadélfia, PA: Temple University Press, 1993. Impresso.

"Haiti Country Profile". BBC. 2010. Web. 11 ago. 2010. http://news.bbc.co.uk/2/hi/americas/country_profiles/1202772.stm.

Hall Jamieson, Kathleen. "Context and the Creation of Meaning in Advertising of the 1988 Presidential Campaign". *American Behavioral Scientist* 32 (1989): 415-424. Impresso.

Harrington, Richard. "Def by Temptation". *Washington Post*, 5 jun. 1990. Web. 20 julho 2010. www.washingtonpost.com/wp-srv/style/longterm/movies/videos/defbytemptationrharrington_a0aae9.htm.

Harris, Mark H. "Scary Sistas: A Brief History of Black Women in Horror Films". *Scary-Scarynet*, 4 jun. 2006, n.p. Web. 13 ago. 2010. www.fangirltastic.com/content/scary-sistas-brief-history-black-women-horror-films.

_____. "Yelling at the Screen: The Black Die Young". *PopMatters*, 6 set. 2005, n.p. Web. 28 nov. 2005. http://popmatters.com/columns/harris/050906.shtml.

Harris, Martin. "You Can't Kill the Boogeyman: Halloween III and the Modern Horror Franchise". *Journal of Popular Film and Television* 32(3) (outono, 2004): 104-105. Impresso.

Hasan, Mark. "Ganja & Hess [Review]". *Rue Morgue* (2007): 47. Impresso.

Heffernan, Kevin. *Ghouls, Gimmicks, and Gold: Horror Films and the American Movie Business, 1953-1968*. Durham, NC: Duke University Press, 2004. Impresso.

Helbig, Bob; Edmund, Mark. "Family of Konerak Sues City". *Milwaukee Journal*, 20 jan. 1995, NEWS: 1. NewsBank. Web. 12 ago. 2010.

Hendricks, Bill; Waugh, Howard. *The Encyclopedia of Exploitation*. Nova York: Showmen's Trade Review, 1937. Impresso.

Herek, Gregory. "Stigma, Prejudice, and Violence against Lesbians and Gay Men". *Homosexuality: Research Implications for Public Policy*. Eds. John C. Gonsiorek e James Weinrich D. Newbury Park, CA: Sage, 1991. 60-80. Impresso.

Hernandez, Greg. "Sherman Oaks, Calif., Company Provides Movie Audiences with Urban Fare". *Knight Ridder Tribune Business News*, 9 fev. 2003: 1. Web. 14 jul. 2006. proquest.umi.com.proxy.lib.umich.edu/pqdweb?did=285897401&Fmt=3&clientId=17822&RQT=309&vName=PQD.

Hervey, Ben. *Night of the Living Dead*. Nova York: Palgrave Macmillan, 2008. Impresso.

Hester-Williams, Kim D. "NeoSlaves: Slavery, Freedom, and African American Apotheosis in *Candyman, the Matrix*, and *the Green Mile*". *Genders OnLine Journal* 40 (2004), n.p. Web. 16 jun. 2006. www.genders.org/g40/g40_williams.html.

Hicks, Chris. "Wide Release of 'White Dog' is Long Overdue. *Deseret News*, 23 jan. 2009. Web. www.deseretnews.com/article/705279597/Wide-release-of-White-Dog-is-long-overdue.html.

Hicks, Heather J. "Hoodoo Economics: White Men's Work and Black Men's Magic in Contemporary American Film". *Camera Obscura* 53 18.2 (2003): 27-55. Impresso.

Hill Collins, Patricia. *Black Feminist Thought*. Nova York: Routledge, 2009. Impresso.

_____. *Black Sexual Politics: African Americans, Gender, and the New Racism*. Nova York: Routledge, 2004. Impresso.

Hoag, Christina. "Maverick Entertainment Reaches Direct-to-Video Urban Movie Market". *Knight Ridder Tribune Business News*, 19 mar. 2006: 1. Web. 21 jul. 2006.

Hobson, Janell. "Digital Whiteness, Primitive Blackness: Racializing the 'Digital Divide' in Film and New Media". *Feminist Media Studies* 8 (2008): 111-126. Impresso.

"'Holla' for Halloween: Urban Horror Film Weaves in Comedy for a Scary Time", 29 out. 2007, n.p. Web. 6 mar. 2010. eurweb.com.

Holland, Sharon Patricia. *Raising the Dead: Readings of Death and (Black) Subjectivity*. Durham, NC: Duke University Press, 2000. Impresso.

Holly, Ellen. "Where Are the Films about Real Black Men and Women?". *New York Times*, 2 jun. 1974: 127. Impresso.

hooks, bell. *Reel to Real: Race, Sex, and Class at the Movies*. Nova York: Routledge, 1996. Impresso.

"Horror Films Debut Soon". *Daily Defender*, 12 nov. 1957: B10. Col. 5. Impresso.

Horror Genre Surges in DVD (*Video Business*). Web. 21 jul. 2006.

Hudson, Dale. "Vampires of Color and the Performance of Multicultural Whiteness". *The Persistence of Whiteness: Race and Contemporary Hollywood Cinema*. Ed. Daniel Bernardi. Nova York: Routledge, 2008. 127-156. Impresso.

Hughes, Langston. "A Little Song to Put in Your Pipe and Smoke". *Black Film as a Signifying Practice: Cinema Narration and the African-American Aesthetic Tradition*. Ed. Gladstone L. Yearwood. Trenton, NJ: Africa World Press, 2000. 113. Impresso.

Hughey, Matthey. "Cinethetic Racism: White Redemption and Black Stereotypes in 'Magic Negro' Films". *Social Problems* 56 (2009): 543-577. Impresso.

Humphries, Reynold. "I Walked with a Zombie". *101 Horror Movies You Must See Before You Die*. Ed. Steven Jay Schneider. Londres: Cassell Illustrated, 2009. 85-86. Impresso.

_____. *The American Horror Film: An Introduction*. Edimburgo: Edinburgh University Press, 2002. Impresso.

_____. *The Hollywood Horror Film 1931-1941: Madness in a Social Landscape*. Lanham, MD: The Scarecrow Press, Inc., 2006. Impresso.

Hurston, Zora Neale. "Hoodoo in America". *Journal of American Folklore* 44 (out.-dez. 1931): 317-417. Impresso.

_____. *Tell My Horse*. Nova York: Harper Perennial, 1938/1990. Impresso.

Hutchings, Peter. *The Horror Film*. Londres: Pearson, 2004. Impresso.

Hyatt, Marshall. *The Afro-American Cinematic Experience: An Annotated Bibliography & Filmography*.

Wilmington, DE: Scholarly Resources, Inc., 1983. Impresso.

Kurutz, Steven. "The Star of Rapper Paul Wall's New Video? The iPhone 3GS". *Wall Street Journal*, 24 set. 2009. Web. 10 ago. 2010. https://blogs.wsj.com/speakeasy/2009/09/24/the-star-of-rapper-paul-walls-new-video-the-iphone-3gs/.

"Ingagi Reviews Summary". *New York Times*. Web. 18 jun. 2010. http://movies.nytimes.com/movie/96552/Ingagi/overview.

Jaffray, Norman R. "The Spine Chillers". *The Monster Show: A Cultural History of Horror*. Ed. David J. Skal. Nova York: Faber and Faber, Inc., 1993. 174. Impresso.

"'Jango' Filmed in Wilds' of Bronx, 'Cannibal'". *Pittsburgh Press*, 9 mar. 1930: 15. News Section-Editorial. Impresso.

Jennings, Tom. "Class-ifying Contemporary Cinema". *Variant* 10: n.p. Web. 10 jun. 2006. www.variant.org.uk/10texts/Jennings.html.

Johnson, Ben. "Some Say Police Dog Is Racist". *New Pittsburgh Courier*, 14 maio 2003: A1. Impresso.

Jones, Alan. *The Rough Guide to Horror Movies*. Londres: Rough Guides, 2005. Impresso.

Jones, Eileen. "Will Smith's Hancock Fiasco". *Alternet*, 5 jul. 2008. Web. 10 jun. 2009. www.alternet.org/movies/90473/.

Jones, G. William. *Black Cinema Treasures: Lost and Found*. Denton: University of North Texas Press, 1991. Impresso.

Jones, Steve. "Michael King of Pop Dies; Music Icon, 50, Helped Shape a Generation". *USA Today*, 26 jun. 2009. Web. 6 mar. 2010. usatoday.com.

Katzman, Lisa "'White Dog' Is Set Loose at Last". *New York Times*, 7 jul. 1991: seção 2.17. Impresso.

Kaveney, Roz. *From Alien to the Matrix: Reading Science Fiction Film*. Nova York: I. B. Tauris & Co. Ltd., 2005. Impresso.

Keeling, Kara. *The Witch's Flight*. Durham, NC. Duke University Press, 2007. Impresso.

King, Stephen. "Acceptance Speech: The 2003 National Book Award for Distinguished Contribution to American Letters". *On Writing Horror*. Ed. Mort Castle. Ed. revisada. Cincinnati, OH: Writer's Digest Books, 2007. 7-12. Impresso.

Kipnis, Jill. "No Theater? No Problem: Direct-to-DVD Takes Off". *Billboard*, 4 fev. 2006: 18-19. Web. 12 jun. 2006. proquest.umi.com.proxy.lib.umich.edu/pqdweb?did=980825818&Fmt=3&clientId=17822&RQT=309&vName=PQD.

Klein, Aaron; Elliott, Brenda J. *The Manchurian President: Barack Obama's Ties to Communists, Socialists and Other Anti-American Extremists*. Washington, DC: WorldNetDaily Books, 2010. Impresso.

Kliman, Bernice W. "The Biscuit Eater: Racial Stereotypes: 1939-1972". *Phylon* 79 (1978): 87-96. Impresso.

Koppes, Clayton R.; D. Blacks, Gregory. "What to Show the World: The Office of War Information and Hollywood, 1942-1945". *Journal of American History* (1977): 87-105. Impresso.

Kozol, Wendy. "Relocating Citizenship in Photographs of Japanese Americans during World War II". *Haunting Violations: Feminist Criticism and the Crisis of the 'Real'*. Eds. Wendy Hesford e Wendy Kozol. Champaign:

University of Illinois Press, 2001. 217-250. Impresso.

Kuhn (Erlangen), Andrea. "What's the Matter, Trevor? Scared of Something? Representing the Monstrous-Feminine in *Candyman*". *EESE* (2000): Web. 26 jan. 2006. http://webdoc.gwdg.de/edoc/ia/eese/artic20/kuhn/kuhn.html.

Lapeyre, Jason. "The Transformation: Filmmaker John Landis Created a Monster with Michael Jackson's Thriller". *Wax Poetics* 37 (out.-nov. 2009): 77-78. Impresso.

Lawless, Robert. *Haiti's Bad Press*. Rochester, VT: Schenkman Books, 1992. Impresso.

Lawrence, N. "Fear of a Blaxploitation Monster: Blackness as Generic Revision in AIP's *Blacula*". *Film International* 39 (2009): 14-26. Impresso.

Leab, Daniel J. *From Sambo to Superspade: The Black Experience in Motion Pictures*. Boston, MA: Houghton Mifflin Company, 1975. Impresso.

_____. "The Gamut from A to B: The Images of the Black in Pre-1915 Movies". *Political Science Quarterly* 88 (1973): 53-70. Impresso.

Leonard, David J. *Screens Fade to Black: Contemporary African American Cinema*. Westport, CT: Praeger, 2006. Impresso.

Lewis, Theophilus. "The Harlem Sketch Book". *New York Amsterdam News*, 16 abr. 1930: seção 10. Impresso.

"Little Jasper Series Draws Protests from Negro Groups". *Ebony* (jan. 1947): 27. Impresso.

Lively, Adam. *Masks: Blackness, Race, and the Imagination*. Nova York: Oxford University Press, 1998. Impresso.

"Living Vodou". *Speaking of Faith with Krista Trippet*. American Public Media, 28 jun. 2007. Rádio.

L.N. "The Screen. Beyond the Pale". *New York Times*, 29 jul. 1932: seção 8. Impresso.

Lott, Eric. "Spirit of the Ghetto: Postindustrial City Space and the Specter of Race". Apresentação. *American Research Seminar*. Leeds: University of Leeds, 5 fev. 2007.

Loudermilk, A. "Eating 'Dawn' in the Dark: Zombie Desire and Commodified Identity in George A. Romero's *Dawn of the Dead*". *Journal of Consumer Culture* 3 (mar. 2003): 83-108. Impresso.

Loughran, Stephanie. "Retailers Find Success in some Direct-to-Video Niches". *Supermarket News*, 1 out. 2003: 43. Web. 21 jul. 2006.

McCaffrey, Donald W. "The Golden Age of Sound Comedy". *Screen* 11 (1970): 27-40. Impresso.

Machosky, Michael. "Seeking the Paranormal". *Pittsburgh Tribune Review*, 18 out. 2005. *Pittsburgh Tribune*. Web. 2 ago. 2010. https://archive.triblive.com/news/seeking-the-paranormal-2/.

Maddery, Joseph. *Nightmares in Red, White, and Blue: The Evolution of the American Horror Film*. Jefferson, NC: McFarland & Co., 2004. Impresso.

Mailer, Norman. "The White Negro". Outono, 1957. *LearnToQuestion.com: Resource Base* 2008, n.p. Web. 20 jun. 2010. www.learntoquestion.com/resources/database/archives/0.

Manatu, Norma. *African American Women and Sexuality in the Cinema*. Jefferson, NC: McFarland & Co., 2003. Impresso.

Mason, Fred. *American Gangster Cinema: From Little Caeser to Pulp Fiction*. Nova York: Palgrave Macmillan, 2002. Impresso.

"Mass Meeting to Discuss how to Stop Film: Society for Advancement of Colored People Believes 'The Birth of a Nation' Can Be Removed with Censorship". *Christian Science Monitor*, 1 maio 1915: 4. Impresso.

Mathijs, Ernest. "Threat or Treat: Film, Television, and the Ritual of Halloween". *Flow TV*, 30 out. 2009. Web. 6 mar. 2010. www.flowjournal.org/2009/10/threat-or-treat-film-television-and-the-ritual-of-halloween-ernest-mathijs-the-university-of-british-columbia/.

Mattera, Jason. "Jason Mattera on Obama Zombies". Dir.: Simon and Schuster Videos. YouTube.com, LLC, 2010. Web. 10 ago. 2010. www.youtube.com/watch?v=bdH1sax3hSE.

"May Not Release 'Birth' Film, Purchaser Says". *Atlanta Daily World*, 21 maio 1959: 2. Impresso.

Medovoi, L. "Theorizing Historicity, or the Many Meanings of Blacula". *Screen* 39 (primavera, 1998): 1-21. Impresso.

Mercer, Kobena. "Monster Metaphors: Notes on Michael Jackson's 'Thriller'". *Screen* 27 (1986): 26-43. Impresso.

Mesbur + Smith Architects. *Multiplex Cinema and Theater Architecture*, 29 maio 2008. Web. www.mesbursmith.com.

Metress, Christopher. *The Lynching of Emmett Till: A Documentary Narrative*. Charlottesville: University of Virginia Press, 2002. Impresso.

"Michael Jackson's 'Dangerous' Mind: The Making of the King of Pop". *Rolling Stone*, 9 jan. 1992. Impresso.

Moore, Toby. "This Is America: 'Racist' Police Dogs Got the Wrong Collar". *Express*, 3 jun. 2002. Impresso.

Motion Picture Association. *Motion Picture Association of America*, 2005, n.p. Web. 12 jun. 2009. www.mpaa.org/ratings.

Murray, J. "Now a Boom in Black Directors". *New York Times*, 8 jun. 1972: D11. Impresso.

Muse, Clarence. "What's Going on in Hollywood". *Chicago Defender*, 28 dez. 1940: 21. Impresso.

_____. "When a Negro Sings a Song". *Celebrity Articles from the Screen Guild Magazine*. Ed. Anna Kate Sterling. Lanham, MD: Rowman & Littlefield, 1987. Impresso.

Musser, Charles. *Before the Nickelodeon: Edwin S. Porter and the Edison Manufacturing Company*. Berkeley: University of California Press, 1991. Impresso.

_____; Creekmur, Corey K.; Bowser, Pearl; Green, J. Ronald; Regester, Charlene; Spence, Louise. "Appendix B: An Oscar Micheaux Filmography: From the Silents through His Transition to Sound, 1919-1931". *Oscar Micheaux & His Circle: African-American Filmmaking and Race Cinema of the Silent Era*. Eds. Pearl Bowser, Jane Gaines e Charles Musser. Bloomington e Indianápolis: Indiana University Press, 2001. 228-277. Impresso.

"MTV Music Television Profile". Cable TV. Web. 13 ago. 2010. cabletvadbureau.com.

"MTV Video Music Awards". MTV. Web. 13 ago. 2010. www.mtv.com.

"NAACP Pickets Close 'Birth of a Nation'". *Chicago Defender*, 12 dez. 1942: 4. Impresso.

Nama, Adilifu. *Black Space: Imagining Race in Science Fiction Film*. Austin: University of Texas Press, 2008. Impresso.

National Association of Black Social Workers. "Domestic Violence: Domestic Violence in the African

American Community", 2002. Web. 10 ago. 2010. nabsw.org.

"NBC Drops Plan to Show Film 'White Dog'". *New York Times*, 20 jan. 1984: seção C23. Impresso.

Ndalianis, Angela. "Dark Rides, Hybrid Machines and the Horror Experience". *Horror Zone*. Ed. Ian Conrich. Londres: I. B. Tauris, 2010. 11-26. Impresso.

Neale, Steve. "Masculinity as Spectacle: Reflections on Men and Mainstream Cinema". *Screen* 24 (6): 2-17, 19. Impresso.

Nelson, Angela "From Beulah to the Fresh Prince of Bel-Air: A Brief History of Black Stereotypes in Television Comedy". Manuscrito não publicado, 1991.

Nesteby, James R. *Black Images in American Films, 1896-1954*. Lanham, MD: University Press of America, 1982. Impresso.

Neuert, Richard. "Trouble in Watermelon Land: George Pal and the Little Jasper Cartoons". *Film Quarterly* 55 (2001): 14-26. Impresso.

Neve, Brian. *Film and Politics in America: A Social Tradition*. Londres: Routledge, 1992. Impresso.

Nichols, Peter M. "Home Video: Idea to DVD: A Long Road". *New York Times*, 12 set. 2003. Web. 10 jun. 2006. infoweb.newsbank.com.proxy.lib.umich.edu/iw-search/we/In...id=E55H4FVIMTEIMDEOOTC3NY4XNTU4OTE6MTOXNTOXNDEUMjExLjE3NS4xMzk.

_____. "Home Video: It's a Sequel? O.K., I'll Take It", 28 jul. 2000. Web. 10 jun. 2006. infoweb.newsbank.com.proxy.lib.umich.edu/iw-search/we/In ... id=E55H4FVIMTEIMDEOOTC3NY4XNTU4OTE6MTOXNTOXNDEUMjExLjE3NS4xMzk.

Noble, Peter. *The Negro in Films*. Nova York: Arno Press & The New York Times, 1970. Impresso.

Null, Gary. *Black Hollywood: The Negro in Motion Pictures*. Secaucus, NJ: Citadel Press, 1975. Impresso.

Oates, Joyce. *Zombie*. New York: Plume, 1996. Impresso.

Olson, Catherine Applefeld. "Tried-and-True TV". *Billboard*, 24 fev. 1996: 68. Impresso.

Orbe, Mark; Strother, Karen. "Signifying the Tragic Mulatto: A Semiotic Analysis of Alex Haley's Queen". *Howard Journal of Communications* 7 (abr. 1996): 113-126. Impresso.

"Oregon Station Drops 'Little Jasper' Series". *Los Angeles Sentinel*, 4 jun. 1959: C1. Impresso.

"Oscars — Home". N.p. Web. 13 ago. 2010. oscar.go.com.

"'Paranoia' Horror Film Debuts at the Oriental". *Chicago Daily Defender*, 16-22 ago. 1960: 1+. Impresso.

Parish, James Robert; Hill, George H. *Black Action Films*. Jefferson, NC: McFarland & Co., 1989. Impresso.

Penzler, Otto. *Black Noir: Mystery, Crime, and Suspense Fiction by African-American Writers*. Nova York: Pegasus, 2009. Impresso.

Petty, Mariam J. "Passing for Horror: Race, Fear, and Elia Kazan's Pinky". *Genders OnLine Journal* 40 (2004): n.p. Web. 20 jan. 2006. www.genders.org/g40/g40_petty.html.

Phillips, Kendall R. *Projected Fears: Horror Films and American Culture*. Westport, CT: Praeger, 2005. Impresso.

Picart, Caroline Joan; Greek, Cecil. "The Compulsion of Real/Reel Serial Killers and Vampires: Toward a Gothic Criminology". *Journal of Criminal Justice and Popular Culture* 10.1 (2003): 39-68. Impresso.

_____. "The Compulsions of Real/Reel Serial Killers and Vampires: Toward a Gothic Criminology". *Monsters In and Among Us: Toward a Gothic Criminology.* Eds. Caroline Joan Picart e Cecil Greek. Cranbury, NJ: Associated University Presses, 2007. 227-255. Impresso.

Pinedo, Isabel Cristina. *Recreational Terror: Women and the Pleasure of Horror Film Viewing.* Albany, NY: SUNY Press, 1997. Impresso.

Pomerantz, Dorothy. "On a Script and a Prayer". *Forbes,* 3 mar. 2003: 115. Impresso.

Prange, Stephanie. "The Direct-to-DVD Stop-Gap". *Home Media Retailing,* 23-29 out. 2005: 81, n.p. Web. 12 jun. 2006. proquest.umi.com.proxy.lib.umich.edu/pqdweb?did=920534951&Fmt=3&clientId=17822&RQT=309&VName=PQD.

_____. "Warner Continues Its Direct-to-Video Push with 'Dennis the Menace' Sequel". *Video Store Magazine,* 16 maio 1998: 10. Impresso.

Public Enemy. *Louder Than a Bomb.* Def Jam, 1988. CD.

"Race Press Ignored by Big Film Interests: Louise Beavers 'on Spot'". *Pittsburgh Courier,* 15 dez. 1934: seção A9. Impresso.

Rathgeb, Douglas L. "Bogeyman from the Id: Nightmare and Reality in *Halloween* and *A Nightmare on Elm Street*". *Journal of Popular Film & Television* (1991): 36-43. Impresso.

Razaf, Andy. "A Colored Movie Fan". *New York Amsterdam News,* 6 jan. 1940: seção 16. Impresso.

Reddick, Lawrence. "Educational Programs for the Improvement of Race Relations: Motion Pictures, Radio, the Press, and Libraries". *Journal of Negro Education* 13.3 (1944): 367-389. Impresso.

Regester, Charlene. "The African-American Press and Race Movies, 1909-1929". *Oscar Micheaux & His Circle: African American Filmmaking and Race Cinema of the Silent Era.* Eds. Pearl Bowser, Jane Gaines e Charles Musser. Bloomington and Indianápolis: Indiana University Press, 2001. 34-49. Impresso.

Reid, Mark A. *Black Lenses, Black Voices: African American Film Now.* Lanham, MD: Rowman & Littlefield, 2005. Impresso.

_____. *Redefining Black Film.* Berkeley: University of California Press, 1993. Impresso.

Rhines, Jesse Algeron. *Black Film/White Money.* New Brunswick, NJ: Rutgers University Press, 1996. Impresso.

Rhodes, Gary D. *White Zombie: Anatomy of a Horror Film.* Jefferson, NC: McFarland & Co., 2001. Impresso.

Richards, Chris. "Va. Slayings Spur Harder Look at Horrorcore". *Washington Post,* 25 set. 2009. Impresso.

Richards, Larry. *African American Films through 1959: A Comprehensive, Illustrated Filmography.* Jefferson, NC: McFarland & Co., 1998. Impresso.

Riley, Michael J. "Trapped in the History of Film: Racial Conflict and Allure in *The Vanishing American*". *Hollywood's Indian: The Portrayal of the Native American in Film.* Eds. Peter C. Rollins e John E. O'Connor. Lexington: The University of Kentucky Press, 1998. 58-72. Impresso.

Robinson, Cedric J. *Forgeries of Memory & Meaning: Blacks & the Regimes of Race in American Theater & Film before World War II.* Chapel Hill: University of North Carolina Press, 2007. Impresso.

Rocchio, Vincent F. *Reel Racism: Confronting Hollywood's Construction of Afro-American Culture*. Boulder, CO: Westview Press, 2000. Impresso.

Rogin, Michael P. *Fathers and Children: Andrew Jackson and the Subjugation of the American Indian*. Piscataway, NJ: Transaction Publishers, 1991. Impresso.

Rony, Fatimah Tobing. *The Third Eye: Race, Cinema, and Ethnographic Spectacle*. Durham, NC: Duke University Press, 1996. Impresso.

Roosevelt, Theodore. *African Game Trails: An Account of the African Wanderings of an American Hunter-Naturalist*. Nova York: Charles Scribner's Sons, 1910. Impresso.

St. Louis, Brett. "Post-Race/Post-Politics? Activist-Intellectualism and Reification of Race". *Ethnic and Racial Studies* 25 (2002): 652-675. Impresso.

Sampson, Henry T. *Blacks in Black and White: A Source Book on Black Films*. Metuchen, NJ: The Scarecrow Press, Inc., 1977/1995. Impresso.

Schneider, Steven Jay. "Mixed Blood Couples: Monsters and Miscegenation in U.S. Horror Cinema". *The Gothic Other: Racial and Social Constructions in the Literary Imagination*. Eds. Ruth Beinstock e Douglas L. Howard. Jefferson, NC: McFarland & Co., 2004. 72-89. Impresso.

Schroeder, Caroline T. "Ancient Egyptian Religion on the Silver Screen: Modern Anxieties about Race, Ethnicity, and Religion". *Journal of Religion and Film* 2.3 (out. 2003). Web. 8 nov. 2009. https://digitalcommons.unomaha.edu/jrf/vol7/iss2/1/.

Scott, Ellen C. "The Horrors of Remembrance: The Altered Visual Aesthetic of Horror in Jonathan Demme's *Beloved*". *Genders OnLine Journal* 40 (2004). Web. 20 jan. 2006. www.genders.org/g40/g40_scott.html.

Scott, Vernon. "Minority Group Wins Cancellation of Television Movie". *UPI Hollywood Reporter*, 12 jan. 1984: seção "Domestic News". Impresso.

Seabrook, W. B. *The Magic Island*. Nova York: Harcourt, Brace and Company, 1929. Impresso.

Senn, Bryan. *Golden Horrors: An Illustrated Critical Filmography 1931-1939*. Jefferson, NC: McFarland & Co., 1996. Impresso.

Shaefer, Eric. *Bold! Daring! Shocking! True!: A History of Exploitation Films, 1919-1959*. Austin: University of Texas Press, 1995. Impresso.

Sharrett, Christopher. "The Horror Film in Neoconservative Culture". *Journal of Popular Film & Television* 21.3 (outono, 1993): 100-110. Impresso.

_____. *Mythologies of Violence in Postmodern Media*. Detroit, MI: Wayne State University Press, 1999. Impresso.

Skal, David J. *The Monster Show: A Cultural History of Horror*. Revised ed. Nova York: Faber and Faber, Inc., 2001. Impresso.

Snead, James. *White Screens, Black Images: Hollywood from the Dark Side*. Nova York: Routledge, 1994. Impresso.

"Snoop Scraps: Rapper to Produce/Star in Horror Pic", 20 abr. 2006. Web. 10 jun. 2010. eurweb.com.

Sobchack, Vivian. "Bringing It All Back Home: Family Economy and Generic Exchange". *The Dread of Difference: Gender and the Horror Film*. Ed. Barry Keith Grant. Austin: University of Texas Press, 1996. 143-163. Impresso.

_____. "'Cities on the Edge of Time: The Urban Science Fiction Film'". *East-West Film Journal* (dez. 1988): 4-19. Impresso.

_____. *Screening Space: The American Science Fiction Film*. New Brunswick, nj: Rutgers University Press, 2001. Impresso.

Soister, John T. *Up from the Vault: Rare Thrillers of the 1920s and 1930s*. Jefferson, NC: McFarland and Co., 2004. Impresso.

Sontag, Susan. "The Imagination of Disaster". *Commentary* (out. 1965): 42-48. Impresso.

Southern Poverty Law Center. 2010. *Southern Poverty Law Center*. Web. 8 jun. 2009. www.splcenter.org.

Sporich, Brett. "The Lion Roars: MGM Studio Strengthens Commitment to Video, DVD ". *Video Store Magazine*, 18-24 jul. 1999: 1. Impresso.

Stanford, Gregory D. "A Paper Trail of Intolerance". *Milwaukee Journal*, 25 jan. 25, 1995, OPED: 11. *NewsBank*, 12 ago. 2010. Impresso.

Stein, Elliott. "Night of the Living Dead". *Sight and Sound* 39 (1970): 105. Impresso.

Stenger, Josh. "Mapping the Beach: Beach Movies, Exploitation Film and Geographies of Whiteness". *Classic Hollywood, Classic Whiteness*. Ed. Daniel Bernardi. Mineápolis: University of Minnesota Press, 1996. 28-50. Impresso.

Steward, Theophilus Gould. *The Haitian Revolution, 1791 to 1804: Or, Side Lights on the French Revolution*, Segunda Edição. Nova York: Thomas Y. Crowell Publishers, 1914. Impresso.

Stewart, Jacqueline Najuma. *Migrating to the Movies: Cinema and Black Urban Modernity*. Berkeley: University of California Press, 2005. Impresso.

Stokes, M. *D.W. Griffith's the Birth of a Nation: A History of the Most Controversial Film of All Time*. Nova York: Oxford University Press, 2007. Impresso.

"Straight-to-Video is Lifeline for Directors". *Tonight*, 13 jan. 2004. Web. 23 out. 2006. www.iol.co.za/entertainment/whats-on/cape-town/straight-to-video-is-lifeline-for-directors-917490.

"Team 4: Pittsburgh Ghost Hunters Investigate Paranormal Possibilities", 28 nov. 2007. Web. thepittsburghchannel.com/news/14717730/detail.html.

"The Academy of Science Fiction Fantasy & Horror Films". *Saturn Awards*. Web, 14 ago. 2010. saturnawards.org.

Thomson, Ian. "The Black Spartacus". *Guardian News and Media*, 31 jan. 2004. Web. 23 jun. 2010. www.theguardian.com.

Toplin, Robert Brent. "Cinematic History: An Anatomy of the Genre". *Cineaste* (primavera, 2004) 29.2: 34-39. Impresso.

Tribbey, Ralph. "Tribbey's Spin". *Video Store Magazine* (fev. 2002): 16-23. Impresso.

"Triple Horror Films Electrify Fans at Regal". *Daily Defender*, 4 maio 1960: 16.5. Impresso.

"Two Horror Films Bow at Drive-Ins". *Chicago Defender*, 18 abr. 1970: 28.6. Impresso.

Tyler, Bruce M. "Racial Imagery in *King Kong*". *King Kong Cometh!: The Evolution of the Great Ape*. Ed. Paula A. Woods. Londres: Plexus Publishing, 2005. 175. Impresso.

"Vampire in Brooklyn". *Metacritic*. CBS Interactive Inc., 2010. Web. 20 jul. 2010.

Vares, Tina. "Framing 'Killer Women' in Films: Audience Use of Genre".

Feminist Media Studies 2.2 (2002): 213-229. Impresso.

Venkatest, Sudhir Alladi. *American Project: The Rise and Fall of a Modern Ghetto*. Cambridge, MA: Harvard University Press, 2000. Impresso.

Verney, Kevern. *African Americans and US Popular Culture*. Nova York: Routledge, 2003. Impresso.

Wallace, Michele. *Black Macho and the Myth of the Superwoman*. Nova York: Verso Classics, 1999. Impresso.

Wardi, Anissa J. "Freak Shows, Spectacles, and Carnivals: Reading Jonathan Demme's *Beloved*". *African American Review* 39 (inverno, 2005): 513-526. Impresso.

Wartenber, Thomas E. "Humanizing the Beast: King Kong and the reapresentation of Black Male Sexuality". *Classic Hollywood, Classic Whiteness*. Ed. Daniel Bernardi. Mineápolis: University of Minnesota Press, 1996. 157-177. Impresso.

Wasserman, Todd. "For Marketers to Kids, no Pause in Direct-to-DVD". *Brandweek*, 11-18 jul. 2005: 10. Web. 12 jun. 2006. proquest.umi.com.proxy.lib.umich.edu/pqdweb?did=869228571&Fmt=4&clientId=17822&RQT=309&vName=PQD.

Watkins, Craig S. *Representing: Hip Hop Culture and the Production of Black Cinema*. Chicago, IL: University of Chicago Press, 1998. Impresso.

Weddington, Randy. "Mixing It Up: Direct-to-Video Has Become a Tough Sell for Some Retailers, but Star Power and Good Cover Art Can Help Move Titles off the Shelves". *Supermarket News*, 23 abr. 2001: 88. Web. 12 jul. 2006. http://proquest.umi.com.proxy.lib.umich.edu/pqdweb?did=1049469661&sid=3&Fmt=1&clientId=17822&RQT=309&vName=PQD.

Weiler, A.H. "'Abby,' about a Black Family and Exorcism". *New York Times*, 26 dez. 1974: 53. Impresso.

Welch, William M. "Former Senator Thurman Dies". *USA Today*, 26 jun. 2003. Web. 12 ago. 2010. www.usatoday.com/news/washington/2003-06-26-strom_x.htm.

West, Hollie I. "Black Films: Crossovers and Beyond Blaxploitation". *Washington Post*, 8 fev. 1976: 119. Impresso.

"What's Hot: Direct-to-Video". *DSN Retailing Today*, 2 abr. 2001: 37. Impresso.

White Boyz. Dir.: Marc Levin. Atuação: Danny Hoch. Fox Search Light, 2004. DVD.

"The White Gorilla". YouTube.com, LLC, 2010. Web. 26 jul. 2010. www.youtube.com/watch?v=n_c47ZGZ5l8.

White Zombie. Dir.: Victor Halperin. Prod.: Edward Halperin. Atuação: Bela Lugosi. Filme. United Artists Corp., 1932.

"Wild Cannibal Turns Out to Be Ex-Janitor: Salary Suit Reveals Harlem as Scene of Fake Movie". *Chicago Defender*, 15 mar. 1930: 3. Impresso.

Williams, Delores S. *Sisters in the Wilderness: The Challenges of Womanist God-Tal*. Maryknoll, NY: Orbis Books, 1993. Impresso.

Williams, Linda. "When the Woman Looks". *The Dread of Difference: Gender and the Horror Film*. Ed. Barry Keith Grant. Austin: University of Texas Press, 1996. 15-34. Impresso.

Williams, Tony. "Trying to Survive on the Darker Side: 1980s Family Horror". *The Dread of Difference: Gender and the Horror Film*. Ed. Barry Keith

Grant. Austin: University of Texas Press, 1996. 164-180. Impresso.

Wilson, Wendy. "Web Pages Give Direct-to-Video Titles an Online Push". *Video Business*, 14 set. 1998: 32. Web. 18 jul. 2006. proquest.umi.com.proxy.lib.umich.edu/pqdweb?did=34088315&Fmt=3&clientId=17822&RQT=309&vName=PQD.

Winokur, Mark. "Technologies of Race: Special Effects, Fetish, Film and the Fifteenth Century". *Genders OnLine Journal* 40 (2004). Web. 20 jan. 2006. www.genders.org/g40/g40_winokur.html.

Wlodarz, Joe. "Beyond the Black Macho: Queer Blaxploitation". *The Velvet Light Trap* 53 (primavera, 2004): 10-25. Web. 20 jan. 2006. http://muse.jhu.edu/login?uri=/journals/the_velvet_light_trap/v053/53.1wlodarz.html.

Wolf, Jessica. "'Final Destination 3' DVD Lets Fans Direct Hand of Fate". *Home Media Retailing*, 9-15 abr. 2006: 12. Web. 12 jun. 2006. proquest.umi.com.proxy.lib.umich.edu/pqdweb?did=1024048321&Fmt=4&clientId=17822&RQT=309&vName=PQD.

_____. "'Masters of Horror' Makes Its Way to DVD". *Home Media Retailing*, 2-8 abr. 2006. Web. 12 jun. 2006. proquest.umi.com.proxy.lib.umich.edu/pqdweb?did=1019660381&Fmt=4&clientId=17822&RQT=309&vName=PQD.

Wood, Robin. *Hollywood from Vietnam to Reagan*. Nova York: Columbia University Press, 1986. Impresso.

_____. "An Introduction to the American Horror Film". *Movies and Methods: Volume II*. Ed. Bill Nichols. Berkeley: University of California Press, 1985. 195-220. Impresso.

_____. *Personal Views Explorations in Film*. 2. ed. Detroit, MI: Wayne State University Press, 2006. Impresso.

Worland, Rick. *The Horror Film: An Introduction*. Malden, MA: Blackwell, 2007. Impresso.

Yearwood, Gladstone L. *Black Film as a Signifying Practice: Cinema, Narration and the African-American Aesthetic Tradition*. Trenton, NJ: Africa World Press, Inc., 2000. Impresso.

Young, Elizabeth. *Black Frankenstein: The Making of an American Metaphor*. Nova York: Routledge, 2008. Impresso.

_____. "Here Comes the Bride: Wedding Gender and Race in *Bride of Frankenstein*". *The Dread of Difference: Gender and the Horror Film*. Ed. Barry Keith Grant. Austin: University of Texas Press, 1996. 309-337. Impresso.

Young, Lola. *Fear of the Dark: 'Race,' Gender and Sexuality in the Cinema*. Londres: Routledge, 1996. Impresso.

Zimmerman, Bonnie. "*Daughters of Darkness*: The Lesbian Vampire on Film". *The Dread of Difference: Gender and the Horror Film*. Ed. Barry Keith Grant. Austin: University of Texas Press, 1996. 379-387. Impresso.

HORROR NOIRE

ÍNDICE

24 horas (2001-2010) 342
48 horas (1982) 247
2012 (2009) 342

Aaliyah 337
A Associação Nacional dos
   Assistentes Sociais Negros 218
Abbott e Costello 128
Abby (1974) 202, 206, 214,
   232, 234, 284, 462
Abismo do medo (2005) 344
A bruxa de Blair (1999) 282, 321, 323
A camisinha assassina (1996) 283
A canção do sul (1946) 158
"A colheita sombria" 68, 71, 77
*A conquista do planeta dos
   macacos* (1972) 100
A dama de branco (1988) 250
Adams, Brandon 296, 311
À espera de um milagre (1999) 256
A fera deve morrer (1974) 237
A filha de Drácula (1936) 88
África 85, 89, 91, 92, 102, 107, 110,
   116, 135, 138, 154, 173, 174, 175, 180,
   181, 182, 186, 200, 212, 252, 275, 283,
   303, 336, 341, 346, 356, 357, 359
   africanos 90, 174, 176,
      181, 182, 256, 283
afro-americana 240
afro-americano 60
afro-americanos 303, 328
afro-estadunidenses 24, 26, 38,
   47, 49, 63, 66, 77, 94, 112, 114,
   145, 164, 178, 191, 212, 213, 374

agentes da lei 217, 218, 246
A grande ilusão (1949) 128
A guerra dos mundos (1953) 289
A hora do pesadelo (1984) 53, 250, 298
A ilha da magia (1929) 106
A ilha do terror (1957) 181
Alexander, Terry 197, 199, 342
Alfred Hitchcock Presents (1955-1965) 167
Alien: o oitavo passageiro
   (1979) 223, 224, 264, 346
Aliens, o resgate (1986) 267
Alien vs. predador (2004) 336
almas 48, 108, 152, 170, 237,
   262, 292, 314, 329, 366
A maldição dos mortos-vivos (1988)
   44, 105, 259, 262, 274, 296
Ameaça urbana (1999) 323
Amegro 143
American International
   Pictures (AIP) 213, 214, 227
Amores divididos (1997) 288
A morta-viva (1943) 129, 130, 131, 297
A mosca da cabeça branca (1958) 265
A múmia (1932) 87, 88, 116, 166
A múmia (1999) 282
Anderson, Eddie 160
An Execution by Hanging (1898) 60
A Nigger in the Woodpile
   (1904) 22, 50, 62, 63
aniquilação 37, 250, 253, 258, 342
Aniversário macabro (1972) 202
anjo 144, 295
Anjos da noite (2003) 334
A noite dos demônios (1988) 263

A noite dos mortos-vivos (1968) 31, 44,
  51, 183, 184, 185, 200, 266, 326, 462
  caipiras 188
  lançamento 184, 187
  Richard Matheson 326
  zumbis 184, 186, 187
A noite dos mortos-vivos (1990) 318
A noite dos mortos-vivos 3D (2006) 318
A noiva de Frankenstein (1935) 88
A noiva e a besta (1958) 172
A pequena rebelde (1935) 254
A princesa e o sapo (2009) 346
A profecia (1976) 322
apropriação 62
A rainha dos condenados (2002) 337
armas de fogo 70, 198, 293, 306
As cores da violência (1988) 246
As criaturas atrás das paredes
  (1991) 47, 296, 311, 312, 313
A Son of Satan (1924) 80, 81, 82
assassino de monstros 206
Associação Cinematográfica
  da América 191
Associação Nacional para o Progresso
  das Pessoas de Cor [NAACP] 24,
  70, 136, 138, 148, 208, 271, 272
A terceira porta do inferno (1988) 252
A última esperança da terra (1971) 325
A vingança de J.D. (1976) 214, 238
A vingança dos mortos (1974) 52, 214,
  224, 235, 237, 238, 282, 336, 462
A vingança dos zumbis (1943)
  23, 157, 183, 346
A volta do fantasma (1941) 23, 162
A volta dos mortos-vivos (1985) 342

Bad Boy (1939) 142
Baile de formatura (1980) 43, 264
Baker, Rick 265, 266
Balada sangrenta (1972) 263
Barão Samedi 122
Barbeau, Adrienne 296
Barbie 333
bar decadente 144
Barker, Clive 307
Barr, Edna 149

Bartman, Sarah 90
Baskett, James 158
Bassett, Angela 47, 296
*Batman: o cavaleiro das
  trevas* (2008) 341
Batts, Reggie 296
Beach, Michael 339
Beaudine, William 159, 163
Belcher, Patricia 257
Bem-amada (1998) 282, 301, 303
bem e mal 39, 54, 189, 200, 364
bem-estar 41, 215, 245
*Bem-vindo de volta, irmão
  Charles* (1975) 52, 220
Bentley, Lamont 292
Bernsen, Corbin 291
Berry, Halle 321
Berry, S. Torriano 148, 298
Bertolini, Francesco 152
Best, Willie 23, 93, 152, 155, 161, 162
bête noire 38, 50, 144
Betsy, Blair 165
Beulah (1950-1953) 167
Beulah, Mammy 66, 67,
  158, 163, 164
Bey, Marki 225, 235
bíblias 32, 150, 287, 303
Biblioteca do Congresso
  75, 149, 364, 366
bicho-papão 50, 65, 224,
  246, 283, 309, 334, 353
  negro 283, 309
Biograph Company 59, 60, 65
Bioshock (2007) 322
Blackenstein (1973) 24, 52, 206, 214
Black Noir (livro) 38
Black Shampoo (1976) 210
Blácula: o vampiro negro
  (1972) 296, 362
Blade: o caçador de vampiros
  (1998) 315, 316, 317
blaxpoitation 219
BloodRayne (2006) 322
Bloodz vs. Wolvez (2006) 319, 323, 334
bocores 119
Bond, Cynthia 284

Bond III, James 46, 284, 376
Bones: o anjo das trevas
   (2001) 34, 54, 327, 328
Bonet, Lisa 258
Bowman, Laura 136, 138, 150
Bradley, Mamie Till 177
Brown Gravy (1929) 142
Brown, Jophery C. 37
Brown, Wally 131
bruxas 58, 84, 172
   bruxaria 107, 110
Bubba Ho-Tep (2002) 342
Buck Dance (1903) 61
Bufford, Daisy 141
Bugged (1997) 282, 298
Burnett, Charles 288, 346
Burroughs, Nannue Helen 62
Burr, Raymond 171
Bush, Anita 77
Bush, George H.W. 248
Bwana, o demônio (1953) 182

Cabrini-Green 308
Cafetão americano (1999) 328
Campbell, William 91
Candyman 44, 76, 108, 188, 219,
   283, 299, 307, 308, 309, 310, 314,
   317, 318, 334, 345, 362, 378, 462
Candyman: dia dos mortos (1999) 333
Candyman 2: a vingança (1995) 362
canibalismo 31, 67, 107, 125, 311, 329
Cannon, George 76
Cantando saudades (1936) 88
Cão branco (1982) 269, 271, 272
Cara de mármore (1946) 162
Caribe 47, 88, 104, 112, 114, 119,
   129, 130, 154, 181, 186, 252, 303
Carney, Alan 131
Carpenter, John 272, 322, 333
Carrie, a estranha (1976) 287
Carroll, Diahann 288
Carter, Terry 232
Carter, T.K. 273
casas mal-assombradas 70,
   81, 83, 152, 164, 251
Casey, Bernie 217

Cash, Rosalind 292, 325
catolicismo 103
Caviness, Catherine 143
censura 118, 121, 137, 155, 172
Chamas da vingança (1984) 44
Chaney, Lon Jr. 179
Charlie *ver* Wong, Victor
Chenault, Lawrence 78, 81, 82
Chesnutt, Charles 83
Chloe, Love is Calling You
   (1934) 121, 122
Chop Shop (2007) 319
ciência 34, 51, 74, 171, 175,
   217, 231, 259, 365
cientistas 57, 74, 90, 134, 167,
   171, 174, 175, 176, 178, 185,
   194, 196, 273, 294, 298
   brancos 174, 178, 180
   negros 138
Cinemation 213
cinetoscópio 58
Clark, Eugene 198
Clark, Marlene 226, 238
classe 33, 34, 42, 43, 49, 53, 62, 138,
   165, 191, 198, 227, 242, 243, 246, 249,
   250, 256, 288, 290, 308, 333, 345
   classismo 49
   segunda 198
classes
   baixas 53, 246, 249, 256, 290
   burguesia 144, 165, 278
Cleaver, Eldridge 221
clubes 33, 59, 116, 131, 144, 148,
   150, 159, 238, 262, 275, 294
Coakley, H.M. 323, 335, 346
Cobbs, Bill 340
código *ver* Código Hays
Código Hays 205, 368
Coffy: em busca da vingança
   (1973) 208, 230
Cohen, Rob 242
Colheita maldita (1984) 318
Colheita maldita 3: a colheita
   urbana (1995) 53, 318
colonialismo 182, 344
Columbia Pictures 137

comédia 22, 40, 59, 62, 63, 64, 70,
    78, 128, 142, 152, 153, 155, 158, 159,
    183, 237, 240, 247, 250, 295, 342
  de terror 63, 70
Comissão Federal de Comércio (FTC) 92
comunidade negra
  exploração 224
  violência 224, 232
  violência policial e 218, 224, 232
comunidades 50, 191, 192, 202,
    208, 212, 246, 250, 264, 278, 282,
    290, 291, 293, 334, 335, 343
comunidades negras 50, 192,
    202, 208, 282, 291, 293, 335
  exploração 202, 308, 334
  violência policial e 220
Congo 89, 90
Congo Pictures, Ltd 91
Conjure Woman (1926) 83
Conleu, Nellie (Wan) ver
    Madame Sul-Te-Wan
consumismo 194
Contos da cripta (1972) 290
Contos da cripta (HQ) 290
Contos macabros (1995) 26, 53,
    282, 290, 329, 335, 346
contos moralizantes 51, 144, 282
Cooley High (1975) 370
Coontown Suffragettes (1914) 59
Coppola, Francis Ford 281
Coração satânico (1987) 25, 125, 258, 282
cor da pele 199
Corpo e alma (1925) 80
Crain, William 208, 217, 230
Craven, Wes 47, 295, 311
Crazy as Hell (2002) 323, 339
criatura 71, 177
cristãos 124, 147, 149, 150, 174, 232, 288
Cristo 145, 150, 296, 325, 327
Crothers, Scatman 254, 256
Crudup, Carl 239
Cryptz (2002) 323, 337
Cully, Zara 235
cultura popular 39, 49, 80, 125, 151,
    242, 245, 254, 265, 267, 324, 346, 358
Cundieff, Christiana 292

Cundieff, Rusty 26, 53, 290, 291
Curtis, Jamie Lee 223

Da Hip Hop Witch (2000) 323
Dahmer, Jeffrey 312, 313
danças 78, 85, 99, 112, 115, 122, 231
darwinismo 91, 93, 177
David, Keith 272
Davis, Ossie 342
Day x (2006) 326
DeBase, Eddie 144
Def by Temptation (1990) 46, 53,
    146, 282, 283, 336, 345, 462
Demme, Jonathan 281, 301
demônios 241, 313, 339
De Niro, Robert 259, 282
Desejo de matar 2 (1982) 246, 248
Despertar dos mortos (1978)
    30, 31, 193, 196, 342, 462
Dessalines, Jean-Jacques 104
De Sue, Joe 214
Deus 232, 234, 284
Deus e a humanidade (1918) 50
Deuses 105, 112, 174, 175, 234
Devil for a Day (1917) 78
De volta ao planeta dos
    macacos (1970) 100
diabo 49, 77, 107, 123, 125, 142,
    144, 145, 259, 293, 295, 298
Dia dos mortos (1985) 193,
    196, 284, 326, 342
Dickerson, Ernest 26, 34, 46, 54,
    284, 294, 327, 328, 333, 367, 380
direitos civis
  organização dos 70, 137
Direitos Civis 70, 97, 137,
    180, 181, 184, 200, 201, 208,
    291, 293, 303, 351, 374
  ativistas 188, 219
  movimento pelos 219, 257
  pós- 97, 293
Dixie National Pictures, Inc. 159
Dixon, Thomas Jr. 65, 68, 70, 75
Dois policiais em apuros (1986) 247
Dolemite (1975) 208, 241
Dorff, Stephen 315

Do The Dead Talk? (1918) 78
Drácula (1992) 282
Drácula 2000 (2000) 344
Drácula 3000: escuridão infinita (2004) 346
Dream House (2006) 54, 333
drogas 121, 208, 215, 217, 245, 259, 282, 290, 291, 293, 327, 334
Drums o' Voodoo (1934) 136, 149, 150, 346
Du Bois, W.E.B. 48, 62, 84
Dukakis, Michael *ver* Horton, Willie
Duncan, Michael Clarke 256
Duvalier, Jean-Claude \ 262
Duvall, Shelley 254

... *E o vento levou* (1939) 88
Ebert, Roger 295
Ebony Film Company 78, 79
Eclipse mortal (2000) 326
Edison, Thomas 64
Edwards, John 63
Edwards, Ken 326
Edwards, Mattie 63
Edwards, Tracy 313
eleições presidenciais de 2008 343
elenco
   escolha de 120
   exclusivamente negro 23, 46, 77, 119, 152
   negro 34, 141, 158, 284, 295, 296, 301
Elise, Kimberly 301
Elliott, Mike 333
empoderamento 49, 52, 165, 201, 207, 208, 230
encruzilhada 144, 145, 362
Englund, Robert 250
Eraserhead (1977) 263
escravizador 302
escravos 65, 101, 153, 172, 180, 208, 269, 300, 302, 305, 313, 359, 368
   escravidão 22, 94, 101, 103, 108, 129, 130, 131, 153, 197, 231, 237, 292, 297, 301, 302, 303, 345, 368
   memória 303
   narrativas de 130

Escritório de Informações de Guerra (OWI)
   Departamento de Cinema 154
estereótipos 41, 58, 62, 63, 82, 90, 115, 155, 159, 164, 165, 207, 208, 218, 225, 232, 257, 283, 287, 316, 340, 346, 363
esteretótipos
   representações 136, 137, 149
Estranhos prazeres (1995) 346
Eu sei o que vocês fizeram no verão passado (1997) 322
Eu sou a lenda (2007) 325
Exclusive International 214
Exército 64, 66, 142, 196, 359
exército infernal 314
expedição 89, 91, 95, 97, 99, 176
exploração 202, 213, 217, 241, 334
Exu 232, 234

família 62, 254, 288
Fanaka, Jamaa 220
fantasmas 58, 81, 131, 154, 164, 300, 323, 373
Fantasmas à solta (1943) 163
feitiços 105, 116, 117, 135, 222, 296
feminino 144, 145, 171
ficção científica 37, 40, 100, 101, 167, 170, 173, 241, 256, 264, 289, 324, 342, 380
Fight for Your Life (1977) 219, 220
filmes
   curtas 50, 58, 60, 61, 62, 78, 163
   de baixo orçamento 34, 54, 142, 173, 184, 213, 214, 215, 219, 220, 234, 287, 298, 318, 333, 335, 362
   de Hollywood 48, 111, 114, 154
   de selva 94, 172
   mudos 50, 58, 60, 77, 80, 149
   musicais de terror 263
   raciais 53, 142
   religiosos de terror 282
filmes B 127, 134, 136, 159, 166, 241
filmes de
   zumbis 105, 183
filmes praianos 213
   A praia dos amores (1963) 213

Folias na praia (1965) 213
The Horror of Party Beach
  (1964) 167, 179
Film Review Board 81
Fleming, George S. 60
Fluellen, Joel 134, 165, 174, 200, 362
Foree, Ken 194
Foster, Jodie 281
Four Toppers 141
Foxy Brown (1974) 208, 224
franceses 51, 57, 58, 103, 108, 359, 374
Frankenstein (1931) 87, 206, 215, 240, 309
Frankenstein de Mary Shelley (1994) 282
Frederick Douglass Film Company 76

galinha 61, 67, 128, 159
gangsta, cultura 294
gângsteres 291, 308, 327, 328
Ganja & Hess (1973) 34,
  202, 225, 226, 227
Garcia, Jenicia 336
Garota Final 223, 224,
  234, 240, 299, 345
gays 209, 210, 285, 345, 376
Gemora, Charles 92
gênero
  papéis de 34, 41, 210, 220, 237, 239
  papel de 220
gentrificação 252
Gentry, Minnie 284
George, Nelson 284
Ghost of Twisted Oak (1915) 105
Ghosts (1917) 78
Gist, Eloyce 147, 148, 149, 298, 345, 363
Glover, Danny 247, 288, 302, 306
Go Down, Death (1944) 150,
  151, 152, 282, 345
Goodwin, Ruby 178
Grant, Alfred 141
Graves, Teresa 237
Gray, Mykei 336
Grey, Reatha 221
Grier, David Alan 291
Grier, Pam 224, 225, 227, 231, 327
Grier, Rosey 217
Griffith, Anthony 291

Griffith, D.W. 22, 50, 64, 65, 67,
  68, 69, 70, 76, 77, 84, 355
guerra 43, 52, 60, 65, 67, 88, 102,
  107, 135, 150, 152, 157, 158, 191, 201,
  214, 215, 267, 315, 316, 326, 334
Guerra Civil 45, 65, 66, 67
gueto 42, 47, 53, 54, 226, 245, 288, 290,
  291, 293, 294, 298, 305, 306, 307,
  308, 311, 315, 318, 323, 334, 335, 339
Guilda dos Atores de Cinema (sag) 165
Guillermin, John 97
Gunn, Bill 34, 225, 227
Gunner, Robert 100

Haiti 51, 85, 87, 102, 103, 104,
  105, 106, 107, 108, 110, 112,
  114, 115, 117, 118, 125, 130, 259,
  262, 341, 359, 360, 361, 365
haitiano 103
haitianos 103, 104, 106, 110,
  112, 119, 120, 125, 262
ocupações no 106
Halloween: a noite do terror
  (1978) 205, 223, 249
Halloween: o início (2007) 322
Halloween 2: o pesadelo
  continua! (1981) 249
Hallowe'en in Coontown (1897) 59
Hamilton, Kim 180, 200
Hammond, Brandon 291
Hardison, Kadeem 284
Hardison. Kadeem 284
Harlem 82, 84, 119, 120, 122, 142,
  154, 157, 159, 259, 357, 370, 380
Harlem on the Prairie (1937) 142, 159
Harper, Hill 302
Harrington, Hamtree 120
Harris, Henry 250
Harris, Theresa 130
Harvey, Georgette 121
Haunted Spooks (1920) 153, 307
Heart of Africa (1915) 92
Helms, Jesse 292
Hemsley, Estelle 180, 200
heróis 31, 45, 66, 111, 186, 189, 194,
  201, 207, 223, 272, 316, 324, 342

super-heróis 207, 257,
    283, 317, 318, 324
Heston, Charles 100, 325
heterossexismo 49, 52, 209
Hilton-Jacobs, Lawrence 340
hipersexualidade 90, 316
hip-hop 34, 54, 75, 290, 319, 323,
    324, 327, 329, 334, 337, 339
Hispaniola 50, 102
história dos negros 207
história negra 303
Holla (2006) 346
homofobia 52, 209, 285, 313, 332
Hoodoo Ann (1916) 62
Hope, Bob 154, 162
Hopkins, Anthony 281
horrorcore 329
Horror em Amityville (1979) 247
horror negro 252
    início do 252
Horton, Willie 76, 248
House of the Dead: o filme (2003) 322
House-Rent Party (1946) 159
humor 46, 47, 62, 63, 129, 131, 141, 153,
    154, 157, 159, 335, 342, 345, 380

identidade racial 46, 116, 117, 119
    tratamendo da 119
ideologia Black Power 52, 97, 202,
    207, 212, 214, 282, 303, 371
igreja 47, 143, 146, 147, 150, 226,
    232, 259, 271, 325, 357, 363
    negra 146, 147
imagens em movimento 58
Imhotep 116
Imitação da vida (1934) 118
Impacto profundo (1998) 342
Independence Day (1996) 324
independente
    filmes 184
    filmes negros 283
independentes
    cineastas 80, 136, 333
    cinema 184, 295
    filmes 295, 318, 333
    filmes negros 54, 84, 298, 300

salas de cinema 263, 264
inferno 143, 144, 148, 149, 151, 152, 370
Inferno de Dante 152
ingagi 90
Ingagi (1930) 90, 91, 92, 93, 94,
    95, 96, 116, 125, 138, 357, 363
inter-raciail
    casos amorosos 253
inter-raciais
    casos amorosos 356
    romance 356
inter-racial
    amor 67, 68, 309
    casamento 67, 68
    casos amorosos 209, 307, 309
    romance 307, 309
intolerância 188, 214, 217, 221
invisibilidade 52, 167, 178,
    248, 250, 344, 372
In Zululand (1915) 62
iorubá 206, 232, 234, 377
Irvin, Rick 337
Ives, Burl 269

Jacko, Firpo 357
Jackson, Freddie 46
Jackson, Michael 265, 267,
    269, 278, 335, 374
    Black and White (1991) 268
    Captain EO (1986) 268
    Ghosts (1997) 267, 268, 269
    Moonwalker (1988) 268
    Thriller (1983) 265, 266, 267, 268, 269
Jackson, Peter 97
Jackson, Samuel L. 38, 46, 284, 321, 376
Jamaica 119, 120, 359
James, Ida 119
James, LeBron 102
James, Samuel H. 150
Jasper (1942-1947) 163, 164, 165
    críticas à série 164, 165
    *Jasper and the Haunted
        House* (1942) 164
    Jasper and the Watermelons (1942) 163
Jesus 143, 145, 146, 226, 287,
    288, 295, 325, 326

Jim Crow 81, 121, 123, 162, 246, 271
Johnson, George 79
Johnson, James Weldon 151
Johnson, Noble 76, 88, 95, 116
Jones, Darby 130, 131
Jones, Duane 31, 184, 189, 199, 200, 225, 326
Jones, Grace 275
Jones, James B. 144
JosephineBaker, Josephine 90
Jubert, Alice 238
Judd, Robert 219
jukebox 170
Jurassic Park: o parque dos dinossauros (1993) 37, 40

Kahn, Richard 138
Karloff, Boris 71, 116, 166, 365
Kaufman, Lloyd ver Troma Entertainment
Kelly, Jennifer 298
Kikuyu 89, 182
Killjoy (2000) 335
King Kong (1933) 34, 44, 50, 94, 95, 108, 128, 144
King Kong (1976) 97
King Kong (2005) 97
King, Martin Luther Jr. 32, 184
King, Stephen 39, 267
Kotto, Yaphet 224, 346
Kracker Jack'd (2003) 319, 339
Kristofferson, Kris 316
Krueger, Fred 250, 289
Ku Klux Klan 45, 66, 68, 75, 272, 292

laboratórios 71, 178, 179, 215, 249
Landis, John 265, 266, 267, 333, 374
lar 120
La Salle, Eriq 323
Lathan, Sanaa 315, 337
Lawson, Richard 231, 237
Lee, Spike 278, 284
Lemmons, Kasi 288, 308
Lendas da vida (2000) 257
lendas urbanas 308
Leon 300

Leonard, Sheldon 118
lésbicas 285, 337, 376
Lewis, Sybil 158
Lewton, Val 128, 131
liberdade 54, 68, 101, 103, 125, 212, 290, 302, 303, 341
Liga Urbana 165
linchamentos 63, 67, 68, 121, 122, 123, 201, 222, 307
Lincoln Motion Picture Company 76, 79
L'Inferno (1911) 152
Lions Gate 333, 347
Lister, Tiny 346, 379
Lloyd, Harold 153
lobisomens 33, 238, 265, 266, 335, 345
Lobo (1994) 282
Lobos (1981) 25
Lockhart, Calvin 238, 306
Los Angeles, Califórina 25, 209, 212, 220, 252, 275, 288, 305, 336, 357, 365
Loucos de dar nó (1980) 247
Louisiana 104, 122, 123, 142, 149, 155, 158, 178, 186, 288, 359
Nova Orleans 104, 235, 238, 252, 258, 259
Louis, Willard 63
L'Ouverture, Toussaint 103
Lua negra (1934) 111
Lubin Manufacturing Company ver Lubin, Sigmund
Lubin, Sigmund 61, 62, 63, 64, 105, 159
Lúcifer 152, 259
Lucky Ghost (1942) 158, 159
Lugosi, Bela 107, 115, 131, 163, 360
Lute pela coisa certa (1988) 284

macacos 50, 90, 94, 100, 101, 102, 104, 114
chimpanzés 100, 101, 342
filmes de 90, 141
gorilas 90, 92, 100, 141, 172, 173, 234, 357, 366
ingagi 90, 92, 138, 139
machismo 49, 237, 238, 328, 332
Madame Sul-Te-Wan 62, 155, 157, 158

Madsen, Virginia 308
magia 30, 83, 105, 110, 115, 116, 119,
    121, 150, 172, 259, 262, 278, 356
magia negra 105, 115, 121, 172, 259, 262
Mailer, Norman 201
Makepeace, Chris 275
malandros 23, 59, 110, 125, 129
malapropismos 160
"mammy"
    Mickey Mouse 365
Mantan Runs for Mayor (1947) 159
"mãos brancas", propaganda
    política 292
Máquina mortífera I e II
    (1987 e 1989) 247
Marca da vergonha (1927) 147
marketing 41, 128, 332
Marley, Bob 326
Marshall, William 208,
    230, 231, 232, 234
Martin, Bonnie 219
masculinidade 47, 49, 97, 145,
    196, 197, 212, 240, 293
Matheson, Richard 325, 326
Mattera, Jason 341
Mau Mau, movimento 182
Maverick Entertainment
    54, 333, 334, 380
McClennan, Frank H. 144
McFarlane, Todd 314
McGee, Vonetta 208
McKinney, Nina Mae 119
McNichol, Kristy 269
melancias 61, 62, 164, 240, 363
Méliès, George 50, 57, 58
menestréis 153, 154, 167
mercado de filmes infantis 333
mercado de vídeos caseiros
    267, 283, 298, 332, 333, 343
mercado direto-para-vídeo
    267, 283, 298, 319, 345
Mercy, The Mummy Mumbled (1918) 78
mestres 75, 160, 235
Meu mestre, minha vida (1989) 246
MIB: *homens de preto I e II*
    (1997, 2002) 324

Micheaux Book and Film
    Company 77, 80
Micheaux, Oscar Devereaux
    50, 64, 77, 79, 80, 81, 82, 83,
    147, 201, 345, 355, 356, 363
militares 97, 104, 175, 196, 197
Milland, Ray 217
Miller, Flournoy 158, 159
Minstrels Battling in a Room
    (c. 1897-1900) 59
miscigenação 81, 137, 173, 181, 309
Mitchell, Don 232
Mocidade feliz (1931) 254
Mokae, Zakes 262
Money Talks in Darktown (1916) 78
Monogram Pictures 128, 157
Monster from Green Hell (1957)
    51, 173, 175, 176, 200
monstros brancos 53, 249, 277, 289
monstros de lixo tóxico 179
Monstro sem alma (1976) 24, 52,
    206, 214, 217, 226, 267, 298
Monte, Marlo 220
Moore, Eulabelle 179
Moore, Melba 284
Moore, Rudy Ray 240, 241
Moreland, Mantan 23, 51, 125, 129, 152,
    155, 156, 157, 158, 159, 160, 162, 183
Morgan, Debbie 288
Morris, Earl 136, 141
Morrison, Ernest "Sammy
    Sunshine" 307
Morrison, Toni 301, 305
morte 149
Mortos que matam (1964) 325
mortos-vivos 24, 30, 31, 35, 44, 51, 105,
    111, 117, 152, 167, 182, 183, 184, 185,
    189, 190, 191, 192, 196, 197, 199, 200,
    202, 206, 225, 235, 259, 266, 274,
    296, 301, 318, 342, 345, 362, 367, 462
Motion Picture World (revista) 78
mulato trágico 116, 117, 121, 315
Mulher Durona 224, 225, 227,
    231, 232, 234, 240, 299, 345
mulheres negras 52, 62, 84, 90, 91,
    93, 94, 95, 96, 97, 107, 110, 116, 138,

144, 206, 218, 224, 227, 232, 237, 238, 254, 275, 278, 287, 309, 312, 336
ausência de 84, 107, 110
feminilidade 145, 227
heroínas 52, 206, 224, 278
sexualidade 90, 91, 94, 224, 227, 254
multiplex, cinemas 264, 267
Mumbo Jumbo 134, 135, 174, 362.
Ver também Fluellen, Joel
mundo negro 62, 89, 246, 247
Murphy, Eddie 47, 247, 296
Muse, Clarence 110, 114, 136, 254, 346
música 46, 47, 58, 85, 91, 114, 144, 147, 148, 194, 265, 273, 289, 323, 324, 326, 329, 353, 372, 377
Myers, Michael 45, 289, 298

nacionalismo negro 52, 180, 201, 220, 296
Na companhia do medo (2003) 321
Não durma nervoso (1990) 288
Natal sangrento (1984) 264
Native Woman Coaling a Ship at St. Thomas (1895) 61
Native Woman Washing a Negro Baby in Nassau (1895) 61
Native Woman Washing Clothes at St. Vincent (1895) 61
nativos 34, 61, 90, 94, 95, 96, 99, 110, 112, 114, 116, 124, 128, 134, 135, 154, 158, 174, 175, 176, 181, 251, 252, 254, 283, 346, 358, 362
nativos americanos 277
nativos norte-americanos 251, 252, 254
negras
mães negras 316
negritude
filmes negros 41
representações de 63, 212
tratamento da 44
negro
cinema 42, 142, 193, 227, 328
"negro assustado" 162
negro assustado 84, 163, 273
negro cômico 114, 120

negros
atores 23, 47, 63, 66, 67, 76, 84, 88, 95, 134, 137, 153, 154, 172, 206, 207, 214, 247, 328, 343
bairros 191, 288, 290, 299
casal 238, 300
cineastas 50, 54, 84, 88, 129, 206, 346
corpos 93, 106, 141, 162, 220, 255
cultura negra 34, 38, 39, 46, 47, 66, 84, 114, 131, 142, 165, 235, 240, 247, 248, 288, 289, 290, 296, 339
em filmes 159, 183, 207, 283, 294
empoderamento 49, 52, 165, 201, 207, 208, 230
espectadores 46, 81, 84, 88, 101, 115, 119, 142, 158, 165, 191, 192, 213, 214, 227, 242, 301, 342, 343
experiência negra 46, 235, 288
filmes 24, 41, 42, 44, 46, 47, 49, 51, 52, 53, 54, 63, 76, 77, 79, 80, 83, 84, 85, 105, 115, 119, 125, 136, 138, 143, 146, 147, 149, 151, 165, 202, 206, 207, 208, 210, 212, 213, 224, 225, 230, 232, 235, 237, 240, 242, 282, 283, 288, 289, 290, 295, 297, 298, 300, 301, 314, 318, 319, 323, 328, 329, 332, 334, 335, 336, 337, 339, 342, 344, 345, 347, 371, 379
imagens 44, 62, 63, 77
imprensa negra 79, 165, 177, 357
invisibilidade 178, 248, 250
mães negras 287, 336
monstros 183, 379
orgulho 207, 217
religiões 103, 105, 149, 259, 346
salas de cinema para 77
sexualidade 90, 91, 92, 94
tratamento dos 39, 44, 58, 105, 123, 128, 136, 137, 165, 179
tratamentos dos 142
negros mágicos 256, 257, 258
negros no terror 25, 278, 319, 325, 345, 346
definições 44, 45, 46, 47, 48
negroz 54, 321
Netflix 333

Newton, Thandi 302
Nicholas, Denise 210
Nicholson, Jack 254, 282
Nigéria 226, 232
nitrato 59
Niven, David 237, 238
Noble, John W. 50
Noire Digerati 38
Noite dos mortos-vivos (1968) 24
Noite infernal (2007) 334
Noivado na guerra (1935) 88
Noivo em pânico (1999) 363
Nollywood 345
Norman Film Manufacturing Company 77
Norman, Richard *ver* Norman Film Manufacturing Company
nosferatu 296
Nos limites dos portões (1920) 77
Notes of a Native Son (livro) 212
Now Eat: The Movie (2000) 329
Nunez, Miguel 342, 343
Nunn, Bill 284, 287

O abominável dr. Phibes (1971) 265
O ataque das sanguessugas gigantes (1959) 192
O ataque vem do Polo (1957) 166, 171, 176, 194
Obama, Barack 341, 342, 343, 381
obeah 121
O bebê de Rosemary (1968) 336
O cantor de jazz (1927) 58
O castelo sinistro (1940) 154, 162
O cérebro do planeta Arous (1957) 166
O chefão de Nova York (1973) 213
O dia dos namorados macabro (1981) 264
O duende (1993) 318
O duende 5 (2000) 318
O duende perverso (2003) 318
O enigma de outro mundo (1982) 267, 272, 274, 275
O estranho caso do dr. Jekyll e Mr. Hyde (2006) 219
O exorcista (1973) 205, 206
O exterminador do futuro (1984) 247

O exterminador do futuro 2: o julgamento final (1991) 267
O fantasma de Mora Tau (1957) 181, 182
O fantasma invisível (1941) 115, 136
O fantasma risonho (1941) 162
O franco atirador (1978) 188
O gorila branco (1945) 135
O gorila matador (1940) 128
O'Henry, Marie 218
O homem invisível (1933) 87
O homem invisível (livro) 169
O iluminado (1980) 52, 251, 253, 254, 255, 256, 257, 282
O imperador Jones (1933) 118
O irmão que veio de outro planeta (1984) 368
Olhos famintos (2001) 257
O lobisomem adolescente (1957) 266
O mágico inesquecível (1978) 267
o mal 38, 49, 53, 63, 75, 118, 124, 129, 146, 149, 183, 200, 224, 242, 259, 265, 311, 334, 336, 460
  África 200
  assassinos 235
  brancos 249
  negros 51, 76, 83, 110, 118, 185, 259
  norte 147
  religiões negras 178
  vodu 149, 232
O massacre da serra elétrica (1974) 202, 205, 241, 322
O médico e o monstro (1942) 206
O médico e o monstro (livro) 52
O mestre dos desejos (1997) 45
O mistério de Candyman (1992) 108, 219, 283, 307
O monstro da lagoa negra (1954) 45, 176, 177, 206, 277, 325
O monstro de duas cabeças (1972) 214, 217
O monstro do pântano (1982) 295
O mundo em perigo (1954) 289
O nascimento de uma nação (1915) 22, 45, 65, 66, 71, 72, 77, 93, 97, 176, 309
Onde os fracos não têm vez (2007) 43
o Outro 38, 44, 94, 108, 171, 278, 289

O passo do monstro (1932) 93, 162
O planeta dos macacos (1968) 100
O poço e o pêndulo (1961) 265
O predador (1987) 267
O predador 2: a caçada continua (1990) 53, 267, 283, 305, 306, 325, 334
O quinto elemento (1997) 342
O rei dos zumbis (1941) 51, 125, 157, 160, 183, 206
O renascimento de uma nação do DJ Spooky 75
O resgate do soldado Ryan (1998) 43
O retorno da múmia (2001) 282
O sangue de Jesus (1941) 51
Os "anjos" no castelo misterioso (1940) 62
Os assassinatos da rua Morgue (1932) 88
Os demônios da noite (1995) 26, 294, 295
Os donos da rua (1991) 42
O sexto sentido (1999) 282, 321
Os gritos de Blácula (1973) 52, 214, 225, 230, 231, 328, 336, 346
O silêncio dos inocentes (1991) 281, 301, 321
O símbolo do inconquistado (1920) 80
O solar do diabo (1896) 57
ouanga 119
O último paciente (2005) 340
O vingador tóxico (1984) 283

Padovan, Adolfo 152
pai Tomás 137
Pal, George 163, 164, 165, 365
Palhaços assassinos do espaço sideral (1988) 335
Paramount 270, 272
Parke, Evan 99
Patrick Harrison, Homoiselle 147
pecado 39, 76, 116, 124, 143, 144, 155, 177, 285, 293
pedestal 144, 297
pele negra 269
pena de morte 248
Peppers, Catherine 219
Perigo para a sociedade (1993) 42
Perils of the Jungle (1915) 135
Perry, Lincoln 162

Petey Wheatstraw (1977) 240, 241
Pfeiffer, Dedee 275
Pimps Up, Hos Down (1999) 328
Pinard, Lancelot 131
Pinkett, Jada 295
Pink Flamingos (1972) 263
plantação 107, 112, 117, 118, 119, 120, 121, 122, 123, 129, 130, 153, 163, 172, 178, 302
Plessy vs. Ferguson (1896) 178
Poitier, Sidney 193
Pollard, Luther J. 78
Poltergeist: o fenômeno (1982) 247, 252
Pongo, o gorila branco (1945) 134
Porter, Edwin S. 60, 64, 354
Pounder, C.C.H. 295
praga 31, 128, 182, 193, 325, 326, 327
pregação 287, 329
    pregadores 65, 150, 234
"pretos" 57, 59, 162, 339
Price, Vincent 265, 325
primitivos 61, 94, 97, 100, 102, 134, 251, 256, 346
Pringle, Joan 238
prostitutas 150, 217, 218, 226, 328, 370
psicanálise 42
Pullman, Bill 259
Pulp Fiction: tempos de violência (1994) 43
pureza 71, 102, 124, 335

Quadrilha de sádicos (1977) 202, 322
queer 212
Quênia 182

racismo 49, 52, 104, 123, 154, 208, 213, 219, 224, 242, 271, 272, 289, 293, 308, 309, 344, 345
Randle, Theresa 314
rap 34, 265, 294, 323, 324, 329, 379, 380
rappers 54, 294, 323, 327, 329, 332, 333, 334, 379
    Big Daddy Kane 334
    Biggie Smalls 294
    Brotha Lynch Hung 329
    Dr. Dre 294

gangsta rap 294
Geto Boys 329
Grandmaster Flash and
   the Furious Fuve 324
Gravediggaz 329
Ice-T 323, 324
Insane Clown Posse 329
LL Cool J 324
McCroskey, Richard "Syko Sam" 332
Paul Wall 333
Puff Daddy 294
Sugar Hill Gang 324
Tupac 294
Rastus 63, 159
Rasulala, Thalmus 210
Ratos assassinos (2001) 334
Ray, Ola 266
RedBox 333
Reddick, Lawrence Dunbar 137, 138, 363
redenção 256, 271, 278
Reliance-Majestic Studios 65
religião 34, 44, 103, 104, 105, 144,
   146, 147, 150, 164, 179, 231, 234,
   259, 287, 288, 293, 300, 345, 359
remakes 97, 100, 188, 322, 379
renascença do Harlem 88, 120
Resident Evil (1996) 322
Rhames, Ving 311
Rhodes, Hari 101
Richards, Beah 301
Ripley *ver Alien: o oitavo
   passageiro* (1979)
rituais 47, 90, 288
   malignos 90, 105, 303
   vodu 105, 106, 112, 130
Riveria, Mark Anthony 339
RKO 94, 98, 128, 131, 132, 161, 358
Robeson, Paul 118, 231
Robinson, Bill 254
Robinson, Charles 235
Robocop: o policial do futuro (1987) 246
Rock Bythewood, Reggie 219
Romero, George 24, 30, 31, 32,
   33, 34, 35, 51, 184, 187, 188, 189,
   193, 194, 196, 197, 198, 199,
   205, 206, 253, 326, 343, 367

Roosevelt, Theodore 89, 90, 104, 357
Rose, Bernard 307
Rosemon, Clinton 129
Ross, Yvonne 219
rosto marrom 173
Roundtree, Richard 379
Rourke, Mickey 258
rural 144, 150, 247, 257, 289, 318, 346
   versus urbano 120, 144, 146, 288
Rusler, Robert 275
Russell, Kurt 272

sacerdote
   Boukman 359
   vodu 87, 252, 262, 359
sacerdote sacerdote
   vodu 194
sacerdotisa
   iorubá 377
   vodu 106, 144, 157, 256
Sack Amusement Enterprise 143
sacrifício 52, 68, 105, 112, 121, 149,
   253, 258, 273, 278, 372, 460
safári 89, 141, 167, 174, 194, 305,
   308. *Ver também* expedições
salas de cinema 78, 184, 263, 295
salvação 53, 256, 278, 287, 325
Sambo 63
San Christopher 111, 112, 114
Sanderson, William 220
sangue 26, 42, 116, 117, 121, 130, 145, 146,
   147, 148, 181, 192, 197, 201, 206, 209,
   226, 237, 242, 251, 253, 256, 275, 283,
   285, 315, 316, 325, 326, 337, 345, 376
   ancestralidade 117
   cura 325
   de negros 68, 104
   negro 116, 117, 121, 325
   regra da única gota 117, 121, 237
   religião 145
   religião e 112, 294
   vampiros 226, 237, 315, 325, 337
   vapiros 209
Sangue de pantera (1942) 128
San Sebastian 131
Santa Mira 169, 170

Satã 82, 148, 339
Scarface (1983) 246
Schwab, Doug *ver* Maverick Entertainment
SCLC 208
Scruno *ver* Morrison, Ernest
Seabrook, William 106, 107, 110, 359, 360
segregação 52, 177, 178, 246, 248, 291, 372
selva
  africana 23, 90, 174, 175, 194, 336
  caribenha 88, 129
Serial Killin Records 332
sermão 149, 151
Serpentes a bordo (2006) 321
Serpent Island (1954) 181
sexismo 220
Sexta-feira 13 (1980) 53, 223, 253
sexualidade 42, 68, 76, 90, 91, 92, 94, 145, 171, 210, 225, 227, 234, 242, 266, 284, 317
sexualidades 34, 49, 212, 234
Shadowed by the Devil (1916) 77
Sheen, Martin 314
Shine Johnson and the Rabbit's Foot (1917) 78
Shooting Captured Insurgents (1898) 60
shopping centers 30, 194, 196
Showtime Entertainment 333
Sião 144, 150
Sinthasomphone, Konerak 312
Small, LeLa 220
Smith, Augustus 150
Smith, Will 257, 324, 325, 326
Smith, W.S. 76
Smollett, Jurnee 288
SNCC 208
Snipes, Wesley 315
Snoop Dogg 54, 319, 323, 327, 328, 329, 335
Snoop Dogg's Hood of Horror (2006) 294, 329, 335
sobrenatural 46, 51, 232, 287
sobreviventes 185, 186, 196, 197, 199, 223, 258, 274, 314, 325

soldados 60, 66, 67, 103, 196, 197, 224
Son of Ingagi (1940) 23, 136, 138, 142, 298, 462
Soul on Ice (livro) 221
Spawn 283, 314, 317, 318, 324
Speed, Carol 232
Spider Baby or, The Maddest Story Ever Told (1968) 183
Spielberg, Steven 37
Spirit Lost (1997) 146, 300
Spooks (1918) 78
Spooks Run Wild (1941) 163
Stone, Ivory 215
Street Tales of Terror (2004) 294, 335
Strictly for the Wicked (festival) 332
Strode, Woody 172
St. Sebastian 129, 130, 131
Sublime (2007) 340
subúrbio 33, 218, 247, 250, 252, 311, 314, 346
sul 66, 81, 88, 147, 154, 158, 284, 288, 300, 377
Super Fly (1972) 208
superstições 78, 110, 116, 120, 175, 288
supremacia branca 23, 50, 65, 75, 125, 214, 294, 328
sustos 93, 122, 153, 205, 318, 322
Sweet Sweetback's Baadasssss Song (1971) 208
Sweet Sweetback's Baadasssss Song (1971) 213, 371

taino aruaques 102
tambores 194
  batidas de 134
  de vodu 112, 120, 122, 130, 134
  percussão 85
Tambores 358
Tarzan, o filho da selva (1932) 94
Taylor, Regina 300
televisão, TV 39, 165, 166, 185, 221, 267, 284, 300, 333
Temperton, Rod 265
Tennie, Dexter 298
Terra dos mortos (2005) 33, 193, 198

terror
  ciclo de filmes de 90, 165, 172
  convenções de 197, 343
  definição 38, 39, 40
  gênero 40, 41, 42, 265, 322
terror negro 14, 44, 70, 129, 136,
  206, 208, 278, 282, 287, 300, 301,
  319, 323, 334, 341, 344, 345, 371
Thayer, Nancy 300
The Alligator People (1959) 178, 179, 181
The Amos 'n' Andy Show (1951-
  1953) 141, 167, 230
The Body Disappears (1941) 125, 162
The Clansman ver Dixon, Thomas Jr.
*The Colored American Winning
  His Suit* (1916) 77
*The Conquest: The Story of a
  Negro Pioneer* (livro) 79
The Crimson Skull (1922) 77, 78
The Devil's Daughter (1939) 119, 122
The Devil's Disciple (1925) 82
The East Side Kids (1940-1944) 163
The Edison Manufacturing
  Company 60, 64
The Embalmer (1996) 25, 282, 298, 300
The Ghost of Tolston's Manor
  ver *A Sons of Satan* (1924)
The Gristle (2001) 366
The Homesteader (1919) 79
The Love Wanga (1936) 104,
  117, 120, 122, 145
The Mack (1973) 208
*The Realization of a Negro's
  Ambition* (1916) 76
*The Rocky Horror Picture
  Show* (1975) 263
The Strange Case of Doctor RX (1942) 160
The Undertaker's Daughter (1915) 63
The Witching Eyes (1929) 105
*The Wooing and Wedding
  of a Coon* (1907) 59
This Evil One (2005) 334
Thurmond, Strom 291
tia Jemima 137
tipologia 39
Todo mundo em pânico (2001) 345

Totem e tabu (1913) 210
Touro indomável (1980) 282
Townes, Jeff 324
Townsend, Vince Jr. 178
transformação 74, 266, 268
Trem para o inferno (cerca
  1930) 147, 148, 298
Troma Entertainment 283
trotes 93
Turbulência (1997) 333
Turbulência 2 (1999) 333
Turbulência 3 (2001) 333
TV 24, 100, 167, 249, 265, 267, 284, 333

Um amor para Ivy (1968) 193
Uma noite de terror (1922) 70
Um balde de sangue (1959) 192
*Um lobisomem americano
  em Londres* (1981) 265
Um maluco no pedaço (seriado) 339
Um tira da pesada I (1984) 247
Um tira da pesada II (1987) 247
Um vampiro no Brooklyn (1995)
  47, 283, 295, 296, 315
Unconquered (1917) 105
Unique Film Co. 77
Universal Studios 73, 87, 88, 99, 128,
  192, 282, 354, 355, 356, 357, 382
Universidade Howard 147, 298
Urban Evil: A Trilogy of Fear (2005) 294
urbano 53, 120, 144, 147, 245, 246, 249,
  278, 287, 300, 306, 334, 345, 375

Vaidade que mata (1960) 180
Valinia, Amir 333
Vamp: a noite dos vampiros
  (1986) 275, 277
Vampira (1974) 237
vampiros 33, 208, 209, 227, 234, 275,
  315, 316, 317, 325, 334, 345, 379
Vampiros assassinos (2005) 380
Vampiros de almas (1956) 170
Vampiyaz (2004) 319
Vampz (2004) 323, 337
Vegas Vampires (2004) 379
Veio do inferno (1957) 166

Veleiro fantasma (1942) 23
Veredicto: inocente (c. 1930) 147
videogames 322
vilões 76, 206, 242, 283
violência 40, 41, 42, 43, 49, 52, 59,
    63, 67, 90, 96, 101, 103, 104, 114,
    121, 122, 160, 163, 184, 191, 194, 201,
    205, 208, 209, 215, 218, 230, 242,
    277, 282, 285, 289, 293, 294, 301,
    307, 314, 317, 322, 327, 332, 335, 336
vodu 51, 52, 62, 83, 84, 85, 88, 103, 105,
    106, 107, 108, 111, 112, 115, 116, 117,
    118, 119, 120, 121, 122, 123, 124, 125,
    130, 131, 134, 144, 149, 157, 158, 172,
    179, 181, 186, 194, 200, 223, 231, 232,
    234, 235, 242, 252, 258, 259, 260,
    288, 292, 293, 296, 300, 303, 306,
    328, 341, 346, 358, 359, 362, 365
    filmes de 105
    maligno 88, 182
    o poder do 107
    poder do 103, 131
    voduístas 51, 103, 108, 119,
        121, 150, 258, 292
Vogue (revista) 102
voodoo *ver* vudu
Voodoo Bloodbath (1964) 181
Voodoo Fires (1913) 105
Voodoo Woman (1957) 181

Walter Reade Organization/
    Continental 184
Warner Bros. 206, 353, 371
Washington, Blue 154
Washington, Fredi 117
Watanabe, Gedde 275
Watermelon Contest (1895) 61
Watts, Califórnia 101, 217,
    218, 219, 221, 370
Weaver, Sigourney 224
Wells, Ida B. 62
whiteface, pintura 296
White, Michael Jai 314

Whitmore, Shirley 336
Who Said Chicken? (c. 1910) 61
Williams, Clarence iii 291
Williams, Cynda 300
Williamson, Fred 379
Williams, Spencer 23, 34, 51, 53,
    83, 125, 129, 136, 138, 140, 142,
    143, 163, 164, 165, 167, 201, 282,
    283, 346, 363, 364, 365, 376
Williams, Vanessa 308
Wilson, Woodrow 65, 104
Winfield, Paul 269
Winfrey, Oprah 282, 301
Wong, Victor 96
Woodbine, Bokeem 379
Wright, N'Bushe 316
Wright, Tom 291

Yarbrough, Tenia 336
Yetnikoff, Walter 267

Zombiez (2005) 319
zootropos 58
zumbi
    negros 125
    zumbificação 107, 125,
        134, 181, 296, 326
    zumbificados 107, 125, 262
    zumbismo 105
Zumbi branco (1932) 51, 105, 107, 109,
    110, 111, 116, 130, 134, 136, 341, 360
zumbis 23, 30, 31, 32, 35, 51, 87, 105, 106,
    107, 108, 110, 111, 115, 117, 119, 124, 125,
    134, 157, 158, 160, 179, 181, 183, 184,
    185, 186, 187, 188, 189, 191, 193, 194,
    195, 196, 197, 198, 199, 206, 224, 235,
    236, 237, 252, 259, 294, 303, 312, 313,
    326, 329, 334, 336, 341, 345, 346, 360
    brancos 107, 111, 182
    exército de 158, 235, 365
    exércitos de 242
    negros 157, 158
Zumbis na Broadway (1945) 131

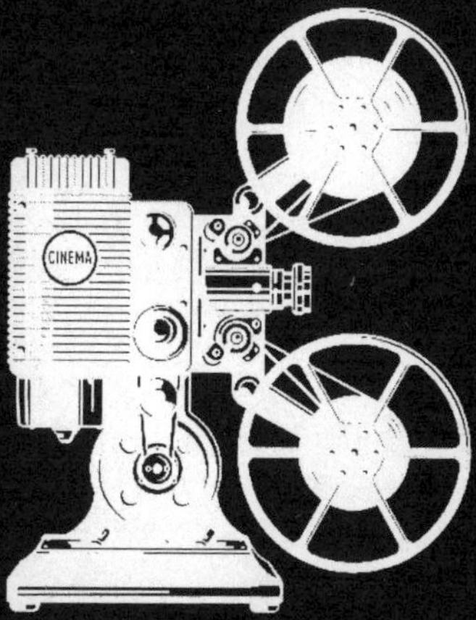
CINEMA

AGRADECIMENTOS

Ao longo dos anos, vários amigos, colegas e até mesmo estranhos me ajudaram a levar este projeto adiante ao me oferecer apoio e contribuição com suas ideias. Me arrependo de não ser capaz de identificar cada um de vocês aqui. Contudo, saibam disso: eu sou muito, muito grata por suas pérolas de sabedoria.

Para minha mãe, Patty — a mulher que me ajudou a entender que lições sobre o bem e o mal, consciência moral e despertar cultural podem ser encontradas nos lugares mais improváveis. Patty continua a ser uma das melhores e mais interessantes companhias no cinema desde sempre.

Eu nem posso começar a detalhar aqui o tremendo apoio que o meu marido, Randy, me proporcionou. Ele leu cada trecho de pesquisa. Ele vasculhou arquivos. Ele assistiu a cada filme. Ele criticou meus argumentos. Ele foi incrivelmente heroico em seus esforços, se dedicando com um extraordinário sacrifício pessoal e profissional. Randy, parafraseando Billie Holiday: *Fish got to swim, and birds got to fly/ Can't help lovin' that man of mine.**

A Editora Routledge tem um time incrível de pessoas trabalhando para assegurar que trabalhos acadêmicos como este sejam apresentados da melhor forma. Estou em dívida com Matthew Byrnie, editor sênior de estudos culturais e midiáticos, por ter visto um grande potencial neste livro. Não consigo agradecer Matthew o suficiente pela sua advocacia. Da mesma forma, preciso agradecer Carolann Madden, assistente editorial, Stan Spring, (antigo) assistente editorial sênior, e Gail Newton, editor de produção, por cuidar do projeto deste livro. Para Lisa Williams, preparadora de texto: não canso de agradecer por você ter ajudado a fazer este livro "cantar!". Sua atenção detalhada é invejável. Eu realmente gostei de trabalhar com você. Para aqueles que trabalharam na produção do livro, meu muito obrigada.

Sou particularmente grata à Photofest por ter me ajudado a adquirir as imagens que aparecem neste livro. Este é o quarto projeto de livro em que a Photofest me auxilia. É maravilhoso poder trabalhar com profissionais tão eficientes.

Claro, sou especialmente grata a três revisores anônimos deste livro por suas leituras cuidadosas e atentas, assim como pelos seus pareceres astutos. Suas sugestões foram precisas e tornaram este trabalho mais forte.

Meus sinceros agradecimentos aos meus colegas no Departamento de Estudos da Comunicação e no Centro de Estudos Afro-Americanos e Africanos (CAAS) da Universidade de Michigan. Quero agradecer expressamente aos meus chefes de departamento, Susan Douglas (Estudos da Comunicação)

---

* Em tradução livre: O peixe tem que nadar, e os pássaros têm que voar / Esse homem eu não posso deixar de amar [NT]

e Kevin Gaines (CAAS), pelo encorajamento e apoio. O Departamento de Estudos da Comunicação, muito generosamente, financiou este projeto por meio da Bolsa de Pesquisa e Tecnologia Constance F. e Arnold C. Pohs para o Estudo da Comunicação e Mudança Social. O CAAS foi igualmente generoso ao oferecer um escritório e um pesquisador-assistente.

De fato, a Universidade de Michigan está cheia de pessoas dispostas a se doarem em apoio a esta pesquisa. Eu gostaria de agradecer Lester Monts, vice-reitor sênior de assuntos acadêmicos, pelo Prêmio Harold R. Johnson de Serviço em Diversidade de 2010. Agradeço a Evans Young, reitor-assistente do Ensino de Graduação, por recomendar o título incrível. A Evans Young, Catherine Shaw, vice-reitora assistente de assuntos acadêmicos, e a equipe do projeto Women of Color in the Academy (Robin Wilson, Mieko Yoshihama, Ixchel Faniel), obrigada por simplesmente compreenderem... tudo. Um agradecimento muito especial a Rebecca Sestili, a conexão autora-editora. Rebecca, eu existo neste momento por sua causa. Philip Hallman, o bibliotecário da Screen Arts and Cultures Film, que foi incansável em sua busca por alguns dos filmes de terror mais raros, obscuros ou banidos que são discutidos aqui. Igualmente, Jeffrey Pearson, bibliotecário da Askwith Media Library, que também foi um incrível recurso para a aquisição de filmes. Jeff é um verdadeiro fã de terror, e a Universidade de Michigan talvez possua uma das melhores coleções de filmes de terror do país graças à atenção de Jeff ao gênero. Eu gostaria de agradecer Michael McLean por me mandar para casa com dezenas de filmes de terror para assistir toda semana. Membros da equipe da Universidade de Michigan, Elizabeth James, Chaquita "Quita" Willis, Faye Portis, Chris Gale e Orlandez Huddleston foram todos inventivos e diligentes ao me ajudar a conseguir os recursos de que eu precisava para trazer este livro à sua conclusão vitoriosa. A risada e o amor deles são profundamente apreciados.

Will Youmans, um candidato a doutorado no Departamento de Estudos da Comunicação da Universidade de Michigan, me ajudou a empurrar os pensamentos para novas direções. Charles Gentry, um candidato a doutorado em Cultura Americana, é um intelectual incrível. A profundidade e o escopo de seu conhecimento acerca da cultura popular negra é inigualável. Para Charles: Robeson e Poitier estariam orgulhosos!

Para Mark H. Harris, criador do *BlackHorrorMovies.com*. Você nem pode imaginar o quão incrível e útil o seu site é! É o lugar perfeito para qualquer um que afirme ser um fã de terror. Sim, Mark, eu não me esqueço de dizer uma oração em nome do santo padroeiro da morte negra, Scatman Crothers.

Um agradecimento especial para a minha querida amiga e heroína Bambi Haggins, diretora dos Estudos de Filme e Mídia na Universidade do Estado do Arizona. Eu gostaria que ter um "NAAA" *fosse* o meu problema!

E a você, querido leitor — obrigada. Agora, olhe para aquele espelho e repita comigo: "Candyman. Candyman. Candyman. Candyman... Candyman!".

Para Rosalind Cash e Spencer Williams Jr.

Este livro foi um trabalho árduo, porém prazeroso. Aprecio muito as perguntas perspicazes que recebo sobre os negros e a mídia. Sou questionada o tempo todo se, após toda esta pesquisa, eu consegui identificar quais são meus filmes de terror favoritos. Para mim, essa é uma pergunta ridiculamente difícil. No entanto, tentarei listar meus preferidos. Então, aqui estão, em nenhuma ordem particular: *J.D.'s Revenge - Blaxpoitation* (1976), *A noite dos mortos-vivos* (1968), *Def by Temptation* (1990), *A vingança dos mortos* (1974), *Sangue de Jesus* (1941), *Despertar dos mortos* (1978), *Chloe, Love Is Calling You* (1934), *Abby* (1974), *O mistério de Candyman* (1992), *Lucky Ghost* (1942) e *Son of Ingagi* (1940).

DRA. ROBIN R. MEANS COLEMAN é professora adjunta no Departamento de Estudos da Comunicação e no Centro de Estudos Afro-Americanos e Africanos da Universidade de Michigan. Seus trabalhos anteriores incluem *African Americans and the Black Situation Comedy: Situating Racial Humor* e a edição da coletânea *Say It Loud! African Americans, Media and Identity*, e, mais recentemente, a coedição do volume *Fight The Power! The Spike Lee Reader*.

Horror Noire

"Eles sabem que agora estamos aqui."
— BEN, *A NOITE DOS MORTOS-VIVOS* (1968) —

DARKSIDEBOOKS.COM